Kleine Bibliothek 509
Geschichte

NACHHILFE ZUR ERINNERUNG

600 Jahre Universität zu Köln

Herausgegeben von
Wolfgang Blaschke, Olaf Hensel,
Peter Liebermann,
Wolfgang Lindweiler
sowie der Redaktion
der Uni-Stadt-Revue Köln

Pahl-Rugenstein

© 1988 by Pahl-Rugenstein Verlag GmbH, Köln
Alle Rechte vorbehalten
Umschlag: Reihenkonzept PRV
Gesamtherstellung: Locher GmbH, Köln

CIP-Titelaufnahme der Deutschen Bibliothek
Nachhilfe zur Erinnerung, 600 (sechshundert) Jahre Universität zu Köln / hrsg. von Wolfgang Blaschke ... sowie d. Red. d. Uni-Stadt-Revue Köln. – Köln : Pahl-Rugenstein, 1988
  (Kleine Bibliothek ; 509 : Geschichte)
  ISBN 3-7609-1240-0
NE: Blaschke, Wolfgang [Hrsg.]; Universität <Köln>; GT

Inhalt

Vorwort der Herausgeber 9

Wolfgang Lindweiler
Von ausgefallener Aufklärung und eingetretener Barzahlung. Ein kritischer Rundgang durch die Geschichte der Kölner Universität – angesichts der Versuche, diese zu feiern 11

Wolfgang Lindweiler
Handgreifliche Bürgernähe – Universität und Alltag im spätmittelalterlichen Köln 39

Wolfgang Blaschke
Der »Malleus Maleficarum« – ein Handbuch zur Hexenverfolgung . 44

Wolfgang Blaschke
Epistolae obscurum virorum – Die Dunkelmännerbriefe 54

Peter Liebermann
Psychiatrie und Kriminologie. Zur Kontinuität wissenschaftlicher Kategorien und Diskurse 62

Peter Liebermann
Die Selbstgleichschaltung der Universität 69

Klaus Oettinger
»Der Anfang ist gemacht.« Die Bücherverbrennung 1933 in Köln . 71

Carsten Klingemann
Kölner Soziologie während des Nationalsozialismus 76

Franz Dillmann
Beschweigen ist unverfänglicher als Aufdeckung. Die juristische Fakultät im Nationalsozialismus 98

Peter Liebermann
»Die Minderwertigen müssen ausgemerzt werden.« Die medizinische Fakultät 1933–1946 110

Lothar Pützstück
Von Dichtung und Wahrheit im akademischen Lehrbetrieb. Die Entlassung des Völkerkundlers Julius E. Lips durch die Nationalsozialisten in Köln 1933 121

Claudia Unseld
Zwischen »Thingspielen« und »politischem« Forum. Eine kurze Geschichte der Studiobühne 132

»Tout va très bien...« – René König über Emigration und Nachkriegssoziologie. Ein Gespräch mit Wolf Schönleiter 139

Dieter Asselhoven
Fakultät 2. Klasse. Zur Geschichte der Lehrerausbildung 159

Georg Althoff/Hans Jürgen Jonas/Bernadette Waltermann
Das Märchen von der späten Geburt 172

Wolfgang Lindweiler
Die Identifikationen des Historikers Andreas Hillgruber
oder »Auschwitz als kleineres Übel« 179

Georg Althoff/Wolfgang Blaschke
Erwin K. Scheuch oder die »Kölner Soziologie« als Hüter von Recht
und Ordnung 185

Wolfgang Blaschke
Die Obsessionen eines deutschen Juristen: Martin Kriele 199

Wolfgang Lindweiler
»Ich bin Deutschlands Che Guevara« – Berthold Rubin, ein 68er der
Reaktion 204

Wolfgang Blaschke/Olaf Hensel
Jugendrevolte Köln 68 – die unruhigen Jahre 208

Wolfgang Blaschke/Peter Liebermann
Auf der »anderen Seite der Barrikade«. Ein Gespräch mit Prof. Ulrich
Klug über die Studentenrevolte 1968 211

Wolfgang Blaschke/Olaf Hensel
»Der aufrechte Gang geht zuweilen durch Glastüren.« 1968 in Köln –
ein Gespräch mit Kurt Holl, Rainer Kippe, Klaus Laepple und Steffen
Lehndorff 219

Wolfgang Blaschke/Olaf Hensel
»Wir wollten alles.« Ein Gespräch mit Gustav Seidler und Lothar
Fietzek 234

Martin Stankowski
Die anderen 68er oder die Geschichte der Kölner »Arbeitsgemeinschaft Abschreibung« 244

Dieter Asselhoven
Die »Bringschuld« der Universität. Wissenschafts- und Technologiepolitik als Instrument kommunaler Wirtschaftspolitik in Köln .. 253

Wolfgang Blaschke / Karin Kieseyer
Zwischen »Verantwortung für den Frieden« und Grundlagenforschung für die Gen-Technologie. Ein Gespräch mit Prof. Starlinger und Prof. Kneser 271

Karl-Heinz March
»Universität der Initiativen« – ein Ausblick auf die Zukunft? ... 283

Hinweise zu den AutorInnen und Herausgebern 287

Vorwort der Herausgeber

Mit den hier versammelten Beiträgen wollen wir, ein Kreis ehemaliger und aktueller Mitarbeiter der Verfaßten StudentInnenschaft sowie der Redaktion der »Uni-Stadt-Revue«, »Nachhilfe« leisten. Unsere »Nachhilfe zur Erinnerung« soll einen deutlichen Kontrast zur Selbstgerechtigkeit und Geschichtslosigkeit der offiziellen Jubiläumsfeiern der Universität zu Köln bilden.

Gegenüber denjenigen, die eine Kontinuität universitärer Geschichte und Tradition feierlich beschwören wollen, soll unsere »Nachhilfe« deutlich machen, daß sich eine solche Kontinuität nur um den Preis der Unterschlagung innerer Brüche und äußerer Einflüsse, des sozialen Funktionswandels also, herstellen läßt, vor allem durch die Verdrängung und Verharmlosung der Teilnahme der Kölner Universität an menschenfeindlichen Praktiken und ihrer wissenschaftlichen Legitimation – vom »Hexenhammer« bis zum Faschismus. Demgegenüber soll dieser Band aufzeigen, wie in der Geschichte dieser Institution ökonomische Bedingungen, Herrschaftsverhältnisse und staatlich geförderte Barbarei eingeschrieben sind.

Dabei lassen sich in der Physiognomie der Kölner »Alma Mater«, einer der konservativsten Hochschulen der Republik, Merkmale einer Art institutioneller Mentalität ausmachen, die auf historische Kontinuitäten verweist: zum einen die Tendenz zur Ablösung und Verselbständigung akademischer Rituale und Symbole von ihrem sozialen Gehalt, die ihre historische Entsprechung in der Tatsache findet, daß die Kölner Universität seit ihrer Gründung keinen der produktiven Umbrüche der Gesellschaft aktiv getragen und bewußt gestaltet hat; zum anderen die Bereitschaft, sich unter Wahrung sinnentleerter Formen beinahe allen sozialen und wissenschaftlichen Ansprüchen politischer Herrschaft zu unterwerfen.

Diese unterschwellige Linie, die sich bis in die aktuellen hochschulpolitischen Auseinandersetzungen hinein fortsetzt, verfolgt der Einleitungsbeitrag – im Zusammenhang der Wandlungen der sozialen Funktion der Universitäten insgesamt – und zwar anhand von das Selbstverständnis der Kölner Hochschule betreffenden Äußerungen ihrer Repräsentanten. Die folgenden Beiträge konzentrieren sich auf die überwiegend freiwillige Gleichschaltung der Universität und ihrer Angehörigen in die Nazi-Barbarei, angesichts der aktuellen Versuche zur »Entsorgung der Vergangenheit« ein notwendiger Schwerpunkt.

Großes Gewicht wird allerdings auch auf die Darstellung progressiver Traditionen, vor allem der Jahre nach 1968, gelegt, die leider keinen Eingang in die Institution gefunden haben. Diese fast vergessenen Ansätze einer »anderen« Kölner Hochschule werden hier vor allem in individuellen Berichten und in der kontroversen Wertung Beteiligter vorgelegt.

Nicht zufällig schließt der Band mit einer kritischen Würdigung der Rolle der Kölner Universität und ihrer Repräsentanten in der aktuellen hochschulpolitischen Gegenreform und mit der Analyse ausgewählter Forschungsschwerpunkte, deren Ausrichtung an den Interessen der Mächtigen für das aktuelle und – wie zu befürchten – zukünftige Profil (nicht nur) der Universität zu Köln prägend ist. Vor dem Hintergrund der aktuellen technologischen und sozialen Veränderungen ist die Brauchbarkeit universitärer Forschung und Lehre für die wirtschaftlichen Interessen und deren Modernisierungsprozesse dasjenige, was mit der Formel von der »Bringschuld der Hochschulen gegenüber der Wirtschaft« (Prof. Guttman, 1985) in das Selbstverständnis der Universität integriert und was eigentlich gefeiert werden soll.

Danken möchten wir allen denjenigen, die die Herausgabe dieses Buches ermöglicht und die uns bei der Bearbeitung unterstützt haben. Besonders bedanken möchten wir uns für die Unterstützung des AStA der Universität zu Köln und der StudentInnenvertretungen der philosophischen und medizinischen Fakultät sowie des AStAs der Päd. Hochschulen, ohne die dieses Buch nicht hätte erscheinen können.

Wolfgang Lindweiler

Von ausgefallener Aufklärung und eingetretener Barzahlung

Ein kritischer Rundgang durch die Geschichte der Kölner Universität – angesichts der Versuche, diese zu feiern

Ein Jubiläum, erst recht das einer Institution, zwingt zur Konstruktion sinnhafter Kontinuitäten. Gleichsam unter dem Druck der Feierlichkeiten zieht sich die wechselhafte und von Veränderungen der gesellschaftlichen Funktion diskontinuierlich bestimmte Geschichte der zu feiernden Anstalt zu einem Knäuel von Sinnträgern zusammen. Als Tradition(en) sollen diese den Fortbestand der Institution, eines sozialen Machtverhältnisses, im Lichte ihres aktuellen Auftrages ebenso rechtfertigen wie das Aufheben, das von den Feierlichkeiten gemacht wird. Dies gilt auch, der alten Legende von der Universität als Ort aufklärerischer Wahrheitssuche zum Hohn, für das Kölner Universitätsjubiläum 1988.

Den nach ›kompensatorischer Sinnstiftung‹ verlangenden Ideologieplanern des Neokonservatismus folgend dient die Beschwörung von Traditionen der flankierenden Sicherung technischer Modernisierung und professoraler Wendigkeit beim Absatz universitärer Forschungsprodukte. Auch das von Herrmann Lübbe beschworene »kommunikative Beschweigen brauner Biographieanteile«[1] gehört zum Jubiläumsprogramm.[2] Kritische Auseinandersetzung mit der sozialen Funktion der Hochschule, der Verschränkung von herrschender Wissenschaft und Barbarei der Herrschenden, ist, auch ohne Jubiläum, nur in der Gegenöffentlichkeit der verfaßten StudentInnenschaft mit ihren beschränkten Mitteln möglich. Demgegenüber präsentiert sich die ›offizielle‹ Universität als ein Gemenge feierlicher Rituale und handfester Interessen, deren Substanz im Einbau der Universität in den ›wissenschaftlich-industriellen Komplex‹ und die Weltmarktstrategien regionaler Kapitale liegt. So sonnt sich die Universität im Wohlwollen der Repräsentanten von Staat und Kapital. Sie nutzt das Jubiläums›signet‹ als werbewirksames Markenzeichen von Verkaufsausstellungen und wirbt mit ›bürgernahen‹ Spektakeln, wie der Teilnahme am Rosenmontagszug, um Sympathiepunkte bei Lokalpresse und Bevölkerung.

An der Spitze aller Phrasen der Jubiläumshitparade, in der sich der Sinnstiftungszwang konkretisiert, stehen ›Bürgernähe‹ und ›Dialog‹, aber auch das »Zurückdenken mit dem Blick nach vorn«.³ Mit diesen Sinnsurrogaten feiert die Universität nicht etwa »an den Problemen vorbei«⁴, sie drängt sich vielmehr in die Umstrukturierung der Hochschullandschaft nach den »Erfordernissen der exportorientierten Wirtschaft unseres Landes«⁵, wie sie die Landesregierung auf ihre Fahnen geschrieben hat. In dieser Perspektive gerinnen dem Senatsbeauftragten für die 600-Jahr-Feier die 600 bzw. 479 Jahre Universitätsgeschichte zu folgendem »mit freundlicher Unterstützung der Colonia Versicherung AG, Köln«⁶ publizierten Satz: »So selbstverständlich die Universitäten des Mittelalters in ein mehr oder weniger festes Orientierungsgefüge eingebunden waren, so sehr stellen die Herausforderungen unserer hochtechnisierten Welt neue Anforderungen an Forschung und Lehre«.⁷

600 Jahre – heute noch so ›selbstverständlich‹ im Interesse der gesellschaftlich Mächtigen wie ehedem. So einfach ist das Bild, das die Universität Köln der interessierten Öffentlichkeit von sich selber (vor)macht. So einfach, wie es die moralische Umwertung dieses Satzes nahelegt, ist aber die Erklärung dafür, daß sich die Kölner Universität – mit den bezeichnenden Ausnahmen der Französischen Revolution und der sozialdemokratischen ›technokratischen Hochschulreform‹ – bereitwillig allen Herrschaftszumutungen fast übereifrig fügte, keineswegs. Die Umkehrung des Vorzeichens der falschen Kontinuität allein versperrte den Blick für die Brüche und Diskontinuitäten in gesellschaftlicher Funktion und Struktur der Universität, für die jeweiligen Interessen ihrer Repräsentanten und Akteure. Mit der Abschließung von der ›Rest‹-Gesellschaft im Zuge der ›Trennung von Hand- und Kopfarbeit‹ sowie dem patriarchal-traditionalistischen Korpsgeist gibt es zwar Konstanten in der Universitätsgeschichte, die allerdings erst unter je spezifischen Bedingungen wirksam werden können. Derlei Traditionsbestände einer nicht vorhandenen Tradition finden ihre Erklärung vielmehr in dem Umstand, daß diese Universität, ihre beiden Gründungen 1388 und 1919 eingeschlossen, keinen der in Selbstverständnis und Funktion der ›Intellektuellen‹ progressiven Umbrüche aktiv mitgetragen hat.

Die Kette ausgefallener Aufklärungen beginnt an der Universität bereits mit deren Gründung. An das schon damals wirksame zweite Ingredienz der Kölner Universitätsgeschichte, die eingetroffene Barzahlung, knüpft die Jubiläumslegende von der ›Bürgernähe‹ als gleichsam angeborener Tugend der Kölner Universität an. Denn nicht ein geistlicher oder weltlicher Herr, sondern die (patrizisch regierte) Stadt Köln trat als Interessentin und Garantin der Universitätsgründung in Erscheinung.

Erste Station: Schisma, Pest und reiche Bürger

Im ausgehenden 14. Jahrhundert ist die Universität als spezifische Form der Organisation wissenschaftlicher Ausbildung und Berufsausübung bereits eine etablierte Institution. Mit unseren Vorstellungen von Universität, die sich anlehnen an Bestimmungen des preußischen Landrechts von den Universitäten als ›Veranstaltungen des Staates‹, oder gar der hochvergesellschafteten v. a. naturwissenschaftlichen (Groß)Forschung unter monopolkapitalistischen Bedingungen hat diese ›Universität‹ kaum etwas gemeinsames. ›Universitas‹ ist im Wortsinn nichts anderes als die vielfältig privilegierte ›Zunft‹ der Magister unter Einschluß der Studenten als ›Lehrlinge‹, die sich nur dem Umfang ihrer Privilegien nach, nicht aber durch ihre Rechtsstellung von der Zunft z. B. der Metzger unterschied. Diese korporative Organisationsform der ›Kopfarbeit‹ war gut einhundertfünfzig Jahre vorher in Paris und Bologna von Magistern und Scholaren erkämpft worden, als grundlegende Umwälzungen der mittelalterlichen Gesellschaft einen Bruch mit der intellektuellen Öde klerikaler Traditionsverwaltung zugleich ermöglichten und erforderten: Auf der Grundlage von Bevölkerungswachstum und einem Zuwachs des agrarischen Mehrprodukts entwickelten sich quer zu den personalen Abhängigkeitsverhältnissen der starren Feudalordnung Handwerk und Handel; regionale Mobilität wurde ermöglicht, wenn nicht erzwungen. In den Poren der Feudalgesellschaft entwickelten sich warenförmige Beziehungen, die sowohl neue Qualifikationen, vor allem im juristischen Bereich, erforderten als auch zunftartige Gemeinschaften als neuen sozialen Organisationstyp hervorbrachten. Die in der Auseinandersetzung mit den durch die Kontakte zur arabischen Welt wiederentdeckten philosophischen Texten der Antike – vor allem Aristotelestexten – entwickelte scholastische Methode systematisierter Problemstellung und -diskussion schuf gleichzeitig ein neues Selbstverständnis intellektueller Tätigkeit.

Vor diesem Hintergrund hatten die Magister der Pariser Universität, deren (inzwischen veränderte) Organisation der Kölner Universität als Vorbild diente, ihren autonomen Status erkämpft. In der Auseinandersetzung mit den borniertengeistlichen Lokalbehörden hatten sie, durch geschickte Ausnutzung der Widersprüche zwischen weltlichen und geistlichen Universalgewalten, neben der Kontrolle über Berufsausbildung und -ausübung einen umfangreichen Bestand von Vorrechten für sich erkämpft. So z. B. weitestgehende Steuerbefreiung und die privilegierte Rechtsstellung von Klerikern, die sie dem Einfluß aller weltlichen Gerichte entzog. Diese Erfolge hatten die Pariser Magister als Pioniere der europäischen Universitätsentwicklung nur mit der Hilfe des Papsttums erringen können, das sich mit dem »in seiner frühen Zeit charakteristischen untrüglichen Instinkt auf die Seite der Macht der Zukunft, eben der Universität der Magister, stellte«.[8]

Diese Universität der ersten Stunde war also keineswegs ein von Staat oder Kirche geschaffener besonderer Raum zur Erzeugung bestimmter Qualifikationen oder zur Entfaltung normativer Diskurse. Sie war vielmehr eine Interessengemeinschaft der relativ selbständigen Produzenten eines Gesellschafts- und Weltbild zusammenhängend strukturierenden, normative Orientierungen und rationale Argumentationsstrategien verknüpfenden universalen Heils-Diskurses.

Die relative Freiheit und organisatorische wie inhaltliche Kreativität der Universitäten stieß jedoch schon bald auf gesellschaftliche Schranken: Die Theologie absorbierte die ursprünglich kritische scholastische Methode; die formalisierte Vernunft der universitären Lehr- und Lernfirmen wurde zur Waffe des inquisitorischen Terrors gegen die zahlreichen, oft latent sozialrevolutionären Ketzer- und Armutsbewegungen. Die systematische Orientierung an der Lektüre und Auslegung von Texten stärkte die Verteidigungskraft der Ordnungs-Lehren gegen die aufkeimenden Naturwissenschaften und vor allem gegen das heraufdämmernde Zeitalter des aus den starren Zwängen der vermeintlich gottgegebenen Ordnung herauswachsenden individuellen Warenbesitzers, das seinen ideologischen Niederschlag in der außerhalb der Universitäten sich entwickelnden Renaissance-Philosophie fand.

Zum Zeitpunkt der Kölner Universitätsgründung ist die Verpflichtung der Universitäten auf einen inquisitorischen Auftrag bereits abgeschlossen. War diese erste Indienstnahme der Universität gleichsam der Preis für den klerikalen Sonderstatus und das Bündnis mit dem Papsttum, so greift in der Gründungsphase der Kölner Universität ein politisches und ökonomisches Interesse der sich von den ›Universalgewalten‹ Papst und Kaiser ablösenden Territorial›staaten‹ auf die Universitäten zu: Die beginnende Rationalisierung der weltlichen und kirchlichen Verwaltungen ermöglicht Universitätsangehörigen und -absolventen Karieren im politischen Herrschaftsgefüge. Dementsprechend fordern diese ihren Anteil an dem den Bauern und

Handwerkern abgepreßten Reichtum und beginnen, Verhaltensformen und Herrschaftsattribute des Adels zu imitieren.

Die ursprünglichen Einnahmequellen der Universitätslehrer, Hörergebühren, die allerdings armen Studierenden grundsätzlich erlassen wurden, sowie Pfründe und ähnliche aus klerikalen Funktionen resultierende Einkünfte, werden – insbesondere aufgrund des steigenden Bedarfs an Juristen – abgelöst durch staatliche Besoldung und ›Nebeneinkünfte‹ aus Gutachtertätigkeiten als einer Art mittelalterlicher Drittmittel›forschung‹. Denn »die Expertise und die Reputation von Hochschullehrern waren zur strategischen Größe in den Auseinandersetzungen zwischen den Partikulargewalten geworden.«[10]

In der zweiten Hälfte des 14. Jahrhunderts, als sich mit gut einhundertjähriger Verspätung gegenüber West- und Südeuropa Universitäten auch im kulturell eher rückständigen Mittel- und Osteuropa auszubreiten beginnen, sind nicht mehr die sich zusammenschließenden Magister die Akteure einer Universitätsgründung. Vielmehr treten weltliche Mächte, Fürsten oder wie in Köln freie Städte als Initiatoren und materielle Garanten von Universitäten auf. Dabei spielen das mit der Universitätsgründung verbundene Prestige ebenso eine Rolle wie auf den Kaufkraftzuwachs durch auswärtige Studenten spekulierende ökonomische Kalkulationen, die z. B. den Basler Stadtrat gut 50 Jahre nach der Kölner Gründung vom Nutzen einer Universität überzeugten. Zentral dürfte aber das strategische Interesse der ›Parteigewalten‹ gewesen sein, kompetente Verwaltungsfachleute auszubilden und ihre Machtansprüche, in der von einer Vielzahl von Sonderrechten und personalen Abhängigkeiten geprägten Gesellschaft, ideologisch und praktisch durchzusetzen: »Der in die Zukunft blickende Fürst benötigte daher (...) den Theologen, der nachwies, daß die Steuer nicht unchristlich sei, den Juristen, der ihre Rechtmäßigkeit bewies, und den Fachmann der – wir müßten sagen – politischen Wissenschaften, der ihre Notwendigkeit erläuterte.«[11]

Genau im Schnittpunkt dieser doppelten Indienstnahme der Universitäten liegt die Gründung der Kölner Universität. Außer den skizzierten allgemeinen Motiven und dem ›Nachholbedarf‹ im deutschen Sprachraum trugen folgende Umstände dazu bei, daß die Kölner Gründung mit der Beteiligung von immerhin 21 Magistern, verglichen mit den 4 Magistern der Heidelberger Gründung zwei Jahre zuvor, ein großer Erfolg war:

– Infolge des ›großen Schismas‹, des Machtkampfes zweier Rivalen um den Papstthron, war für die in ›Deutschland‹ bepfründeten Magister eine Tätigkeit an der Pariser Universität unmöglich geworden.

Diese hatte sich auf Druck des französischen Königs auf die Seite des in Avignon residierenden Papstanwärters gestellt, während die Anerkennung des in Rom ansässigen Papstanwärters die Bedingung für das Einstreichen der in Deutschland gelegenen Pfründe war. Der polnische Historiker Vetulani sieht gar in der Kölner Universitätsgründung eine Art Selbsthilfeprojekt der so aus Paris vertriebenen Magister.[12]

– Die rasche Genehmigung der Kölner Universitätsgründung, die unüblicherweise auch eine theologische Fakultät einschloß, erklärt sich aus dem Interesse des römischen Papstes an ideologischer Unterstützung. Angesichts der traditionell guten Beziehungen zwischen der Stadt Köln, die sich als das ›Rom des Nordens‹ begreift, und dem Heiligen Stuhl kann er sich der neuen Universität sicher sein.

– Eine kurz vor der Kölner Gründung in Heidelberg grassierende Pestepidemie verstärkt die Attraktivität Kölns.

– Die bedeutende Stellung Kölns als Handelsplatz und einer der größten deutschen Städte des Hochmittelalters sowie das weit nach Holland und Belgien hineinreichende Einzugsgebiet sichern die ›Nachfrage‹ nach der neuen Universität. Zudem bilden die reichhaltigen Möglichkeiten zu juristischer und klerikaler Tätigkeit in Köln eine Grundlage für die ›Verbindung von Theorie und Praxis‹, die selbst der Papst als Kölner Standortvorteil sinngemäß anführt.

– Schließlich hat Köln als Schulstadt Tradition: Seit mehr als 100 Jahren gibt es in Köln ›Generalstudien‹ der Mendikantenorden (Dominikaner, Franziskaner, Augustiner und Karmeliter). Immerhin lehrte an diesen Ordensschulen um 1250 der von der Universität gerne als Gallionsfigur in Anspruch genommene Albertus Magnus. Über eine direkte Beteiligung der Ordensschulen an der Universitätsgründung ist nur wenig bekannt. Jedoch nur wenige Jahre nach der Gründung werden diese durch Verträge der Universität angegliedert. Um 1350 hatte sich die Universität in Paris noch mit allen Mitteln, bis hin zur Selbstauflösung, gegen die Zumutung gewehrt, die externen Weisungen unterstehenden Ordensmitglieder aufzunehmen. In Köln ist dies kein Problem mehr.

Im Mai 1388 erteilt der Papst die Genehmigung zur Universitätsgründung, der Stadtrat propagiert das Projekt. Als Korporation konstituiert sich die Universität zwischen Weihnachten und Neujahr 1388 mit der Wahl des Magister Hartlevus de Marka zum ersten Rektor. Der Vorlesungsbetrieb beginnt am 6. 1. 1389. Universitätsstatuten werden erst drei Jahre später erlassen.

Neben den zunehmend an Bedeutung gewinnenden ›ordentlichen‹, d. h. von der Stadt finanzierten Professuren bildeten je eine aus den

Beständen der 11 Kölner Stiftskirchen auf päpstliche Anordnung der Universität zur Verfügung gestellte Pfründe, über deren Vergabe Stadtrat und Universität gemeinsam verfügten, den finanziellen Grundbestand der Universität.

Der städtische Einfluß auf die Universität, organisiert im ‹Kuratorium der Provisoren›, dem vier vom Rat gewählte ›Provisoren‹ sowie der Rektor der Universität angehörten, ›beschränkte‹ sich auf die Personalpolitik; mit dem zweifelhaften Erfolg, daß auch Professorenstellen Verhandlungsmasse des ›Kölschen Klüngels‹ wurden.

Ansonsten fungierte das Kuratorium als Schlichtungsstelle bei den häufigen Konflikten zwischen (oft nicht ganz nüchternen) Studenten und Handwerkern. Im Jahre 1507 wurde diese Funktion der Provisoren sogar zwischen Universität und Stadt vertraglich vereinbart, nachdem eine der üblichen Streitereien so weit eskaliert war, daß eine Burse, eine Wohnheim- und Lehrfunktionen verbindende Einrichtung für die meist unter zwanzig Jahre alten Studenten der Artistenfakultät, von Handwerksburschen gestürmt und verwüstet worden war. Mit der vertraglichen Regelung sollte solch handgreifliche ›Bürgernähe‹ der Universität künftig ausgeschlossen werden. Die Ursachen solcher häufigen Streitereien lagen auf der Hand: Während die politisch einflußlosen Handwerker und anderen arbeitenden Menschen in der Stadt der rigiden weltlichen Gerichtsbarkeit unterstanden und für alles und jedes steuerpflichtig waren, genossen die Universitätsangehörigen ihre Privilegien reichlich; so berichtet anläßlich eines Ausflugs nach Altenberg Heinrich von Weinsberg: »Wir praßten und soffen, daß wir uns alle übergeben mußten, wie die Schweine hausten wir da.«[13] Arme Studenten, die für ihren Lebensunterhalt auf Bettelei angewiesen waren, konnten sich zwar derartige Gelage nicht leisten; ihre Anwesenheit allein erschien den wohlhabenden Bürgern allerdings als lästig.

Entscheidend für die weitere Entwicklung der Universität war jedoch die Unfähigkeit der Stadt, ihr neue Anstöße aufzuzwingen. Spätestens nach der erfolgreichen Revolte der Gaffeln gegen die Patrizierherrschaft 1396 verfügte die Stadt, als ›Korporation von Korporationen‹, nicht mehr über dieselbe Machtkonzentration wie die Territorialherren für Eingriffe in die Universität. So verharrte die Universität über ihre relative Blütezeit im 15. Jahrhundert hinaus, eine Epoche, die der französische Universitätshistoriker Verger als ›theoretische und soziale Sklerose‹ der Universitäten[14] beschreibt, in den längst überlebten Lehr- und Lernformen der scholastischen Methode. Das paradoxe Phänomen einer sklerotischen Blüte erklärt sich aus dem, was der Direktor des Universitätsarchivs, Prof. Meuthen, als ›leidliche Erfüllung der raumgeschichtlichen Bildungsaufgabe im europäischen Nordwesten‹[15] umschrieb. Etwas weniger lyrisch, allerdings auch einige Jahre vor dem Universitätsjubiläum, beschrieb die wohl kaum der universitären Nestbeschmutzung verdächtige Kölner Historikerin van den Brincken diesen sozialen Auftrag der Kölner Universität als »Berufsschule für Begüterte«.[16]

Gerade in ihrer theoretischen Erstarrung erwies sich die Kölner Universität in jener Epoche der »Domestikation der Universitäten durch die öffentlichen Gewalten«[17] als funktionale Ausbildungsinstitution. Die überkommene, auf Auswendiglernen und textbezogenes Argumentieren bezogene scholastische Lehr- und Lernmethode erwies sich als durchaus ›brauchbar‹ z. B. für die Juristenausbildung. Neuen Bewegungen wie dem Humanismus, öffneten sich die Universitäten allerdings nur dort, wo ihnen dies wie z. B. in Heidelberg weltlicherseits aufgezwungen wurde. Die für Köln typische Abschottung der ›autonomen Magisterkorporation‹ gegenüber Neuerungen im Selbstverständnis von Intellektuellen, ohne die die Funktionalität der Kölner Universität als Zensurinstanz und Kaderschmiede von Inquisition und Gegenreformation nicht denkbar wäre, resultiert also in entscheidendem Maße aus der Unfähigkeit der Stadt Köln zu Eingriffen in die ›Autonomie‹ der Universität. 1468 war die Stadt nicht einmal in der Lage, die Ernennung eines außerhalb Kölns habilitierten Rechtsprofessors gegen die stur auf ihrem Selbstrekrutierungsrecht bestehende Universität durchzusetzen.

Zweite Station: Dunkelmänner im Lichte der Scheiterhaufen

Während, ausgehend von frühbürgerlichen Verhältnissen in den oberitalienischen Städten, in ganz Europa die Humanisten Sprache als Kunstmittel entlang der antiken Rhetorik und Lyrik neu entdecken, bleibt an der Kölner Universität fast alles beim alten. Die Neuformulierung der Ansprüche und Würde des Individuums, die einen von der traditionellen Einbindung sämtlicher menschlicher Tätigkeiten in den universalen Heils- und Ordnungsdiskurs der scholastischen Theologie gänzlich unterschiedenen theoretischen Kontinent eröffnet, geht an Köln fast spurlos vorüber. 1478 beklagt sich der ehemalige Kölner Student Konrad Celtis, außer den »Trugschlüssen der Scholastik habe die Kölner Universität wenig zu bieten, Grammatik, die Dichter der Alten und Mathematik würden in Köln vernachlässigt.«[18]

Nicht der wirtschaftlichen Bedeutung Kölns, sondern vor allem ihrer Bedeutung für die theologische Orthodoxie und ihrer Macht verdankt die Kölner Universität, daß sie im 16. Jahrhundert nicht völlig in Vergessenheit geriet. Im Gegenteil: Seit 1479 besaß die Kölner Universität, d. h. ihre theologische Fakultät, ein unumschränktes Zensurrecht. In dieser Epoche, in der stadthistorischen Ausstellung »Der Name der Freiheit« unter dem zynischen Titel »Die Freiheit des Geistes« präsentiert, besaß die Kölner Universität immerhin die ›Freiheit‹, ihren ›Geist‹ mit ideologischer Autorität und inquisitorischem Terror durchzusetzen. Dabei wurde in Köln sozusagen Grundlagenforschung betrieben – was die Rechtfertigung der Scheiterhaufen angeht, auf denen in der frühen Neuzeit Abertausende Frauen als ›Hexen‹ verbrannt wurden.

Der seit 1464 dem Kölner Dominikanerkonvent angehörende Theologieprofessor Jakob Sprenger, 1480 sogar Dekan der Fakultät, verfaßt zwischen 1485 und 1487 den ›Malleus Maleficarum‹, ein berüchtigtes Folter- und Scheiterhaufenhandbuch, gemeinsam mit seinem Inquisitorkollegen Heinrich Institutoris. Bereits 1487 erschien das durch den lokalen Widerstand gegen den Terror der Hexenjäger notwendig gewordene »Buch als Totschläger«[19] mit einem positiven Gutachten der Kölner theologischen Fakultät, das allerdings im ›Kleingedruckten‹ eine für die Wirkungsgeschichte folgenlose prozeßrechtliche Einschränkung enthielt. Die lange Zeit verbreitete These, die Billigung der Kölner Fakultät, die zu ihrer Zeit unwidersprochen blieb, sei eine Fälschung gewesen, »muß«, so der Ausstellungskatalog zu ›Der Name der Freiheit‹, »spätestens seit 1908 als widerlegt gelten«.[20]

Somit trägt die alte Kölner Universität die Mitverantwortung für die Opfer der ›Hexenverbrennungen‹. Mit dieser monströsen Leistung war allerdings die inquisitorische Energie der Kölner Universität keineswegs aufgebraucht.

Die erste größere direkte Konfrontation mit dem Humanismus, ausgelöst durch den dem wahnhaften Reinheitsparadigma der traditionellen Theologie entgegentretenden Humanisten Petrus Ravenna, endete mit dessen fluchtartigem Weggang aus Köln noch relativ glimpflich. Ravenna, der auch in Köln mehr Zuhörer anzog als selbst die größten Hörsäle zu fassen vermochten, hatte die kirchliche Bestattung auch von Hingerichteten gefordert. Der Kölner Theologe und Inquisitor Jakob Hochstraten hatte Ravenna nicht nur widersprochen, er betrieb mit der Sammlung theologischer und juristischer Gutachten auch die Verbannung dieser These, so daß Ravenna es vorzog, Köln zu verlassen.

Je mehr sich verändernde gesellschaftliche Verhältnisse die überkommene feudale Ordnung und die ihr entsprechende Einheit von wissenschaftlichen und theologischen Diskursen aufzusprengen drohten, desto entschlossener und verzweifelter wurden die Anstrengungen der Kölner Scholastiker, ihr Deutungsmonopol zu verteidigen. Hochstraten unterstützte so die von den Theologen Pfefferkorn und Gratius initiierte Kampagne für das Verbot aller jüdischen Bücher, da diese der ›Bekehrung‹ der Juden im Wege stünden. Einzig der Humanist Reuchlin gutachtete gegen das Kölner Scheiterhaufenprojekt, was ihm die tiefste Feindschaft der Kölner Theologen und einen Ketzerprozeß eintrug, den er siegreich überstand.

In den ›Dunkelmännerbriefen‹, die im Zusammenhang dieser Auseinandersetzung entstanden waren, konservierten die Humanisten um Ulrich von Hutten die Verstocktheit und den terroristischen Kleingeist, der die Kölner Universität prägte, für die Nachwelt und richteten den Angriff auch auf die überholten scholastischen Lehrmethoden in Köln.

1519 verbannte die Kölner Universität – als erste überhaupt – Luthers Thesen. Als sich der Papst 1520 diesem Urteil, unter Berufung auf das Kölner Gutachten, anschloß, dauerte es nur zwei Tage, bis in Köln die Schriften Luthers brannten. Am 12. November 1520 fand in Köln die erste Bücherverbrennung Deutschlands statt: Freudig entfachten die Theologen auf dem Domhof den Scheiterhaufen.

Für Jahrhunderte blieb die Kölner Universität ein Hort der Gegenreformation. Noch 1632 sprach sich die Fakultät gegen die freie Religionsausübung von Protestanten in Köln aus. 1525 forderten die Studenten der ›Artes‹ vergeblich eine umfassende Studienreform, den Bruch mit der Tradition eines Albertus Magnus und eines Thomas von Aquin. Die ausgebliebene Reform führte im Verlauf des 16. Jahrhunderts zur fast vollständigen Übernahme der Kölner Universität durch die Jesuiten. Reformunfähigkeit – und der Verlust bedeutender Einzugsgebiete durch die konfessionelle Spaltung waren die Rahmenbedingungen für die bis zur Schließung der Universität fortdauernde Erstarrung und Agonie.

Dritte Station: Von der Gegenreformation zum ersten Ende

Klüngel, kostspielige Doktorritte mit Pauken, Trompeten nebst bis zu 16 Pagen auf Ponys und theologischer Starrsinn prägen beinahe ungebrochen das Bild der Kölner Universität bis ins 18. Jahrhundert. Einzig durch den gegenreformatorischen Eifer und Haß macht die

Kölner Universität, mit deren einstiger Bedeutung und ideologischer Macht es inzwischen vorbei war, von sich reden; so stürmten im Jahre 1716 mehrere hundert Studenten nach Frechen und zerstörten dort die reformierte Kirche, der Kölner Stadtrat mußte Schadensersatz leisten.

Nicht nur durch die hohen Promotionskosten, die durch die adligen Gebräuchen nachempfundenen ›Doktorritte‹ nebst anschließenden Gelagen und durch horrende Prüfungsgebühren verursacht wurden, sondern auch durch die schlichte Nichtanerkennung von an protestantischen Hochschulen erworbenen Titeln rechtfertigte die Kölner Universität das Urteil des ihr eher freundlich gesonnenen Kölner Stadtarchivars H. Keußen: »Geisttötende wissenschaftliche Inzucht."[21]

In einem solchen Klima nimmt es kaum Wunder, daß die Kölner Universität 1680 dem päpstlichen Nuntius Opizio Pallavini an einem Tag gleich drei Doktortitel verlieh, weil ein Verwandter eine hohe Erbschaft an diese Bedingung geknüpft hatte. Diese Prozedur wurde auf Drängen des Erben in spe sogar wegen einiger kleiner Formfehler noch einmal wiederholt.

Was ein solches Prüfungsverfahren über den Stand der ›Wissenschaftlichkeit‹ an der Kölner Universität nahelegt, bestätigt das Urteil des Kölner Medizinprofessors Georg Menn rund einhundert Jahre später. 1777 schreibt Menn – mit an der Kölner Universität heute undenkbarer Offenheit: »Statt einer vernünftigen Gelehrsamkeit lagerte sich die Sphinx jener rätselhaften abgezogenen und leeren Schulweisheit unter der Larve einer systematischen Philosophie vor das feiernde Heiligtum und behauptete es bisher gegen die Ansprüche der zurückkehrenden Wahrheit mit Vorurteilen. Daher kam jene düstere Periode, in welcher Köln fast ein von der übrigen gelehrten Welt abgesondertes Eiland war.«[22]

Das Licht der sich im Vernunftpathos Menns ankündigenden Aufklärung ging der Kölner Universität jedoch nicht mehr auf. Mit der kurfürstlichen, der gemäßigten Aufklärung weit näher stehenden Gegengründung in Bonn erwuchs der Kölner Universität gleichsam vor der Haustür eine schwerwiegende Konkurrenz. Noch im 18. Jahrhundert stützte sich die Kölner Universität, wie zu Zeiten ihrer Gründung, auf kirchliche Pfründe; zaghafte Reformversuche kamen zu spät; auch die von Franz Wallraff betriebene Einführung der deutschen Sprache als Unterrichtssprache an der medizinischen Fakultät – unter Protest der anderen Fakultäten. Eine Hochschule, die zur Zeit der Französischen Revolution, nach dem Erscheinen von Kants ›Kritik der reinen Vernunft‹, noch Doktorprüfungen nach mittelalterlichen Riten abhielt, hatte sich endgültig überlebt.

Mit dem Einzug der französischen Truppen in Köln 1794 kam der Gnadenstoß für eine überlebte Institution. Während Kölner Bürger auf dem Neumarkt einen Freiheitsbaum pflanzten, flohen einige Professoren. Schließlich führte die Weigerung des Rektors Wallraff, einen Eid auf die Verfassung der Republik zu schwören, zur Schließung der Universität, die ohnehin nicht ins bildungspolitische Konzept des bürgerlichen Frankreich paßte und durch eine ›ecole supérieur‹ ersetzt werden sollte.

Die Kölner Universität hat, folgt man der in ihrem Auftrag 1961 herausgegebenen ›kleinen Geschichte‹, die gewaltsame Trennung von ihren theologischen Wurzeln kaum verwunden. Dort heißt es: »Die Franzosen beschlagnahmten freilich einige Universitätsgebäude. Die demokratische Vereinigung übernahm die Aula theologica. Von deren Kanzel ertönten jetzt Hetzreden gegen die katholische Kirche.«[23]

Als 1919 aufgrund der eingetroffenen Barzahlung die Kölner Universität sich wieder dem Licht der Kritik aussetzt, sind einige Glieder in der Kette ausgefallener Aufklärung neu hinzugekommen: Humboldts prekäre Universitätsreform, Aufbruch und Katastrophe der bürgerlichen Revolution und die Entstehung der Arbeiterbewegung hinterlassen in der Kölner Universitätsgeschichte keine Spuren und sind deshalb ein eigenes Kapitel wert.

Vierte Station: Versäumte Lektionen

Die Bemühungen der Kölner Bürger, allen voran des letzten Rektors Franz Wallraff, von der preußischen Verwaltung, unter der Köln seit der Niederlage Frankreichs 1815 stand, das in der Stiftungsurkunde sogenannte ›Kleinod‹ der Universität wiederzuerlangen, blieben fruchtlos. Obwohl Wallrafs Verweigerung des Eides auf die französische Verfassung als ›nationale Heldentat‹ uminterpretiert wurde und die Universität als Kölner Beitrag zur »Notwendigkeit einträchtiger Bildung für die Wiedergeburt Deutschlands« angeboten wurde, blieben die Preußen hart. Sie setzten auf die modernere Bonner Gründung als preußische Landesuniversität und schenkten dem erznationalistischen Publizisten Ernst Moritz Arndt Gehör, der vor der Wiedereröffnung wegen der „dort herrschenden katholischen Reaktion, des Papismus und der Kölner Neigung zur Priesterherrschaft überhaupt" gewarnt hatte.

Nicht nur die Querelen mit der katholischen Fundamentalopposition, die in der Verhaftung und Absetzung des Kölner Erzbischofs von

Westphalen gipfelten, bewiesen, daß die preußische Verwaltung mit der Brüskierung der Kölner Lokalpatrioten im Sinne ihrer Herrschaftsstabilisierung durchaus richtig gelegen hatte. Köln wird nämlich in den vierziger Jahren des 19. Jahrhunderts zu einer Hochburg demokratischer Bewegungen, konzentrierte sich hier doch in für Preußen einzigartiger Weise Handels- und Bankkapital, und meldet die bürgerlichen Demokratisierungsansprüche an: »Geht tief in die Gliederung der wirklichen Zustände ein, deckt das Tote und Abnorme, das Unfreie und Geistwidrige im Innern auf, und die Zustände werden vor der Gewalt eurer Schläge zusammenbrechen«, so fordert ein gewisser Gustav Mevissen 1842 die Redaktion der ›Rheinischen Zeitung‹, des im folgenden Jahr verbotenen Organs des rheinischen Liberalismus auf. Diesem in Ton und Gehalt der Kölner Universität völlig fremden Aufruf des Mannes, der unter veränderten Umständen und mit veränderten Interessen zu einer Art Urgroßvater der Wiedergründung der Kölner Universität wird, antwortet der Chefredakteur des Blattes, ein gewisser Dr. Karl Marx aus Trier: »Die wahre Theorie muß innerhalb konkreter Zustände und an den bestehenden Verhältnissen klargemacht und entwickelt werden.« Mit solcherart Theorieverständnis hat die Kölner Universität ebensowenig zu schaffen wie mit den folgenden revolutionären Umtrieben des Jahres 1848.

Während z. B. in Göttingen und Jena Studenten sich als Avantgarde der bürgerlichen Revolution begreifen und mit ihrem Aktionismus scheitern, mit den »Göttinger Sieben« auch Professoren zivilen Ungehorsam beweisen, existiert die Kölner Universität nicht. Mit der Arbeiterbewegung, deren Entstehung die Kölner Universität ebenfalls ›verpaßt‹, hätte sie ohnehin nichts zu tun gehabt, da selbst die modernsten Hochschulen des 19. Jahrhunderts bürgerliche Herrschaftsinstrumente waren und blieben.

Folgenlos für die Kölner Universität blieb auch die prekäre Humboldtsche Universitätsreform, mit der die Universitäten erstmals seit der Scholastik wieder in die Lage versetzt worden waren, theoretisch auf der Höhe der Zeit zu stehen. Der Humboldt'sche Aufbruch, in dem sich der Impuls der Französischen Revolution mit der nach 1815 notwendig gewordenen Rationalisierung des Staatsapparates verband, hatte versucht, die Universitäten als Orte ›zweckfreier Bildung‹ an den humanistisch gewendeten Idealen der bürgerlichen Revolution sowie lebensgeschichtlicher Emanzipation und Selbstverwirklichung auszurichten – mit dem den alten Mächten durchaus entgegenkommenden Resultat der Entpolitisierung.

Im Laufe des 19. Jahrhunderts, unter dem Druck der Zensur, infolge der katastrophalen Niederlage der bürgerlichen Revolution von 1848 und schließlich im Fahrwasser imperialistischer Interessen, erfuhr die universitäre Bildungsideologie jedoch einen grundlegenden Funktionswandel: Aus dem entpolitisierten Emanzipationsanspruch war eine reaktionäre Standesideologie geworden, die die infolge des Klassenkompromisses vor Bürgertum und Adel im Bismarck-Reich nicht zur Entfaltung gelangende bürgerliche Öffentlichkeit mit ihren höheren Weihen zu ersetzen versuchte; zugleich eine Apologie bürgerlicher Subalternität in der Politik und des ›deutschen Wesens‹, an dem die Welt genesen sollte.

Daß diese Ideologie der deutschen Mandarine an der Kölner Universität bis 1919 nicht zur Entfaltung kam, war im Verein mit den anders gelagerten bürgerlichen Interessen an der Wiedergründung die Bedingung für einen seltsam ungleichzeitigen Modernisierungsschub – auf der Grundlage der ›eingetroffenen Barzahlung‹ als dem zweiten zentralen Ingredienz der Kölner Universitätsgeschichte.

Fünfte Station: Eingetroffene Barzahlung – Die Wiedergründung aus dem Geist des Geldes

Parallel mit der Fixierung der ›Ideologie der Mandarine‹ im Ideologischen, und mit dieser fast völlig unvermittelt, überrannten die neuen Erfordernisse der mit rasanter Geschwindigkeit ›nachgeholten‹ Industrialisierung die Universitäten in Deutschland. Unter der preußischen Dominanz entwickelte sich der deutsche Imperialismus zu einer Weltmacht in Lauerstellung. Mit der ohne den Industrialisierungsprozeß undenkbaren Entwicklung der empirischen Naturwissenschaften stieg der Bedarf der expandierenden Kapitale an technischen und ökonomischen Spezialausbildungen, die die ›Mandarine‹ nicht vermitteln konnten und wollten. Während andernorts technische Hochschulen gegründet wurden, stellte sich dieses Problem für den inzwischen zum Präsidenten der Industrie- und Handelskammer avancierten ehemaligen Marx-Mitstreiter Mevissen so, daß die Universitäten alten Typs »den geistig höher begabten und fleißigen Kaufmann nur seinem Beruf entfremdeten«, wo doch der »Welthandel ein technisches Können erfordert, das nur durch eine methodische Vorbildung garantiert werden kann.«[25]

1901, zwei Jahre nach Mevissens Tod, folgen diesem Lamento des Kölner Handelskapitals Taten: In den Räumen des heutigen Hansa-Gymnasiums wird als private Hochschule eine kommunale Handelshochschule gegründet, die gemeinsam mit einer später hinzugekommenen Verwaltungsakademie den Grundstock für die Universitätsneugründung bildet. Abgesehen davon, daß sich die Methoden der Hochschulpolitik unter den Bedingungen ›nachholender‹ Weltmarkteroberung ebensowenig geändert zu haben scheinen wie die dieser zugrundeliegenden Interessen, bleibt neben der lapidaren Feststellung, daß die an der Kölner Universität heute noch spürbare Dominanz der Wirtschafts- und sozialwissenschaftlichen Fakultät hier ihre historische Erklärung findet, zu betonen, daß nicht nur bürgerliche Interessen in die Wiedergründung der Kölner Universität eingeschrieben sind, sondern auch eine spezifische reformerische Chance: Auf Grundlage der Interessen ›moderner‹ Kapitalfraktionen hätte die Universität zu Köln einen Bruch mit der antimodernen, technik- und rationalitätsfeindlichen Ideologie der Mandarine vollziehen und zum Beispiel einer die Realität der modernen Gesellschaft (auch der Weimarer Republik!) auf bürgerlicher Grundlage akzeptierenden Hochschule werden können. Diese Chance wurde aber mit der Universitätsgründung, der die Dozenten der Wirtschaftshochschule eher skeptisch gegenüberstanden, vertan.

Mit dem ›Zukauf‹ einer philosophischen und juristischen Fakultät hielten die ›Mandarine‹, die mit den ›Ideen von 1914‹ gegen die ›Ideen von 1789‹ in den ersten Weltkrieg gezogen waren, Einzug an der neugegründeten Kölner Universität. Hinzu kam, daß, nachdem Adenauer 1919 aufgrund persönlicher Intervention im preußischen Kultusministerium die Gründung einer städtisch finanzierten Universität in Köln genehmigt worden war, ›nationalpolitische‹ Zielsetzungen der neuen Universität ebenso in die Wiege gelegt wurden wie der ›moderne‹ Aus/Bildungsauftrag. Gründungsrektor Eckert schreibt die Universitätsgründung unmittelbar in die rhetorische Bewältigung des verlorenen Krieges und die daraus resultierenden nationalen Phantasmen der deutschen Bourgeoisie ein: »Ein Bollwerk des deutschen Geistes in den gefährdeten Rheinlanden« soll die Kölner Universität sein, ein »Fanal in der Geisteswallschlacht«, gar ›nationalpolitischer‹ Ersatz für die ›verlorengegangene‹ Universität Strasbourg.[26] Zugleich verordnete Eckert der Universität einen auch heute wieder in Mode gekommenen Demokratiebegriff: »Wahre Demokratie verlangt, daß den wirklich Befähigten, aber auch nur diesen (!), der Zugang zu den reichsten und reinsten Bildungsquellen erschlossen wird, ohne daß dadurch der Höhe des Unterrichtes Gefährdung droht.«[27]

Derartige ›Höhe des Unterrichts‹ bot in der Folgezeit auch den Mandarinen alten Typs Gelegenheit, in Köln heimisch zu werden: An einer Hochschule, die zugleich ihren ›modernen‹ Aus/Bildungsauftrag zu erfüllen suchte und sich im Interesse ›der Wirtschaft‹ über die Traditionen der deutschen Professoren hinwegsetzte.

So sollte der Schwerpunkt der Ausbildung auf Disziplinen liegen, »deren Beherrschung die Lebensarbeit des Großstädters fördert«, kritisierte Eckert »die reine Abstraktion der auf die Bildung von Beamten im alten Sinn«[28] ausgerichteten traditionellen Universitätsideologie in aller Deutlichkeit. Schon in dieser Grundstruktur des Wiedergründungskompromisses traditioneller Ideologen mit den ökonomischen Erfordernissen ›moderner‹ Wirtschaft zeichnet sich ein bis heute erhalten gebliebener Charakterzug der Kölner Universität ab: Nur dort zeitgemäß zu sein, wo dies für ›die Wirtschaft‹ brauchbar ist – und ansonsten in ihrer Binnenorganisation wie in ihrer politischen und sozialen Ausrichtung erzkonservativ, anfällig für vordemokratische Traditionen und nationalistische Phantasmen zu sein.

In der Weimarer Republik gedeiht die Symbiose aus Mandarinat und moderner Wirtschaftswissenschaft; während legendäre Professoren, wie der später von den Nazis aus dem Amt vertriebene Eugen Schmalenbach, die Grundlagen der modernen Betriebswirtschaft – selbstredend in bürgerlichem Interesse – legen, die WiSo-Fakultät im ›freigewerkschaftlichen Seminar‹ sogar Kontakte zur reformistischen Arbeiterbewegung anknüpft, gibt es bereits 1921 eine Feierstunde zur Reichsgründung, selbstredend des Bismarckreiches und nicht der Weimarer Republik, auf der der Historiker Martin Spahn gleichsam 1933 herbeireden zu wollen scheint: »Auch eine Niederlage vermag nichts daran zu ändern, daß diese Ströme heiligen, unversehrten deutschen Blutes die deutsche Erde mit frischen Kräften erfüllten, durch die sie unsere Anstrengung wird tragen und aufs Höchste steigern können, wenn die Stunde der Erhebung und dann des Greifens unmittelbar ans Ziel schlägt.«[29]

Trotz dieser Töne gilt – und ist – die Kölner Universität in der Weimarer Republik eine der am wenigsten republikfeindlichen Hochschulen, alles andere als eine Nazi-Hochburg. Der 1928 für ein Jahr verbotene NS-Studentenbund galt seiner eigenen Führung als »schlechteste Gruppe im ganzen deutschen Sprachgebiet«[30], obwohl der NSStB bei den Studentenparlamentswahlen 1931/32 immerhin acht von 16 Sitzen gewann.

Daß dennoch, und trotz der Präsenz profilierter ›republikanischer‹ Staatsrechtler wie Hans Kelsen an der juristischen Fakultät, die Universität zu Köln nach 1933 kaum Probleme machte und sich selbst gleichschaltete, ist im nächsten Kapitel zu berichten.

Sechste Station: »Unter Wahrung der traditionellen Formen« – Selbstgleichschaltung und kriegswichtige Aufgaben der Universität zu Köln

In der offiziellen Universitätsgeschichtsschreibung ›bricht‹ 1933 ›der Nationalsozialismus‹ als eine Art Unwetter über die Universitäten herein, setzt sich gewaltförmig gegen die machtlosen Hochschulen durch. Die Wirklichkeit war anders: Am 1. 5. 1933, anläßlich einer Feier zur ›Übergabe des neuen Studentenschaftsrechts‹, kann der Staatskommissar für die Kölner Universität und spätere Kölner Oberbürgermeister Dr. Winkelnkämper befriedigt feststellen: »Wir sind stolz darauf, daß die Kölner Universität vorausgegangen ist in der Erfüllung der Forderungen nach der Totalität der revolutionären Bestrebungen. Und nicht das Ergebnis des Druckes von oben war diese Umformung, nein, aus sich selbst heraus ist sie einstimmig und unter Wahrung aller Traditionen vollzogen worden.«[31]

Winkelnkempers These von der Einstimmigkeit unterschlägt ›natürlich‹, daß knapp zwanzig Prozent der Kölner Hochschullehrer infolge des Gesetzes ›zur Wiederherstellung des Berufsbeamtentums‹ wegen ihrer Abstammung oder ihrer politischen Auffassungen entlassen worden waren.[31a] Mit der Behauptung, daß die von der offiziellen Universitätsgeschichte als Gewaltakt apostrophierte ›Gleichschaltung‹ nichts anderes war als eine allen traditionellen Formen entsprechende Rektorwahl, mit der sich die Hochschule aus Furcht vor staatlichen Eingriffen ›selbst gleichschaltete‹, hat Winkelnkämper allerdings recht. Der letzte vor 1933 gewählte Rektor, der politisch dem (katholischen) Zentrum nahestehende Jurist Ebers, war auf Druck – nicht zuletzt auch aus dem Lehrkörper – im April 33 zurückgetreten, nachdem die Absetzung Adenauers als Bürgermeister die Hoffnungen des Zentrumsmannes auf ein Arrangement mit dem NS-Staat hatte platzen lassen. 1935 wurde Ebers aus politischen Gründen entlassen. Obwohl sich Ebers noch im März mit der Bekundung des »festen Willens der Universität, an der Erneuerung Deutschlands mitzuarbeiten« und »anstelle der dem Deutschtum entrissenen Straßburger Universität im Westen die Grenzwacht zu halten« recht anpassungsbereit gezeigt hatte, forderten die Nazis einen ›rechtsstehenden‹ Rektor und bekamen ihn mit Professor Leupold, der nach dem Rücktritt Ebers vom großen Senat einstimmig gewählt wurde. Nicht nur Angst und Opportunismus haben die Kölner Professoren dazu getrieben. Daß die deutschnationale Vision eines Martin Spahn (s. oben) ohne größere Probleme mit der Ideologie und Programmatik der NSDAP in Einklang zu bringen war, bedarf keiner weiteren Erklärung. Aber auch in der politischen Vorstellungswelt des mit Sicherheit der Weimarer Verfassung positiv gegenüberstehenden Prof. Ebers gab es Elemente, die in der spezifischen Situation des Jahres 1933 untergründige Verbindungen zur NS-Politik ermöglichten. 1929, in einer Rede anläßlich der Verfassungsfeier (!) der Kölner Universität, die das Kultusministerium angeordnet hatte, um ein Gegengewicht zu den üblichen ›Reichsgründungsfeiern‹ zu schaffen, erklärt Ebers im Anschluß an ein – durch die harsche Ablehnung der Arbeiterbewegung getrübtes – Bekenntnis zur Republik folgendes: »Möchten diese Gedenkfeiern die Kluft überbrücken helfen, die zwischen den Akademikern und den breiten Volksschichten gähnt und diese von dem aufrichtigen Willen des größten Teils der Akademiker zur Volksgemeinschaft überzeugen, die der Traum der akademischen Jugend von 1813 und 1848, das Erlebnis der Studentenschaft war, die bei Langenmark fiel, in den Schützengräben dahinsiechte.« Von diesem ›Verfassungstag‹ erwartete Ebers den Zusammenschluß aller Stände »in dem einen Ziel, in festem Willen zum neuen Staat (i. e. die Weimarer Republik, W. L.), (...) Hand in Hand mit aufrichtigem Herzen ihre geistigen und körperlichen Kräfte zu weihen dem Wohl des ganzen Volkes, dem Dienst des uns alle umschließenden, einen, großen, heiligen Vaterlandes!«[32]

Genau dies, die ›Einigung‹ des gesamten Volkes auf den Gräbern der Aktivisten der Arbeiterbewegung, inszeniert z. B. die auf den, zum »Tag der nationalen Arbeit« umdefinierten, 1. Mai angesetzte ›Übergabe des neuen Studentenschaftsrechts‹. Darin wurden der nach dem – von der ›Deutschen Studentenschaft‹ bereits 1932(!) eingeführten – Führerprinzip umstrukturierten Studentenschaft folgende Aufgaben zugewiesen: Erfüllung aller der Studentenschaft gegenüber Volk, Staat und Hochschule obliegenden Pflichten; Erziehung der Studenten zur Wehrhaftigkeit und zur Einordnung in die Volksgemeinschaft; Aufrechterhaltung der akademischen Zucht und Ordnung.

An diesem Vorgang – sein Hintergrund war das zeitweilige Verbot der verfaßten Studentenschaft durch den sozialdemokratischen Kultusminister Becker aufgrund der in einer Urabstimmung bekräftigten Weigerung, den ›Arierparagraphen‹ aus der Satzung der deutschen Studentenschaft zu streichen – wird deutlich, daß ›die Universitäten‹, weder Professoren noch gar die Studenten, vor dem Faschismus nicht etwa kapituliert oder resigniert haben, auch wenn das für einzelne gelten mag. Sofern sie nicht schon vor 1933 Anhänger der NSDAP waren, finden sie nämlich in ihren eigenen Traditionen, die eine Folge des auch von der Kölner ›Reformgründung‹ nur relativierten Fehlens einer demokratischen Kultur nicht nur an den Universitäten sind, Entsprechungen zur Ideologie des Nationalsozialismus und erfahren, durch dessen Definition der Geschichte, ihre eigene Existenz und ihre Arbeit wieder als ›sinnvoll‹; und so ordnen sie sich in den scheinbaren Sinnzusammenhang der Volksgemeinschaft ein und formulieren diese ›angezogene‹ Identität mit aggressiver Orientierung gegen den ›Rest der Welt‹.‹ Rektor Leupold drückt diesen Zusammenhang in seiner Rede vom 1. 5. 1933 so aus: »Dieser Geist der selbstlosen, hingebenden Arbeit, die wohl dem einzelnen Brot geben soll, aber in ihrer letzten Auswirkung dem Vaterlande lebt, möge er unser ganzes Volk einen im Streben um die höchste Sittlichkeit im Opfer zum Besten der Volksgemeinschaft. Möge jeder Student diesen neuen deutschen Geist begreifen, möge er von ihm durchglüht werden, und möge dieser Geist ihn hinaufführen zu den lichten Höhen einer hohen sittlichen Weltanschauung, wie wir sie in dem Führer der nationalen Erhebung verkörpert sehen, Adolf Hitler. (...) Nicht brauchen wir dann Paragraphen und Gesetze, die unser Handeln bestimmen, denn das wahre Ethos hat nur der, der dem ungeschriebenen sittlichen Gesetz, das unwandelbar ist, gehorcht.«[33]

Einzig die Opferung ›wissenschaftlicher‹ Standards fordert noch, wie die Vorgänge um die Bücherverbrennung im Mai 1933 zeigen, professoralen Widerspruch heraus; nicht alle Hochschullehrer waren wie Rektor Leupold bereit, die ideologische Bastion ›Wissenschaftlichkeit‹ und deren latentes kommunikatives Ideal der politischen Einordnung in das faschistische Herrschaftssystem zu opfern. »Die Zeiten sind vorbei, wo der Universitätslehrer in übertriebener Objektivität und einer unfruchtbaren Kritik neben oder gar gegen den neuen Geist stehen darf, sondern es ist die heiligste Pflicht der Universitäten, mitzuhelfen, mitzuarbeiten, teilzunehmen an der nationalen Erhebung«[34], formuliert Leupold daher am 1. 5. 1933 nicht ohne drohenden Unterton dieses sacrificium intellectus.

Derartigen moralischen und ›menschlichen‹ Vorbehalten, die als Grundlage für ›innere Emigration‹, nicht aber für politischen Widerstand taugten, zum Trotz, ordnet sich die Universität in die faschistische Diktatur ein, liefert den Herrschenden Konzepte, Gesetze und technische Fähigkeiten. Forschungs- und Institutsstruktur wurden eher behutsam verändert, allerdings wurden v. a. die naturwissenschaftlichen Institute mit Unterstützung ortsnaher Konzerne (IG Farben, RWE, Felten & Guilleaume[35]) aus- bzw. aufgebaut. Nicht nur mit Arbeitsdienst u. ä. Verpflichtungen wurde die Universität militarisiert, bzw. tat dies selbst: 1936 gründet die Universität eine ›wehrwissenschaftliche Zentralstelle‹, die Gastvorträge von Militärs, aber auch Vorträge Kölner Hochschullehrer zu militärischen Themen organisiert. Als einer der ersten hielt der Mediziner Prof. von Haberer einen Vortrag über »Ausschnitte aus seinen kriegschirurgischen Erfahrungen«.[36]

Über die obligatorischen Feierstunden zum ›Tag der nationalen Erhebung‹ hinaus, an dem z. B. 1938 der Philosoph Heimsoeth über ›Nietzsches Idee der Geschichte‹[37] sprach, hatte die Kölner Universität zweimal besonderen Grund zum Feiern: 1935 wird das noch in der Weimarer Republik projektierte und begonnene Hauptgebäude im Beisein des Ministers für Volksbildung, Wissenschaft und Kunst, Rust, eröffnet, der Gerüchten über eine bevorstehende Schließung der Kölner Hochschule entgegentrat.[38]

1938 feiert die Universität Jubiläum. Die 550-Jahr-Feiern bringen einen Umzug der Professorenschaft im Talar – häufig mit der Hakenkreuzarmbinde versehen –, rund 1 Million Reichsmark Spenden[39] und eine als Quelle für die Ausrichtung der Universität bedeutende Selbstdarstellung. Darin wird besonders die Tätigkeit der Institute für Arbeitsrecht – dort arbeitet als ordentlicher Professor der spätere Präsident des Bundesarbeitsgerichtes und ›Vater des Betriebsverfassungsgesetzes‹ Hans Nipperdey – und des Instituts für Völkerrecht herausgestellt.

Spuren studentischen Widerstands sind nicht auffindbar, was angesichts der nationalistischen und antisemitischen Grundhaltung der Mehrheit der Studierenden, die ein treibendes Element bei der Selbstgleichschaltung der Universitäten waren, kaum verwundert. Statt dessen gewinnen Kölner Studenten im ›Reichsleistungswettkampf‹, Sparte Rasse und Gesundheitswesen, 1935/36 den ersten Preis.[40]

Während des Krieges sinkt aufgrund der Rekrutierungen die Studentenzahl auf unter 2000; ab 1940 wird der Lehrbetrieb umorganisiert. Zugleich wendet sich die Universität bereitwillig neuen, militärischen Aufgaben zu: »So fand kürzlich unter der Leitung von Prof. Jahrreiß eine solche Reise mehrerer Dozenten in die besetzten Westgebiete statt, die bei den beteiligten Wehrmachtsstellen volle Anerkennung fand«[41], heißt es im Bericht des Rektors Kuhn 1942 über eine von mehreren Vortragsreisen, mit denen »es gelang, das eintönige Leben dort (von Soldaten in der ›Etappe‹ W. L.) zu unterbrechen.«[42] Prof. Jahrreiß erhielt das ›Kriegsverdienstkreuz II. Klasse.[43] Derselbe Herrmann Jahrreiß, der diesen Beitrag der ›Wissenschaft‹ zur Truppenbetreuung organisierte, ein wohl menschlich integrer Altkonservativer, dessen expansionistische Vorstellungen ihn als Völkerrechtler, bei aller inneren Distanz, durchaus dem NS-Regime nützlich sein ließen[44], ist heute als Ehrensenator und -bürger der Universität zu Köln gleichsam deren Leitfigur, wie auch seine Nachkriegslaufbahn typisch ist für die institutionellen Kontinuitäten der Universität(en) von vor 1933 bis nach 1945.

Siebte Station: Kein Neuanfang

Schon Ende 1945 wurde der 1943 infolge der militärischen Lage zum Erliegen gekommene Lehrbetrieb wieder aufgenommen. Zu einem inhaltlichen Bruch mit der autoritären und elitären Tradition deutscher Hochschullehrer, dem Selbstverständnis der ›deutschen Mandarine‹ kam es jedoch an der Universität Köln ebensowenig wie an den anderen Hochschulen. Die Rede von den ›im Kern gesund gebliebenen‹ deutschen Universitäten und der von Hermann Lübbe nachträglich als ›kommunikatives Beschweigen der braunen Biographieanteile‹ glorifizierte Verdrängungsprozeß ermöglichten das bruchlose Wiederanknüpfen an Struktur und Verfassung der überkommenen Ordinarienuniversität.

Einige der von ihren Lehrstühlen vertriebenen Dozenten wie Eugen Schmalenbach und Christian Eckert nahmen zwar in hohem Alter ihre Lehrtätigkeit wieder auf, ja selbst der ehemalige Weimarer Notverordnungskanzler Brüning erhält einen Lehrauftrag. Einzig die zaghaften Maßnahmen der ›Entnazifizierung‹ stören – aus dem Blickwinkel der Kölner Universität 1961 – das freundliche Bild der wiedererlangten Hochschulautonomie. »Wie einst die Nationalsozialisten mißliebige Professoren aus ihren Ämtern vertrieben hatten, so entließen jetzt die Behörden der Militärregierung eine Reihe unerwünschter Gelehrter«.[45] So stellte W. P. Eckert ›im Auftrage der Universität zu Köln‹ klar, daß die Gleichsetzung von Tätern und Opfern an der Universität zu Köln lange vor den Beiträgen Andreas Hillgrubers zum ›Historikerstreit‹[46] gängige Meinung war. Eckert erwähnt weiterhin, daß das »seelische Leid« und die »tiefe Enttäuschung« über den verlorenen Krieg für viele Hochschulangehörige »viel schlimmer« war als die – relativ geringen – Bombenschäden an den Hochschulgebäuden und die materielle Not der Nachkriegsjahre.[47]

Mit dem Nobelpreis für den 1941 habilitierten Chemiker Kurt Alder und einem rapiden Anstieg der Studentenzahlen insbesondere an der Wirtschafts- und Sozialwissenschaftlichen Fakultät hält die falsche Normalität des ›Wirtschaftswunders‹ an der Kölner Universität Einzug. Mit der Bildung einer Mathematisch-Naturwissenschaftlichen Fakultät aus den bis dahin der Philosophischen Fakultät zugerechneten Seminaren am 1. 4. 1955 findet die gestiegene Bedeutung naturwissenschaftlicher Erkenntnisse und Verfahren für die Produktion ihren Ausdruck an der Kölner Universität. Der Einfluß der Bayer AG wächst ebenso wie die Universität selbst mit ihren wuchernden Neubauten.

Achte Station: '68 bleibt Episode

Das meiste, was über den Aufbruch der StudentInnenbewegung 1968, über die Ansätze demokratischer und emanzipatorischer Bewegung und das Selbstverständnis von Intellektuellen zu sagen ist, die den Elfenbeinturm ›Hochschule‹ verlassen wollten und antifaschistische Traditionen, antiimperialistische Kämpfe und ›die Arbeiterklasse‹ als politische Orientierungspunkte ausmachten, gehört nicht in den Zusammenhang der Geschichte der ›offiziellen Uni‹, von der hier die Rede ist.

An kaum einer anderen Hochschule sind die innovatorischen Potentiale dieser Bewegung so sehr Episode geblieben wie in Köln. Im November 1968 besetzten Studenten das Rektorat, um die Öffentlichkeit von Gremiensitzungen durchzusetzen; bis 1986 bleiben alle Gremiensitzungen an der Kölner Universität nicht öffentlich, und die Gremienzusammensetzung der Ordinarienverfassung von 1963 blieb – trotz entgegenlautender gesetzlicher (!) Bestimmungen – unverändert. Als am 4. Dezember 1968 StudentInnen bei einer Sitzung der philosophischen Fakultät die Öffentlichkeit selbst herstellen, ist der erste Polizeieinsatz an der Kölner Universität die Folge. Institutsreform, Ansätze einer internen Demokratisierung der Hochschule, erst recht die Anerkennung oder gar institutionelle Absicherung marxistischer oder der kritischen Theorie verhafteter Wissenschafts- und Politikansätze finden an der Kölner Universität nicht statt.

Bis auf die Entlassung des reaktionären Aktionisten Berthold Rubin (s. dazu den Beitrag »Ich bin Deutschlands Che Guevara« in diesem Band) erfährt die Kölner Universität so gut wie keine Veränderung ihrer Personal- und Gremienstruktur.

Nicht nur in ihrer Binnenverfassung, auch in ihrem politischen und kulturellen Selbstverständnis übersteht die Kölner Universität die vermeintlich wilden, heute in die Nähe des Mythos gerückten Zeiten der Revolte ›unbeschädigt‹: Die »Durchsetzung der modernen europäischen (kritischen W. L.) Intellektuellenrolle« gegen die Ideologie der Mandarine[48] findet an der Kölner Universität nicht statt. Das belegten nicht nur Stil und Gehalt der Polemik Andreas Hillgrubers gegen Jürgen Habermas im ›Historikerstreit‹[49] sowie das beredte Schweigen aller Kölner Fachkollegen in dieser Auseinandersetzung, vor allem belegt dies die an der juristischen Fakultät bis heute praktizierte ›Kollegialität‹ mit Professor Richard Lange.

Im Januar 1969 hatte der SDS in einer Ausstellung die braunen Biographieanteile Kölner Richter und Rechtsprofessoren öffentlich gemacht. Zu diesen Professoren gehört auch der Strafrechtler Richard Lange, der als emeritierter Professor noch heute Seminare z. B. zum Strafprozeßrecht an der Kölner Universität abhält. Als Mitherausgeber des Strafrechts-Standardkommentars ›Kohlrausch-Lange‹ genießt Lange eine große Reputation unter Juristen und verfügt über prägenden Einfluß auf die ›herrschende Meinung‹. Dies war auch schon 1944 so, als Richard Lange, damals Professor in Jena, das ›Gesetz zum Schutze des Blutes und der deutschen Ehre‹, das sogenannte Rassenschandegesetz in einer Art und Weise kommentierte, die »teilweise auch dann eine Verurteilung (fordert), wenn das Nazi-Gesetz es nicht zwingend vorschreibt«[50]. Neben einer menschen- und frauenverachtenden juristischen Phantasie machte sich Lange dabei auch rassistische Elemente der Nazi-Ideologie zu eigen: »So kann eine Tat, die einen Deutschen noch nicht als Sittlichkeitsverbrecher erscheinen läßt, auch einen Polen nicht dazu stempeln. Wohl aber erfordert bei diesem das Bedürfnis nach gerechter Sühne weit eher die Todesstrafe«, heißt es in seinem Aufsatz »Täterschuld und Todesstrafe«.[51]

Daß Lange bis heute seine Karriere fortsetzen konnte, in den sechziger Jahren als Mitglied der ›Kommission zur Reform des deutschen Strafrechts‹ maßgeblichen Einfluß auf verschiedene Gesetzgebungsverfahren nahm[52], ist ›nur‹ Teil des allgemeinen Skandals der deutschen Justiz nach 1945. Der besondere Kölner Teil dieses Skandals beginnt 1976, als Richard Lange, sieben Jahre, nachdem der SDS seine Vergangenheit hochschulöffentlich gemacht hatte, seinen 70. Geburtstag begeht: Die juristische Fakultät beschließt, Lange mit einer Feierstunde zu ehren. Nur ein Fakultätsmitglied, der junge Diätendozent Rupert Schreiber, meldet Widerspruch an: »Ich finde es nicht richtig, einen Kommentator nationalsozialistischer Unrechtsgesetze, mit denen unschuldige Menschen gemordet und gequält wurden, in dieser Weise zu ehren und damit als Muster eines Professors der Rechtswissenschaft vorzustellen«, begründet Schreiber sein Fernbleiben von jener Feierstunde.[53] Die Folge: Schreiber wird nicht – wie alle anderen

Diätendozenten in NRW aufgrund einer Änderung des Hochschulrechts – zum C2-Professor auf Lebenszeit ernannt, sondern entlassen. Am 11. Mai, nicht einmal 14 Tage nach der boykottierten Feierstunde, erklärt der damalige Dekan der Fakultät dem OVG Münster folgendes: »Im höchsten Maße unverantwortlich ist ein derartiges Verhalten jedoch dann, wenn Diskriminierungen mit dem genannten Inhalt einem Kollegen gegenüber vorgebracht werden, obwohl dieser eine betont distanzierte Haltung gegenüber dem Nationalsozialismus und dessen Rechtsanschauungen an den Tag gelegt und jede Identifizierung mit entsprechenden Anschauungen vermieden hat... Verleumderisches Verhalten der geschilderten Art ist innerhalb einer auf kollegiales Zusammenwirken angewiesenen Körperschaft schlechthin unerträglich.«[54]

Auch in den folgenden Rechtsstreitigkeiten setzt sich die ›Kollegialität‹ der Kölner Juristen mit Richard Lange durch; der Mut eines jungen Dozenten, aufklärerisch dem Verschweigen und Beschönigen der Beteiligung etablierter Juristen an der NS-Barbarei entgegenzutreten, endet an der Kölner Universität mit der Verstoßung aus dem ›Kollegenkreis‹ und der Vernichtung der beruflichen Existenz. Woran sollte der bei der offiziellen Pressekonferenz zur Vorstellung des Jubiläumsprogramms geäußerte Anspruch, sich »in einer Extensität, die in der deutschen Hochschullandschaft noch nicht gewagt worden ist«[55], mit der eigenen braunen Vergangenheit zu beschäftigen, besser gemessen werden als an diesem Vorgang?

Neunte Station: Die nächsten 600 Jahre – High-Tech und Talare?!

Vor Selbstbewußtsein und -gerechtigkeit strotzend stellt sich die Universität zu Köln im Jubiläumsjahr 1988 der Öffentlichkeit und ihren nicht sehr zahlreichen KritikerInnen. Neben der Eigendynamik des Jubiläums hat dieses neue Selbstbewußtsein der Ordinarien zwei Gründe, die über die innere Verfaßtheit und den sozialen Auftrag dieser Institution heute aufklären können.

Da ist erstens die Freude der Professoren, den Durchmarsch von der spätfeudalen Ordinarienuniversität in die neukonservativ getönte Postmoderne geschafft zu haben: Dank der Weigerung der Kölner Universität, eine den sozialdemokratischen Hochschul›reform‹gesetzen der Siebziger Jahre entsprechende Hochschulverfassung zu verabschieden, bleiben infolge der Neufassung des Hochschulrahmengesetzes der CDU/FDP-Koalition von 1986 satte Professorenmehrheiten in allen Gremien erhalten. Auch Frauenförderpläne fechten die alte Ordnung an der Kölner Universität, wo erst 1966 eine Frau zu ProfessorInnenehre kam, nicht an. Halbherzigen Frauenförderplänen wird z. B. derart begegnet, daß Frauen gar nicht erst in Berufungslisten aufgenommen werden, wenn zu befürchten steht, daß sie vom Ministerium bei gleicher Qualifikation bevorzugt behandelt werden, und dennoch sitzt die Furcht vor inneruniversitärer Demokratisierung tief; so heißt es in der offiziellen Jubiläumsbroschüre im Hinblick auf demokratische Selbstorganisation und -verwaltung: »Bürokratisierung und Politisierung als Folge falsch gestalteter Modernisierungsmaßnahmen verstärken die Hemmnisse in Forschung und Lehre.«[56] ›Moderne‹, das heißt für die Kölner Universität 1988 immer noch wie schon 1919: Die von den Konkurrenznotwendigkeiten ›der‹ Wirtschaft erforderten technologischen ›Spitzenleistungen‹, auf dem Weg »von der mittelalterlichen alma mater zum zukunftsorientierten Zentrum der Wissenschaft«[57] zu verbinden mit der Ablehnung demokratischer Ansprüche nach gesellschaftlicher Selbstorganisation und Selbstbestimmung.

Zweitens speist sich das neue Kölner Selbstbewußtsein aus dem Zusammentreffen eines ökonomisch bedingten Modernisierungsschubes des westdeutschen Kapitals mit restaurativen politisch-kulturellen Verhältnissen: Bundesregierung wie auch sozialdemokratische Landesregierungen fordern unisono mit Kommunalpolitikern und Industrieverbänden die Ausrichtung der Hochschulen an den Interessen der exportorientierten und um technologische Spitzenstellungen ringenden westdeutschen Kapitale. So kehrte Rektor Hanau im September 1987 in der Industrie- und Handelskammer beinahe reuig zu den Wurzeln der Kölner Universität zurück. Anläßlich der Eröffnung einer universitären Leistungsschau stellte er dort, aller im Jubiläumstrubel propagierten ›Bürgernähe‹ zum Trotz, klar: »Forschungsförderung und Forschungstransfer sind Chefsache.«[58]

Als Citoyens, Subjekte ihrer eigenen Vergesellschaftung, erst recht als Träger ökonomischer (Klassen)Interessen, als arbeitende Menschen bleiben die als staunendes Publikum umworbenen BürgerInnen ausgesperrt. Erst als zahlungskräftige Bourgeois erhalten sie Zutritt zu den Zentren der Forschungsplanung und -steuerung. Dies entspricht einem tiefgreifenden Formwandel der bewährten Kooperation der Kölner Universität mit ›der Industrie‹: Umfang, Aufwand und gesellschaftliche Wirkungsmacht erfordern ein direktes und planvolles Zusammenwirken von Staat, (universitärer) Wissenschaft und industrieller Forschung, in dem nicht ›nur‹ neue Technologien wie die Gen-

und Reproduktionstechnologien entwickelt, sondern zugleich Grundlagen der zukünftigen gesellschaftlichen Entwicklung einem jedem demokratischen Zugriff von arbeitenden Menschen und Betroffenen entzogenen neuartigen ›wissenschaftlich-industriellen Komplex‹ überantwortet werden. So entsteht gegenüber der Mensa ein von Bund, Land und Bayer AG gemeinsam unterhaltenes und genutztes Forschungszentrum für Gentechnologie, das in enger Kooperation mit dem ebenfalls in Köln ansässigen Max-Planck-Institut für Züchtungsforschung auf die Bayer-Konzernstrategie abgestimmte gentechnische Manipulationen vor allem an Pflanzen vornehmen soll.

In diesem Klima der treibhausmäßigen Re/Integration der Hochschulen in den kapitalistischen Verwertungsprozeß gibt es an der Kölner Universität kaum noch Schranken: Seit Jahren betreibt das Mineralogisch-Petrographische Institut Auftragsforschung für südafrikanische Minengesellschaften, zuletzt in Kooperation mit der ›Fachvereinigung Auslandsbergbau, Bonn‹ für die Kloof Gold Mining Co. Ltd.[59] Die von offiziellen Kontakten des damaligen Universitätsrektors Binding ausgelösten studentischen Proteste, Anfragen und Boykottforderungen wurden von der Senatsmehrheit als lästige Pflichtübung abgelehnt.

Auch klassische Standesdoktrinen und -ideologien fallen zwar nicht aufklärerischer Kritik, aber immerhin dem ökonomischen Interesse zum Opfer. So verweist Prof. Hansmeyer in der Jubiläumsbeilage des Kölner Stadt-Anzeiger auf die ökonomische Verwertbarkeit der einst so zweckfreien Geisteswissenschaften: »Da gibt es heute schon High-Tech. Linguisten arbeiten mit Sprachprogrammen, die auf Computern laufen – das sind Dinge, die weit in die Technik hineingehen und insofern in der Wirtschaft umsetzbar sind.«[60]

Das Jubiläumssignet, die Huldigung der Heiligen Drei Könige, dargestellt im funktionalistischen Stil des Piktogramms, hat diese Symbiose von ökonomisch-technischer Rationalität auf höchstem Niveau mit dem ideologisierten Fehlen demokratischer Verständigungsverhältnisse innerhalb der Universität (erst recht: Eingriffsmöglichkeiten von ›außen‹) optisch auf den Begriff gebracht. Einen Begriff, der sich allerdings erst dem kritischen Blick auf diese Universität und ihre Geschichte erschließt, der sich von den offiziellen Feierlichkeiten nicht trüben läßt. Der Einsatz dieser Kritik an den ›Vergangenheitsverhältnissen‹ der Kölner Hochschule gilt zuallererst deren Zukunft: Es geht darum, ob die Verfügung über die technologische Konstitution sozialer Wirklichkeit dem ‹wissenschaftlich-industriellen Komplex› überlassen bleibt – oder ob Studierende, vor allem aber die arbeitenden

Menschen selber und die außerhalb der Hochschule agierenden sozialen Bewegungen das Destruktions- und Kontrollpotential der ›Zukunftstechnologien‹ und ihrer Anwendung stoppen und gesellschaftliche Selbstbestimmung in einem zentralen Bereich der Produktion von gesellschaftlicher Wirklichkeit zurückerobern können.

Anmerkungen

1 Hermann Lübbe, »Es ist nichts vergessen, aber einiges ausgeheilt. Der Nationalsozialismus im Bewußtsein der deutschen Gegenwart«, Frankfurter Allgemeine vom 24. 1. 1983

2 Nicht nur in der Form des realen Schweigens, sondern angesichts zweier geplanter Vorträge auch in der kommunikativeren Variante des ›Entnennens‹ (Haug) der herrschenden Interessen am Faschismus und der inneruniversitären ›Selbstgleichschaltung‹

3 Prof. Dr. Karl Heinz Hansmeyer, »Geleitwort des Senatsbeauftragten zur Vorbereitung der 600-Jahr-Feier an der Universität zu Köln«, in: 600 Jahre Universität zu Köln, hrsg. von demselben unter Mitwirkung von Erich Meuthen, Bernd Heimbüchel, Peter Lang, Manfred Kops und Friedhelm Rudorf, Köln 1988. Im folgenden als ›Jubiläumsbroschüre‹ zitiert.

4 T. Moser in der Frankfurter Rundschau vom 5. 5. 1988

5 Landesregierung NRW, ›Perspektiven der Hochschulentwicklung‹ (sog. ›Strukturplan‹), passim

6 Jubiläumsbroschüre, S. 2

7 Ebd.

8 Rashdall, H.: The Universities of Europe in the Middle Ages, London 1895, neubearbeitet von Powicke/Emden, London 1936, Bd. 1, S. 308

9 Vgl. Hans Werner Prahl, Sozialgeschichte des Hochschulwesens, München 1978, S. 71

10 Ebd., S. 75

11 Heinrich Koller, Die Universitätsgründungen des 14. Jahrhunderts, Salzburger Universitätsreden No. 10, 1966, S. 8

12 In: Les universités européennes du quatorzième au dixhuitième siècle. Aspects et Problèmes. Actes du Colloque international à l'occasion du VIe centenaire de l'université jagellone de Cracovie, Genf 1967

13 Zit. nach Kölner Stadt-Anzeiger, »Eine Universität in ihrer Stadt«, Sonderbeilage anläßlich des Universitätsjubiläums vom 20. 5. 1988. Allerdings verfügten keineswegs alle Studenten der mittelalterlichen Universität über die Mittel für solche Gelage. ›Armen Studenten‹ wurden die Immatrikulations- und Vorlesungsgebühren erlassen; eine Vielzahl von Studenten bestritt den Lebensunterhalt durch Betteln.

14 J. Le Goff (Hg.): Les universités es les Pouvoirs Publics au Moyen Age et à la Rénaissance, Rapport du XIIe Congrès des Sciences Historiques, t. III, S. 210

15 Zit. nach Carl Dietmar, Die Ewigkeit währt nur 400 Jahre, in: Eine Universität in ihrer Stadt, s. oben (Anm. 13)

16 in: Maschke/Sydow (Hrsg.): Stadt und Universität im Mittelalter und in der frühen Neuzeit (Stadt in der Geschichte, Bd. 3)

17 Le Goff, a.a.O., S. 201

18 Brief des Konrad Celtis an einen Freund 1478, zit. nach W. P. Eckert, Kleine Geschichte der Universität zu Köln, Köln 1961, S. 95

19 J. Stremmel, Artikel ›Malleus Maleficarum‹, in: Der Name der Freiheit, Ausstellungskatalog Köln 1988, S. 378

20 Ebd., S. 379
21 Hermann Keussen, Die alte Universität Köln 1388–1798, S. 41
22 Zit. nach ebd., S. 28
23 W. P. Eckert, a.a.O., S. 138
24 Zitiert nach Beitrag des Verfassers ›Uni-Geschichte in der Uni-Revue‹, Uni-Stadt-Revue Nr. 14, Oktober 1987, S. 23
25–28 ebd.
29 Denkrede von Martin Spahn zum 50. Gedenktage der Reichsgründung, Köln 1921
30 Brief Baldur von Schirachs, zit. nach F. Golczewski, Die ›Gleichschaltung‹ der Universität Köln im Frühjahr 1933, in: Aspekte der nationalsozialistischen Herrschaft in Köln und im Rheinland, Sonderheft der Zeitschrift ›Geschichte in Köln‹, Köln 1983
31 In: Die Übergabe des neuen Studentenschaftsrechts. Akademische Feierstunde am 1. 5. 1933, Köln 1933
31a s. hierzu den Beitrag zur Person Justus Lipps in diesem Band.
32 Verfassungs-Feier der Kölner Universität am 29. Juli 1929, Köln 1929
33 Die Übergabe ... S. 32
34 Ebd.
35 Verwaltungsbericht des scheidenden Rektors Hofrat Prof. Dr. med Dr. med. h. c. Hans von Haberer, Köln 1939 und Prof. Kuhn, Köln 1941
36 Ebd., S. 15
37 Ebd.
38 Ebd., S. 14
39 Ebd., S. 29
40 Ebd.
41 Verwaltungsbericht des scheidenden Rektor Prof. Dr. rer. nat. Otto Kuhn, Köln 1942, S. 11 f
42 Ebd.
43 Ebd., Anhang, S. 37
44 So z. B. der Aufsatz »Wandel der Weltordnung« in der Zeitschr. f. öffentliches Recht, Band XXI, 1941
45 W. P. Eckert, Kleine Geschichte ..., S. 209
46 Z. B. A. Hillgruber, Zweierlei Untergang. Die Zerschlagung des deutschen Reiches und das Ende des europäischen Judentums, Berlin 1986; die Kritik dieses Bandes durch J. Habermas und andere war der Ausgangspunkt des ›Historikerstreits‹ als Medienereignis
47 W. P. Eckert, a.a.O., S. 208
48 Vgl. Hauke Brunkhorst, Der Intellektuelle im Land der Mandarine, Frankfurt/Main 1987
49 A. Hillgruber in: Geschichte und Wissenschaft im Unterricht 12/86, s. dazu die gründliche Kritik von W. F. Haug in »Vom hilflosen Antifaschismus zur Gnade der späten Geburt«, Berlin 1987, S. 241 ff
50–55 Nach dem Beitrag von T. Pfaff in der Stadt-Revue, Köln, Juni 1988
56 ›Jubiläumsbroschüre‹, S. 27
57 Ebd. (Untertitel)
58 P. Hanau, »Zusammenarbeit zwischen Universität und Wirtschaft«, dokumentiert in: Kölner Universität Journal 4/1987, S. 6
59 Jahrbuch der Universität zu Köln 1986, Köln 1988, S. 613, sowie vorherige Ausgaben
60 Diskussionsrunde »Die Wissenschaft als Wirtschaftsmacht«. Eine Universität wird entdeckt; Beilage des Kölner Stadt-Anzeiger vom 20. 5. 1988, S. 14 f.

Wolfgang Lindweiler

Handgreifliche Bürgernähe

Universität und Alltag im spätmittelalterlichen Köln

Von der spätmittelalterlichen Kölner Universität nur über die skandalösen Produkte ihrer Inquisitionstheorie zu berichten, das hieße, einem Mythos der ›Kopfarbeitenden‹ aufzusitzen, ihnen ihre Legende, aufgrund ihrer Befreiung von materieller Arbeit seien sie den materiellen Verhältnissen enthoben, zu glauben, wenn auch mit kritischem Vorzeichen. Der Ärger und die Konflikte, die die Universität als privilegierte Korporation und, wie vermittelt auch immer, als Herrschaftsinstanz in Köln ausgelöst hat, überzeugen schnell vom Gegenteil.

Ähnlich wie es in den inquisitorischen Monstrositäten der Spätscholastik auch um nackte Machterhaltung ging, so trieben auch vom hehren Wissensdurst gänzlich verschiedene Motive Studierende in die Arme der Universität. Da diese ihren Mitgliedern über die allgemeinen Vorzüge des klerikalen Rechtszustandes hinaus mit der sog. Konservatorialgerichtsbarkeit weitestgehende juristische Möglichkeiten bot, gegen die ein normaler Sterblicher in der Regel machtlos war, wurde die mittelalterliche Universität wider Willen als so etwas ähnliches wie ein Inkassobüro ge(miß)braucht. Die Konservatoren, im Falle der Kölner Universität je ein in Utrecht, Lüttich und Köln ansässiger Abt, sollten die Einhaltung der päpstlichen Privilegien der Universitätsmitglieder auch in deren Heimatorten sicherstellen und verfügten zu diesem Zweck über umfassende Sanktionsmöglichkeiten, bis hin zu Exkommunikation und Kirchenbann. Findige Handwerker und Kaufleute kamen deshalb auf die Idee, sich selbst oder ihre Söhne an der Universität einzuschreiben und die Konservatorialgerichtsbarkeit zum Eintreiben alter Schulden zu ›nutzen‹ oder verlorene Zivilprozesse vor kirchlichen Gerichten neu aufzurollen. Obwohl die Universität sich mit Eidesformeln und Nachweisen über den ordentlichen Vorlesungsbesuch gegen solche Praktiken zu schützen suchte, war der Mißbrauch der Konservatorialgerichtsbarkeit und ihrer schrecklichen Waffen eine Quelle ständigen Ärgers, bis 1508 der Rektor selbst zum Konservator bestellt wurde, was eine genauere Kontrolle ermöglichte. Bis dahin hatten allerdings mehrere Ritter der Stadt die Fehde angesagt, waren ganze Städte wegen alter Schulden einzelner Bürger mit dem Verbot der Abhaltung von Gottesdiensten (›Interdikt‹) belegt worden, wie z. B. Düsseldorf; in Brabant wurden gar Kölner Bürger als Geiseln genommen, um dem Treiben der oft ahnungslosen Konservatoren Einhalt zu gebieten.

Es wäre jedoch einseitig, solche Gier nach dem schnöden Mammon allein den Studenten zu unterstellen, denn auch bei der Besetzung der würdevollen Professorenstellen spielte das liebe Geld eine nicht unbedingt wissenschaftsfördernde Rolle; um so mehr als der Rat der Stadt entscheidenden Einfluß auf die Besetzung von Professorenstellen ausübte. Neben den ca. 10 von der Stadt finanzierten vorwiegend juristischen Professuren, die z. T. mit der Funktion eines Stadtjustitiars verbunden waren, verfügte die Universität über 11 Pfründe, d. h. Priesterstellen an den Kölner Stiftskirchen, die sich übrigens mit Zähnen und Klauen gegen dieses päpstliche Geschenk an die Universität auf ihre Kosten wehrten. Nicht nur im Laufe dieser Auseinandersetzungen wurden Klagen über die Arbeitsauffassung der Professoren laut: Von den elf bepfründeten Professoren hielten im Jahre 1495 nur zwei ihre Vorlesungen selbst, drei ließen sich vertreten und drei waren abwesend, ohne sich um eine Vertretung gekümmert zu haben. Da solche Zustände eher die Regel als die Ausnahme waren, hatte sich die Stadt das Recht erstritten, selbst Lehrstuhlvertreter bestellen zu dürfen; im Zweifelsfall konnten die Bezüge einbehalten und die Stelle gekündigt werden.

Wenn eine Professur frei wurde, so erstickte die Stadt regelrecht in Petitionen benachbarter Fürsten, die ihre Günstlinge mit dem Professorentitel geehrt sehen wollten, und auch der Kölsche Klüngel wurde aktiv: Unter den fünf städtisch besoldeten Juraprofessoren befanden sich um 1495 immerhin zwei Professorensöhne und der Sohn eines städtischen, Provisor genannten Universitätsbeauftragten. Manche Bewerber hatten sogar vor Vertragsabschluß bereits Lehrstuhlvertreter organisiert, da sie selber entweder nicht qualifiziert genug waren oder gar nicht daran dachten, in Köln zu lehren.

Gründe für die Abwesenheit von Professoren gab es viele, angefangen von diplomatischen Missionen reichte das Spektrum über einträgliche Nebentätigkeiten der Juristen und Mediziner, z. B. als ›Leibärzte‹ des Herzogs von Jülich, bis hin zu simpler Unlust. Auch für die in Köln verbliebenen Professoren, vor allem der juristischen und medizinischen Fakultät, gab es genügend Möglichkeiten zum Nebenverdienst, die eifrig genutzt wurden, obwohl (?) ihr Jahreseinkommen das Vielfache des Einkommens eines einfachen Handwerkers ausmachte.

Neben ›ärztlicher‹ oder anwaltlicher Tätigkeit spielten dabei Rechtsgutachten eine entscheidende Rolle. Allerdings entschieden sich wenigstens einmal Kölner Professoren gegen die Bezahlung und für ihre – fragwürdige – Moral: Sie verweigerten Heinrich VIII. von England ein Rechtsgutachten für eine seiner zahlreichen Scheidungen. An der ›Artes‹-Fakultät, wo die Grundlagen von Grammatik, Logik, Rhetorik und Mathematik gelehrt wurden, war die materielle Situation der Lehrenden, die oft selbst noch an den höheren Fakultäten studierten, gänzlich anders. Sie betreuten zwar bis zu 80 Prozent der Studenten, von denen nur ein Bruchteil überhaupt einen Abschluß machte – nicht zuletzt wegen der hohen Prüfungsgebühren –, bekamen aber so gut wie nichts von dem städtischen Geldsegen ab. Sie finanzierten sich entweder durch individuelle Pfründe, die nichts mit der Universität zu tun hatten, durch Hörergebühren oder durch den Unterhalt von Bursen, Studentenwohnheimen, die Kost, Logis und Unterricht unter einem Dach vereinten. Während die Söhne reicher Eltern vorwiegend Recht, Theologie oder Medizin studierten und sich gar einen Abschluß leisten konnten, studierten an der artistischen Fakultät auch zahlreiche ›arme‹ Studenten, denen Immatrikulationsgebühren erlassen wurden, für die selbst der Besuch einiger weniger Vorlesungen ohne Abschluß Berufs- und Lebensperspektiven verbesserte. Studienförderung gibt es nicht, wohl aber eine ganze Reihe von individuellen Stiftungen, aus denen u. a. Stipendien für mittellose Studenten finanziert werden. Dennoch sind viele Studenten darauf angewiesen, ihren Lebensunterhalt durch Bettelei zu finanzieren, so daß der Universitätshistoriker Keußen von einer »Landplage« reden konnte.

Die Anwesenheit von bis zu tausend privilegierten Studenten, von denen die Mehrzahl erheblich jünger als achtzehn Jahre war, spielte nicht nur als ökonomischer Faktor – durch Erhöhung der lokalen Kaufkraft – eine Rolle im Alltagsleben, sondern auch als ständige Konfliktquelle: Privilegien und Provokationen sowie der keineswegs mönchisch-asketische Lebenswandel führten häufig zu recht handfest praktizierter ›Bürgernähe‹ – in zahlreichen Schlägereien und Querelen mit der arbeitenden Bevölkerung Kölns. Zunächst wendet die Stadt den drakonischen Strafkatalog des Mittelalters bei Übergriffen auf Universitätsangehörige verschärft an: 1402 kommt es zu mehreren Hinrichtungen wegen des Mordversuchs an einem Studenten, 1459 wurde einem an einem Angriff auf eine Burse beteiligten Handwerker die rechte Hand abgeschlagen, nachdem die Universität am 13. Juni die Vorlesungen eingestellt hatte. Forderung dieses ersten Kölner Hochschulstreiks war nichts anderes als – harte Bestrafung der Gegner der

Studenten, die schließlich öffentliche Abbitte leisten mußten. Derartige Urteile, soziale Ungleichheiten in der Stadt, Alkoholkonsum und der durch die rechtliche Sonderstellung der Studenten genährte Verdacht, diese würden wegen des hohen Anteils reicher Kölner Bürgersöhne bevorzugt behandelt, führten zu regelrechten Konspirationen gegen die Studenten: 1466 wird ein ›unschuldiger‹ Schuhmacher verprügelt, weil er ähnlich einem Studenten einen langen Rock trug; 1489 untersagt der Rat öffentlich Verschwörungen gegen Universitätsangehörige und setzt einmonatige Turmhaft als Strafe für die Beleidigung von Studenten aus. Trotz dieser Maßnahmen fühlt sich die Universität ungerecht behandelt und in ihrer Sicherheit eingeschränkt. Gegen Ende des Jahrhunderts gehen die städtischen Behörden nämlich dazu über, die Verantwortlichen für die Auseinandersetzungen in den Reihen der Studenten zu suchen; mit dieser Begründung werden universitäre Schadensersatzforderungen abgewiesen, selbst als 1501 die Laurentianerburse verwüstet wurde. 1507 schließlich werden die rechtlichen Beziehungen zwischen Stadt und Universität vertraglich geregelt, indem die vom Rat ernannten ›Provisoren‹ zu einer Art Schlichtungsstelle im Konfliktfall deklariert werden. Dies war nicht zuletzt deshalb nötig, weil Studenten als ›Kleriker‹ nicht von weltlichen Behörden inhaftiert werden durften und selbst bei Zivilklagen der Rektor als Richter fungierte, und schloß immerhin die Möglichkeit der Stadt ein, Studenten wenigstens eine Nacht lang festzuhalten, ohne gleich mit einem kirchlichen Sanktionstheater rechnen zu müssen. 1440 hatte noch ein von Studenten erwirktes Strafmandat gegen den Rat zu einer zeitweiligen Exkommunikation der Stadt Köln geführt, woraufhin Stadt und Universität gemeinsam gegen die ›Übeltäter‹ vorgingen. Zugleich wurden in diesem Vertrag Einschränkungen für die Kölner Bürger festgelegt, so z. B. das Verbot des Wirtschaftsbesuches im Universitätsviertel in Domnähe, um das Konfliktpotential zu mindern. 1486 hatte ein solches Aufenthaltsverbot im Universitätsviertel ›nur‹ die ›Dirnen‹ betroffen... Weitere Querelen zwischen Stadt und Universität gab es im Streit um die Steuerbefreiung auf z. B. für den universitären Gebrauch bestimmtes Bier. Diese wurden erst recht zum Problem, als 1494 einige Bursen ein bierartiges Gebräu ›steuerfrei‹ unter Marktpreis öffentlich verkauften. Die Auseinandersetzungen um die universitären Schwarzbrauer fanden ebenfalls mit dem Vertrag von 1507 ein Ende, der die scheinbare Selbstverständlichkeit festschrieb, daß nur zum persönlichen Gebrauch der Universitätsmitglieder bestimmte Lebensmittel zollfrei waren, während kommerzielle Aktivitäten den üblichen Geschäftsbedingungen unterlagen.

Von 1388 bis 1507 dauerte es, also über 100 Jahre, bis Stadt und Universität ein halbwegs verbindliches Arrangement zustande brachten, das die rechtlich komplizierten Konfliktfälle und Statusprobleme einigermaßen verbindlich regelte. Dieser Vertrag führte zu einer sichtbaren Deeskalation der Konflikte.

Ebenso wie manche Professoren außer Nebentätigkeiten auch Vorlesungen abhielten, so wurde studiert. Zentrale Lehrform der Universität war die Vorlesung. Hier wurden tatsächlich die klassischen Grundtexte, z. B. von Aristoteles, mit spezifischen Standardkommentaren ohne weitere individuelle Zutat des Lehrenden vorgelesen.

Diese monotone Lehrform erklärt sich nicht nur aus dem Mangel an Büchern, die ja handschriftlich kopiert werden mußten, sondern vor allem aus der zentralen Stellung des autoritativen Textes in der Argumentationsstruktur der Scholastik. Selbst die Mediziner hielten es nicht anders: Obwohl um 1480 die erste Anatomie in Köln stattfand, erklärte die Kölner Fakultät noch gegen Anfang des 17. Jahrhunderts, empirische Erkennntnisse seien für die medizinische Praxis bedeutungslos. In Köln werde gegenüber solchen Neuerungen an den Wahrheiten der klassischen Texte von Hippokrates und Galen festgehalten, die während des Medizinstudiums in ähnlicher Weise taktiert wurden wie z. B. Thomas von Aquin bei den Theologen.

Problematisiert wurden die klassischen Texte nur in dem, auch bei Prüfungen angewandten, zum Schematismus verkommenen scholastischen Verfahren der ›disputatio‹, der logisch strukturierten Erörterung genau definierter Probleme anhand eines Textes bzw. des gesamten Diskurses der scholastischen Ordnungsvorstellungen. Die nach adligem Vorbild streng hierarchisch orientierten Prüfungen fanden ebenfallls in der Form solcher ›disputationes‹ statt; der Kandidat mußte eine vorgegebene These verteidigen und die Diskussionsergebnisse zusammenfassen.

Nach diesem Muster verliefen auch die beschlußfassenden Universitätsversammlungen der Magister und Doktoren, in denen dieses Verfahren zunächst fakultätsweise und dann gemeinsam angewandt wurde, wobei der Rektor mit der Zusammenfassung die Beschlüsse festhielt.

Für die ebenfalls textorientierte Berufspraxis von Juristen etwa war dieses stumpfsinnig anmutende Verfahren allerdings durchaus funktional: Auswendiglernen zentraler Texte und der Vortrag von Argumentationen in einer rituralähnlich definierten Form entsprachen durchaus dem mittelalterlichen Berufsbild des Juristen.

Wolfgang Blaschke

Der »Malleus Maleficarum« – ein Handbuch zur Hexenverfolgung

Die Kölner Universität und die Stadt Köln waren auf vielfältige Art und Weise in die Hexenpogrome des ausgehenden Mittelalters involviert: Da gab es die großen christlichen Orden der Dominikaner und Jesuiten, da gab es den Erzbischof und seine Anweisungen zur Verfolgung, da gab es vor allem die Inquisition und die theologische Fakultät der Universität, die die kirchliche Elite ausbildete, und es gab die vermeintlich wissenschaftliche Tradition eines frauenfeindlichen Weltbildes, zu dem die beiden Dominikaner Albertus Magnus und Thomas von Aquin einen nicht unwesentlichen Beitrag geleistet haben. Vor allem aber war die theologische Fakultät der Universität zu Köln als päpstliche Zensurbehörde anerkannt und in Glaubensfragen unumstritten oberste Instanz.

Die alte Kölner Universität hatte zur damaligen Zeit eine erhebliche Bedeutung für die theologische Orthodoxie. Diese ideologische Autorität und die Abschottung gegenüber dem neuem Weltbild, wie Humanismus und Renaissance es entwickelten, bilden den geistigen Nährboden für eines der ungeheuerlichsten und fürchterlichsten Dokumente »Kölner Geistes«: den Hexenhammer.

Der Kölner Theologe Jakob Sprenger und sein Inquisitionskollege Heinrich Institoris verfaßten dieses monströse Machwerk spätscholastischen »Geistes«, um dem inquisitorischen Terror mehr Effizienz zu geben und den noch vorhandenen Widerstand gegen die Praxis der Inquisition endgültig zu überwinden. Dazu erschien den beiden eine umfassende »Definition« der Hexe und die juristische Formalisierung der Inquisitionspraxis vonnöten, für welche sie, mit Billigung der Kölner Theologie, eine Legitimation schaffen wollten – was sie schließlich auch erreichten.

Der »Malleus Maleficarum« erschien 1487, ausgestattet mit einem positiven Gutachten der Kölner theologischen Fakultät, und entfaltete sehr schnell seine mörderische Wirkung. Mit dem Segen der obersten Zensurbehörde erreichte dieses frauenfeindliche Folter- und Scheiterhaufenhandbuch bis 1669 insgesamt 29 Auflagen.

Die mittelalterliche Kölner Universität trägt so die Mitschuld an der massenhaften Vernichtung von Frauen als ›Hexen‹ und hat sich als

Institution zugunsten der Barbarei entschieden und gegen die aufklärerisch-emanzipatorischen Geistesströmungen des Humanismus und der Aufklärung gestellt.

Der ›Kölner Zeitgeist‹ und die Krise des ausgehenden Mittelalters, die auch eine Sinnkrise war, bilden den Hintergrund, vor dem sich die Exzesse der Hexenverfolgung abspielten. Dabei ist die Steigerung des Hexenwahns auch auf Zusammentreffen von Resten mittelalterlichen Magieglaubens und neuzeitlicher wissenschaftlicher Systematik zurückzuführen.

Man könnte vermuten, daß mit dem Beginn der Neuzeit, die den »Anfang des Rationalismus« in Europa markiert, mit dem Wirken des Humanismus und dem Beginn der Aufklärung, kurz mit der Emanzipation der Wissenschaft von ihrer magisch-theologischen Herkunft, das Ende des Glaubens an Magie und Zauberei einherginge. Indem neue Vorstellungen Eingang in die Philosophie und die gerade entstehenden Naturwissenschaften finden, entwickelt sich ein rationales Weltbild, von dem aus Vernunft, Toleranz und Humanität sich entfalten können. Die neue Rationalität der formalisierten Vernunft etabliert sich aber um den Preis der fortschreitenden Distanzierung der Menschheit von der Natur und damit von Teilen ihrer selbst. Zu diesem Verlust der Einheit von Ich und Natur kam noch, auch für das Individuum, die Erfahrung, daß ein Zeitalter der Umbrüche, eine Zeit politischer sowie geistig-religiöser Umwälzungen begonnen hatte, welches im Zeichen sozialer und ökonomischer Krisen und Auseinandersetzungen stand. Die dabei aus ihren traditionellen Zusammenhängen entlassenen Individuen suchten nach neuen Sinngebungen und Interpretationsmustern für die Bewältigung ihrer individuellen und kollektiven Lebensperspektive.

Die europäische Welt war zu Begin des 15. Jahrhunderts in Aufruhr: Religionskriege, Reformation und Gegenreformation, Bauernrevolten, Ketzerverfolgungen und -verbrennungen, Inflation, Auflösung der Zünfte, die Herausbildung neuer Produktionsmittel und -techniken, eine erstarkende Finanzwirtschaft, Bevölkerungswachstum und ein enormer Frauenüberschuß sowie die Verelendung und Brutalisierung breiter Bevölkerungsteile bestimmten die Zeit. In dieser allgemeinen Krise, in der sich die Individuen hilflos den chaotischen Erscheinungen einer partikularisierten Realität ausgesetzt sahen, war das gesellschaftliche Bewußtsein geprägt von diffusen Ängsten und Hoffnungen. Hier kann nur angedeutet werden, von welchen anarchisch-chaotischen Strukturveränderungen die Menschen zu Beginn der »Zivilisation« in ihren Lebens- und Arbeitsverhältnissen betroffen waren. Festzuhalten bleibt, daß das starre religiöse Weltbild des Mittelalters diesem neuzeitlichen Chaos nicht mehr angemessen war und zerfiel; die Individuen konnten sich nicht mehr in das statische Bild einer göttlichen Odnung über Mensch, Natur und Gesellschaft einordnen. Die damit einhergehende Auflösung der alten, überkommenen Glaubensinstitution hatte enorme Auswirkungen: Das Bewußtsein, in einer untergehenden, vom Teufel beherrschten Endzeit zu leben, verstärkte das allgemeine eschatologische Bewußtsein, welches sich im Laufe des 16. Jahrhunderts weiter verfestigte.

Der Hinweis auf die subjektive Wahrnehmung der sozialen Umbrüche ist wichtig, weil die von der Inquisition gestreute Saat des Hexenwahns auf solche Dispositionen von Furcht, Angst und Haß in der Bevölkerung zurückgreifen mußte und konnte, um der Legitimationskrise der Kirche, die auch Ausdruck des Verlustes ihrer ökonomischen und politischen Macht war, entgegenzutreten. Mit der Gegenreformation verstärkte sich die Tendenz, die wohl endgültig verlorene Einheit der mittelalterlichen Glaubens- und Sozialordnung mittels äußerer Gewalt, durch gesellschaftliche Isolierung und religiösen Fanatismus, durch Intoleranz und Terror wiederherzustellen. Daß die Hexenpogrome während dieser Zeit ihre intensivste Steigerung erfuhren, sowohl in der römischen Kirche als auch in der sich gerade neubildenden protestantischen, korrespondiert mit dem Zerfall des religiöspolitischen Machtsystems des Mittelalters und den gesellschaftlichen Umstrukturierungsprozessen, wie sie Karl Marx in seiner Analyse der »sogenannten ursprünglichen Akkumulation« beschreibt. Dieser vermeintliche »Glaubenskampf« zwischen der alten und der heraufziehenden neuen Ordnung, der sich als Entscheidungskampf gegen die satanisch-dämonischen Mächte begriff, war ein letzter Versuch der Kirche, die neuen Kräfte, die das geozentrische Weltbild für obsolet erklärt hatten, niederzuhalten. Ein für viele Frauen tödlicher Versuch, der zunehmenden Verweltlichung, der Diesseitsorientierung dadurch entgegenzutreten, daß man gegen die »Hexen« mit Feuer und Schwert zu Felde zog.

»In dem blutigen Vernichtungsprozeß gegen die magiebegabten Frauen (....) kulminiert ein langer Transformationsprozeß, der alle gesellschaftlichen Bereiche erfaßte und an dessen Ende die Subsumtion der Arbeit unter das Kapital, die Subsumtion des Singulären unter den Begriff stand – und als dessen Resultat die Emanzipation der Gattung von den unmittelbaren Naturverhältnissen eine neue Qualität erhielt.«[1] Die Zerstörung des mittelalterlichen Verhältnisses des Menschen zur Natur war notwendig geworden, da neue Produktionstechniken wie die Manufaktur von den Individuen andere als die bekannten Grunddispositionen erforderten. Es ging vor allem darum, die Individuen an die dafür erforderlichen »neuen« Arbeits- und Zeitnormen anzupassen. Dazu war es erforderlich, das innige Verhältnis des mittelalterlichen Menschen zur Natur restlos auszutilgen, das magische Weltbild endgültig zu eliminieren. Mit dem Übergang von der Natural- zur Geldwirtschaft, mit der aufkommenden intensiven Arbeitsteilung, mit dem Auseinanderfallen von Konsumtion und Produktion trat der Wechselprozeß der Menschen in ein neues Stadium ein. Mit dem neuen System der Naturaneignung »vertrugen sich die Formen und Mittel, mit denen die Frauen angeblich und bis zu einem gewissen Grad auch faktisch die Kräfte der Natur für das Wohl (...) der Menschen lebendig machten«[2] nicht. Die Frauen waren an diesem Prozeß »Unterdrückung der Natur« praktisch nicht beteiligt, sie wurden vielmehr selbst in diesen Unterdrückungszusammenhang gestellt, in dem die Ausbeutung der Natur ihren systematischen Charakter erhielt. Allerdings, mit der »wachsenden Entfremdung von der ersten Natur wuchs die Angst vor ihren Auswirkungen – und damit die Angst vor den Frauen, die schon qua biologischer Funktion immer an die kreatürliche Herkunft des Menschen erinnerten. Im patriachalischen Einvernehmen mobilisierten ansonsten divergierende Machtträger die brutalste Zwangsgewalt...«[3] So wurden die Hexen zwischen den Blöcken der alten und der neuen Macht zerrieben.

Während das System der formalisierten Vernunft sich in seinen praktischen und theoretischen Anstrengungen auf die Berechenbarkeit, Disziplinierung und Ausbeutung innerer und äußerer Natur richtete, versuchte die Kirche, mit allen ihr zur Verfügung stehenden Mitteln ihre politische Macht zu erhalten. Denn »zweifellos dienten der Kirche Angst und Entsetzen, die ihre Verfolgungs- und Vernichtungsprogramme gegen Ketzer und Hexen in der Bevölkerung auslösten zur Restauration ihrer Macht, zu einem Zeitpunkt, da ihr institutioneller Rahmen längst hohl und verrottet war. Dennoch war die Hexenjagd nicht einfach die Folge eines groß angelegten Plans...«[4]

Obwohl die Vernichtung der Frauen in barbarischen und archaischen Vorstellungen wurzelte, handelte es sich dennoch um eine rationell und sehr ›modern‹ durchgeführte Verfolgungskampagne, welche mit den oft vagen Umschreibungen nicht hinreichend erfaßt wird. Hinter den Formulierungen wie »Aufkommen des Wahns« oder »Europa stand unter dem Alp der Hexenprozesse« verschwindet allzuleicht die Planungsrationalität der Verfolger, welche eine enorme Breitenwirkung und eine effektive Systematik hatte. In der Systematik der Hexenverfolgung verbanden sich mittelalterlicher Magieglauben und neuzeitliche Rationalität zu einem wahrhaft teuflischen Pakt.

Das aktuelle Problem der Kirche bestand zu der Zeit, als der Hexenhammer geschmiedet wurde, nun allerdings darin, daß sie jahrhundertelang jeden Glauben an Dämonen und Zauberei als ketzerisch definiert und verdammt hatte, sich aber nun, da ihre Macht bröckelte, gezwungen sah, auf die in der Bevölkerung verankerten Deutungsmuster der Welt zurückzugreifen und sie zum religiösen Kitt ihres brüchigen Machtanspruchs zu machen. Dabei hatten die theologischen Gelehrten einen wahren Eiertanz zu vollführen, ging es doch darum, das, was einst als Aberglaube bekämpft worden war, nun als Realität auszugeben und eine »wissenschaftlich« fundierte Grundlage für die zu nutzende, im Bewußtsein der Bevölkerung vorherrschende magische Betrachtung der Realität auszuarbeiten.

Die hier nur skizzierte politische und soziokulturelle Situation gab den Hintergrund ab für die Entstehung des Hexenhammers. Im »Malleus Maleficarum« der Inquisitoren Heinrich Institoris und Jacob Sprenger wurden die »rationalen« Grundlagen für die systematische und massenweise Verfolgung und Vernichtung von Frauen als ›Hexen‹ entwickelt und erreichte jene terroristische Synthese aus dem »frühneuzeitlichen dualistischen Frauenbild«[5] und dem metaphysischen Dogmensystem der scholastischen, latent frauenfeindlichen Tradition ihren »Höhe- und Endpunkt«.[6]

Dieses »verruchteste und zugleich läppischste, das verrückteste und dennoch unheilvollste Buch der Weltliteratur«[7], das als bezeichnend für die vorherrschende geistige Atmosphäre oder Dumpfheit an der Kölner Universität gelten kann, entfaltete bald nach seinem Erscheinen eine mörderische Wirkung und eröffnete eine breite literarische Tradition von Hexenbüchern, die erst mit dem Abklingen der Hexenverfolgung und -prozesse zurückgeht.

In diesen Hexenbüchern wurden den Lesern, also den Angehörigen der gebildeten Stände, der geistigen und weltlichen Obrigkeit, theologische und juristische Argumentations- und Legitimationshilfen zur Bekämpfung des Teufels und der Dämonen gegeben, aber auch konkrete Handlungsanweisungen und Verhaltensregeln für den konkreten Fall des Wirkens der Hexerei und der Hexe. Die Hexenbücher, in denen das Wirken der Hexen, ihre Gefährlichkeit und die Arten einer möglichen Abwehr beschrieben wurden, sind Handbücher, die auf eine reale Verwendung bezogen waren; hier wurden die Verhörformen, die Folterungen, die Prozeßform und die Urteilsfindung bis ins kleinste Detail hinein erläutert. Der Hexenhammer ist nicht das einzige und auch nicht das erste, wohl aber das wichtigste dieser literarischen Mordinstrumente. Vorlage für den »Malleus« war das theologisch allgemein anerkannte Handbuch der Ketzerverfolgung, der »Directorium Inquisitorium« des N. Eymericus. Die Verfasser des Hexenhammers weisen selbst auf die Tradition hin, in der ihr Werk steht; Sprenger und Institoris verstehen den »Malleus nur als Schlußstein eines Baus, an dem viele Jahrhunderte gearbeitet haben«.[8] Tatsächlich sind alle wesentlichen Punkte, die Sprenger und Institoris in ihrem Werk aufgreifen, bereits in der früheren Hexenliteratur enthalten. Das schreckliche Verdienst der beiden Dominikaner ist es, das vorliegende Material systematisiert und in eine bestimmte ideologische Richtung hin ausgelegt zu haben. Schon der Titel des »Malleus Maleficarum« (Malleus=Hammer; maleficarum=Übeltäterin, Verbrecherin, Schadenszauberin) kündigt eine neue Tendenz an.

Daß die Rolle des Angeklagten im Hexenprozeß durchgängig den Frauen zufallen sollte, war für Sprenger und Institoris eine ausgemachte Sache. Die angestrebte Gleichsetzung von Frau und Hexe hielten die beiden für ebenso offensichtlich wie einfach zu beweisen: Das lateinische **femina** gaben sie als Zusammensetzung des spanischen **fe** (= Glaube) mit dem lateinischen **mina** (= weniger) aus, die Frau als die »Weniger-Glaubende«. Zudem insistierten die Autoren des Hexenhammers auf die durch die Jahrhunderte von den Kirchenvätern und der Kirche genährte frauenfeindliche Ansicht, daß die Frau vor allem eine billige Arbeitskraft und ein reines Sexualobjekt darstelle. Wissenschaftler und Theologen des Mittelalters propagierten die frauenlose Gesellschaft, und wäre die Frau nicht als Mittel der Kinderzeugung notwendig gewesen, zu dem Thomas von Aquin sie degradierte, hätte die patriachalische Gesellschaft des Mittelalters auf sie ganz verzichtet. Auf der Grundlage dieser Auffassung konnte sich denn auch jener extreme asketische Frauenhaß entfalten, der bis in die frühe Neuzeit hineinwirkt.

Neben den frauenfeindlichen Tendenzen der scholastischen Tradition, die speziell gegen die Frau als Verführerin zur geschlechtlichen Sünde gerichtet war, existierte ein vermeintlich freundlicheres Bild, das durch die Verherrlichung der Frau als Jungfrau allerdings nur die negativen Aspekte bestätigt. Denn dieses Ideal bezieht sich ausschließlich auf einzelne fromme Frauen oder auf jene Frau, die als jungfräuliche reine Gottesmutter im späten Hochmittelalter besondere Verehrung genießt. Besonders Jakob Sprenger erweist sich als glühender Verfechter des hier nur angedeuteten dualistischen Frauenbildes: »einerseits die Jungfrau Maria, asexuell, aufopfernd, demütig sich dem

Schicksal und dem Willen des allmächtigen Gottes/Mannes beugend, andererseits die Hexe als Verkörperung der der Frau von Natur aus mitgegebenen Schlechtigkeit.«[9]

Daß die frauenfeindlichen Positionen des Hexenhammers in katholischen wie protestantischen Gebieten als gottgegeben hingenommen wurden, hat aber auch viel mit dem Verhältnis der Geschlechter, mit Verdrängung von Sexualität und Sinnlichkeit, mit einer sich im Hexenhammer nur spiegelnden Angst des Mannes vor der Frau, vor der Natur zu tun. Daß sich der Sexualhaß der mittelalterlichen mönchischen Askese mit der leistungsorientierten, genußfeindlichen Reformation zu einer unheiligen Allianz verband, führte dazu, daß das Hexensyndrom in dieser Zeit seine mörderischste Auswirkung erreicht und mit Beginn des 16. Jahrhunderts fast ausschließlich nur noch Frauen verfolgt wurden.

»Das magische Weltbild, das in letzter Instanz auf matristische Ursprünge verweist... wurde mit dem Beginn der Manufakturperiode, dem Triumph der modernen Wissenschaft über die Theologie, eliminiert. Sein Totengräber aber war die Kirche (die den gleichen Prozeß mit dem Verlust ihrer ökonomischen und politischen Macht bezahlen sollte) ...«[10] Dabei handelte die Kirche objektiv im Interesse der zukünftigen weltlichen Macht, denn die Hexenverfolgung funktionierte nicht nur im kirchlichen Kampf als Mittel der Disziplinierung, sondern auch im staatlichen und ökonomischen Bereich als Mittel der Zurichtung des »neuen Menschen«. Dieser »neue Mensch« des heraufziehenden industrialisierten Zeitalters war der Mann. Das Hexenpogrom läßt sich so als »zweite Phase der patriarchalischen Machtergreifung zu Beginn des bürgerlichen Zeitalters«[11] verstehen. Im Gegensatz zu den Naturverhältnissen, nicht im Einklang damit sollte sich das »neue Subjekt« konstituieren. »Das Terrormittel der Hexenprozesse, das die verbündeten feudalen Rackets, als sie sich in Gefahr sahen, gegen die Bevölkerung anwandten, war zugleich die Feier und Bestätigung des Sieges der Männerherrschaft über vorzeitliche matriarchale und mimetische Entwicklungsstufen. Die Autodafés waren die heidnischen Freudenfeuer der Kirche, der Triumph der Natur in Form der selbsterhaltenden Vernunft zum Ruhme der Herrschaft über die Natur.«[12] Der »Prozeß der Zivilisation« und die Entwicklung der instrumentellen Vernunft, welche einhergeht mit der Entfremdung des Menschen von der Natur und der Ablösung eines obsolet gewordenen Weltbildes, bedurfte äußerer Gewalt, das »religiöse« Über-Ich für die neuen Verhältnisse zu schaffen.

Die weite Verbreitung der Hexenbücher zu Beginn der Neuzeit

entspricht ihrer Aufgabe im sozio-kulturellen und politischen Zusammenhang: Sie dienten dem praktischen Zweck der Absicherung und Legitimation der Verfolgungspraxis, der Disziplinierung der Bevölkerung und der Bewältigung des sozialen Kampfes.

Betrachtet man den Hexenhammer im Ganzen, so wird vor allem deutlich, wie seine Autoren explizit und implizit davon ausgehen, daß die spätmittelalterliche Welt in einem unheilvollen Zustand ist und daß es ihre Aufgabe sei, ihren Zeitgenossen die Augen zu öffnen und die offensichtliche Gefährdung der Welt durch die Kräfte des Bösen zu bekämpfen. Hinzu kommen die persönlichen Erfahrungen, die die beiden Dominikaner als Inquisitoren gemacht hatten. Bei der Verfolgung von Ketzern und Hexen stießen sie zuweilen auf Widerstand. Ihre Opfer wurden ihnen häufig durch die weltliche Macht oder durch kirchliche Stellen entzogen. Zudem bemängelte man des öfteren ihre richterliche Kompetenz. Um diese unliebsamen Widerstände aus dem Weg zu räumen, wandten sie sich 1484 an Papst Innozens VIII. und erwirkten von ihm die Bulle »Summis desirantes affectibus«. Dieser richtete sich einerseits gegen die Gegner der beiden Inquisitoren und bedroht alle mit Bann, welche sich seinen »geliebten Söhnen« in den Weg stellten. Zum anderen gibt der Papst darin seiner Überzeugung von der Existenz und Schädlichkeit der Schadenszauberinnen Ausdruck und unterstützt so die Positionen Institoris' und Sprengers. Dennoch muß Institoris 1485 bei der Verfolgung zauberischer Frauen im Erzbistum Innsbruck eine herbe Niederlage hinnehmen. Was er und Sprenger in Konstanz noch durchgesetzt hatten, die Diözese zu säubern und 48 Menschen auf den Scheiterhaufen zu schicken, blieb ihnen in Tirol versagt. Eine groß angelegte Hexenverfolgung mit Unterstützung durch den Adel und die Kirche scheiterte am Widerstand des Bischofs und der Landstände.[13]

Dieser Mißerfolg war wohl der direkte Anlaß, den »Malleus Maleficarum« zu verfassen. Mit moralischem Eifer und Fanatismus gingen beide daran, das vorliegende Material zu systematisieren und mit radikal neuen Handlungsanweisungen zu versehen – dies war das Neue an ihrem Handbuch zur Ausrottung zauberischer Frauen. Entscheidend für den durchschlagenden Erfolg ihres Hexenhammers dürfte gewesen sein, daß die Verfasser erstens – entgegen der kirchlichen Tradition, welche die herkömmlichen Merkmale des Hexenwesens hervorhob – auf die zauberischen Schädigungen, der die Hexen ihren Mitmenschen zufügten, rekurrierten und zweitens erklärten, diejenigen, welche diese Schäden hervorriefen, seien grundsätzlich weiblich; deshalb heißt es auch im Titel **maleficarum** und nicht

maleficorum. Zudem machte die Ausweitung der Gerichtsbarkeit, wie es der »Kriminal-Kodex über die Arten der Ausrottung«[14] der Hexen vorsah, auf die weltlichen Gerichte die Verfolgung total.

Um ihrem »Mach«-Werk mehr Autorität zu verleihen, nutzten sie die päpstliche Bulle im Sinne ihrer Vorstellungen geschickt aus. Sie stellten dem Text des Hexenhammers die päpstliche Bulle voran und erweckten so den Eindruck, als seien die darin gemachten Ausführungen auf ihre eigene Schrift bezogen. Zudem bemühten sie sich um eine »wissenschaftliche« Befürwortung der Aussagen des »Malleus« und strebten zu diesem Zweck eine Approbation der theologischen Fakultät der Universität Köln als päpstlicher Zensurbehörde mit streng scholastischer Ausrichtung an, die dem Hexenhammer eine größere Durchschlagskraft geben sollte. Sie wußten, daß dies nicht einfach sein würde, denn nicht jeder Gegner des Hexenwesens würde die strafrechtlichen Implikationen ihrer Schrift ohne weiteres anerkennen: nämlich größere Vollmachten als bisher für die weltliche Gerichtsbarkeit und für die Bischöfe. Die inhaltlichen Ausführungen der Approbation waren denn auch eher enttäuschend, zudem hatten nur vier Professoren der Theologischen Fakultät, unter ihnen der Dekan, es für nötig befunden, die nichtssagenden Formulierungen zu unterschreiben. Man befand, die theoretischen Grundlagen seien zwar nicht falsch, den strafrechtlichen Ausführungen allerdings könne man nur soweit folgen, als sie den bestehenden kirchenrechtlichen Vorschriften nicht widersprächen. Ein vager Einspruch, der ohne Wirkung bleibt.

Ob es nun, da dieses erste Gutachten der Kölner Theologen nicht in ihrem Sinne ausfiel, zu der Fälschung eines zweiten Gutachtens kam, ist in der Forschung umstritten.[15] Jedenfalls enthält die 1487 in Straßburg erschienene Ausgabe des Hexenhammers zwei notariell beglaubigte Gutachten der Kölner Fakultät. Von diesem zweiten Gutachten, das in der Beurteilung der Theorie und Praxis der Hexenverfolgung eindeutig Partei nimmt für die von Institoris und Sprenger vertretenen Thesen, hat sich allerdings die Kölner Universität nie distanziert, was für die Echtheit des Dokuments spricht. Daß die ganze Angelegenheit dennoch für Mißstimmung bei den Kölner Theologen sorgte, belegt die späte Rache der Universität, die nach dem Tode Sprengers (1895) davon absah, ein Seelenamt zum Gedenken ihres Ex-Professors zu feiern.

Aber da war es schon zu spät. Mag auch der Dekan, als der Hexenhammer zu Beginn des 16. Jahrhunderts zum offiziellen Handbuch der Justiz wurde, dagegen protestiert haben, daß die Theologische Fakultät für den Hexenhammer verantwortlich gemacht wurde.

Die Kölner Universität war durch ihr Verhalten mitverantwortlich geworden für die systematische und massenhafte Verfolgung von Frauen als Hexen.

Anmerkungen

1 S. Bovenschen, Die aktuelle Hexe, die historische Hexe und der Hexenmythos. In: Becker u. a.; Aus der Zeit der Verzweiflung. Ffm. 1977, S. 276

2 Ebd.

3 Ebd., S. 291

4 Ebd., S. 278

5 I. Franken/I. Hoerner, Hexen – die Verfolgung von Frauen in Köln. Köln 1987, S. 9

6 Vgl. J. W. R. Schmidt, Einleitung zu: Sprenger/Institoris, Der Hexenhammer. Berlin 1906, Nachdruck München 1982

7 S. Riezler, Geschichte der Hexenprozesse in Bayern. Stuttgart 1896, S. 102, Vgl. auch Soldan-Heppe, Geschichte der Hexenprozesse, München 1912

8 J. W. R. Schmidt, a.a.O.

9 I. Franken/I. Hoerner, a.a.O., S. 9

10 S. Bovenschen; a.a.O., S. 290

11 Ebd., S. 292

12 M. Horkheimer, Dialektik der Aufklärung. Amsterdam, S. 299

13 Vgl. Franken/Hoerner; a.a.O., S. 10, oder auch M. Hammes, Hexenwahn und Hexenprozesse. Ffm. 1977, S. 50 ff.

14 Sprenger/Institoris, Der Hexenhammer a.a.O.

15 Vgl. J. Hansen, Der Malleus Maleficarum, seine Druckausgaben und die gefälschte Kölner Approbation vom Jahre 1487. Vgl. auch Malleus Maleficarum. In: Der Name der Freiheit. Köln 1988, S. 378 f.

Wolfgang Blaschke

Epistolae obscurum virorum

Die Dunkelmännerbriefe

Die Geschichte der Kölner Universität ist vor allem eine Geschichte ausgefallener Aufklärung. Daß an dieser Hochschule ein Jakob Sprenger, Mitverfasser des berüchtigten »Hexenhammer«, lehren konnte, ist nur Ausdruck einer generellen Tendenz: der Ausgrenzung aller aufklärerisch-emanzipatorischen Geistesströmungen vom Humanismus bis zur Aufklärung, und zeigt deutlich, wes Geistes Kind die Kölner Universität bald nach ihrer Gründung war.

Daß dies der neuen Hochschule nicht in ihre Gründungsurkunde geschrieben war, zeigen zwei Faktoren: Als der Rat der Stadt Köln 1388 die Genehmigung zur Gründung einer Hochschule bekam, da betrat Köln so etwas wie bildungspolitisches Neuland im deutschsprachigen Raum. Immerhin war Köln die erste Universitätsgründung, die eine Stadt und nicht ein Landesfürst betrieb. Darin zeigt sich, welche wirtschaftliche und politische Bedeutung dieser Stadt zukam, aber auch der erwachte Freiheitswille ihrer Bürger, ihr Selbstbewußtsein wider die Obrigkeit.

Der Kölner Rat profitierte bei seinem Gründungsplan der Universität von der politischen Entwicklung in Europa. Seit 1378 gab es die große Kirchenspaltung mit konkurrierenden Päpsten in Rom und Avignon. Die Pariser Sorbonne hatte sich unter dem Druck des französischen Königs für den Papst in Avignon erklären müssen, was die an der Sorbonne lehrenden deutschen Professoren veranlaßte, Frankreich den Rücken zu kehren. Die Kölner gewannen diese stellungslosen Universitätslehrer für ihre Gründungspläne, und der Papst in Rom konnte mit der Genehmigung einer Universität in Köln seine Machtposition im Reich festigen. Aber nicht nur die ökonomischen und politischen Vorraussetzungen waren für die Pläne der Stadt günstig, hinzu kommt, daß es in den Mauern der Stadt eine Einrichtung gab, auf der man aufbauen konnte. Bereits seit einhundertundfünfzig Jahren existierte in Köln das angesehene »Studium Generale« der großen Mönchsorden, allen voran das der Dominikaner. Köln galt damals als eine der zentralen Ausbildungsstätten für den Führungsnachwuchs der großen Orden.

Außer der Gründung selbst geschah in den ersten Jahrzehnten an der Universität Köln nichts Aufsehenerregendes. Die Gründung gelang, Köln gehörte mit 800 Studenten bald zu den großen Universitäten im Reich. Die Universität konnte ihr Ansehen gut 100 Jahre lang bewahren. Spätmittelalterlicher Alltag bestimmte die Szenerie. Dann aber versank die Universität für die restlichen 300 Jahre ihrer Existenz – bis zur Auflösung durch die französischen Revolutionstruppen –, in geistige Stagnation und Dumpfheit.

Vom Rat der Stadt Köln gegründet und formal auch kontrolliert, hatte die Universität allerdings von Anfang an eine starke kirchliche Einbindung und unterlag diesem übermächtigen Einfluß bald. Vor allem lag das an der Integration der »General Studien« der Dominikaner und anderer Mönchsorden, deren scholastische Wissenschaftstradition bruchlos in die Hochschule wirken konnte. In dieser bruchlosen Integration und dem Verharren in den mittelalterlichen Denktraditionen der Scholastik liegt denn auch eine der wesentlichsten Ursachen für den Niedergang der alten Kölner Universität. Das bedingungslose Festhalten an Dogmen und überholten wissenschaftlichen Positionen führte zur Ausgrenzung der wichtigsten geistigen Bewegung des 15. und 16. Jahrhunderts, später auch zur Bekämpfung der Aufklärung.

Der geistigen Stagnation stand die humanistische Bewegung gegenüber, das Drängen nach einer längst überfälligen Reichsreform, nach einer Reform der Kirche, der Kampf gegen die geistige Enge und die das geistige Leben beherrschende und lähmende scholastische Theologie – zu deren Zentrum Köln geworden war. Der Humanismus entwickelte ein neues kritisches Wissenschaftsverständnis, zielte auf selbständige Urteilsfähigkeit und Autonomie. Damit untergrub er die Autorität der Kirche.

Es konnte nicht ausbleiben, daß die Kirche und bald auch die Kölner Hochschule gegen den Humanismus Front machte. Bezeichnend ist, daß der Konflikt sich an der Beurteilung religiöser Schriften entzündete, hatten doch die Humanisten in die wissenschaftliche Ausbildung das Studium des Hebräischen ebenso wie des Griechischen und des Lateinischen integriert, samt Lektüre antiker Autoren in textkritischen Ausgaben. Ausgelöst wurde der Konflikt, der in ganz Europa hohe Wellen schlug und zu einem Skandal geriet, durch das Treiben des konvertierten Kölner Juden Johannes Pfefferkorn. Mit Rückendeckung der Kölner Hochschule unter Führung des Magister Ortwin Gratius, der sich im Einverständnis mit dem Inquisitor Jakob von Hochstraten wußte, wetterte Pfefferkorn gegen seine ehemaligen Glaubensbrüder und forderte das Verbot aller jüdischen Schriften.

1509 bekam er die kaiserliche Genehmigung, alle jüdischen Bücher einzuziehen. Gegen dieses kaiserliche Mandat legte allerdings der Erzbischof von Mainz Widerspruch ein, so daß Kaiser Maximilian 1510 Gutachten über die Forderungen von Pfefferkorn in Auftrag gab. Die Universitäten Köln, Mainz und Erfurt, die Sachverständigen J. v. Hochstraten, der Kölner Dominikanerprior sowie Victor von Carben, ein ehemaliger Rabbiner, bestätigten Pfefferkorns Standpunkt, was nicht weiter verwundert, denn die Scholastiker urteilten in eigener Sache; lediglich die Heidelberger Universität enthielt sich einer Stellungnahme. Das einzige abweichende und zu ganz anderen Ergebnissen kommende Gutachten gab im Oktober 1510 der Humanist Johannes Reuchlin ab. Er unterschied in seinem Gutachten zwischen jüdischen Schmähschriften, deren Verbot er empfahl, und den religiösen Schriften der Juden, wie dem Talmud. Die Juden seien Bürger des Reiches und als solchen dürfe man ihnen nicht ihre Religion verbieten.

Pfefferkorn war empört und antwortete Reuchlin 1511 mit einer wüsten Schmähschrift, dem »Handspiegel«, der aus lauter Lügen und Verleumdungen bestand. So behauptete er, Reuchlin könne kein Hebräisch, auch sei er von Juden bestochen worden. Reuchlin antwortete mit dem »Augenspiegel«, in dem er nicht nur gegen Pfefferkorn, sondern auch gegen die Kölner und Mainzer Theologen-Cliquen polemisierte. Diese liefen daraufhin Sturm gegen Reuchlin. Die Kölner Theologische Fakultät erreichte 1512 beim Kaiser ein Verbot des »Augenspiegels« – das erste nachweisbare kaiserliche Bücherverbot.

Die Auseinandersetzung erregte bald die Bildungselite in ganz Europa. Wieder einmal war ein Gelehrter von den Dominikanern und der Inquisition in Köln für den Scheiterhaufen bestimmt. Doch dieses Mal gab es eine starke Gegenwehr, die Humanisten verteidigten den »Ketzer« gemeinsam gegen die Barbarei. 1514 kam es zum Prozeß gegen Reuchlin, den der Kölner Inquisitor J. v. Hochstraten angestrengt hatte. Der als Richter eingesetzte Bischof von Speyer sprach in seinem Urteil Reuchlin in allen Punkten der Anklage frei und bezeichnete den »Augenspiegel« als harmlos. Er verurteilte Pfefferkorn und Hochstraten zur Zahlung der Prozeßkosten und nannte sie Verleumder. Dieses Urteil war für die Kölner eine Demütigung, und die Unterlegenen wandten sich an den Papst. Die römische Kurie und der Papst sowie der Kaiser waren allerdings bestrebt, den Fall zu verschleppen und versanden zu lassen; ein Kardinalsausschuß entschied sogar zugunsten Reuchlins. Dennoch setzte die Kölner Universität ihr Kesseltreiben gegen Reuchlin fort, der stellvertretend für den gesamten Humanismus stand.

Mit dem Aufstieg Luthers zum gefährlichen Gegner Roms erschien auch der Fall Reuchlin in neuem Licht, nun mußten die Kirche und deren Kaiser gegen den Abtrünnigen vorgehen. So wurde Reuchlin 1520 verurteilt, sein »Augenspiegel« verboten und dem Autor ›ewiges‹ Schweigen auferlegt – was dieser auch bis zu seinem Tode wahrte.

In der Auseinandersetzung zwischen Reuchlin und seinen Gegnern hatten die Spannungen zwischen mittelalterlicher Scholastik und Humanismus ihren vorläufigen Höhepunkt erreicht. Bei dem Konflikt ging es im Grunde nicht um die Erhaltung der jüdischen Bücher, dies schien zumindest den Parteigängern Reuchlins selbstverständlich, sondern darum, daß die Humanisten sich in die Angelegenheiten des Glaubens, der Theologie, des Wissenschaftsbetriebes und der Kirche sowie der Religion einmischten. Dies belegten auch Reuchlins »Clarorum virorum epistolae«; er veröffentlichte die an ihn gerichteten Briefe berühmter Männer in Sachen Pfefferkorn u. a. Die Humanisten zweifelten dabei nicht die Religion oder das Christentum an, aber die Dogmen und die starre Haltung der Kirche – der Humanismus war hier vor allem antiinstitutionell eingestellt.

Damit ist nun der Hintergrund abgesteckt, vor dem sich eine der wirkungsvollsten Satiren der deutschen Literatur entfalten sollte. Die Anfang 1515 erscheinenden »Dunkelmännerbriefe«. Die »Epistolae obscurum virorum ad veberabilem virum Magistrum Ortvinum Gratium Daventriensem Coloniae Agrippinae bonas litteras docentem varijs & locis & temporibus missae ac denum in volumnen coactae«, oder zu gut deutsch »Briefe der dunklen unbekannten (im Gegensatz zu »clarorum«, eine Anspielung auf Reuchlins »Clarorum virorum epistolae«) Männer an den ehrenwerten Herrn Magister Ortwin Gratius aus Deventer, Lehrer aller rechten Wissenschaften zu Köln, von verschiedenen Orten und zu unterschiedlichen Zeiten abgeschickt und nunmehr endlich in einem Band vereinigt«, sind eine Satire, deren Figuren mittels fingierter schriftlicher Rede charakterisiert werden. Objekt und Subjekt der Dunkelmännerbriefe sind die Gegner Reuchlins und des Humanismus, die in diesen Briefen aus ihrer Arroganz, Dummheit und Unwissenheit keinen Hehl machen. Empfänger der in einem barbarischen Latein geschriebenen Briefe ist der Magister Ortwin Gratius in Köln, eine der Hauptstützen der Scholastik, der von allen Briefschreibern voller Verehrung und Bewunderung angesprochen und um Rat gefragt wird, wie denn wohl dem gottlosen Treiben der Poeten ein Ende zu setzen sei. Daß die Kölner zunächst auf die Satire hereinfielen und glaubten, hier seien unbekannte Freunde am Werk, zeigt deutlich ihre Borniertheit und Selbstgerechtigkeit. Daß diese fiktiven Briefe alle nach Köln gerichtet sind, belegt auch, daß im Streit um die Judenbücher, in der Auseinandersetzung zwischen Scholastik und Humanismus, im Kampf um erste Ansätze von Lese- und Meinungsfreiheit die Kölner Universität ihren verdienten Ruf gewonnen hatte.

Verfasser der meisten »Epistolae« waren Ulrich von Hutten und Crotus Rubeanus, die die Kleinkariertheit und Provinzialität der Kölner Hochschule aus eigener Anschauung kannten, waren doch beide 1505 an dieser Universität, die sich fest in der Hand der Scholastiker befand, als Studenten eingeschrieben.

In stümperhaftem Latein geschrieben, entlarven die Texte die Gegner Reuchlins und des Humanismus als scheingelehrte, beschränkte, heuchlerische und intrigante machtbesessene Kleriker. Die Verfasser schlüpfen dazu in Mönchskutten und imitieren ihre Gegner, um sie so dem Gespött ganz Europas preiszugeben. Eine Parodie von durchschlagendem Erfolg, deren Wirkung enorm war.

Allerdings, die Dunkelmänner waren damit längst nicht besiegt. Neun Jahre hatte der Kampf Reuchlins und der Humanisten gegen die Kölner Theologen und die reaktionären Machthaber in Kirche und Staat gedauert, ein beispielhaftes Stück deutscher Bildungsgeschichte, an dessen Ende noch einmal die Orthodoxie und die Ignoranz der Kölner Universität triumphierten. Geblieben ist eine der raffiniertesten Satiren der deutschen Literaturgeschichte, die ihre Zeit und ihre Gegner überdauert hat.

Einige Beispiele aus den »Dunkelmännerbriefen« seien an dieser Stelle wiedergegeben:

Petrus von Worms grüßt vielmals Magister Ortvinus Cratius

Vortrefflicher Mann! Da Ihr mir tatsächlich geneigt seid und mir soviel Gunst erweist, so will ich Euch gegenüber auch mein möglichstes tun. Ihr habt mir einmal gesagt: »O Petrus, wenn Ihr nach Rom kommt, so seht doch, ob es neue Bücher gibt, und schickt mir einige.« Seht, hier habt Ihr ein neues Buch, das hier gedruckt ist. Und da Ihr ein Dichter seid, glaube ich, daß Ihr Eure Kunst damit sehr vervollkommnen könnt. Ich habe hier nämlich in einer Gerichtssitzung von einem Notar, der in dieser Kunst sehr bewandert sein soll, gehört, dieses Buch sei die Quelle der Poeterei und sein Verfasser, der Homerus heißt, sei der Vater aller Dichter. Er sagte auch, es gäbe noch einen anderen Homerus auf griechisch. Darauf sagte ich: »Was geht mich das Griechische an? Dieser lateinische ist besser, denn ich will ihn nach Deutschland an Magister Ortvinus schicken, der sich um jene griechischen Hirngespinste nicht kümmert.« Und ich fragte ihn: »Was steht in jenem Buch drin?« Er antwortete, es handle von gewissen Leuten, die Griechen hießen. Diese führten mit anderen Leuten, die

Trojaner hießen, Krieg, und die habe ich auch schon früher nennen hören. Und diese Trojaner hätten eine große Stadt gehabt, und jene Griechen hätten die Stadt belagert und wohl zehn Jahre davor gelegen. Da hätten die Trojaner gelegentlich Ausfälle gegen sie gemacht, sich tüchtig mit ihnen herumgeschlagen, und sie hätten sich gegenseitig so erstaunlich niedergemacht, daß das ganze Feld blutig gewesen wäre. Und es habe da ein Gewässer gegeben, das sei vom Blut so gefärbt und ganz und gar rot geworden, daß es dahergeflossen sei, als wäre es lauter Blut. Und das Geschrei habe man bis in den Himmel gehört, und einer habe einen Stein geschleudert, den zwölf Männer nicht hätten heben können, und ein Pferd habe angefangen zu reden und zu prophezeien. Aber ich glaube so etwas nicht, weil es mir unmöglich erscheint, und so weiß ich doch nicht, ob dieses Buch sehr glaubwürdig ist. Ich bitte Euch, schreibt mir hierüber und laßt mich wissen, was Ihr davon haltet.

Und somit lebt wohl!

Gegeben zu Rom

Johannes Kalb an Magister Ortvinus Gratius

Freundschaftlichen Gruß, ehrwürdiger Herr, verehrungswürdiger Magister! Wisset, daß ich mich sehr wundere, wie Ihr mich so drangsalieren könnt, indem Ihr jedesmal schreibt: »Berichtet mir doch irgend etwas Neues.« Immer wollt Ihr Neuigkeiten wissen, wo ich doch noch etwas anderes zu tun habe. Ich kann mich nicht viel um Neuigkeiten kümmern, weil ich hierhin und dorthin laufen und alles mögliche in Bewegung setzen muß, wenn ich den Rechtsstreit nicht verlieren und nicht um jene Pfründe kommen will. Wenn Ihr Euch jedoch damit zufriedengeben wollt, so will ich Euch einmal schreiben, damit Ihr mich in Zukunft mit Neuigkeiten in Frieden laßt.

Ihr habt wohl schon gehört, daß der Papst ein großes Tier hatte, das Elefant genannt wurde. Er hielt es in großen Ehren und liebte es sehr. Nun aber sollt Ihr wissen, daß dieses Tier gestorben ist. Als es krank war, da war der Papst sehr traurig. Er ließ mehrere Ärzte kommen und sagte zu ihnen: »Wenn es möglich ist, macht mir den Elefanten gesund.« Da gaben sie sich große Mühe, untersuchten seinen Urin und gaben ihm ein Abführmittel, das fünfhundert Goldgulden kostete. Sie konnten den Elefanten aber trotzdem nicht zum Abführen bringen, und so ist er denn gestorben. Der Papst trauert um ihn. Man sagt, er habe tausend Dukaten für den Elefanten gegeben, denn er war ein wunderbares Tier und hatte einen langen Rüssel von gewaltigem Ausmaß. Wenn er den Papst sah, dann fiel er vor ihm auf die Knie und schrie mit fürchterlicher Stimme: »Bar, bar, bar.« Ich glaube, es gibt kein ähnliches Tier auf der Welt.

Man sagt, der König von Frankreich und König Karl hätten auf viele Jahre Frieden geschlossen und ihn gegenseitig beschworen. Einige aber meinten, ein solcher Friede sei mit Vorsicht aufzunehmen und werde nicht lange dauern. Ich weiß nicht, wie es sich damit verhält. Ich kümmere mich auch nicht viel darum, denn wenn ich wieder nach Deutschland komme, gehe ich auf meine Pfarre und werde gute Tage haben. Ich habe dort viele Gänse, Hühner und Enten und kann in meinem Haus fünf oder sechs Kühe halten, die mir Milch für Butter und Käse geben werden. Ich will mir nämlich eine Köchin nehmen, die mir so etwas macht. Aber sie muß alt sein, denn wenn sie jung wäre, würde sie mein Fleisch in Versuchung führen, so daß ich sündigen könnte. Sie muß auch für mich spinnen, und ich werde ihr Flachs dazu kaufen. Ich will auch zwei oder drei Schweine halten und sie mästen, damit sie mir guten Speck liefern, denn ich will in meinem Haus vor allem gute Küchenvorräte haben. Ich will mir auch einmal einen Ochsen schlachten.

Die eine Hälfte will ich an die Bauern verkaufen und die andere Hälfte in den Rauch hängen. Und hinter dem Haus habe ich einen Garten, da will ich Knoblauch, Zwiebeln und Petersilie anpflanzen und auch Kohl, Rüben und anderes. Und im Winter will ich in meiner Stube sitzen und studieren, um den Bauern aus den »Sermones parati« oder den »Discipuli« oder aus der Bibel predigen zu können. Damit bin ich dann zum Predigen gut vorbereitet. Im Sommer will ich fischen gehen oder im Garten arbeiten und mich um die Kriege nicht kümmern, denn ich will für mich leben, meine Predigten halten und Messen lesen und mich nicht um die weltlichen Geschäfte kümmern, die der Seele Verderben bringen.

Lebt wohl!

Gegeben in der römischen Kurie

Philippus Schneider aus Erfurt an Magister Ortvinus Gratius

Euer Ehrwürden ehrwürdig zu entbietende Grüße! Verehrungswürdiger Herr Magister, da Ihr mir neulich geschrieben habt, ein gewisser Poet in Deutschland, Erasmus von Rotterdam genannt, verfasse viele Bücher und habe vornehmlich einen Brief an den Papst geschrieben, in dem er den Johannes Reuchlin lobe, so wisset denn, daß ich diesen Brief gesehen habe. Ich habe aber noch ein anderes großes Buch mit dem Titel »Das Neue Testament« gesehen. Auch dieses Buch schickte er an den Papst, und ich glaube, er möchte gern, daß der Papst dieses Buch approbierte. Ich hoffe aber, das wird nicht geschehen. Der theologische Berater am päpstlichen Hof, der ein angesehener Mann ist und einen guten Ruf genießt, hat nämlich gesagt, er wolle beweisen, daß dieser Erasmus ein Ketzer sei, da er an einigen Stellen den heiligen Doktor tadele und nichts von den Theologen halte. Außerdem habe er eine Schrift, »Moria Erasmi« genannt, verfaßt, die viele ärgerniserregende und wenig ehrenhafte Sätze enthalte, zuweilen sogar offensichtliche Gotteslästerungen. Deswegen wollten die Pariser dieses Buch verbrennen. Daher glaube ich auch nicht, daß der Papst dieses große Buch approbieren wird. Auch Magister Jacobus de Hochstraten ist optimistisch. Gestern hat er mich zu einem Essen eingeladen und mir aufrichtig versichert, ein Kardinal habe ihm gesagt, der Spruch werde zu seinen Gunsten ausfallen. Doch Johannes Wick, der Anwalt des Johannes Reuchlin, macht ihm große Schwierigkeiten. Ich war einmal dabei, als Magister noster Jacobus zu ihm sagte: »Gib acht, du bist jetzt gegen mich, aber du kannst mir glauben, wenn ich gesiegt habe, dann will ich dich so drangsalieren, daß du in ganz Deutschland vor mir nicht sicher sein wirst.« Und außerdem sagte er noch zu ihm: »Ich weiß, daß dir Reuchlin kein Geld geben kann, und da bist du so leichtsinnig und willst dir den ganzen Orden zum Feind machen?« Dann ist da noch ein anderer, nämlich Doktor Martinus Groningen, der den »Augenspiegel« übersetzen soll. Ich habe erfahren, Magister noster Jacobus will ihm heimlich hundert Dukaten geben, damit er den »Augenspiegel« fälsche. Wenn er das tut, dann werdet Ihr Sieger sein! Ich hoffe doch, dieser Doktor wird es tun. Was Ihr davon wißt, müßt Ihr mir schreiben.

Lebt wohl!

Aus Rom

Schon bald ging die Kölner Universität in ihrem Kampf gegen die reformatorischen Kräfte noch einen Schritt weiter. Ausgestattet mit dem Recht, als Zensurbehörde zu wirken, hatte die Universität Textstellen aus Lutherbüchern zur Begutachtung erhalten und befand in ihrem Gutachten auf Häresie.

1520 wird Luther als Ketzer verdammt. In Gegenwart des Kaisers, des Stadtrats, des Domkapitels und des Senats der Universität brennen am 12. November 1520 auf dem Kölner Domhof zum erstenmal in Deutschland Bücher...

Peter Liebermann

Psychiatrie und Kriminologie

Zur Kontinuität wissenschaftlicher Kategorien und Diskurse

Rund 400000 Menschen wurden während des Nationalsozialismus zwangssterilisiert. In Köln waren es über 3500 Personen, die auf Grund des »Gesetzes zur Verhütung erbkranken Nachwuchses« sterilisiert wurden. Erbkrank im Sinne des Gesetzes war, wer an folgenden Krankheiten litt: angeborener Schwachsinn, Schizophrenie, zirkuläres Irresein, erbliche Fallsucht, erblicher Veitstanz, erbliche Blindheit, erbliche Taubheit, schwere erbliche körperliche Mißbildung, schwerer Alkoholismus. Ziel war es, mit Hilfe »der Unfruchtbarmachung eine allmähliche Reinigung des Volkskörpers« zu erzielen.[1] Als Bedrohung für den Volkskörper galten Geistesschwache- und kranke, Hilfsschüler und die sog. Asozialen.

Die Vorbereitung dieser nationalsozialistischen Praxis begann in der medizinischen Literatur bereits um die Jahrhundertwende, im verstärkten Umfang wurde der Ruf nach diesen Maßnahmen in den zwanziger Jahren laut. Zu den frühen Befürwortern der Zwangssterilisation gehörte auch der Psychiater Gustav Aschaffenburg, der mehr als 30 Jahre die Psychiatrie der Lindenburg leitete.

Aschaffenburg wurde am 23. Mai 1866 in Zweibrücken geboren. Seine Schulzeit verbrachte er in Köln. Er studierte in Heidelberg, Würzburg, Berlin und Straßburg, wo er 1890 promovierte. Nach Aufenthalten in Wien und Paris arbeitete er als Assistent bei Kraepelin in Heidelberg und habilitierte sich dort. Danach war er Leiter der Anstalt für psychisch kranke Kriminelle und Gefängnisarzt in Halle. Seit 1904 war er wieder in Köln, leitete die psychiatrische Abteilung der Lindenburg und unterrichtete an der Akademie für praktische Medizin, der Vorläuferin der medizinischen Fakultät. Nach der Gründung der Universität leitete er die Nervenklinik bis April 1934. Seit 1920 war er Mitdirektor des Kriminalwissenschaftlichen Instituts. Während des Ersten Weltkrieges war Aschaffenburg als Wehrpsychiater tätig.

Aschaffenburgs Vorstellungen sind, wie die seiner Zeitgenossen auch, von den Kraepelinschen Überlegungen zur Psychiatrie geprägt. Dessen Systematik reduzierte die Vielfalt psychiatrischer Krankheitsbilder auf drei Gruppen: körperlich begründbare Psychosen, endogene Psychosen und krankhafte Persönlichkeiten. Als Ursachen gelten letztlich nur genetisch determinierte Faktoren. Persönlichkeitsentwicklung und Krankheitsentstehung waren für Kraepelin stets durch die Erbanlage vorbestimmt.

Dem gesellschaftlichen Bedürfnis nach Internierung und Isolierung der psychisch auffällig gewordenen und als störend empfundenen Bürger kamen die Psychiater auch theoretisch nach: Die Isolierung der Geisteskranken hielten sie für notwendig, da der psychisch Kranke stets eine Gefahr für die Umwelt bedeute. Der Nutzen der Dauerinternierung wurde vor allem in der Verhinderung der Fortpflanzung der Kranken gesehen.

Die Therapie bestand aus Bettruhe und Dauerbädern. Durch diese Behandlung sollten aufgenommene Patienten ruhiggestellt werden, das verrückte Gehirn zur Ruhe kommen. Ziel war es, möglichst rasch den theoretisch erwarteten Zustand der gestiegenen Abstumpfung und bedingungsloser Friedfertigkeit zu erreichen. Bei Foucault findet sich eine sehr anschauliche Beschreibung der Auswirkungen des Dauerbadens. Nachdem eine Patientin zehn Monate lang jeden Tag zehn- bis zwölfstündige Bäder nehmen mußte, sah der behandelnde Arzt »Hautteile, die durchnäßten Pergamentstücken glichen... sich unter leichten Schmerzen ablösen und jeden Tag im Urin abgehen... Die Speiseröhre, die Zunge und die Luftröhre häuteten sich gleichfalls.«[2] Die Dauerbäder lösten die Zwangsjacken ab. 1933 meinte Aschaffenburg rückblickend: »Die Abschaffung der Zwangsjacken war in Deutschland schon in den 70er Jahren durchgeführt; die Überwachungsabteilung und die Dauerbäder hatten bewiesen, daß man ohne jeden Zwang (! P. L.) unendlich viel leichter mit den Kranken fertig werden konnte.«[3]

Aschaffenburgs wissenschaftlicher Schwerpunkt war die Verbindung von Psychiatrie und Kriminologie. Die Rechtstheorie geht davon aus, daß jedes Individuum seinen freien Willen besitzt, der sein Handeln bestimmt. Bestimmte Erscheinungen wie Rückfalltäter, Landstreicher usw. ließen sich aber mit einem Strafrecht, das auf einem solchen Prinzip beruhte, nicht beeinflussen. Es erschien unumgänglich, für einen bestimmten Bereich des Strafrechts das indeterministische Prinzip zu durchbrechen und verhaltensbestimmende Faktoren für die Handlung einiger Inidviduen zu berücksichtigen, die jene Taten sowohl erklären als auch Perspektiven für die zu ergreifenden Maßnahmen eröffnen konnten.

In dieser Situation bot sich die Psychiatrie an, die vorgab, auf angeblich wissenschaftlicher Basis Determinanten für individuelle Handlungsweisen angeben zu können. »Der Standpunkt der Naturwissenschaften, und nur diesen kann ich hier vertreten, weicht von dem ›allgemeinen menschlichen Urteil‹ erheblich ab. Wir müssen daran festhalten, daß nur dann eine Wirkung eintreten kann, wenn ihr eine Ursache vorangeht. Infolgedessen muß auch den Erscheinungen, die wir Willenshandlungen nennen, eine verursachende Tätigkeit vorausgehen. Diese spielt sich in unserem Gehirn ab, ist also von seinem Zustand abhängig. Ein ›freier Wille‹, der ursachlos oder, was verständlicher ist, motivlos handelt, besteht nicht.«[4]

Diese Ursachen wurden ausschließlich in der Biologie gesucht. Fortan wurden die Straftäter, die eine besonders unverständliche Tat begangen hatten, durch einen Psychiater begutachtet, der hier seine sogenannte ›biologisch-psychologische‹ Methode anwandte. Zurechnungsunfähig erklärt und damit dem sühnenden Strafrecht entzogen wurde danach nur derjenige, der einer endogenen oder körperlich begründbaren Psychose verfallen war, also nach psychiatrischer Lehre einen biologischen Defekt besaß. Damit ging die Psychiatrie der Gefahr aus dem Wege, daß der Bereich der Zurechnungsunfähigkeit ausuferte und daß psychische Krankheit jemals auf soziale Ursachen zurückgeführt werden könne.

Daraus abzuleiten, die Psychiater hätten in Konsequenz ihrer biologistischen Vorstellungen die Straflosigkeit für psychopathische Straftäter gefordert, wäre irrig. »Wenn sich in unsere Maßregeln dabei das Gefühl des Bedauerns mit dem Verbrecher einmischt, so darf es doch nur so weit seine Wirkung ausüben, als sich die Interessen des Individuums mit denen der Gesellschaft vereinigen lassen, aber niemals weiter. Nie darf dieses Mittel in Schwäche ausarten... Das Recht des Einzelnen tritt hinter dem Recht der Gesellschaft zurück; wer sie schädigt, wer sich ihr nicht einordnen kann, muß darunter leiden. Und wie uns das natürliche Bedauern mit dem Geisteskranken nicht daran hindert, ihn aus dem freien Verkehr zu entfernen, wie wir vor der Ansteckung durch Leprakranke die Öffentlichkeit schützen, so muß unser Handeln gegenüber sozial Gefährlichen geleitet werden von dem Gesichtspunkte: Schutz unserer Gesundheit, unserer Ehre, unseres Eigentums.«[5]

»War es die Schuld der Psychiater, wenn der Kranke nach der Freisprechung wegen Zurechnungsunfähigkeit wieder auf die Menschheit losgelassen wurde? War es ihre Schuld, daß der Begriff der verminderten Zurechnungsfähigkeit ausschließlich in dem Sinne einer Strafmilderung verwendet wurde? Nein, und abermals nein. Wer das

Schrifttum über diese Frage kennt, weiß, daß immer von psychiatrischer Seite auf die erhöhte Gefährlichkeit vieler vermindert Zurechnungsfähiger hingewiesen worden ist. Und wer die Verhandlungen der deutschen Landesgruppe der Internationalen Kriminalistischen Vereinigung durchliest, wird sich bald überzeugen können, daß der leitende Gesichtspunkt stets die Sicherung der Gesellschaft war. Von welcher Seite sind die Vorschläge zur Einführung der Sicherungsverwahrung ausgegangen, wenn nicht von den Männern um Franz Liszt?«[6]

Es wurde von den Psychiatern also keine Strafverminderung, sondern sogar eine Strafverschärfung für psychopathische Straftäter gefordert, da diese ja in der Regel Gewohnheitsverbrecher sind, die sich aufgrund ihrer Veranlagung gar nicht anders verhalten können. Deshalb galt die lebenslange Sicherungsverwahrung für sie als gerechtfertigt. »Ich freue mich stets, in der Begründung eines Urteils häufige Vorstrafen als Anlaß der Strafverschärfung angeführt zu sehen.«[7]

Aschaffenburgs Vorstellungen über den Straftäter waren vom Konzept des italienischen Gerichtspsychiaters Lombroso geprägt. Dieser glaubte, aufgrund vorhandener körperlicher Fehler den Verbrecher schon vor seiner Tat identifizieren zu können. Er prägte den Begriff des »geborenen Verbrechers«. In der Folgezeit wurden Lombrosos Thesen immer wieder aufgegriffen. Geborene Verbrecher, Abartigkeit, Minderwertigkeit und der gefährliche Geisteskranke wurden zu auswechselbaren Begriffen. Damit verbunden war die Forderung nach lebenslanger Haft, Zwangsarbeit, Heiratsverbot, Unfruchtbarmachung, Ausmerzung. Zwar erklärte Aschaffenburg, »daß ich nicht glaube, wir werden jemals diagnostische brauchbare körperliche Anzeichen des verbrecherischen Charakters finden«[8], aber, »diesen Standpunkt vertrete ich mit Baer, der trotz seiner vorsichtigen Zurückhaltung zugeben muß: Abnormitäten einfacher und schwerer Art kommen bei den Verbrechern vereinzelt oder in größerer Zahl oft vor, und wenn sie auch nichts Spezifisches an sich haben, so sind sie doch Zeugnisse von dem niedrigen Wert ihrer Organisation.«[9] Dies hatten sie für ihn mit den Geisteskranken gemein. »Beides, Verbrechertum und geistige Störung, sind zwei Pflanzen, die aus demselben Boden ihre Nahrung saugen, aus dem Boden der körperlichen und geistigen Entartung.«[10] Deshalb wäre es für ihn sinnvoll, »wenn man der Erzeugung solcher, meist körperlich und geistig minderwertiger Kinder einen Riegel vorschieben könnte... Die Zeiten liegen wohl noch fern, in denen durch die Kastration der Fortpflanzung vorgebeugt werden wird.«[11]

20 Jahre später konnte er aber erfreut feststellen: »Der Gedanke, die

Zeugung durch Kastration und Sterilisation zu verhindern, ist so naheliegend, daß er einer eingehenden Würdigung bedarf, zumal er nicht mehr Gegenstand rein theoretischer Erwägungen ist, sondern bereits in nicht unbeträchtlichem Umfange verwirklicht worden ist.«[12] Und zu den Gegnern der Sterilisation meint er: »Aber selbst der skeptischste Beurteiler wird anerkennen müssen, daß die Gefahr der Vererbung ungünstiger Keimanlagen bei weitem größer ist als die unbestimmte Hoffnung auf Regeneration, und daß dieser Gefahr gegenüber der Gedanke, es könnte durch einen solchen Eingriff einmal die Zeugung eines Genies verhindert werden, wirklich nicht ernsthaft genommen werden darf.«[13] Dies schrieb er zehn Jahre vor Inkrafttreten des Gesetzes zur Verhütung erbkranken Nachwuchses. Doch 1935 reicht ihm die Sterilisation nicht aus. »Deshalb kann vom Standpunkt des Psychiaters aus die Hoffnung ausgesprochen werden, daß die Gerichte neben der Entmannung überall auch die Sicherheitsverwahrung anordnen, wo mit der Möglichkeit des Rückfalls gerechnet werden muß, und die Sicherungsverwahrung solange ausdehnen, wie die öffentliche Sicherheit es erfordert.«[14] Darüber sollten die Erbgesundheitsgerichte entscheiden. Dabei sollte gesichert sein, daß die Besitzer Psychiater sind. »Aber wenn einmal die alten Insassen der Heil- und Pflegeanstalten, soweit die Entlassung überhaupt in Aussicht steht, wenn die vielen nicht in Anstalten Untergebrachten, aber der Unfruchtbarmachung Bedürftigen erfaßt sind, werden die neuen Zugänge nicht so zahlreich sein, um dem ErbGGer nicht die Zeit zu überlassen, neue Aufgaben zu übernehmen. Daß die bisherigen Aufgaben den ihm hier zugedachten sehr nahe stehen, ist ohne weiteres ersichtlich. Soweit es sich um erbliche Geistesstörungen handelt, werden sich die ErbGGer ja ohnehin mit den in den Heil- und Pflegeanstalten untergebrachten wegen Zurechnungsunfähigkeit außer Verfolgung gesetzten oder freigesprochenen Kranken zu beschäftigen haben. Aber auch da, wo das nicht der Fall ist, spielen die Gesichtspunkte der Verhinderung der Erzeugung erbkranken Nachwuchses eine Rolle, und auch unabhängig davon, sind die ErbGGer gewohnt, in der gleichen Richtung zu denken, die auch die Sicherungsmaßregeln verlangen, in der Richtung des Schutzes der Volksgemeinschaft gegen Schädlinge.«[15]

Zu diesen Schädlingen gehörten für Aschaffenburg u. a. körperlich Kranke und Unfertige (Tuberkulöse, Behinderte, Greise), Personen, die die Gesellschaft belasten oder schädigen (Landstreicher, chronisch Kranke, Alkoholiker).[16]

Von seinen Vorstellungen her gab es nur graduelle Unterschiede zu

Binding und Hoche, die schon 1921 die Vernichtung unwerten Lebens forderten. In der von Aschaffenburg 1904 begründeten und von ihm bis 1936 herausgegebenen ›Monatsschrift für Kriminalpsychologie und Strafrechtsreform‹ finden sich, wie ein roter Faden, Aufsätze mit der Forderung nach Sterilisation, Sicherungsverwahrung und Euthanasie.

Aschaffenburgs persönliche Tragik war es, daß er, der sich immer wieder für den Schutz der Volksgemeinschaft gegen Schädlinge aussprach, ab 1933 selber wegen seiner jüdischen Abstammung von den Nazis zu den Volksschädlingen gezählt wurde.

Schon 1929 war er Ziel antisemitischer Angriffe durch den nationalsozialistischen Studentenbund. Als die Absicht der medizinischen Fakultät bekannt wurde, für das akademische Jahr 1932/33 Aschaffenburg zum Rektor wählen zu lassen, setzte eine nationalsozialistisch inspirierte Kampagne gegen seine Kandidatur ein. Sie führte dazu, daß Aschaffenburg auf eine Wahl verzichtete.[17] Im April 1934 ließ er sich emeritieren, kam damit allerdings nur einer Initiative der Nazis zu seiner Entlassung zuvor.[18] 1936 wurde ihm die Lehrbefugnis entzogen.[19] 1938 emigrierte er über die Schweiz in die USA, wo er 1944 starb.

In einem seiner letzten Aufsätze der ›Monatsschrift‹, die ihn immerhin noch 1936 anläßlich seines 70. Geburtstags würdigte, schrieb er: »So wird auch die Wissenschaft des Strafrechts, als der wesentlichen Methode der Verbrechensbekämpfung, nicht zum Stillstand kommen dürfen, wenn anders wir uns dem Ziel nähern wollen, die Volksgemeinschaft von den Schädlingen zu befreien und ihr die Gewißheit zu geben, in ihrem Bestand nicht durch asoziale Menschen gefährdet zu werden.«[20]

Anmerkungen

1 Reichsgesundheitsblatt 1933, S. 623
2 M. Foucault, Die Geburt der Klinik, Frankfurt 1970, S. 7
3 G. Aschaffenburg, 25 Jahre Nervenklinik Lindenburg, in: Zur Geschichte des Krankenhauswesens in Köln, Mschr.
4 G. Aschaffenburg, Das Verbrechen und seine Bekämpfung, Heidelberg 1903, S. 193
5 G. Aschaffenburg, Das Verbrechen und seine Bekämpfung, 3. Auflage, Heidelberg 1923, S. 280
6 G. Aschaffenburg, Rückblick und Ausblick, Monatsschrift für Kriminalpsychologie und Strafrechtsreform 1935, S. 534
7 Aschaffenburg, 1923, S. 295
8 A.a.O., S. 193
9 A.a.O., S. 200
10 A.a.O., S. 219

11 Aschaffenburg 1903, S. 188
12 Aschaffenburg 1923, S. 260
13 A.a.O., S. 260
14 G. Aschaffenburg, Gleichzeitige Anordung der Entmannung und der Sicherheitsverwahrung, Monatsschrift... 1935, S. 388
15 G. Aschaffenburg, Eine neue Aufgabe für die Erbgesundheitsgerichte, Monatsschrift... 1934, S. 545
16 Vgl. Aschaffenburg, Einheitlichkeit der Sicherheitsverwahrung, Monatsschrift 1931, S. 257 ff
17 Vgl. zu beiden Vorgängen: F. Golczewski, Jüdische Hochschullehrer an der neuen Universität Köln vor dem Zweiten Weltkrieg, in: Bohnke-Kollwitz (Hrsg.), Köln und das rheinische Judentum, Köln 1984, S. 367 u. S. 384 f
18 A.a.O., S. 386
19 A.a.O., S. 386
20 Aschaffenburg, Rückblick und Ausblick, S. 535

Peter Liebermann

Die Selbstgleichschaltung der Universität

Am 21. April 1933 wurde durch eine ministerielle Verfügung die Gleichschaltung der Universitäten im Reich angeordnet. Eine Universität war allerdings schneller gewesen. Aus Köln konnte bereits am 11. April die Anpassung an die Erfordernisse des neuen Regimes nach Berlin gemeldet werden. Einer der Hauptakteure in dieser Aktion war der Pathologe Ernst Leupold, der sich als Vertrauensmann der NSDAP an der Hochschule empfand. Er war seit Wintersemester 1932/33 Dekan der Medizinischen Fakultät. Nach der Kommunalwahl wurde am 13. März 1933 Günther Riesen als kommissarischer Oberbürgermeister ausgerufen. Der Chirurg Hermann Haberland, NSDAP-Nr. 684117 (seit Dezember 1931), Mitglied der SS, versuchte die Gunst der Stunde zu nutzen und lud für den 20. März eine Reihe Ordinarien ein, darunter den Hals-Nasen-Ohren-Arzt Güttich und den Geographen Thorbecke, um Universitätsangelegenheiten zu besprechen. Leupold, dem dies zu Ohren gekommen war, hatte bereits mehrfach Auseinandersetzungen mit Haberland gehabt. Am 25. März flog er nach Berlin und wurde beim Kultusministerium vorstellig. Dort versicherte man ihm, daß er von seiten Haberlands nichts zu befürchten hätte.

Am 31. März hatte Leupold eine Besprechung mit Riesen. Dieser teilte ihm mit, daß ein Staatskommissar für die Universität zur Regelung der persönlichen und finanziellen Verhältnisse bestellt würde. Als solcher wurde der Hauptschriftleiter des »Westdeutschen Beobachters« Peter Winkelnkemper eingesetzt.

Nach einer ersten Besprechung Leupolds mit Winkelnkemper am 5. April gab es einen Tag später eine vertrauliche Besprechung, an der zusätzlich der Wirtschaftswissenschaftler Geldmacher, der Jurist Nipperdey, der Philosoph Heimsoeth und wiederum Thorbecke teilnahmen. Gesprächsthemen waren die Entlassung der jüdischen Professoren und die Rektoratsnachfolge. Nipperdey schlug vor, Ebers zum Rücktritt zu veranlassen. Zwei Tage lang wurde Ebers bearbeitet. In einem letzten Gespräch am 8. April, an dem Ebers, Leupold, Geldmacher, Nipperdey und der Jurist Planitz teilnahmen, wird die Sache klargemacht. Auf Vorschlag Leupolds wird beschlossen, daß der Rektor, die vier Dekane und der gesamte Senat zurücktreten. Rücktritt und Neuwahl werden für den 11. April festgelegt. Das Kultusministerium wird von diesen Beschlüssen in Kenntnis gesetzt, legt sich aber aus Kompetenzgründen quer. So muß Leupold am 10. April noch einmal nach Berlin fliegen, um die letzten Hindernisse aus dem Weg zu räumen. Am 11. April verläuft dann alles nach Plan: Leupold wird mit 75 von 79 Stimmberechtigten zum neuen Rektor gewählt. Einen Tag später fährt Leupold nach Wiesbaden zur Rektorenkonferenz. Dort fordert er die Gleichschaltung der Universität. »Ich stieß zum Teil auf eine ziemliche Verständnislosigkeit.«

Anmerkung

Diese Darstellung beruht auf einem Bericht Leupolds vom 16. und 18.4.1933 Universitätsarchiv Köln (UAK) 67/159, Protokoll der 213. Sitzung der Med. Fak. vom 7.4.33 UAK 67/697 und der Akte Haberland in Berlin Document Center.

Klaus Oettinger

»Der Anfang ist gemacht. Und nun ans Werk!«

Die Bücherverbrennung 1933 in Köln

Der politischen Gleichschaltung der Kölner Kommunalverwaltung durch die Absetzung Adenauers als Oberbürgermeister und seine Ersetzung durch den NSDAP-Mann Riesen folgte die personalpolitische Gleichschaltung der Universität. Der Senat, der Rektor Ebers und die Dekane der vier Fakultäten traten zurück. Am 11. April 1933 wurde Ernst Leupold zum neuen Rektor gewählt und konnte freudig an das Kultusministerium in Berlin schreiben, »daß eine Gewähr dafür gegeben werden kann, daß in Zukunft alle akademischen Körperschaften in ausgesprochen nationalem Sinne arbeiten werden.«[1]

So war die Universität zu Köln der allgemeinen Gleichschaltung der Hochschulen durch eine ministerielle Verfügung vom 21.4.1933 um 10 Tage zuvorgekommen. Mit diesem Entgegenkommen gegenüber den Nationalsozialisten hoffte man einige Positionen zu retten, wie F. Golczewski in seinem Aufsatz »Die Gleichschaltung der Universität Köln 1933« bemerkt.[2] Wie die neuen Machthaber dieses Entgegenkommen werteten, läßt sich u. a. aus einer Rede des Staatskommissars an der Universität Dr. P. Winkelnkemper erschließen. Anläßlich einer Feierstunde zum 1. Mai 1933, im Gürzenich, sprachen er und der neue Rektor Leupold zum neuen Studentenrecht. Die Kölnische Zeitung berichtete am 2.5. darüber: »Erfreulich sei, daß die Kölner Universität aus sich selbst heraus die Notwendigkeiten der revolutionären Bewegung erkannt und die Umstellung vollzogen habe. Man habe das Vertrauen, daß der Geist der Erhebung an der Kölner Universität eine besondere Pflegestätte finden werde. Das große Ziel des nationalsozialistischen Kampfes bestehe in dem Ausbau einer großen deutschen Volkskultur, die den nationalen und sozialistischen Gedanken verwirkliche. Gerade der deutsche Westen habe hierbei eine besonders schwere Aufgabe zu erfüllen. Wenn die Revolution nicht im Westen vollstreckt werde, dann werde sie niemals vollstreckt werden. Es sei daher ein Glück, daß man in der Kölner Universität eine Hauptträgerin des neuen Geistes habe. Man wolle aus diesem Grund die Kölner Universität nicht nur erhalten, sondern weiterentwickeln und sie zu einem Mittelpunkt des westdeutschen Geisteslebens ausbauen.«

Ein bezeichnendes Licht auf den furchtbar großen Widerstand Kölner Professoren in der Zeit nach dem 30. Januar 1933 werfen auch zwei andere Vorgänge: Am 22.2.33 bittet Rektor Ebers seine Kollegen, »mit Äußerungen über die Regierung bei den Studenten vorsichtig zu sein.« Außerdem weigert er sich, die »Jenaer Kundgebung der Hochschulprofessoren« zu unterzeichnen, die von ca. 1000 Professoren unterstützt wurde. Seine Ablehnung begründete Ebers mit dem Hinweis, daß »man Kollegen, die sich nicht der Kundgebung anschließen, somit ihre nationale Gesinnung abspricht.«[3] Inhaltlich hatte wohl auch Ebers nichts daran auszusetzen, daß seine Kollegen es »begrüßen, daß die nationale Regierung es sich zur Aufgabe gemacht hat, über alle Parteiinteressen hinweg alle vaterländischen Kräfte des deutschen Volkes zu gemeinsamer Arbeit zu sammeln» (Jenaer Kundgebung).

Auch hier kein Zeichen von Distanz oder gar Widerstand gegen die neuen Machthaber – bestenfalls Opportunismus, wenn nicht geistige Affinität zu den Positionen des Faschismus. An diesen beiden Äußerungen und der Selbst-Gleichschaltung der Universität zu Köln läßt sich ermessen, wie die politische und geistige Lage an den deutschen Universitäten im Frühjahr 1933 war, vor allem, wenn man bedenkt, daß die Uni Köln den Nazis noch kurz zuvor als widerborstigste galt.[4]

Ein besonderes Kapitel Kölner Universitätsgeschichte stellt in diesem Zusammenhang die Bücherverbrennung vom 17.5.1933 dar. Die studentische »Aktion wider den undeutschen Geist« begann am 13. April mit dem Anschlag der »12 Sätze der Deutschen Studentenschaft.« Sie bestanden aus antisemitischen Parolen und aus der Forderung nach einer völkischen Grundlage für literarische Tätigkeit sowie nach einer Umgestaltung der Universitäten nach dem Ausleseprinzip.[5] Die Aktionen wurden mit der Diffamierung unliebsamer, oft jüdischer Professoren, mit der Errichtung von »Schandpfählen« und dem Annageln »undeutscher Literatur« fortgesetzt, sie kulminierten schließlich in der Verbrennung pazifistischer, marxistischer und »volksfeindlicher« Schriften jüdischer Autoren am 10. Mai 1933. Vereinzelter Widerstand an einigen Universitäten gegen die Errichtung von Schandpfählen und das Annageln mißliebiger Literatur führte Anfang Mai zur Aufgabe dieser Aktionsform durch die »Deutsche Studentenschaft«.

In Köln wurde die Aktion »Bücherverbrennung« durch die Sammlung »zersetzenden Schrifttums« eingeleitet. Dabei beschlagnahmte die Kölner Kripo aus öffentlichen Leihbüchereien und Buchhandlungen insgesamt 334 Bücher und 1200 Zeitschriften. Über einen etwaigen Widerstand der Eigentümer ist nichts bekannt, auch andernorts nicht.

H. W. Strätz erwähnt in einem Aufsatz lediglich, daß ein Würzburger Buchhändler Schadensersatz für die beschlagnahmten Bücher forderte.[6]

Auch bei der für den 10.5.1933 geplanten Bücherverbrennung zeigte sich der besondere Geist des Kölner Widerstandes gegen die faschistischen Machthaber: Als weiterer Zulieferer für die Verbrennung sollte nicht die Universitätsbibliothek, sondern die Studentenbücherei herhalten. Dies hatte Rektor Leupold mit dem NSDStB-Führer so ausgehandelt.[7] Leupold gewann seine Kollegen für die geschlossene Teilnahme an der Verbrennung durch die Versicherung, es handele sich hier nur um einen symbolischen Vorgang. Zu dieser Begründung muß auch Golczewski anmerken: »...aber gerade Leupolds Mitteilung an den Senat, ›die von der Studentenschaft geplante Verbrennung jüdischer Schriften (stelle) lediglich eine symbolische Handlung dar‹ und ›wissenschaftliche Bücher (seien) von der Verbrennung ausgeschlossen‹, belegt ein Unverständnis der Bedeutung dieser Verbrennung, auch wenn ihr Autor möglicherweise der Meinung war, erneut einen taktischen Sieg errungen zu haben. Was sollte denn die Bücherverbrennung anders als ein Symbol sein? Und daß Symbole Zeichen sind, die stellvertretend für einen anderen Sachverhalt stehen, dieses Wissen dürfte man bei einem Rektor schon voraussetzen können.«[8]

Nennenswerte Einwände gegen den geplanten Ablauf der Bücherverbrennung erhoben nur der Germanist Ernst Bertram, der aufgrund einer persönlichen Freundschaft die Werke von Thomas Mann und von Gundolf, einem Literaturhistoriker, verschont wissen wollte, und der Jurist und Ordinarius für Römisches Recht Heinrich Lehmann, der sich gegen die Verlesung einer der zwölf »Thesen wider den undeutschen Geist« wandte, da er diese vom Standpunkt eines Wissenschaftlers als zu hart empfand. Diese These lautete: »Der Jude kann nur jüdisch denken. Schreibt er deutsch, dann lügt er. Der Deutsche, der deutsch schreibt, aber undeutsch denkt, ist ein Verräter. Der Student, der undeutsch spricht und schreibt, ist gedankenlos und wird seiner Aufgabe untreu.«[9]

Ein echtes Kölner Kuriosum ist allerdings die Verschiebung der Bücherverbrennung um eine Woche, die offiziell wegen schlechten Wetters erfolgte. Leupold ließ den NSDStB-Chef Garben wissen, daß die Professoren nicht erscheinen würden. Garben hatte, wenn er die Veranstaltung nicht nur unter Studenten abhalten wollte, keine andere Wahl, als der Verschiebung zuzustimmen. Als daraufhin in den nächsten Tagen Gerüchte über die Gesinnung der Universitätsleitung die Runde machten, beeilte sich Leupold, im Stadt-Anzeiger und Lokalanzeiger vom 11.5.1933 folgendes Dementi abzugeben: »Zwischen Rektor und Senat und Studentenschaft herrscht nach wie vor volle Einmütigkeit.«[10] Die historischen Lokalmatadoren sehen darin *den* Beweis für »echt kölsche Obstruktion«. Erstaunlich, wenn man bedenkt, daß in Stuttgart, Mannheim und Marburg eindeutig negative Stellungnahmen der Unileitungen zur Bücherverbrennung abgegeben wurden.

Zum eigentlichen Verlauf der Aktion ist zu sagen, daß zuerst Münchenhalffen, der älteste der Studentenschaft, und danach Manfred Garben, örtlicher NSDStB-Führer, sprachen und die Uniführung sanft kritisierten, wohl weil sie erst ziemlich spät auf eindeutig nationalsozialistischen Kurs gegangen war.

Die »Zwölf Thesen gegen den undeutschen Geist« wurden nicht verlesen, Antisemitisches nicht eindeutig propagiert, nur Heinrich Mann, Alfred Kerr, Emil Ludwig sowie Erich Maria Remarque namentlich genannt. Um die Bedeutung Kölns als »Grenzuniversität« herauszustellen und wohl auch um die Revisionspläne der neuen Machthaber nachdrücklich zu unterstützen, flogen Abdrucke des Versailler Vertrages ins Feuer. In der abschließenden Rede von Rektor Leupold, nach welcher von den Professoren fünf bis sechs »wissenschaftlich wertlose«[11] Bücher dem Feuer übergeben wurden, wurde der »Zusammenbruch des fremden Geistes« gefeiert; die »Männer, die in wenigen Wochen aus dem Chaos ein neues Deutschland gezimmert haben«, wurden gelobt.[12] Auch die Studenten, die die ganze Aktion vorbereitet und durchgeführt hatten, hob Leupold besonders hervor. Er sah darin »ein Zeichen ihres unbeugsamen Willens aufzuräumen«.[13] Wenn man bedenkt, daß in Bonn der Germanist Hans Naumann selber tatkräftig mithalf, die Bücher ins Feuer zu werfen, und daß es in Düsseldorf sogar zwei Bücherverbrennungen, am 12.4. und am 3.5. gab, erscheint der Ablauf der Kölner Verbrennungsaktion sehr gemäßigt. Es muß aber festgehalten werden, daß das Vorhaben der Nazis durchaus nicht auf unfruchtbaren Boden fiel und daß sich kein nennenswerter Widerstand aus den Reihen der Professoren regte. Ein letztes Zitat – überliefert nach der Erinnerung Wilhelm Ungers, der die Bücherverbrennung miterlebte, emigrieren mußte und auf einer Veranstaltung zum 50. Jahrestag der Bücherverbrennung am 5.5.1983 in der Universität sprach – von Rektor Leupold, gesprochen als Schlußsatz am 17.5.1933 zur Beendigung des Autodafès: »Der Anfang ist gemacht. Und nun ans Werk!«

Anmerkungen

1 F. Golczewski, Die »Gleichschaltung« der Universität Köln im Frühjahr 1933. In: Geschichte in Köln, Sonderheft 11, Aspekte der nationalsozialistischen Herrschaft in Köln und im Rheinland, Köln 1983, S. 56
2 Ebd., S. 56
3 Ebd., S. 54 f
4 Vgl. z. B. Kölner Stadt-Anzeiger vom 2.5.1988
5 Golczewski, a.a.O.
6 H. W. Strätz, Die geistige SA rückt ein. In: 10. Mai 1933, Die Bücherverbrennung in Deutschland und die Folgen. o. O. 1983, S. 102
7 Golczewski, a.a.O., S. 61
8 Ebd., S. 60
9 Vgl. »Zwölf Thesen wider den undeutschen Geist«, zitiert nach: 10. Mai 1933: a.a.O., S. 35
10 Zitiert nach Golczewski, a.a.O., S. 63
11 Golczewski, a.a.O., S. 62
12 Ebd., S. 66

Carsten Klingemann

Kölner Soziologie während des Nationalsozialismus

Mit den Worten: »Wenn man bedenkt, daß ab 1934 die Soziologie aus den deutschen Universitäten verbannt und alle soziologischen Institute aufgelöst wurden – so wurde der Kölner Lehrstuhl umgewidmet in einen Lehrstuhl für ›Deutschen Sozialismus‹ –«[1], beginnt im Internationalen Soziologenlexikon ein Artikel aus dem Jahr 1980 über den Bonner Professor Wilhelm Vleugels, ehemals Schüler des in der Weimarer Republik professionspolitisch sehr einflußreichen Kölner Soziologen Leopold von Wiese (1876 – 1969). Diese zum Zweck der Selbststilisierung des Faches immer wieder kolportierte Legende über das ›Schicksal‹ der Soziologie im NS-Staat wurde allerdings nicht erst 1958 von René König, dem Nachfolger von Wieses, mit seiner Behauptung, die Soziologie sei 1933 »brutal zum völligen Stillstand«[2] gebracht worden, in die Welt gesetzt und bis heute von ihm verbreitet (König 1984, 1987). Der amerikanische Soziologe Howard Becker, ein Schüler Leopold von Wieses, sprach bereits zu Beginn der fünfziger Jahre vom speziellen Haß der Nazis auf das Fach Soziologie, obwohl er noch in den dreißiger und vierziger Jahren relativ realistische Einschätzungen zur Lage der Soziologie im NS-Regime abgegeben hatte, wobei er allerdings auch dort schon die Benachteiligung der »Cologne School« besonders bedauerte.[3]

Die Schließung des »Forschungsinstituts für Sozialwissenschaften«, in dem Leopold von Wiese die Soziologische Abteilung leitete, zum 31.3.1934 sowie die Gründung eines »Instituts für Deutschen Sozialismus« (später »Institut für Arbeitspolitik [Sozialpolitik]), dem der »Alte Kämpfer«, »Treuhänder der Arbeit«, Reichstagsabgeordnete und neu ernannte Honorarprofessor Wilhelm Börger vorstand, der es als gelernter Schlosser zum Preußischen Staatsrat und schließlich Ministerialdirektor im Reichsarbeitsministerium sowie SS-Brigadeführer[4] brachte, gilt selbst in der nicht auf das Fach Soziologie bezogenen Geschichtsschreibung als bester Beleg für die geistige Machtergreifung an der Universität Köln durch »die Nationalsozialisten«. Wilhelm Börgers »Lehrauftrag für ›Grundfragen des deutschen Sozialismus‹, den der Universitäts-Staatskommissar Winkelnkemper als eine ›kühne geistesrevolutionäre Tat der deutschen Wissenschaft‹ pries, verdrängte

das renommierte ›Forschungsinstitut für Sozialwissenschaften‹...«
(Golczewski 1983, 67).

Auf das Renommee des Forschungsinstituts und die Umstände
seiner Schließung werde ich anschließend an die Schilderung der
Situation nach 1933 eingehen. Vorher sei noch angemerkt, daß die
immer wieder behauptete »Gleichschaltung« der deutschen Hochschulen in Köln wie anderswo mehr eine Selbstgleichschaltung war,
um den Maßnahmen des NS-Regimes zuvorzukommen bzw. sie ›in
die richtigen Bahnen‹ zu lenken. Die Entlassung jüdischer Kollegen
stieß nur in äußerst seltenen Fällen auf Proteste der ›arischen‹ Professorenschaft. In Köln war es der kommissarische Nachfolger des abgesetzten Oberbürgermeisters Konrad Adenauer, der bereits im März
1933 das Preußische Kultusministerium um die Einsetzung eines
Staatskommissars bat (Golczewski 1983, 55). Diese Aufgabe übernahm der Hauptschriftleiter des »Westdeutschen Beobachters«, des
amtlichen Organs der NSDAP, Dr. rer. pol. Peter Winkelnkemper,
später dann auch Vorsitzender des Kuratoriums der Universität Köln
und Oberbürgermeister der Stadt.

Zur Geschichte der Soziologischen Abteilung des Forschungsinstituts von 1919 bis 1934 liegt ein Aufsatz von Heine von Alemann (1976)
vor. Eine inhaltsanalytische Auswertung der Publikation der drei
Abteilungen des Forschungsinstituts hat Gorges jüngst (1986) veröffentlicht. Bei der Beurteilung der Bedeutung der Soziologischen Abteilung für die Soziologie in der Weimarer Republik beziehe ich mich auf
diese Ausführungen, um anschließend die Umstände ihrer Schließung
zu diskutieren, die bis heute die Fachgeschichtsschreibung behaupten
läßt, sie habe dazu geführt, daß Köln als eine der »fünf örtlichen
Konzentrationen der Soziologie« in Deutschland vor 1933 ebenso wie
die anderen vier »aufgelöst« worden sei (Lepsius 1979, 27).[5] Diese
Argumentation vernachlässigt die Tatsache, daß neben der »Soziologischen« Abteilung auch die »Sozialpolitische« von Hugo Lindemann
und die »Sozialrechtliche« von Theodor Brauer, in der aber nicht
juristische, sondern arbeits- und gewerkschaftssoziologische Arbeiten
dominierten, geschlossen wurden. Mit der Formulierung, das »Forschungsinstitut für *Soziologie*« (Lepsius 1979, 27; Hervorhebung,
C. K.) sei geschlossen worden, kann allerdings eher der Eindruck
erweckt werden, es hätte eine zentral gesteuerte Strategie der Eliminierung der Soziologie als solcher gegeben.

Wenngleich die enge fachgeschichtliche Sichtweise die soziologischen Arbeiten der Sozialpolitischen und Sozialrechtlichen Abteilung,
wie sie von den Direktoren Brauer und Lindemann, ihren Assistenten

Leo Hilberath, ehemaliger Assistent von Leopold von Wiese, und Franz Müller, ehemaliger Assistent des Berliner Betriebssoziologen Goetz Briefs und emigrierter späterer amerikanischer Soziologe Franz H. Mueller, sowie von vielen anderen Autoren ihrer Publikationsreihen vorgelegt wurden, zu Unrecht nicht beachtet, muß auch hier aus Platzmangel die Soziologische Abteilung schwerpunktmäßig berücksichtigt werden. Dennoch ist es unerläßlich, die sehr unterschiedlichen Verläufe der Schließung der drei Abteilungen kurz zu skizzieren, denn nur dadurch wird die privilegierte Stellung der Soziologie deutlich. Der hauptamtliche Direktor der Sozialpolitischen Abteilung Hugo Lindeman, ehemaliger sozialdemokratischer Innenminister Württembergs, wurde umgehend als »Marxist« (Winkelnkemper) im Alter von 65 Jahren »beurlaubt« (Wissenschaft und Politik 1947) und dann nach dem sogenannten »Gesetz zu Wiederherstellung des Berufsbeamtentums« von Anfang April 1933 entlassen. Theodor Brauer schlug daraufhin bereits am 13. April vor, die Sozialrechtliche seiner Sozialpolitischen Abteilung zuzuschlagen.[6] Während die Mittel der Sozialpolitischen Abteilung dann jedoch für den Aufbau eines »Forschungsinstituts für Deutschen Sozialismus« vorgesehen wurden[7], blieben der Geschäftsführende Direktor des Forschungsinstituts für Sozialwissenschaften Christian Eckert und die nebenamtlichen Abteilungsdirektoren Brauer und von Wiese im Amt.

Gegen Ende des Jahres 1933 wurde dann die seit Jahren in der Stadtverordnetenversammlung als dringliche Sparmaßnahme diskutierte Auflösung des Forschungsinstituts zum 1.4.1934 beschlossen.[8] Während sein Etat von ursprünglich 120.000 Reichsmark im Jahr 1919 bereits auf 62.000 Reichsmark im Jahr 1932 gekürzt worden war, ergab sich nun die Möglichkeit zu weiteren Einsparungen, da die Vertreter der SPD und der Christlichen Gewerkschaften, die sich – im Gegensatz zu jenen der Deutschen Volkspartei – zum Jahreswechsel 1931/32 gegenüber dem Oberbürgermeister für die Fortführung des Forschungsinstituts ausgesprochen hatten[9], inzwischen ›ausgeschaltet‹ worden waren und das »Gesetz zur Wiederherstellung des Berufsbeamtentums« wie bereits bei Hugo Lindemann nun auch die Entlassung von Christian Eckert ermöglichte. Theodor Brauer, Leiter der Gewerkschaftsschule der Christlichen Gewerkschaften in Königswinter, konnte als nur nebenamtlicher Direktor zum Schließungstermin des Forschungsinstituts auch gekündigt werden. Er blieb weiterhin jedoch Honorarprofessor an der Universität.[10] Den Assistenten Willy Latten, Leo Hilberath und Franz Müller wurde wohl im Rahmen ihrer Zeitverträge gekündigt, wobei Hilberath und Müller anschließend für die Erledigung der Abwicklungsgeschäfte ihrer Abteilungen eine Zeitlang weiterbeschäftigt wurden.[11] Leopold von Wiese hingegen meldete am 21.4.1934 dem Rektor, »daß die Bezeichnung ›Soziologische Abteilung des Forschungsinstituts für Sozialwissenschaften‹ wegfällt. An ihre Stelle tritt der Name ›Soziologisches Seminar der Universität Köln‹.«[12]

Wenn man nun, wie von Alemann (1976, 653, 661) davon ausgeht, daß die Soziologische Abteilung des Forschungsinstituts und das Soziologische Seminar bereits *vor* 1933 fast identisch waren, da die Soziologische Abteilung so gut wie keine empirische Sozialforschung betrieb, sondern als Redaktionsbüro für die von Leopold von Wiese herausgegebenen Kölner Vierteljahreshefte für Soziologie und zur Organisation seiner Tätigkeit als Geschäftsführer (»1. Schriftführer«) der Deutschen Gesellschaft für Soziologie (DGS) diente, dann waren durch die Auflösung des Forschungsinstituts im wesentlichen nur die Sozialpolitische und die Sozialrechtliche Abteilung getroffen. Das Soziologische Seminar entfaltete hingegen, wie noch gezeigt wird, beträchtliche Aktivitäten. Eingestellt wurde mit der Auflösung des Forschungsinstituts auch das Erscheinen der Publikationsorgane der drei Abteilungen, so auch die Kölner Vierteljahreshefte für Soziologie, deren inhaltliche Wirkung gegenüber ihrer professionspolitischen von von Alemann als »recht gering« (1976, 655) bezeichnet wird. Von Wieses Plan, an ihrer Stelle ein »Jahrbuch« herauszugeben, für das er bereits Mittel bei der Universität beantragt hatte[13], wurde nicht realisiert. Die spätere Möglichkeit, die aus »finanziellen Gründen« – so von Wiese gegenüber dem amerikanischen Soziologien E. E. Eubank[14] – eingestellten Kölner Vierteljahreshefte mit amerikanischer Hilfe wieder herauszugeben, erschien ihm nicht als opportun, da es sich um »jüdisches Geld« handeln würde, wie er in einem Brief dem großen alten Mann der deutschen Soziologie, Ferdinand Tönnies, mitteilte.[15] Die zweite Funktion der ehemaligen Soziologische Abteilung wird mit Beginn des Jahres 1934 auch hinfällig, da von Wieses Versuch der Selbstgleichschaltung der DGS und damit die Rettung seines Geschäftsführerpostens, wie noch gezeigt wird, scheiterten (Klingemann 1986c).

Ebenso, wie die Stillegung der DGS durch den Leipziger Soziologen Hans Freyer nicht auf die Initiative einer wissenschaftspolitisch autorisierten Instanz des NS-Regimes zurückzuführen ist, wie von Wiese im Nachhinein behauptete (v. Wiese 1959, 17), war die Auflösung des Forschungsinstituts das Resultat einer aus der finanziellen Notlage der Stadt Köln resultierenden lokalen Maßnahme des Staatskommissars

Winkelnkemper, bei der die Zwei-Mann-Abteilung für Soziologie am besten abschnitt. Denn mit unüberhörbarer Verwunderung wandte sich das Preußische Ministerium für Wissenschaft, Kunst und Volksbildung, das bemerkenswerterweise Brauer für den Leiter des Forschungsinstituts hielt, am 30.1.1934 an den Kölner Oberbürgermeister und bat um Unterrichtung über die ihm zur Kenntnis gelangten Schließungspläne. Daraufhin wandte sich der Oberbürgermeister an den Staatskommissar Winkelnkemper und forderte ihn auf, die Gründe für die Auflösungsabsicht zu nennen. Winkelnkemper bezeichnete diese als »eine selbstverständliche Konsequenz unserer Revolution«, da die Zielsetzung des Forschungsinstituts für eine nationalsozialistische Universität untragbar sei, es die Stadt über 60.000 Reichsmark koste, und als Alternative pries er in seinem Schreiben vom Februar 1934 das »mit ganz geringen Mitteln« zu finanzierende Institut für Deutschen Sozialismus.[16] Diese ›elegante‹ Lösung verband die finanzpolitisch dringend erwünschte Sparmaßnahme mit einer allgemein weltanschaulich begründeten ›Säuberung‹. Da von Wiese davon nicht betroffen war, erwähnt er in seinen »Erinnerungen« zu Recht »einige einflußreiche Parteimitglieder«, die ihn wie der namentlich genannte spätere Oberbürgermeister Winkelnkemper für »tragbar« hielten (v. Wiese 1957, 76).

Nicht mehr tragbar waren drei Wissenschaftler, die bis dahin in Köln auch Soziologie angeboten hatten. Bis zur Emigration in die USA im Jahr 1936 konnte der »nicht-arische« Finanzwissenschaftler und -soziologe Fritz Karl Mann lehren und sogar noch Waldemar Koch mit einer Arbeit über »Die Staatswirtschcaft des Faschismus« 1936 habilitieren, da er als Frontkämpfer des 1. Weltkrieges durch eine Ausnahmeregelung des »Gesetzes zur Wiederherstellung des Berufsbeamtentums« bis zum Erlaß der Nürnberger Rassengesetze geschützt war. Der Direktor der Kölner Volkshochschule und ehemalige Assistent von Wieses, Paul Honigsheim, der als außerordentlicher Professor auch an der Universität lehrte, wurde aufgrund des § 4 des genannten Gesetzes wegen ›politischer Unzuverlässigkeit‹ 1933 entlassen und emigrierte ebenfalls in die USA. Mit derselben Begründung wurde auch der Völkerkundler Julius Lips entlassen, der nebenbei Ethnosoziologie gelehrt hatte und 1933 nach England emigrierte. Damit waren bestimmte Varianten von Soziologie, die aber nicht zur sogenannten »Kölner Schule« zählten, in Köln nicht mehr vertreten.

Wenn man von Alemann folgt, so hat Leopold von Wiese überhaupt »keine erfolgreiche ›Schule‹ gegründet« (1976, 660), wobei aber »die erzwungene Unterbrechung der Arbeiten von 1934 bis 1946 berücksichtigt werden« (663) müsse. Im folgenden soll geprüft werden, ob diese Tatsachenbehauptung zutreffend ist und ob mit dem wissenschaftssoziologischen Terminus »Schule« Problemstellungen einer sozial- und wirkungsgeschichtlichen Beurteilung von Soziologie und Sozialforschung überhaupt bearbeitet werden können. So bereitet die Analyse der Verknüpfung »interner« und »externer« Entwicklungsfaktoren einer Wissenschaft und ihrer Wechselwirkungen bekanntlich immer große Schwierigkeiten. Mit Mitteln einer Inhaltsanalyse der Publikationen der drei Abteilungen des Forschungsinstituts ist bereits darauf hingewiesen worden, daß in Texten der Sozialrechtlichen (Th. Brauer) und der Soziologischen Abteilung (L. v. Wiese) in der dritten Phase der Weimarer Republik deutliche Affinitäten zu bevorzugten NS-Themenstellungen und eine Annäherung an NS-Auffassungen nachweisbar sind (Gorges 1986, 511, 542, 586, 623 f, 689).

Wie steht es nun mit der »inneren Emigration« Leopold von Wieses, die ihm selbst von René König attestiert wird (1959, 117).* Leopold von Wiese
— behielt — entgegen der Legende — seinen Lehrstuhl
— war Direktor des Soziologischen Seminars und Kodirektor des Staatswissenschaftlichen (Volkswirtschaftlichen) Seminars
— war Mitglied der Hochschularbeitsgemeinschaft für Raumforschung
— leitete die Berufungskommission für die Nachfolge Erwin von Beckeraths
— übernahm eine Auftragsarbeit des Regierungspräsidenten von Trier für ein empirisches Forschungsprojekt, das ihm der Kölner Sozialwissenschaftler Walter Herrmann, stellvertretender Dozentenbundführer, organisierte
— kooperierte in Personalfragen mit dem örtlichen Dozentenbundführer
— war für neun Monate als Gastprofessor in den USA (1934/35), wobei Auslandsreisen nur loyalen ›Volksgenossen‹ genehmigt wurden
— publizierte im Ausland
— war Mitglied der Akademie für Deutsches Recht des Präsidenten Hans Frank, Generalgouverneur des besetzten Rest-Polens
— und arbeitete für ein Jahr (1941/42) in der »Archivkommission« des Außenministeriums in Paris an der Auswertung der erbeuteten Akten des französischen Außenministeriums. Auf die näheren Umstände dieser Tätigkeit wird noch eingegangen.

Auch in anderen professionspolitischen, publizistischen und berufli-

---

* Vgl. hierzu allerdings: Das Gespräch René Königs mit W. Schönleiter in diesem Band, S. 139 (Anmerk. der Herausgeber)

chen Aktivitäten von Wieses wird deutlich, daß er Nationalsozialismus und Soziologie nicht für unvereinbar hielt, ganz im Gegensatz zu heutigen Darstellungen, die sich dabei auch gerne auf seine Wissenschaftsbiographie berufen. Im August 1933 organisierte er ein Treffen der Beschlußgremien der DGS. Der dort gefaßte Beschluß, »zunächst nur die bisherigen Ratsmitglieder, soweit sie nicht wegen Beurlaubung oder Übersiedlung ins Ausland ausscheiden, wiederzuwählen«[17], ist der klarste Ausdruck für von Wieses Strategie der Selbstgleichschaltung der DGS. Als Ferdinand Tönnies sich dieser Politik der Vorwegnahme der Nazi-Politik der ›Säuberung‹ wissenschaftlicher Gesellschaften widersetzte, revidierte die ›neue Leitung‹ der DGS, das sogenannte Dreimännerkollegium mit Werner Sombart als Präsidenten, Hans Freyer als »Beisitzer« und von Wiese als altem und neuem 1. Schriftführer, den Beschluß. Aber auch von Wieses zweiter Versuch der Selbstgleichschaltung durch Reorganisation der DGS scheiterte. Der Plan ihrer Aufteilung in drei Sektionen, mit der er hoffte, die Gruppe um den Führer der »Oppositionellen«, den Neuparteigenossen, Sicherheitsdienstmitarbeiter und Jenaer Soziologieassistenten Reinhard Höhn, ohne große Konzessionen einbinden zu können, wurde nicht mehr realisiert. Schließlich legte der als Kompromißkandidat zum neuen ›Führer‹ gekürte Hans Freyer die Gesellschaft aus Angst vor Interventionen Höhns still (Klingemann 1986c).

Leopold von Wiese gelang es also nicht, die DGS in die NS-Diktatur hinüberzuretten. Aber auch er versuchte immer wieder – allerdings nicht so erfolgreich wie viele seine Kollegen –, die neuen Machthaber von der Nützlichkeit der Soziologie zu überzeugen. Noch im August 1933 publizierte er eine Besprechung der Dissertation eines Polizeihauptmanns, der bei ihm über »Soziologie der Führerschulung auf der Polizeischule« geschrieben hatte, in der Zeitschrift »Polizei« und erklärte, daß der Soziologie, insbesondere seiner Beziehungslehre, eine wichtige Rolle bei der Führerschulung für den »Aufbau des neuen deutschen Gemeinwesens«[18] zukomme. In der letzten Nummer der eingestellten Kölner Vierteljahreshefte für Soziologie sah er 1934 die »Zeit für eine kraftvoll wirkende realistische Gesellschaftslehre« gekommen, denn »der größte Teil der von der praktischen Entwicklung aufgeworfenen Fragen gehört der Soziologie an«.[19] In der Festschrift zu Tönnies' achtzigstem Geburtstag aus dem Jahr 1936 war für ihn durch die Aufnahme soziologischer Themen in die Studienpläne für die Rechts- und Wirschaftswissenschaften »erst wirklich das eigentliche soziologische Zeitalter in Deutschland angebrochen«, und er befürchtete nur, daß die Soziologie eventuell beim »Aufbau des deutschen nationalen Volks- und Staatslebens« entbehrlich wäre.[20] Zwar blieb die Kölner Soziologie gegenüber der an anderen Orten betriebenen Sozialforschung[21] mehr in ihrem traditionell-unpraktischen akademischen Rahmen, aber selbst von Wiese konnte die ›Brauchbarkeit‹ seiner Soziologie auf die Probe stellen.

Insofern ist auch von Alemann zu korrigieren, der meint, von Wiese »hat nie Projektforschung (nicht zu reden von Auftragsforschung irgendwelcher Art) betrieben« (1976, 653). Im März 1939 nahm eine Gruppe von fünf Studenten unter der Leitung von Wieses im Auftrag des Regierungspräsidenten des Regierungsbezirks Trier Untersuchungen über die Lage des landwirtschaftlichen Nachwuchses in Dörfern des südlichen Regierungsbezirks Trier auf. Die Situation war günstig, da sich die Studenten gleichzeitig ›in ihren Dörfern‹ an der Volks- und Berufszählung des Jahres 1939 beteiligten. Dann gerieten die Untersuchungen wegen des deutschen Überfalls auf Polen ins Stocken, »die untersuchte Landschaft wurde durch den Kriegsausbruch grundlegend verändert, gehören doch einige Bezirke zu dem Bereich der ›freigemachten Gebiete‹ im westlichen Frontabschnitt.« Dennoch kann der zitierte Bericht im Anschluß daran als vorläufige Ergebnisse zwei Dissertationen und zwei Seminarbeiten aufzählen.[22] Dieses empirische Forschungsprojekt hatte Walther Herrmann für von Wiese organisiert.[23] Herrmann war 1928 bis 1932 in der Sozialpolitischen Abteilung des Forschungsinstituts mit Materialsammlungen und Untersuchungen über »Eheschließung der weiblichen Angestellten in Köln« befaßt und führte nach der Schließung der Abteilung die Abwicklungsarbeiten durch. 1934 wurde er mit der Arbeit »Der sozialpolitische Inhalt der Handelsverträge« promoviert. 1936 wurde eine Gruppe von Studenten der Medizin und aus der Wirtschafts- und Sozialwissenschaftlichen Fakultät »Reichssieger« im »Reichsberufswettkampf der deutschen Studenten« mit einer Untersuchung über das Eifeldorf Berk. Dabei hatte Herrmann die soziologischen Untersuchungsteile geleitet.[24] 1936 hatte er sich habilitiert, um 1937 war er Assistent beim Wirtschaftshistoriker und Leiter aller Hochschularbeitsgemeinschaften im Rheinland, Bruno Kuske, bei dem er eine Ausarbeitung für die Reichsarbeitsgemeinschaft vorlegte.[25] 1938 wurde er Dozent für Wirtschaftliche Staatswissenschaften und erhielt 1940/41 einen Lehrauftrag für Wirtschaftsplanung und Raumpolitik.

Dieser Karriere war sicher förderlich, daß er als Student schon 1932 in die NSDAP eingetreten war[26] und als Fachschaftsführer bzw. Unterführer der Dozentenschaft der Wirtschafts- und Sozialwissenschaftlichen Fakultät[27] sowie als stellvertretender Dozentenbundführer[28] tätig war. Außerdem war er längere Zeit Geschäftsführer bzw. stellvertretender Leiter der Hochschularbeitsgemeinschaft für Raumforschung[29] und Mitglied der Arbeitsgemeinschaft für Verkehrspolitik der Akademie für Deutsches Recht (München).[30] Während er bei Berufungsverhandlungen in Heidelberg als »Judenschüler« (des Finanzsoziologen F. K. Mann) denunziert wurde[31], hob der Dekan der Wirtschafts- und Sozialwissenschaftlichen Fakultät der Universität Köln 1940 bei den Sondierungen um den neu geschaffenen Lehrstuhl für Soziologie an der Hindenburg-Hochschule Nürnberg in einem Schreiben an deren Rektor hervor, daß Teile der wissenschaftlichen Arbeiten Herrmanns in »religionssoziologischer Hinsicht nach Art Max Webers«[32] historisch fundiert seien.

Für die Besetzung dieses Nürnberger Lehrstuhls wurde auch Willy Gierlichs vorgeschlagen, neben von Wiese die zweite Hauptfigur der Kölner Soziologie nach 1933. Als verhinderter Seeoffizier und Freikorpskämpfer erwarb der 1900 geborene Gierlichs mit 22 Jahren den Grad eines Doktors der Philosophie. Er mußte dann aber aus finanziellen Gründen auf eine akademische Karriere vorerst verzichten und bei einer Bank bzw. an einer kaufmännischen Privatschule arbeiten. 1924 begann er dann in Köln mit dem Studium an der Wirtschafts- und Sozialwissenschaftlichen Fakultät und bestand 1928 die Prüfung für den Diplom-Kaufmann mit dem Wahlfach Soziologie. Nach einer Tätigkeit am Reichsmuseum für Gesellschafts- und Wirtschaftskunde in Düsseldorf war er für ein Jahr als »Sachbearbeiter für polizeiliche Soziologie« am staatlichen Polizei-Institut in Berlin-Charlottenburg tätig.[33] Dort hätte von Wiese ihn, obwohl »mein bester und vertrautester Schüler«[34], auch gern weiterhin gesehen, aber Gierlichs wollte sich lieber habilitieren und war dann ab 1931 Dozent für Soziologie an der Universität Köln. Während von Wieses Beurlaubung (1934/35) war er stellvertretender Leiter des Soziologischen Seminars, und im Frühjahr 1939 wurde er zum beamteten außerplanmäßigen Professor mit Lehrauftrag für Politische und Anthropologische Soziologie ernannt. Über diesen Status ist er in seiner Hochschullaufbahn nicht hinausgelangt. Das ist erstaunlich angesichts seiner karrierefördernden Betätigung im akademischen und außerakademischen Bereich.

Zwar wurde er erst 1937 in die Partei aufgenommen, weil er 1932/33 als Social Science Research Fellow in den USA war und erst zurückkehrte, als ein Aufnahmestopp den Eintritt in die NSDAP verhinderte, um weiterer ›Unterwanderung‹ durch »Konjunkturritter« vorzubeugen. Er wurde dennoch »infolge besonderer Berufung durch den Gaudozentenbundführer« Ende 1935 in den NSD-Dozentenbund auf-

genommen. An politisch-weltanschaulicher Begeisterung hatte er es allerdings auch nicht fehlen lassen. Eine Auswahl seiner Aktivitäten mag das belegen. Gierlichs war:
– Leiter des Stützpunktes Köln-Aachen der Deutschen Gesellschaft für Wehrpolitik und Wehrwissenschaften (Berlin)
– Mitarbeiter der Arbeitsstelle wehrwissenschaftlicher Arbeitsgemeinschaften an der Universität Köln
– Mitarbeiter der Arbeitsstelle für auslandsdeutsche Volksforschung (Stuttgart)
– Geschäftsführer des Ausschusses für Volksforschung der Universität Köln
– Mitglied der Hochschularbeitsgemeinschaft für Raumforschung der Universität Köln
– Leiter des Auslandsamtes der Dozentenschaft der Universität Köln und der Staatlichen Hochschule für Musik (Köln)[35]
– Sonderbeauftragter des Reichsdozentenführers für Auslandsarbeit[36]
– Leiter des Kulturbereichs West der Reichsdozentenführung[37]
– Beauftragter für das militärische Vortragswesen bei der Gaupropagandaleitung der NSDAP im Gau Köln-Aachen, Wehrkreiskommando VI, Münster (ab Sommer 1940)
– »reichseigener Redner des Oberkommandos der Wehrmacht«[38]
– Multifunktionär und Reichsredner im Reichsluftschutzbund

Auch Gierlichs fachwissenschaftlich orientierte Qualifikationsanstrengungen waren eigentlich geeignet, seine Karriere zu beflügeln. Er war:
– ab 1933 Mitglied der American Academy of Political and Social Science[39]
– 1935 Mitglied der Field Study Party de Le Play House (Institut of Sociology, London (Dorfforschungen in der Tschechoslowakei)
– 1935 Teilnehmer am Internationalen Kongreß für Bevölkerungswissenschaft in Berlin
– 1936 Mitglied der deutschen Delegation bei der III. Internationalen Konferenz für Soziale Arbeit in London und deutscher Vertreter sowie Sprecher beim Internationalen Symposion der Konferez
– 1937 auf Vortragsreise in Ungarn (Ungarische Gesellschaft für Soziologie etc.)[40]
– 1939 Mitglied der deutschen Delegation des (wegen des deutschen Überfalls auf Polen aufgefallenen) XIV. Internationalen Soziologenkongresses in Bukarest[41]
– 1942 auf der Osttagung der deutschen Wissenschaftler in Berlin[42]
– 1942 auf Vortragsreise in Ungarn im Auftrag der Auslandsorganisa-

tion der NSDAP und des Deutschen Wissenschaftlichen Instituts in Budapest (einer Einrichtung, die vom Außenministerium getragen und vom Leipziger Soziologen Hans Freyer geleitet wurde)[43]

Trotz dieser vielen Ämter[44], politischen Betätigungen und fachwissenschaftlicher Leistungsnachweise wurde Gierlichs nicht ordentlicher oder wenigstens außerordentlicher Professor, obwohl er ab 1943 auch noch zusätzlich einen Lehrauftrag für Zeitungswissenschaft erhielt.[45]

An der Tatsache, daß Gierlichs' Beförderung am Widerstand der Fakultät scheiterte, die eine größere wissenschaftliche Publikation trotz Gierlichs' vieler Schriften (auch in ausländischen Fachzeitschriften) vermißte, wird deutlich, daß die immer als späteres Alibi für übereifrige politisch-ideologische Konformität beschworene Allmacht des Dozentenbundes doch begrenzt war. Gierlichs war schließlich Leiter des Kulturbereichs West des Dozentenbundes[46], und im Juni 1941 stellte von Wiese gemeinsam mit dem Dozentenführer den Antrag, Gierlichs ein planmäßiges Extra-Ordinariat zu verleihen, nachdem sein Antrag aus dem Jahr 1937/38 erfolglos geblieben war. Anfang 1942 stellten sie den Antrag wegen des anhaltenden Widerstands der Fakultät zurück, bis Gierlichs eine neue wissenschaftliche Arbeit vorgelegt habe.[47] Auch von Wieses Alternativ-Strategie, Gierlichs zum außerordentlichen Professor für das Gebiet »Volkswissenschaft und Auslandskunde« zu ernennen, das »in einer der leitenden Ideen des nationalsozialistischen Staates entsprechenden Art das umfaßt, was man früher als ›wissenschaftl. Politik‹ bezeichnete«[48], war ebenso erfolglos. Erfolgreicher waren dann allerdings Gierlichs' Bemühungen um eine militärische Nutzung seiner Fachkenntnisse, auf die noch eingegangen wird.

Trotz dieser Karrierehemmung bei Gierlichs und von Wieses fast zweijähriger Abwesenheit entwickelte sich ein reger Seminarbetrieb. Der »Westdeutsche Beobachter«, das »Amtliche Organ der NSDAP« des Hauptschriftleiters Dr. Peter Winkelnkemper, der als Staatskommissar das Forschungsinstitut für Sozialwissenschaften aufgelöst hatte und im Zuge dieser Sparmaßnahmen die unerwünschten Direktoren, den »Marxisten« Lindemann und den Vertreter des politischen Katholizismus Brauer ›ausschaltete‹, veröffentlichte im Mai 1935 einen sehr freundlichen Artikel über das Soziologische Seminar. Neben den zahlreichen vorhandenen ausländischen Fachzeitschriften, der »konkreten Einzelforschung« (gemeint sind von Wieses Forschungsexkursionen), der Tätigkeit verschiedener Arbeitsgruppen und der Anfertigung von Dissertationen wird die Zahl der Seminarteilnehmer mit 35 bis 45 angegeben. Gelobt werden »junge aufstrebende Kräfte«. »Sie vertreten mit Erfolg die wichtige soziologische Wissenschaft an der aufstrebenden Universität Köln.«[49] Diese Angaben, die während von Wieses Aufenthalt in den USA veröffentlicht wurden, decken sich mit jenen, die er im Januar desselben Jahres gegenüber dem bereits erwähnten amerikanischen Soziologen Eubank in Cincinnati machte. In seinem Hauptseminar säßen »etwa 60 Studenten«, von denen aber »nur sehr wenige« Hauptfachstudenten der Soziologie seien, »da es keine Berufsmöglichkeiten gibt«. Eine auch aus heutiger Sicht nur zu berechtigte Klage, die aber im Widerspruch steht zu der doch beachtlichen Zahl von Sozialwissenschaftler-Karrieren im NS-Staat und von Wieses voraufgegangener Mitteilung im Gespräch mit Eubank. »In Soziologie haben wir etwa 10 bis 15 Promotionen im Jahr.«[50] Auch der spätere Nürnberg-Erlanger Soziologe Karl Gustav Specht erinnert sich an eine Gruppe älterer Studenten, die bei von Wiese in den letzten Vor- und dann Kriegsjahren Soziologie und Nationalökonomie studierten.[51]

Wenngleich eine genaue Statistik über Promotionen und Diplomarbeiten hier nicht vorgelegt werden kann, so soll doch ein erster Eindruck vom Betrieb des Soziologischen Seminars anhand einiger Angaben über Abschlußarbeiten in Soziologie gegeben werden. Eine Zusammenstellung der Dissertationsgutachter in der Wirtschafts- und Sozialwissenschaftlichen Fakultät für den Zeitraum von Wintersemester 1934/35 bis Wintersemester 1938/39 weist von Wiese elfmal als Referenten und in 26 Fällen als Korreferenten aus. Die Statistik enthält keine Angaben darüber, wie viele der Dissertationen im Hauptfach Soziologie geschrieben wurden. Berücksichtigt werden muß, daß in derselben Zeit Erwin von Beckerath, der bis 1939 an der Universität Köln als Nationalökonom und Soziologe lehrte, in zwanzig Fällen als Referent und in 26 Fällen als Korreferent verzeichnet ist.[52] So promovierte von Beckerath Andreas Pfenning, der Ende der dreißiger Jahre mit Hilfe seiner Tätigkeit für den Reichsführer SS, Oberabschnitt Südwest, Assistent am »Institut für Sozial- und Staatswissenschaften« der Universität Heidelberg wurde.[53]

Leopold von Wieses Angabe von zehn bis fünfzehn Promotionen pro Jahr »in Soziologie« scheint mir eine gezielte Übertreibung gegenüber dem amerikanischen Soziologen Eubank zu sein, der ja schließlich »The Makers of Sociology« befragte. Die bereits sehr großzügig verfahrende Berechnung der Soziologie-Dissertationen in der Doktorarbeit von Hermann Bierwirtz (1936) ergibt für den Zeitraum von 1919 bis zum Sommersemester 1934 nur 200 Arbeiten. Dabei werden von Bierwitz sogar »soziologische« *und* »sozialpolitische« als »soziologische« Dissertationen zusammengefaßt (1936, 52, 58), und als Kriterien werden die »wesentliche Forschungsrichtung des Referenten« herangezogen.⁵⁴ Ein problematisches Verfahren, wie der Fall von Wiese zeigt, der Nationalökonomie und Soziologie vertrat. Die Zahl der im engeren Sinn soziologischen Dissertationen bis 1933/34 dürfte niedriger liegen.

Angesichts der durch die NS-Wissenschaftspolitik und die Kriegseinwirkungen reduzierten Studentenzahlen sowie von Wieses zweijähriger Abwesenheit von Köln und der Schließung der Universität im Herbst 1944 deuten die bislang identifizierten etwa 25 Dissertationen bei ihm in dieser Zeit auf eine beachtliche Attraktivität seiner Person und des Soziologischen Seminars hin. Bei Willy Gierlichs, der im September 1943 zur Wehrmacht eingezogen wurde, konnten hingegen bislang nur fünf Dissertationen ermittelt werden. Eine Reihe von einschlägigen, aber bisher nicht überprüften Dissertationstiteln im Jahresverzeichnis der deutschen Hochschulschriften, wie etwa »Die industrielle Gesellschaft als Ziel und Grundlage der Sozialreform. Eine systematische Darstellung der Ideen Saint-Simons und seiner Schüler« (1938), legt die Vermutung nahe, daß noch weitere Abschlüsse bei von Wiese und Gierlichs hinzukommen könnten.

Gierlichs vergab bevorzugt traditionelle Soziologie-Themen, die gut an NS-Doktrinen gekoppelt werden konnten. So bediente sich die Arbeit »Der Fremde und das Volk« (1938) sehr wohl der einschlägigen soziologischen Fachliteratur, um dann, allerdings unter Rückgriff auf Robert Michels, Juden und Emigranten in der erwünschten Weise zu stigmatisieren und auszugrenzen. Ähnlich verfuhr ein anderer Gierlichs-Promovent, Willy Klutentreter, der zwar eine fachwissenschaftlich nicht uninteressante Arbeit über »Presse und Volksgemeinschaft« (1937) vorlegte, sie aber paradoxerweise auf die NS-Maxime der »publizistischen Führungsmittel« ausrichtete. Damit wurde er als Leiter der Fachgruppe Zeitungswissenschaft der Studentenschaft und Leiter der Zeitungswissenschaftlichen Vereinigung in Köln dann Assistent am Zeitungswissenschaftlichen Institut in Köln sowie München und erhielt 1940 einen Lehrauftrag für Zeitungswissenschaft wiederum in Köln.⁵⁵

Dissertationen, die Themen aus dem Bereich der aktuellen Sozialpolitik aufgriffen, wurden offensichtlich ab 1935 von Franz Horsten betreut. Horsten, der 1918 bei dem späteren Berliner Betriebssoziologen Goetz Briefs promoviert hatte, war bis Sommer 1935 ständiger Stellvertreter von Wilhelm Börger in dessen Eigenschaft als Treuhänder der Arbeit. 1935 wurde er Direktor des Instituts für Deutschen

Sozialismus (später Institut für Arbeitspolitik/Sozialpolitik) und 1941 ordentlicher Professor für Sozialpolitik.[56] Zum Institut für Deutschen Sozialismus hat Leopold von Wiese offensichtlich gute Beziehungen, denn er war z. B. zweiter Gutachter der Dissertation einer Sachbearbeiterin der Abteilung Jugendhilfe des Amtes für Volkswohlfahrt der Gauleitung Köln der NSDAP, die bei Horsten 1941 über »soziale Frauenberufe« promovierte. Auch Börger versicherte von Wiese nach einem Angriff des stellvertretenden Hauptschriftleiters der »Braunen Wirtschaftspost« im Jahr 1935 in einer knapp zwei Spalten langen Auslassung unter der Überschrift »Zwischen Börger und Wiese«[57] seines Wohlwollens (v. Wiese 1957, 73). Soziologie wurde auch als mündliches Prüfungsfach bei Promotionen gewählt, die von den universitären NS-Repräsentanten Erwin Geldmacher und Franz Horsten betreut wurden. Der weltanschauliche Ballast der Arbeiten aus dem Institut für Arbeitspolitik, die in der Reihe »Schriften zum deutschen Sozialismus« erschienen, erschwert ihre heutige Lektüre, obwohl ihr Studium für die Frage, wie der Widerspruch zwischen der NS-Arbeitsmythologie und der industriekapitalistischen Betriebsrealität bearbeitet wurde, sehr aufschlußreich ist. Bei den Deutz-Motorenwerken arbeiteten die 300 – 400 Schlosser angeblich sogar nach einem von Horsten entwickelten Konzept.[58]

Schwierigkeiten mit den nicht zu lösenden Diskrepanzen zwischen nationalsozialistischer Selbst- und Außendarstellung sowie nationalsozialistischer Realpolitik hatten auch Doktoranden bei von Wiese und Gierlichs. Aufgrund eines Erlasses des Reichsministeriums für Wissenschaft, Erziehung und Volksbildung von Ende 1939 mußten Dissertationen, die Fragen der nationalsozialistischen »Bewegung« oder des nationalsozialistischen Staats behandelten, der »Parteiamtlichen Prüfungskommission zum Schutze des NS-Schrifttums« (PPK) vor Drucklegung zur Prüfung »in politischer Hinsicht« vorgelegt werden.[59] Neben Dissertationen, auf deren Vorlage die PPK nach Kenntnisnahme der Gliederung ganz verzichtete oder an denen sie wegen weltanschaulicher Belanglosigkeit kein weiteres Interesse zeigte, gab es auch Fälle, wo Dissertationen von der PPK durch Aufnahme in die »NS-Bibliographie« (für Schriften, die der »Vorbereitung und Vertiefung des nationalsozialistischen Gedankenguts« dienen) als wichtige Beiträge zur Lösung aktueller Probleme ausgezeichnet wurden.[60]

Problematisch wurde es, wenn z. B. in einer von von Wiese betreuten Arbeit über »Staatssozialistische Bestrebungen im Verein für Sozialpolitik« aus dem Jahre 1940 der Verein als Vorläufer des Nationalsozialismus und dieser – nicht ganz falsch – als gelungene Kombination von Staatssozialismus und ökonomischem Liberalismus bezeichnet wurde. Nachdem die PPK auf der nicht näher erläuterten Originalität der NS-Wirtschaftsauffasssung bestand, konnte von Wiese den Verfasser dazu bewegen, einige Sätze zu ändern bzw. zu streichen, in denen u. a. der ökonomische Liberalismus als Bausteien der NS-Ökonomie klassifiziert worden war. Danach konnten die Pflichtexemplare gedruckt und der Doktortitel verliehen werden.[61] Bei dieser Wichtigtuerei der PPK spielte auch deren Dauerkonflikt mit dem ebenso um Kompetenzen ringenden Weltanschauungs-Wächteramt, der von Alfred Rosenberg geleiteten Dienststelle des »Beauftragten des Führers für die Überwachung der gesamten geistigen und weltanschaulichen Schulung und Erziehung der NSDAP« eine große Rolle.

Wichtig genommen wurden sozialwissenschaftliche Dissertationen auch von anderen staatlichen und parastaatlichen NS-Behörden, die aus Geheimhaltungsgründen die Publikation bzw. den Druck von Pflichtexemplaren untersagten. Die 1938 bei Gierlichs eingereichte Arbeit über »Gestalt und Schicksal des Grenzvolkes. Eine soziologische Untersuchung deutscher Grenzräume« findet sich deshalb nicht im Jahresverzeichnis der deutschen Hochschulschriften, sondern nur in der »Nachweisung der zum Druck zugelassenen bzw. nicht zugelassenen Doktordissertationen« des Reichsministeriums für Wissenschaft, Erziehung und Volksbildung.[62] Und noch eine weitere Dissertation, die nach Aktenlage bei Gierlichs über »Englands Wirtschaftskriegsmethoden« 1940 geschrieben wurde[63], scheint geheimgehalten worden zu sein, da sich sonst über sie keine Angaben finden lassen. Daß »oberste Reichsbehörden« wie z. B. das Außenministerium oder das Oberkommando der Wehrmacht in Absprache mit dem Reichsministerium für Wissenschaft, Erziehung und Volksbildung sozialwissenschaftliche Dissertationen für geheim erklären ließen, kam gar nicht so selten vor. Aufschlußreich sind aber auch die Fälle, wo Autoren beleidigt waren, wenn die angesprochene oberste Reichsbehörde eine Geheimhaltung nicht für nötig hielt.

Bei Gierlichs bestand die Möglichkeit, auf sich bei NS-Stellen bereits mit einer Diplomarbeit aufmerksam zu machen. Die Titel der sechs bis Frühjahr 1939 bei Gierlichs geschriebenen Diplomarbeiten lassen dessen Vorliebe für die Kombination tradierter soziologischer Fragestellungen mit Leopold von Wieses Beziehungslehre und aktueller »volkspolitischer« Relevanz deutlich werden, wie etwa die Arbeit über »Angriff und Abwehr als Sozialprozesse der politischen Grenze, dargestellt an den deutsch-belgischen Grenzverhältnissen«[64] illustriert. Eine spezielle Variante angewandter Sozialforschung betrieb der Autor der bereits erwähnten Dissertation »Der Fremde und das Volk«, der sich für seine Arbeit 1937 vom Landeskreisleiter Tirol der Auslandsorganisation der NSDAP Material »über und von Emigranten« hatte geben lassen, das er »nach Durchsicht der Geheimen Staatspolizei zu Essen ausgehändigt«[65] hat.

Die meisten Promoventen zogen dann doch von Wiese vor, bei dem man auch Arbeiten wie etwa jene über die »Berufstätigkeit des Handlungsreisenden in beziehungswissenschaftlicher Betrachtung« (1941) vorlegen konnte, auf deren Prüfung bereits schon die PPK verzichtete. Oder man schrieb als Mitarbeiterin des Deutsch-Italienischen Kulturinstituts (Petrarca-Haus) in Köln eine berufsqualifizierende Arbeit über die »süditalienische Frage als ökonomisches Problem«. Eine weitere Möglichkeit, in Köln mit einer Soziologie-Dissertation abzuschließen, bestand in der Philosophischen Fakultät. Dort wurden z. B. 1934 – 1937 Arbeiten angenommen wie die »religionssoziologische Untersuchung zum englischen 17. und 18. Jahrhundert« über »Tierschutz, Vegetarismus und Konfession«; eine »kultursoziologische Untersuchung« über »Sport und Rekord« in England; über »Vorfragen einer Soziologie der literarischen Wirkung« oder über den »Begriff des Kollektivbewußtseins« bei dem französischen Soziologen Emile Durkheim. Auch wurde die »mit Mitteln der Soziologie« verfaßte »begriffskritische Studie« über den »Luxus« 1943 von dem Kollegen Theodor Wessels aus der Wirtschafts- und Sozialwissenschaftlichen Fakultät angenommen. In Köln wurde Soziologie also nicht nur im Soziologischen Seminar bei Gierlichs und von Wiese, der ab Herbst 1943 auch wieder einen Assistenten hatte, angeboten. Bis 1939 lehrten die Wirtschaftssoziologen Erwin von Beckerath und Alfred Müller-Armack in Köln, und in der Philosophischen Fakultät sowie bei Wessels wurden Soziologie-Dissertationen geschrieben. 1940 gründete der 1939 berufene Ordinarius für Versicherungswissenschaft und ehemalige stellvertretende Vorsitzende des Ausschusses für Versicherungswesen bei der Reichsleitung der NSDAP, Walter Rohrbeck[67], das Institut für Versicherungswissenschaft. Rohrbeck hatte sich schon vor 1933 (wie auch nach 1945) einen Namen als Versicherungssoziologe gemacht.[68]

Die Anerkennung der außeruniversitär professionell tätigen Soziologen hat im Fall Köln im Vergleich zu anderen Hochschulorten keine bedeutenden Rückwirkungen auf die akademische Soziologie gehabt. Neben dem Auftrag des Regierungspräsidenten des Bezirks Trier und Gierlichs' semi-professioneller Organisatoren- und Agitatorentätigkeit ist man allerdings in zwei weiteren Fällen auf die beiden zu der

Zeit bekanntesten Kölner Soziologen aufmerksam geworden. Willy Gierlichs schaffte auf Umwegen doch noch den Sprung in die früher erhoffte militärische Karriere. Nach seiner Einberufung im Herbst 1943 und Beförderung zum Gefreiten wurde er noch im Dezember zum Offiziersbewerber ernannt. Aber noch während der Ausbildung wurde er im März 1944 in den »NS-Führungsstab« der Marine-Stabskompanie des Oberkommandos der Kriegsmarine abkommandiert und zum »Sonderführer« ernannt. Er wurde in einer Außendienststelle eingesetzt und war laut Telegramm vom 8.4.1945 an die Inspektion des Bildungswesens der Marine »für NS Führungsarbeit augenblicklich unentbehrlich«. Am 11.6.1945 beging er im Kriegsgefangenenlager Glücksburger Schloß Selbstmord.[69]

Als Leopold von Wiese, der nicht in der NSDAP war, im Januar 1941 vom Außenministerium aufgefordert wurde, Mitglied der »Archivkommission« für die Auswertung der erbeuteten Akten des französischen Außenministeriums zu werden, habe er – so in seinen »Erinnerungen« – abgelehnt, da er kein Historiker sei. »Aber es nutzte nichts. Man wollte gerade die Arbeit der Geschichtsforscher durch die Beteiligung eines Soziologen und Nationalökonomen ergänzen; man habe es gerade auf mich abgesehen« (v. Wiese 1957, 76).[70] Seine Aufgabe war es, die zu kopierenden Brief- und Protokollstellen auszuwählen. In seinen Erinnerungen sagt Leopold von Wiese, daß er sein schlechtes Gewissen damit habe beruhigen können, daß er Akten bekam, die den »Verkehr zwischen Briand und Stresemann betrafen«, und er jenes Material auswählen konnte, das der »Idee der internationalen Verständigung diente« (von Wiese 1957, 77). Er stellte gleichwohl einen Antrag auf Entlassung, dem im Februar 1942 nach elfmonatiger Tätigkeit in Paris entsprochen wurde. Eine Publikation der Archivkommission über die »Entstehung des Krieges von 1939«[71], in der anhand erbeuteter Dokumente ›nachgewiesen‹ wird, daß der amerikanische Präsident auf Veranlassung amerikanischer Juden den Zweiten Weltkrieg entfesselte, verdeutlicht, wie berechtigt von Wieses schlechtes Gewissen war. So gesehen waren beide, Gierlichs und von Wiese, in einem NS-Führungsstab beschäftigt.

Es hat sich, glaube ich, gezeigt, daß auch bei von Wiese und der sogenannten »Kölner Schule« von einer Verfolgung der Soziologie als Strategie »der Nazis« oder oberster NS-Behörden keine Rede sein kann. Dabei wurde wohl weiterhin deutlich, daß das wissenschaftssoziologische Verfahren, mit dem Begriff der »Schule« die Beziehungen zwischen Wissenschaft und Gesellschaft zu bestimmen, nicht weit führt. Wechselwirkungen zwischen soziologischen Denksystemen, empirischer Sozialforschung und realer Gesellschaftspolitik sind über außerakademische Instanzen vermittelt (Klingemann 1987). Die nach 1933 in Köln betriebene Soziologie ist stärker als die anderer Hochschulorte im traditionell akademischen Stil weiterbetrieben worden, während sich sonst ein deutlicher Trend zu ihrer außeruniversitären Professionalisierung feststellen läßt. Es gab auch in Köln einige Ansätze, sie aktuellen Fragen nutzbar zu machen, so daß hier der allgemeine Befund (tendenziell) auch gilt, wonach die Reichssoziologie sich nicht durch weltanschauliche Perversion kompromittiert hat, sondern dadurch, daß eine – speziell empirisch – orientierte Soziologie *als Fachwissenschaft* sich für Zwecksetzungen des NS-Staats eignete.

Anmerkungen

1 H. Winkmann: Wilhelm Vleugels (Bensdorf/Knospe 1980, 472)

2 R. König: Einleitung, in: Ders. (Hg.): Soziologie. Frankfurt/M. 1958, S. 14

3 Zu Beckers Meinungswandel (Klingemann 1986b, 259 f); in diesem Text (S. 275 ff) und bei Klingemann (1981, 1985a) sind zahlreiche Versuche (ab 1938), die Wissenschaft Soziologie wegen ihrer angeblichen Unvereinbarkeit mit Nationalsozialismus und Faschismus zu einer Emanzipations-, Aufklärungs- und Opositionswissenschaft zu stilisieren, dokumentiert.

4 E. Stockhorst: Fünftausend Köpfe. Wer war was im Dritten Reich. Velbert/Kettwig 1967, S. 67

5 Es sei hier nur am Rande erwähnt, daß auch die anderen vier örtlichen Konzentrationen (Berlin, Frankfurt, Heidelberg, Leipzig) nicht aufgelöst wurden. In unterschiedlichem Maß waren sie mit Schauplatz einer anerkannten ›Reichssoziologie‹ und Arbeitsplatz oder Rekrutierungsfeld von mindestens 80 bundesdeutschen Soziologen.

6 Vgl. Brauer an den Geschäftsführenden Direktor des Forschungsinstituts Eckert, 13.4.1933, Universitätsarchiv Köln (im folgenden UAK) Zug. 9/339

7 Eckert an Dekan, 2.6.1933, UAK Zug. 9/339; ebenso Protokoll der Direktorenkonferez des Forschungsinstituts, 20.6.1933, UAK Zug. 9/322

8 Vgl. Aktennotiz, 29.12.1933, UAK Zug. 9/339

9 Protokoll Direktorenkonferenz, 13.2.1932, UAK Zug. 9/322

10 Bis November 1932 war Brauer Mitglied des Zentrums und stand als Repräsentant des Politischen Katholizismus unter dem Verdacht der politischen Unzuverlässigkeit. Im Juli 1933 war er durch Verfügung des Reichsleiters Dr. Robert Ley zusammen mit anderen Führern der Christlichen Gewerkschaften aus dem Großen Arbeitskonvent der »Deutschen Arbeitsfront« (DAF) ausgeschlossen worden. Auf ein Schreiben Brauers an Ley entschuldigte sich der Reichsschulungsleiter der DAF dafür, daß Brauer als Unschuldiger unter den Sünden der Christlichen Gewerkschaften leiden müsse (Brief an Brauer, 4.7.1933, UAK Zug. 17/623). Andererseits bat im Februar 1934 der Staatskommissar Winkelnkemper seinen Parteifreund Börger, Brauer in dessen Institut für Deutschen Sozialismus aufzunehmen, was Börger, der nichts gegen den »sonst sehr ehrenwerten Herrn Professor Brauer« hatte, ablehnte, um der »schwarzen Klicke« nicht eine »sehr erwünschte Verbindung« zu verschaffen (Briefwechsel Winkelnkemper – Börger, 6., 16.2.1934, UAK Zug. 17/623). Zu Beginn des Jahres 1935 mußte sich Brauer einer studentischen Denunziation erwehren. Die persönliche Intervention des Rektors im März

1935, beim Ministerium für Brauer eine Lehrstuhlvertretung für Sozialpolitik zu erreichen, blieb aus politischen Gründen erfolglos. Während man dort mit einem besoldeten Lehrauftrag für ein »neutrales Lehrgebiet« einverstanden war, lehnte dies der Kölner Dozentenschaftsführer Ende 1935 ebenfalls aus politischen Gründen ab (UAK Zug. 70/58). Im Wintersemester 1935/36 ließ sich Brauer beurlauben. Die Vorlesungen im Sommersemester 1937 fielen wegen zu geringer Beteiligung aus. Im Herbst 1937 wurde er beurlaubt, um eine Stelle in den USA anzutreten, obwohl Winkelnkemper anläßlich des Beurlaubungsgesuchs nun darauf hinwies, daß Brauers politische Zuverlässigkeit umstritten sei (Aktennotiz, 16.9.1937, UAK Zug. 17/623). Bei einem Besuch in Deutschland im Sommer 1938 wurde dem stets loyalen Brauer auf Anfrage erlaubt, seinen »Talar nebst Zubehör« mitzunehmen, denn Brauer hielt es für wünschenswert, daß bei Festumzügen dort deutsche Gewänder getragen würden (UAK Zug. 70/58). 1941 wurde seine Zugehörigkeit zum Lehrkörper der Universität Köln für beendet erklärt (UAK Zug. 17/623). Brauer starb 1942. Die nachträgliche Durchsicht des Nachlasses von Brauer (UAK Zug. 54) ergab keine wesentlichen Zusatzinformationen für den hier skizzierten Ablauf.

11 Leo Hilberath arbeitete später am Kommunalwissenschaftlichen Institut der Universität Berlin, bei der Reichsarbeitsgemeinschaft für Raumforschung und der Reichsstelle für Raumordnung (beide Berlin), wurde aber auch im KZ inhaftiert (Leo Hilberath, in: W. Bernsdorf : Internationales Soziologenlexikon. Stuttgart 1959). Franz Müller erhielt 1936 eine Stelle als Soziologie-Professor in den USA.

12 UAK Zug. 9/120

13 Jahresvorschlag der Erfordernisse des soziologischen Seminars der Universität Köln im Rechnungsjahr 1934/35 (ab 1.IV.1934); L. v. Wiese an stellv. Kurator, 9. Juli 1934, UAK Zug. 9/210; die Zeitschrift wurde vorher »vom Verlage bezahlt, das Institut zahlt nur einen Zuschuß zu den Autorenhonoraren«. L. v. Wiese: Notizen über die soziologische Abteilung des Forschungsinstituts für Sozialwissenschaften für die Sitzung der Sparkommission; ohne Datum (1932), UAK Zug. 9/339

14 L. v. Wiese in einem Gespräch mit E. E. Eubank, Januar 1935 in Cincinnati (Käsler, Hg., 1985, 162)

15 v. Wiese an Tönnies, 2.12.1935, Nachlaß Ferdinand Tönnies, Schleswig-Holsteinische Landesbibliothek Kiel

16 Preußisches Ministerium an Oberbürgermeister, 30. Januar 1934; Winkelnkämper an Oberbürgermeister, 19. Februar 1934, UAK Zug. 17/623

17 Protokoll der außerordentlichen Rats- und Ausschußsitzung am Donnerstag, den 3. August in Lübeck. Nachlaß Ferdinand Tönnies, Schleswig-Holsteinische Landesbibliothek Kiel

18 Vgl. L. v. Wiese: Grundlagen der Führerschulung, in: Polizei, Bd. 30, Nr. 16, 20.8.1933, S. 369

19 L. v. Wiese: Nach zwölf Jahren, in: Kölner Vierteljahreshefte für Soziologie, 12. Jg. (1933/34), S. 228

20 L. v. Wiese: Der gegenwärtige internationale Entwicklungsstand der Allgemeinen Soziologie, in: Reine und angewandte Soziologie. Leipzig 1936, S. 16 f

21 Vgl. zur Hochschul-Soziologie Klingemann (1981, 1985b, 1986a); als ersten Überblick über Sozialforschungsinstitutionen und Soziologie in Nachbardisziplinen Klingemann (1986b); Soziologen als Wissenschaftskontrolleure und zur Rückwirkung der außeruniversitären Professionalisierung der Soziologie auf die akademische Soziologie Klingemann (1988)

22 Raumforschung und Raumordung, 4. Jg. (1940), S. 248

23 B. Kuske an Landesplaner, 18.3.1939, UAK Zug. 28/758

24 Nach zwei Zeitungsberichten, UAK Zug. 28/308

25 B. Kuske an Rektor, 13.7.1937, UAK Zug. 28/758

26 Berlin Document Center, Dokumente Walther Herrmann

27 UAK Zug. 28/180 u. Zug 70/227

28 Bericht über die weltanschauliche Lage an der Universität Köln. Bericht des Amtes Wissenschaft, Berlin, den 25. April 1939; mit der Paraphe von Dr. Wilhelm Longert, Leiter der »Hauptstelle Soziologie« des Amtes Wissenschaft des »Beauftragten des Führers für die Überwachung der gesamten geistigen und weltanschaulichen Schulung und Erziehung der NSDAP«, S. 1, Bundesarchiv Koblenz (im folgenden BAK), NS 15/246

29 UAK Zug. 70/227

30 BAK, R 61/29, Bl. 201

31 UAK Zug. 70/227

32 Dekan an Sr. Magnifizienz, 26. Nov. 1940. Universitätsarchiv Erlangen (im folgenden UAE), Akte »Lehrstuhl für Soziologie«

33 Lebenslauf Willy Gierlichs, 5.4.1940, UAE, ebd.

34 v. Wiese an Helander, 2.12.1940, UAE ebd.

35 Lebenslauf Willy Gierlichs, 5.4.1940, UAE ebd.

36 v. Ebert an st. Stiftungsverwalter, 28. Nov. 1940, UAE ebd.

37 v. Wiese: Gutachterliche Äußerung über Professor Willy Gierlichs, 19. April 1944, Staatsarchiv Hamburg

38 Gierlichs an Kosiol, 2.1.1941, UAE Akte »Lehrstuhl für Soziologie«

39 UAK Zug. 70/173

40 Lebenslauf Willy Gierlichs, 5.4.1940, UAE Akte »Lehrstuhl für Soziologie«

41 Teilnehmerliste XIV. Internationaler Kongreß für Soziologie in Bukarest vom 29. August bis 14. September 1939, UAK Zug. 9/31

42 Endgültige Zusageliste, Institut für Zeitgeschichte München, MA 205

43 UAK Zug. 70/173

44 Er ist außerdem noch im NS-Juristenbund und NS-Lehrerbund (als Mitgl. d. Dozentenschaft) und Redner für die NSDAP, NS-Volkswohlfahrt, NS-Frauenschaft und NSD-Studentenbund, BAK, R 21/Anhang, Karteikarte Willy Gierlichs; solange er Privatdozent war, hatte Gierlichs ein bescheidenes Einkommen von weniger als 400 Mark netto; Gierlichs an den Münsteraner Soziologen Johann Plenge, 25.3.1934, Nachlaß Johann Plenge, Universitätsbibliothek Bielefeld

45 Zeitung des Hamburgischen unpartheyischen Correspondenten. Blätter der Hamburger Zeitungswissenschaft, 2. Jg. (1945) Folge 2 (Februar), S. 24

46 Lebenslauf Willy Gierlichs, 6. Februar 1944, Deutsche Dienststelle für die Benachrichtigung der nächsten Angehörigen von Gefallenen der ehemaligen deutschen Wehrmacht, Berlin, Dokumente Willy Gierlichs

47 UAK Zug. 70/173

48 v. Wiese an Dekan, 10.XII.41, UAK Zug. 70/173

49 Ro.: Das soziologische Seminar. Ein Kapitel vom Lehr- und Seminarbetrieb, in: Westdeutscher Beobachter. Amtliches Organ der NSDAP und sämtlicher Behörden, Ausgabe Kön (Stadt), 14.5.1935

50 Käsler (Hg.) 1985, S. 164 f

51 K. G. Specht: Der Wiederaufbau des Lehrens der Soziologie durch Leopold von Wiese (Wintersemester 1945/46), in: Kölner Zeitschrift für Soziologie und Sozialpsychologie, 18. Jg. (1966)

52 UAK Zug. 70/591; von Beckerath wechselte 1939 zur Universität Bonn; vgl. G. Eisermann: Erwin von Beckerath, in: Ders.: Bedeutende Soziologen. Stuttgart 1968

53 Lebenslauf Andreas Pfenning, ohne Datum (ca. 1933), Institut für Zeitgeschichte München, MA 116/12; Personalbogen Andreas Pfenning, Universitätsarchiv Heidelberg, B – 6681/1

54 Bemerkenswert ist der relativ hohe Anteil von Frauen, der mit 33,5% bei den

Soziologie-Dissertationen den von 8% bei allen volkswirtschaftichen, betriebswirtschaftlichen, wirtschaftsgeographischen/-geschichtlichen und soziologischen Dissertationen an der Wirtschafts- und Sozialwissenschaftlichen Fakultät deutlich übersteigt (Bierwirtz 1936, 58).

55 Arnulf Kutsch: Wilhelm Klutentreter (1908 – 1986), in: Publizistik, 31. Jg. (1986) Nr. 3/4

56 Archiv für Bevölkerungswissenschaft und Bevölkerungspolitik, 11. Jg. (1941), S. 271. Horsten trat am 1.2.1932 in die NSDAP und am 3.12.1936 in die SS ein, ab 9.11.1941 war er auch im Stab der Rasse- und Siedlungshauptamtes der SS; Lebenslauf 1937, R. u. S.-Fragebogen, Berlin Document Center, Dokumente Franz Horsten

57 Dr. E(rnst) F(erer): Zwischen Börger und Wiese, in: Braune Wirtschaftspost, 4. Jg., 28.9.1935, H.13

58 Reichsdozentenführer an Stellv. des Führers, 13.10.1938, Berlin Document Center, Dokumente Franz Horsten

59 Der Reichsminister für Wissenschaft, Erziehung und Volksbildung, 20. Okt. 1939, BAK, NS 8/209, Bl. 112 – 114

60 Vgl. die Korrespondenz zwischen der PPK, dem Dekanat der Wirtschafts- und Sozialwissenschaftlichen Fakultät und den Referenten, UAK Zug. 70/164 (1), (2), (3); 70/266

61 UAK Zug. 70/266; eine Habilitation bei v. Wiese wurde zurückgezogen, als der Kandidat eine Stelle im Ausland bekam.

62 BAK R 21/331, Bl. 2 ff

63 UAK Zug. 70/173

64 Ebd.

65 UAK Zug. 70/164 (3)

66 UAK Zug. 70/266

67 BAK, R 21/Anhang, Karteikarte Walter Rohrbeck

68 Artikel Walter Rohrbeck im Internationalen Soziologenlexikon (Bernsdorf/Knospe 1980)

69 Deutsche Dienststelle für die Benachrichtung der nächsten Angehörigen von Gefallenen der ehemaligen deutschen Wehrmacht, Berlin, Dokumente Willy Gierlichs

70 Deshalb ist es unwahrscheinlich, daß bis 1945 »die Gefahr, daß ich in einem Konzentrationslager als bekannter sogenannter ›Liberaler‹ verschwand, immer wieder vorhanden« (v. Wiese 1957, 63) war. Auch die Übermittlung des Vorworts von Wieses zu dem Buch »Die Juden in Europa« (1924) von Ignatz Döllinger, in dem sich von Wiese sehr deutlich gegen den Antisemitismus ausgesprochen hatte, durch den Reichsamtsleiter des NSD-Dozentenbundes an das Hauptamt des Sicherheitsdienstes der SS am 5.7.1938, blieb offenbar ohne Folgen. (Berlin Document Center, Dokumente Leopold von Wiese)

71 Archivkommission des Auswärtigen Amts (Hg.): Die Entstehung des Krieges von 1939. Geheimdokumente aus europäischen Archiven. Berlin 1934

Die in einzelnen Anmerkungen zitierte Literatur wird hier nicht nochmals aufgenommen.
Alemann, Heine von (1976): Leopold von Wiese und das Forschungsinstitut für Sozialwissenschaften in Köln 1919 bis 1934, in: Kölner Zeitschrift für Soziologie und Sozialpsychologie, 28. Jg.
Bernsdorf, Wilhelm/Knospe, Horst (1980)$_2$ (Hg.): Internationales Soziologenlexikon, Bd. 1, Stuttgart 1980
Bierwirtz, Hermann (1936): Die Beteiligung des akademischen Nachwuchses an der wirtschafts- und sozialwissenschaftlichen Landschaftsforschung über Westdeutschland. Köln (Diss.)

Golczewski, Franz (1983): Die »Gleichschaltung« der Universität Köln im Frühjahr 1933, in: G. Brunn/F. Golczewski/R. Pommerin (Hg.): Aspekte der nationalsozialistischen Herrschaft in Köln und im Rheinland. Köln
Gorges, Irmela (1986): Sozialforschung in der Weimarer Republik 1918 – 1933. Gesellschaftliche Einflüsse auf Themen- und Methodenwahl des Vereins für Socialpolitik, der Deutschen Gesellschaft für Soziologie und des Kölner Forschungsinstituts für Sozialwissenschaften. Frankfurt/M.
Käsler, Dirk (Hg.) (1985): Soziologische Abenteuer. Earle Edward Eubank besucht europäische Soziologen im Sommer 1934. Opladen
Klingemann, Carsten (1981): Heimatsoziologie oder Ordnungsinstrument? Fachgeschichtliche Aspekte der Soziologie in Deutschland zwischen 1933 und 1945, in: M. R. Lepsius (Hg.): Soziologie in Deutschland und Österreich 1918 – 1945. Opladen
Klingemann, Carsten (1985a): Soziologie im NS-Staat. Vom Unbehagen an der Soziologiegeschichtsschreibung, in: Soziale Welt, 36. Jg., H. 3
Klingemann, Carsten (1985b): Soziologie an Hochschulen im NS-Staat, Teil I, in: Zeitschrift für Hochschuldidaktik, Wien, 9. Jg., Nr. 3/4
Klingemann, Carsten (1986a): Soziologie an Hochschulen im NS-Staat, Teil II, in: Zeitschrift für Hochschuldidaktik, Wien, 10. Jg., Nr. 1
Klingemann, Carsten (1986b): Vergangenheitsbewältigung oder Geschichtsschreibung? Unerwünschte Traditionsbestände deutscher Soziologie ziwischen 1933 und 1945, in: S. Papcke (Hg.): Ordnung und Theorie. Beiträge zur Geschichte der Soziologie in Deutschland, Darmstadt
Klingemann, Carsten (1986c): Soziologen vor dem Nationalsozialismus. Szenen aus der Selbstgleichschaltung der Deutschen Gesellschaft für Soziologie, in: J. Hülsdünker/R. Schellhase (Hg.): Soziologiegeschichte. Identität und Krisen einer ›engagierten‹ Disziplin. Berlin
Klingemann, Carsten (1987): Ein Kapitel aus der ungeliebten Wirkungsgeschichte der Sozialwissenschaften. Sozialutopien als sozialhygienische Ordnungsmodelle, in: Ders. (Hg.): Rassenmythos und Sozialwissenschaften. Opladen
Klingemann, Carsten (1988): Soziologie und Sozialforschung im Nationalsozialismus, in: H. Kerber/A. Schmieder (Hg.): Grundkurs Soziologie. Reinbek (erscheint 1988)
König, René (1959): Die Situation der emigrierten deutschen Soziologen in Europa, in: Kölner Zeitschrift für Soziologie und Sozialpsychologie, 11. Jg.
König, René (1984): Über das vermeintliche Ende der deutschen Soziologie vor der Machtergreifung des Nationalsozialismus, in: Kölner Zeitschrift für Soziologie und Sozialpsychologie, 36. Jg., H. 1
König, René (1987): Kontinuität oder Unterbrechung – Ein neuer Blick auf ein altes Problem, in: Ders.: Soziologie in Deutschland. München
Lepsius, M. Rainer (1979): Die Entwicklung der Soziologie nach dem Zweiten Weltkrieg, 1945 bis 1967, in: G. Lüschen (Hg.): Deutsche Soziologie nach 1945. Opladen
Wiese, Leopold von (1957): Erinnerungen. Köln-Opladen
Wiese, Leopold von (1959): Die Deutsche Gesellschaft für Soziologie. Persönliche Eindrücke in den ersten fünfzig Jahren, in: Kölner Zeitschrift für Soziologie und Sozialpsychologie, 11. Jg.
Wissenschaft und Politik. An der deutschen Schiksalswende. Festgabe für Hugo Lindemann. Aachen 1947 (nicht im Buchhandel)

Die Deutsche Forschungsgemeinschaft hat mein Forschungsprojekt zur Geschichte der Soziologie im Nationalsozialismus 1980/81 und 1985/86 durch ein Habilitandenstipendium gefördert.

Franz Dillman

Beschweigen ist unverfänglicher als Aufdeckung

Die juristische Fakultät im Nationalsozialismus

Die Geschichte der juristischen Fakultät der Universität zu Köln im Nationalsozialismus ist bis heute nicht ausreichend aufgearbeitet. Selten genug kommt dieser Teil der Vergangenheit im offiziellen Lehrprogramm zur Sprache, und wenn, dann bleibt die aktive Beteiligung der Professoren, Dozenten und Studenten am Unrechtsregime im dunkeln. Da man das Licht scheut, ist die Geschichtsschreibung unterbelichtet.

Die juristische Fakultät Köln zwischen 1933 und 1945 war Gegenstand einer rückblickenden Betrachtung des ehemaligen Rechtslehrers Hermann Jahrreiß im Jahr 1968. Jahrreiß, von 1937 an Professor für Staats- und Völkerrecht in Köln, betont die schwierige Situation der Juristen angesichts der Willkürherrschaft der Nationalsozialisten: »Es ist für einen Juristen, der in den Gewöhnungen des sogenannten Rechtsstaates aufgewachsen ist ... schwerer gewesen, als für andere Menschen, das ... Abbröckeln des Rechtsstaatlichen zu erleben. Es waren bitterschwere Jahre für die Mitglieder der Fakultät, die den Eintritt in die Partei trotz aller Drohungen ... ablehnten. Sie haben in vertrauensvollem Zusammenschluß durchgehalten« (Wilhelm Katner, Die Universität zu Köln, Berlin 1969, S. 28).

Der Nationalsozialismus legte Hand an die Berufsethik der rechtswissenschaftlichen Professoren. In den »bitterschweren Jahren« lehrten sie Gesetze, die sich durch monströses Unrecht auszeichneten. In ihrer autoritären Neigung, Recht als ideologische Instanz der Organisation von Herrschaft und weniger als System von Freiheiten, die das Individuum schützen, zu begreifen, arrangierte sich die große Masse der Professoren mit dem Unrechtsregime der Nationalsozialisten. Der »vertrauensvolle Zusammenschluß« wirkte nach. Wie die nichtverurteilten NS-Richter und Staatsanwälte, die 32.000 Todesurteile fällten, wurden auch die Rechtslehrer des Dritten Reiches kollektiv freigesprochen, da sich innerhalb ihres Standes kein Ankläger fand.

Die Bedeutung der Rechtswissenschaft für die Justiz des Nationalsozialismus darf man nicht gering einschätzen. Mit hohem theoretischen Aufwand und gewagten Rechtskonstruktionen bemühte sich ein Teil der Professoren, dem unverhüllten Terror des NS-Regimes Anschein und Form der Legalität zu geben. Viele Richter fanden im Schrifttum die Leitgedanken ihrer mörderischen Urteile. Und das in um so größerem Maße, je weniger die unbestimmten Gesetze Grundlage für ihre Entscheidungen sein konnten.

Hochschullehrer wie Ernst Fortsthoff, Carl Schmitt oder Karl Larenz, die im Faschismus Justiziare der Willkür waren, wahrten die Kontinuität der deutschen Rechtswissenschaft auch über 1945 hinaus. An der Kölner Fakultät gab es Professoren, die den Weg in die innere Emigration vorzogen, und andere, die ihren Beitrag zur »Konsolidierung der Volksgemeinschaft« leisteten. Weit verbreitet war auch hier das »Unpolitische« in der Standesideologie, wobei man meinte, die Rechtswissenschaft und die Barbarei der Nazis jederzeit scharf trennen zu können. Diese Mentalität herrschte an der Kölner juristischen Fakultät bereits vor der Machtergreifung, trotz ihres im Vergleich mit anderen Hochschulen eher demokratischen Profils. Diese Liberalität war keine reine Makulatur: Vor 1933 waren einige jüdische, republikanisch eingestellte Gelehrte – was Ausnahmecharakter hatte – und konservativ-demokratische Professoren an der Fakultät tätig. Nach deren Verfolgung und Vertreibung war die kritische Substanz beseitigt.

Der jüdische Staatsrechtler Fritz Stier-Solmo baute gemeinsam mit dem katholisch-konservativen Professor Godehard Josef Ebers, nach der Neugründung der Universität im Jahre 1919, die rechtswissenschaftliche Fakultät auf. Diese nahm am 9.1.1920 mit 349 Studenten ihre Arbeit auf. Man legte besonderen Wert auf die Behandlung wirtschaftswissenschaftlicher Probleme aus juristischer Sicht, um die enge Verbindung mit der »Praxis«, d. h. der Kölner Industrie, zu demonstrieren, wie es dem Neugründungskonzept entsprach. Konrad Adenauer, damaliger Oberbürgermeister in Köln und bis 1933 Kuratoriumsvorsitzender der Universität, bemühte sich um ein modernes, nicht von den – andernorts vorherrschenden – republikfeindlichen »Mandarinen des Kaiserreichs« geprägtes Bild der juristischen Fakultät.

Fritz Stier-Solmo war in einer zweiten Amtsperiode als Dekan der juristischen Fakultät zusammen mit seinem Amtskollegen der medizinischen Fakultät Gustav Aschaffenburg Zielscheibe einer der wenigen Angriffe der nationalsozialistischen Studenten: Da Rektor Hans Planitz, Professor für Rechtsgeschichte, dem Nationalsozialistischen Deutschen Studentenbund (NSDStB) das Anbringen einer Anschlagtafel untersagt hatte, verteilten die Mitglieder des NSDStB am

15.11.1929 vor dem Gebäude der Universität ein Flugblatt, in dem es hieß: »Können Sie, Herr Kommilitone, diese Dinge begreifen, wenn Sie wissen, daß von 4 Dekanen der Universität 2 jüdischer Rasse sind.« (Universitätsarchiv Köln (UAK) Zug. 28/372, Bl. 39)

Der Nationalsozialismus hatte unter den Studenten der Weimarer Republik nur wenige, doch fanatische Anhänger. Sie waren die treibende Kraft im Universitätsbereich und setzten die Theorien der »Bewegung« in radikale Aktionen an der Hochschule um. Im Jahr 1928 umfaßte die Kölner Sektion des NSDStB zwölf Mitglieder, von denen vier Studenten der juristischen Fakultät angehörten. (Michael Wortmann, Der Nationalsozialistische Deutsche Studentenbund an der Universität Köln, 1927-1933, S. 103, in: Geschichte in Köln, Nr. 8, Köln 1980).

Die juristische Fakultät vor 1933 war nicht so anti-demokratisch und autoritär wie die anderen Rechtsfakultäten, die in Fundamentalopposition zur Republik der »Novemberverbrecher« standen. Solange sie Ruhe zum Forschen hatten, waren die Professoren nicht an vorderster Front der ideologischen Grabenkriege zu finden. Man begrüßte die Republik, stritt aber nicht für sie. Wissenschaft und Politik erschienen eben als zwei Paar verschiedene Schuhe. Als mehr Rückgrat und Parteinahme gefragt waren, beugte man sich allzuschnell. Die Möglichkeit, Solidarität mit den Verfolgten zu üben, wurde nicht ausgeschöpft. Opportunismus und Objektivitätsideologie taten ein übriges.

Bereits im April 1933 begann die Repression gegen die jüdischen Professoren. In Köln wurden nach der Machtergreifung 32 von 192 Hochschullehrern, die im Wintersemester 1932/33 an der Universität waren, verfolgt, davon allein 25 aufgrund ihrer »nicht arischen Abstammung«. Erstes Opfer an der juristischen Fakultät war der jüdische Professor Hans Walter Goldschmidt. Am 1.4.1933 wurde er »einstweilig beurlaubt«. Mit dem »Gesetz zur Wiederherstellung des Berufsbeamtentums« vom 7.4.1933 hatten sich die faschistischen Machthaber die Möglichkeit geschaffen, solche Beamte, die »nicht arischer Abstammung« waren, in den Ruhestand zu versetzen. Eine Schonfrist wurde nach § 4 des Gesetzes denjenigen Professoren zugestanden, die vor 1914 Beamte geworden waren oder »an der Front für das Deutsche Reich... gekämpft hatten«. Unbequeme Beamte wurden aus dem Dienst entlassen, wenn sie nicht die Gewähr dafür boten, »jederzeit rückhaltlos für den nationalen Staat einzutreten«. Auf einen Schlag wurden auf der Grundlage dieses Gesetzes von den 378 Rechtswissenschaftlern im Deutschen Reich 120 entlassen, überwiegend aus rassischen Gründen.

In Köln kam Alfred Ludwig Wieruszowski, jüdischer Honorarprofessor für Bürgerliches Recht und ab 1920 Oberlandesgerichtspräsident, seiner Entlassung aus dem Amt zuvor. Am 27. April 1933 zog er sich wegen »gewisser Ermüdungserscheinungen« aus dem Lehrbetrieb zurück, nachdem er in der Universität einen Anschlag zu den zehn Thesen der »Deutschen Studentenschaft« gelesen hatte. Auf Fakultätsebene hatte der jüdische Dekan Hans Kelsen sein Amt »im Interesse der Gleichschaltung« bereits am 11. April 1933 niedergelegt. Kelsen, einer der renommiertesten Staatsrechtslehrer des 20. Jahrhunderts, lehrte seit 1932 in Köln. Als Mitverfasser der Österreichischen Verfassung von 1918 war er das demokratische Aushängeschild der Fakultät. Am 13. April wurde er »beurlaubt« (vgl. UAK Zug. 42, Nr. 3946). Die juristische Fakultät stellte sich nahezu geschlossen hinter Kelsen. Man wandte sich an das Reichsjustizministerium in Berlin, um mit einer Petition die Beurlaubung wieder rückgängig zu machen. Darin stand sinngemäß, daß Kelsen zwar Jude sei, aber keineswegs in das von den Nazis gezeichnete Bild eines asozialen, kommunistischen Untermenschen passe. Er sei vielmehr Patriot und kein Staatsfeind (vgl. Rudolf Alexander Métall: Hans Kelsen, Leben und Werk, Wien 1968, S. 61). Der Petition blieb der Erfolg versagt. Anteil daran hatte die fehlende Unterschrift von Stier-Solmos direktem Nachfolger: Carl Schmitt. Der Staatsrechtsprofessor Schmitt avancierte nach seinem Eintritt in die NSDAP zum »Kronjuristen des Deutschen Reiches«. Auf dem Gebiet des Öffentlichen Rechts war er einer der glühendsten Vertreter des neuen autoritären Staates, dessen theoretische Grundlage er mit seiner »Lehre vom Ausnahmezustand« geschaffen hatte. Schmitt rechtfertigte die Massaker nach dem sogenannten Röhm-Putsch als Staatsnotwehr und forderte einen »wissenschaftlichen Judenstern« für jüdische Autoren (Carl Schmitt: »Der Führer schützt das Recht«, Deutsche Juristenzeitung 1934, S. 946). Die Berufung Carl Schmitts an die Universität Köln Anfang 1933 war wesentlich von seinem Kollegen und Antipoden im staatstheoretischen Denken, Hans Kelsen, gefördert worden, trotz aller Gegnerschaft in der Weimarer Republik. Die »Dankbarkeit« Schmitts bestand darin, sofort nach seiner Ankunft in Köln die Entlassung des »Juden und Marxisten« Hans Kelsen zu fordern (Hans Mayer: Ein Deutscher auf Widerruf, S. 143), was dann auch kurz darauf geschah. Kelsen emigrierte zunächst nach Genf. Schmitt, für den Köln nur ein Intermezzo war, folgte Mitte 1933 einem Ruf an die Universität Berlin.

Ein weiteres Opfer der Nazi-Verfolgung war der Kölner Jurist und Professor der Sozialpolitik Benedikt Schmittmann. Er, der sich als

Zentrumspolitiker für ein föderatives Regierungssystem einsetzte, war den Nazis als sogenannter »Separatist« ein Dorn im Auge. Im Juni 1933 kam er für fünf Wochen in den »Klingelpütz« in Schutzhaft. Im September folgte seine Entlassung aus dem Lehramt. Kurz nach Kriegsausbruch wurde Schmittmann wieder verhaftet und in das KZ Sachsenhausen abtransportiert. Dort wurde er am 13.9.1939 von dem 19jährigen SS-Scharführer Schubert beim »Sport« zu Tode gehetzt. Schubert wurde wegen dieses und anderer Morde 1958 in Bonn zu lebenslanger Freiheitsstrafe verurteilt.

Im September 1933 trat die juristische Fakultät korporativ in die »Akademie für Deutsches Recht« ein (UAK Zug. 42/3958), daneben bestanden zahlreiche Einzelmitgliedschaften. Die Akademie war im Juni 1933 von dem Rechtsanwalt und Staatsminister Hans Franz gegründet worden, der später als Generalgouverneur im besetzten Polen die systematische Ausrottung der Juden befehligen sollte. Die Akademie hatte politischen Charakter, wobei einzelne Professoren als Garanten für wissenschaftliches Prestige fungierten. Hauptprojekt der Akademie war die Ausarbeitung eines »volkstümlichen deutschen Rechts«, was nicht mehr und nicht weniger als eine den Verhältnissen des NS-Staates entsprechende Neuformulierung der gesamten Rechtsordnung war. Dabei gingen wissenschaftliche Systematik, Ehrgeiz der »Forscher« und nationalsozialistische Ideologie eine harmonische Verbindung ein.

Am 13.5.1939 rief Frank zur Arbeit am neuen »Volksgesetzbuch« auf, das Bürgerliche Gesetzbuch von 1900 sollte ausgedient haben. Lehmann, der das Ressort »Schuldrecht« übernahm, hatte bereits ein Jahr vorher in der Kölnischen Zeitung zur »Erneuerung des Bürgerlichen Rechts« aufgerufen: »Die Grundwertungen der künftigen Privatrechtsordnung liegen fest, da wir die nationalsozialistischen Leitgedanken kennen. Eine Privatrechtsordnung muß auch innerlich dadurch zusammengehalten werden, daß sie als Ausdruck einer einheitlichen, weltanschaulichen, der gesunden Volksauffassung entsprechenden geistigen Haltung erscheint.« (Kölnische Zeitung Nr. 190 vom 15.4.1938, S. 3). Zum ersten Bericht des Volksgesetzbuches 1940 kommentierte Roland Freisler, Präsdient des Volksgerichtshofes: »Hier wird nicht geflickt. Was hier entstehen soll, ist ein Monument des nationalsozialistischen Willens...«. Im Jahr 1943 legten die Professoren Lehmann aus Köln sowie Siebert und Hedemann aus Berlin die »Grundregeln und Buch I des Volksgesetzbuches« vor. Eine der Grundregeln der pervertierten Ersatzverfassung war, »deutsches Blut und deutsche Ehre und Erbgesundheit reinzuhalten«. Das Gesetz trat jedoch nie in Kraft. Im

Jahr 1942 hatte Lehmann noch an eine Verwirklichung geglaubt. Er stand »an den Toren eines neuen, völkischen Zeitalters«, während er sein Augenmerk auf die Zukunft richtete »im steten Hinblick auf das völkische Höchstziel des Staates: Die Sicherung einer erbgesunden und rassereinen Nachkommenschaft« (Heinrich Lehmann in Deutsches Recht 1942/43, Heft 45, 12. Jg.).

Im Oktober 1934 fand in den Räumen der Universität die erste Gautagung des Bundes Nationalsozialistischer Deutscher Juristen (BNSDJ) statt. Der BNSDJ war die ständische Vereinigung aller mit Recht befaßten Berufe, wie Rechtspfleger, Rechtsanwälte, Richter und Professoren. Aufgabe war die Verwirklichung des nationalsozialistischen Programms auf sämtlichen Gebieten des Rechtslebens. Die Tagung sollte eine »gewaltige Kundgebung für den Kampf um das deutsche Recht sein«. Zur Zeit der Tagung war das BNSDJ-Mitglied Herman Bohne, Professor für Strafrecht, Dekan der juristischen Fakultät Köln. Eines seiner Spezialgebiete war der strafrechtliche Bereich der Eugenik (Erbgesundheitslehre). Über dieses Thema verfaßte Bohne mehrere Aufsätze und hielt an der Fakultät Vorlesungen und Seminare über »Kriminalpolitik und Eugenik«. Die für die »Sterilisationsgesetzgebung wesentlichen Vererbungsvorgänge« waren Teil seiner Forschungen am kriminalwissenschaftlichen Institut, dessen Direktor er war. Das Sterilisierungsgesetz vom 14.7.1933 hieß in der Nazibürokratensprache »Gesetz zur Verhütung erbkranken Nachwuchses«. Ärzte hatten danach das Recht, ohne Einwilligung des Betroffenen einen Antrag auf Unfruchtbarmachung zu stellen. Professor Bohne hielt diesen Eingriff nicht nur für das Recht, sondern sogar für die Pflicht des beamteten Arztes. Da die »rassehygienische Reinhaltung des deutschen Volkes« für ihn eins der höchsten Rechtsgüter war, befürwortete der Rechtslehrer in seinen Fachartikeln den Eingriff in die körperliche Integrität der Schwangeren und die Offenbarung ärztlicher Berufsgeheimnisse, wenn sie »zu einem nach dem gesunden Volksempfinden berechtigten Zweck erfolgt«. (Deutsche Medizinische Wochenscbrift 1935, S. 940)

Mitdirektor des Instituts war Professor Albert Coenders, der seit 1923 in Köln lehrte. Er wurde von seinen Kollegen in bezug auf den Nationalsozialismus als »leicht labil« eingeschätzt. Coenders, der wissenschaftlich kaum etwas veröffentlichte, war Mitglied der NSDAP. In seiner Schrift »Rechtserneuerung« von 1934 versucht der alte Ordinarius, seine jungen Kollegen an völkischer Begeisterung noch zu übertrumpfen. Es gelte, auf allen Rechtsgebieten »die ursprünglichen Lebenskräfte unseres Volkes von fremdartiger Überkrustung und

Überwucherung zu befreien«. Deshalb forderte der Strafrechtler, daß »unverbesserliche Schädlinge des Volkes unschädlich zu machen« sind.

Am Institut habilitierte sich Ende der 30er Jahre der Strafrechtsdozent Hans Welzel, der, so Hermann Jahrreiß in seinem Rückblick, dem Regime ablehnend gegenübergestanden haben soll. Welzel, Vertrauensmann des NS-Dozentenbundes in den Jahren 1935/36, forderte noch 1944 als »Aktwerte rechtlicher Gesinnung«: die »Treue gegenüber Volk, Reich, Führung, der Gehorsam gegenüber der Staatsgewalt, die Wehrbereitschaft, die Wahrhaftigkeit der eidlichen Aussage, die geschlechtliche Zucht, die Achtung vor dem Leben...« (Hans Welzel in: Paul Bockelmann, Probleme der Strafrechtserneuerung, S. 109 ff)

Mit seiner Hinwendung zum Täterstrafrecht und seiner Kommentierung von Gesetzen, die die Aufhebung fundamentaler Justizgrundsätze wie »Keine Strafe ohne Gesetz« vorsahen, schlug der konservative Welzel eine Brücke zu den radikalen Lehren der nationalsozialistischen Strafrechtler.

Am 21. Januar 1935 wurde ein Gesetz erlassen über die Entpflichtung und Versetzung der Hochschullehrer aus Anlaß des Neuaufbaus des deutschen Hochschulwesens. Nach der »Gleichschaltung« wollten die Nazis ihren Einfluß auf die Hochschulen noch weiter ausdehnen. Nach dem neuen Gesetz konnten Professoren oder Dozenten, die sich politisch nicht völlig konform verhielten, aus dem Dienst entlassen werden oder Lehrstühle einfach fortfallen. An der Fakultät lehrten 1935 die Professoren Godehard Josef Ebers und Ludwig Waldecker, die für die Nazis wohl politisch untragbar waren, ferner der jüdische Jurist Franz Hayman. Ein Fortfall ihrer Lehrstühle sei, so verlautete aus dem Ministerium für Wissenschaft, Erziehung und Volksbildung, »eine absolute Notwendigkeit«.

Die Schwierigkeit, die bei dem Fortfall der Lehrstühle entstehe, sei die Neubesetzung, so Karl August Eckhardt, zuständiger Referent im Ministerium für Volksbildung: vor Ablauf von zwei bis drei Jahren sei sie nicht möglich, da sonst die gesetzliche Begründung »zur Farce« werde, auch stehe zur Zeit kein »geeigneter politischer Nachwuchs« zur Verfügung. Die Zahl der Jurastudenten nahm in Köln kontinuierlich ab. Im SS 1933 betrug die Zahl 1164 von 5019 Studenten. Im SS 1939 waren es lediglich noch 340 Juristen unter 2019 Studenten. Allerdings lag die Notwendigkeit einer Einstellung des Lehrbetriebes, die auch der Minister für Wissenschaft, Erziehung und Volksbildung Rust androhte, kaum auf der Hand. Vielmehr waren die Pläne eine wenig subtil aufgestellte Erpressung: Die »Preisgabe« Ebers war die stillschweigende Bedingung für den Erhalt der Fakultät. (UAK Zug.

28/48, Bl. 19, handschriftl. Notiz) Nachdem dem Wegfall der Lehrstühle nichts mehr im Wege stand, stellte die Fakultät zusammen mit dem Rektor der Universität, Erwin Geldmacher, einen Plan auf, wie der Lehrbetrieb aufrechtzuerhalten sei. Mit diesem Programm verhandelte eine Delegation mit Eckhardt. Die Verhandlungen endeten, wie zu erwarten, erfolgreich.

Im Jahre 1938 erschien eine Festschrift zum 550jährigen Jubiläum der Universität, in der einzelne Institute über ihre Arbeit berichteten. Die Schrift solle, so Rektor Haberer im Vorwort, Zeugnis ablegen »von der wissenschaftlichen Gesinnung ihrer Professoren«. Das Institut für Arbeits-, Wirtschafts- und Auslandsrecht, mit den Direktoren Lehmann, Nipperdey und Planitz, hatte es sich zur Aufgabe gemacht, »darauf hinzuwirken, daß die Grundgedanken des Dritten Reichs auch in jedem Einzelfall verwirklicht werden«. (Sonderbeilage des Westdeutschen Beobachters, 550 Jahre Universität Köln, vom 23.6.1938) Das Institut stand »in enger wissenschaftlicher Verbindung« mit der Akademie für deutsches Recht und arbeitete mit der »Deutschen Arbeitsfront« Robert Leys zusammen. Am Institut wurden Arbeitsgemeinschaften angeboten, die sich im Wintersemester 1933/34, mit den »Grundfragen des Arbeitsrechts im Nationalsozialistischen Staat« beschäftigen, und Dissertationen verfaßt über »Die Tarifordnung nach dem Gesetz zur Ordnung der nationalen Arbeit« oder »Das Problem der nichtigen Kündigung im Arbeitsrecht im Lichte nationalsozialistischer Rechtsauffassung«.

Unter nationalsozialistischer Herrschaft hat das Arbeitsrecht tiefgreifende Veränderungen erfahren, da Gemeinschaftsideologie und Führerprinzip als oberste Rechtsprinzipien durch viele Gesetze festgeschrieben wurden. Das kollektive Arbeitsrecht existierte im Nationalsozialismus nicht mehr. An die Stelle der Gewerkschaften trat die DAF. Das eigentliche Erbe des kollektiven Arbeitsrechts aber hatten die »Treuhänder der Arbeit« übernommen. Das waren weisungsgebundene Beamte, die Tarifordnungen erließen und die Betriebsordnung überwachten, ohne Rücksicht darauf, ob die bisherige Ordnung für die Beschäftigten günstiger war. Der Unternehmer hatte als »Führer des Betriebs« das einseitige Weisungsrecht. Das einzelne Arbeitsverhältnis war kein Vertrag mehr, sondern ein personenrechtliches Gemeinschaftsverhältnis«, das auf »Treue und Fürsorge« aufgebaut sein sollte. Hans-Carl Nipperdey, von 1925 bis 1954 Professor für Arbeits- und Bürgerliches Recht in Köln, übte im Nationalsozialismus und auch nach 1945 als Präsident des Bundesarbeitsgerichts erheblichen Einfluß auf die Theorie und somit auch auf die Praxis des

Arbeitsrechts aus. Er hat als Mitglied des BNSDJ und des Ausschusses für Arbeitsrecht der Akademie für deutsches Recht, als Mitkommentator des bedeutenden Gesetzes zur »Ordnung der nationalen Arbeit« vom 20.1.1934 und der arbeitsrechtlichen Vorschriften im Staudinger Kommentar von 1934, als ständiger Mitarbeiter der Zeitschrift »Deutsches Arbeitsrecht« und in zahlreichen Fachpublikationen das Kollektiv- und Individualarbeitsrecht des Nationalsozialismus mitgestaltet und geprägt. In seinem Grundriß des Arbeitsrechts von 1968 ist für Nipperdey das nationalsozialistische Arbeitsrecht als »Zwischenspiel« ohne Interesse, »da es für den Wiederaufbau des Arbeitsrechts nach 1945 in keiner Weise in Betracht kam. Aber der Nationalsozialismus hatte das Arbeitsrecht der zweiten Epoche so vollständig geändert, daß durch das Recht der Nazizeit nicht einfach ein Strich gezogen werden konnte, wenn nicht ein Chaos entstehen sollte. Sondern wie überall, so mußte auch im Arbeitsrecht 1945 an den nun einmal bestehenden Zustand angeknüpft und es konnte nur allmählich ein neues Arbeitsrecht aufgebaut werden.« (Grundriß des Arbeitsrechts, S. 16, 4. Aufl., Frankfurt 1968)

Im Jahr 1938 legte der von Nipperdey mitbestimmte Ausschuß für Arbeitsrecht den Entwurf eines »Gesetzes über das Anlernverhältnis« vor, das in § 1 das Arbeitsverhältnis als ein »auf Ehre, Treue und Fürsorge gegründetes Gemeinschaftsverhältnis« definierte. Die rechtliche Gestaltung des Arbeitslebens sollte nicht mehr aus einem Vertrag, sondern aus dem »festumrissenen Typus« einer »konkreten Gemeinschaft« gewonnen werden, die als »engerer Kreis innerhalb der Volksgemeinschaft« verstanden wurde. Die mit dem Entwurf angestrebte und in der Praxis der Arbeitsgerichte weithin auch vollzogene Neuordnung lief im Ergebnis darauf hinaus, die Pflichten der abhängig Beschäftigten unberechenbar auszuweiten. Aus dem Treuegedanken ergibt sich, so Nipperdey, «daß der Beschäftigte grundsätzlich ununterbrochen während der Arbeitszeit tätig sein muß. Auch hier steht der Umfang der Arbeit nicht im Ermessen des Beschäftigten. Auch wenn er dann geringeren Lohn bezieht, so würde er doch zugleich den Unternehmer schädigen, der an der Höhe der Arbeitsleistung interessiert ist.« (Die Arbeitspflicht des Gefolgschaftsangehörigen, aus: Deutsche Juristenzeitung 1936, S. 529 ff»

Hans-Carl Nipperdey hat als führender Vertreter der herrschenden Meinung im »Dritten Reich« dazu beigetragen, die formal rationalen Kategorien des bürgerlichen Rechts vollends durch die schwammige Irrationalität der Gemeinschaftsideologie zu ersetzen.

In den Institutsberichten von 1938 findet auch das »Seminar für

Völkerrecht« Erwähnung. Dort hat man es sich zur Aufgabe gemacht, den »Kampf ums Recht gegen das rechtsverwaltigende Versailler Diktat« zu führen. Die Forschung sollte sich »dem Schicksal der Deutschen in den nichtdeutschen Staaten, der Lage Danzigs und unseren Kolonien« widmen. Einer der Direktoren war Hermann Jahrreiß, Professor für Öffentliches Recht, Rechts- und Staatsphilosophie, seit 1937 in Köln, Dekan der juristischen Fakultät von 1939 bis 1942; nach 1945 wurde er Rektor, Ehrenbürger und Senator der Universität. Er ist noch heute so etwas wie eine geschützte »Leitfigut« der Kölner Universität. Jahrreiß, der als Altkonservativer nicht der NSDAP angehörte, ist ein typisches Beispiel für die Funktionsweise des »Bündnisses der Eliten« im Nationalsozialismus: In der Weimarer Republik der »Zeitschrift für Geopolitik« nahestehend, bildeten deutscher Expansionismus und Ablehnung der Arbeiterbewegung als »bolschewistische Gefahr« die Grundlage für eine distanzierte Haltung zum NS-Regime, die Zusammenarbeit ebenso einschloß wie Reibungen.

In seiner Antrittsvorlesung in Köln über das Thema »Völkerrecht und Völkerfriede« propagierte er expansiven Kolonialismus. Er fordert die Abschaffung der »Diktate«, um ein Reich zu schaffen, das »vom Nordkap bis zum Kap der Guten Hoffnung reicht«. In einer Universitätsrede von 1940 zum »Tag der nationalen Erhebung« polemisiert er gegen einen angeblichen englischen Weltmachtanspruch. England und Frankreich hätten es auf die Zertrümmerung Deutschlands abgesehen, mitbeeinflußt sei dieses Bestreben durch »den jüdischen Einfluß, der den Vernichtungskrieg gegen Deutschland wollte«. Jahrreiß forderte dagegen: » ... nicht Kaleidoskop spielen, sondern die völkischen und geographischen Gesetzmäßigkeiten achten, nicht lähmende Ausbalancierungspolitik vollbringen, sondern für wachsende Kräfte steigende Aufgaben stellen, das ist der Weg Europas«. Die Führungsrolle soll dabei Deutschland als der »große europäische Rebell« übernehmen. Kurz vor Kriegsausbruch 1939 macht er in einer Schrift historische Ausführungen zur Verbreitung des Germanentums und warnt vor der Bedrohung aus dem Osten. Er zieht die Schlußfolgerung, daß »die Kraft und den Willen ... die Mitte Europas zum Ausgangspunkt einer Neuformung zu machen«, Deutschland habe. Deutschland und Europa heißt für ihn nunmehr »Großdeutschland in Kleineuropa«, wobei sich nach seiner Auffassung Kleineuropa bis in die Ukraine erstrecke. (Deutschland und Europa, Schriften zur völkischen Bindung Nr. 16, Köln 1939)

Das Ziel des Aufbaus einer »neuen Ordnung« in Europa unter deutscher Hegenomie entsprach dem der Nationalsozialisten. Mit seinen Ausführungen lieferte Jahrreiß der nationalsozialistischen Großraum- und Expansionsideologie Rechtfertigungsgründe.

Nach eigener Aussage ist er – wie viele Juristen – »nie in der neuen Ordnung heimisch geworden, ... hat fröstelnd und wie ausgestoßen aus dem eigenen Volk inmitten blindgläubiger Massen gelebt«. (Völkerrechtlich-verfassungsrechtliches Gutachten, abgedruckt in: Der Prozeß gegen die Hauptkriegsverbrecher vor dem Militärgerichtshof, Nürnberg, 1948, Bd. XVII, S. 499 ff.) Bei einer Vortragsreise durch die »besetzten Westgebiete« hatte er allerdings keine Berührungsängste. Für die Leitung der Vortragsreise mehrerer Dozenten zollten ihm die beteiligten Wehrmachtskreise »Anerkennung und Dank«. (Kölner Universitätsreden 41, S. 11/12) Mitdirektor des »Seminars für Völkerrecht« war im Jahr 1938 Gustav Adolf Walz, Professor für Staats- und Völkerrecht, ein glühender Verfechter des Nationalsozialismus. In seinem Kölner Jahr veröffentlichte er die Schrift »Artgleichheit gegen Gleichartigkeit«, die als einer der wichtigsten theoretischen Beiträge zum »rassisch völkischen Ursprung« des Rechts angesehen wird. (So Bernd Rüthers in: Die unbegrenzte Auslegung, Frankfurt 1973)

Den Typus der »inneren Emigration« verkörperte der Staatsrechtler Ernst von Hippel, Professor in Köln seit 1940. Er hat, so der Kölner Staatsrechtlehrer Martin Kriele zu von Hippels 80. Geburtstag 1979, »das Bewußtsein für die Moralität des Rechts« immer wachzuhalten versucht und den »diabolischen Charakter« des Nationalsozialismus »von vornherein durchschaut«. Im Januar 1933 zieht Ernst von Hippel in seinem Aufsatz (Die Krise des Rechtsgedankens, Halle 1933) das Resumée, angesichts eines totalitären Regimes »nur offenen Auges zu warten, bis die Zeit sich erfüllt«. Auch der Rechtsgeschichtler Hans Planitz konnte sich seine moralische Integrität bewahren. In seinen Lehrbüchern zur Germanischen Rechtsgeschichte findet sich nichts über den völkischen Ursprung des Rechts.

Die rechtswissenschaftliche Fakultät Köln zeigte im »Dritten Reich« in der Hauptsache konservative »Bündnispolitik« sowie Elemente individueller Resignation, am Rande auch offenen Faschismus. Diese Mixtur sicherte in ihrer Gesamtheit die Produktivität für das System. Aus den erschienenen Publikationen der Professoren, den eingereichten Dissertationen, den Vorlesungen und Seminararbeiten ergibt sich ein Trend zur Systemkonformität, da oftmals nationalsozialistische Ideologie in die wissenschaftliche Arbeit miteinfloß. Einige Professoren überschritten die Grenze des zum Erhalt der Position notwendigen Opportunismus. Sie leisteten sich kaum verbale Entgleisungen, doch war es gerade der Anspruch auf das Betreiben nüchterner und sachlicher Wissenschaft, entleert von ethischen und sozialen Inhalten, der viele Rechtsprofessoren in Köln willfährig werden ließ gegenüber der das Unrecht als Recht fordernden Macht. Die systemstabilisierende Funktion der Jura-Fakultät wurde durch den sporadisch geübten Widerstand nie gefährdet.

Eine Stunde Null gab es weder 1933 noch 1945. Personelle und damit auch inhaltliche Linien sorgten für Kontinuität. Die verhängnisvolle Mentalität der Professoren, der Juristen überhaupt, jede Ordnung unabhängig von ihren Werten tatkräftig zu unterstützen, wird im Rückblick zur lästigen Pflichterfüllung: »Die Juristen, die in den entsetzlichen Jahren ihre Pflicht gegenüber ihrem Volk zu erfüllen versuchten, lebten nach Natur und Wesen ihrer Arbeit unter einem zusätzlichen Druck. Denn immer und überall in der Welt, wann und wo sich je eine Revolution durchgesetzt hat, mußten und müssen die Juristen die auf den Trümmern der alten Herrschaftsordnung erwachsende neue, sei sie ihnen Lust oder Leid, klärend feststellen, und in deren Rahmen der Willkür zu steuern versuchen«. (Herman Jahrreiß, in: Wilhelm Katner, Die Universität zu Köln, Berlin 1969, S. 28)

Peter Liebermann

»Die Minderwertigen müssen ausgemerzt werden«

Die Medizinische Fakultät 1933-1946

Als die Studentenschaft der Medizinischen Fakultät vorschlug, während der Fakultätswoche im Rahmen der 600-Jahr-Feier die Kölner Ausstellung »Heilen und Vernichten im Nationalsozialismus« zu zeigen, wurde dies von der Professorenschaft eindeutig abgelehnt. Eine der Begründungen war, die Ausstellung stelle nur das Negative, nicht auch das Positive der Fakultät im Nationalsozialismus dar. Für letzteres wird allerdings gesorgt – in den Dissertationen und Darstellungen über die einzelnen Kliniken und Institute.

Die Medizinische Fakultät funktionierte gut in jenen Tagen. Dazu gehörte die Verbreitung der rassenhygienischen Lehre, gutachterliche Entscheidungen über Erbkrankheiten, Zwangssterilisationen und Zwangsabteilungen, die Verschickung der Patienten in Zwischen- und Todesanstalten.

Konservativ und deutschnational von ihrer politischen Grundhaltung her sah die Medizinische Fakultät ihr Heil in Hitler. Mit Ausnahme zweier Dozenten unterstützte sie vor der Kommunalwahl im März 1933 den Anruf der Hochschullehrer von Jena, sich zu Hindenburg und Hitlers nationaler Regierung zu bekennen – als einige Kölner Fakultät, trotz gegenteiliger Aufforderung durch den Rektor.[1] Daß die Unterschriften dann doch nicht veröffentlicht wurden, läßt wohl darauf schließen, daß es den Nazis zu blamabel erschien, die mangelnde Unterstützung aus Köln zu demonstrieren. Vorangetrieben wurde diese Unterstützungsaktion vom damaligen Dekan der Medizinischen Fakultät – dem Pathologen Ernst Leupold.[2] Dieser war hochdekorierter Rittmeister während des 1. Weltkrieges gewesen. 1919 trat er dem Freikorps Epp bei und beteiligte sich an der Zerschlagung der Münchener Räterepublik. 1923 trat er der NSDAP bei, doch 1926, als er den Lehrstuhl in Greifswald erhielt, schien es ihm opportuner zu sein, auszutreten. 1936 trat er der Partei wieder bei.

1930 kam er nach Köln und wurde zum Wintersemester 1932/33 zum Dekan gewählt. Die Selbstgleichschaltung der Universität wurde von ihm vorbereitet, er sorgte auch für seine »Wahl« zum Rektor. 1934 überwarf er sich allerdings mit der Kölner NSDAP-Spitze und trat im Februar 1934 zurück. Leupold blieb nicht der einzige Rektor, den die Mediziner stellten. Zusammen mit dem Chirurgen Hans von Haberer (1935–38) und dem Dermatologen Friedrich Bering (1942–45) stellten sie 3 der 5 Rektoren[3] jener Jahre. Hinzu kamen der HNO-Arzt Alfred Güttlich und deren Kinderarzt Hans Kleinschmidt als Prorektoren.

Auch in der Leitung der Dozentenschaft waren die Mediziner gut vertreten. Die Dozentenschaft kontrollierte die politische Gesinnung der Dozenten, ohne sie gab es keine Einstellung oder Beförderung. Von 1934 bis 1938 leitete sie der Psychiater Max de Crinis, ab Wintersemester 1943/44 war der Zahnarzt Wilhelm Gröschel stellvertretender Führer.

Eine der ersten Maßnahmen der Nationalsozialisten nach ihrem Sieg bei der Kommunalwahl war die Beurlaubung der jüdischen Beschäftigten in städtischen Einrichtungen.[4] Die Universitätskliniken unterstanden als städtische Krankenanstalten der Gesundheitsverwaltung mit ihrem Beigeordneten Karl Coerper.

Am 30.3.1933 wurden alle jüdischen oder mit Jüdinnen verheirateten Ärzte mit Ausnahme der Professoren Aschaffenburg und Kisch beurlaubt. Die ersten Entlassungen folgten einen Tag später. Es waren dies der im Röntgeninstitut des Bürgerhospitals beschäftigte Arzt Calomon, Kurt Oster in der Frauenklinik, Erna Loewy in der Hautklinik und der Chemiker Rudolf Aschaffenburg in der Kinderklinik. Viele kamen der Kündigung zuvor und schieden ›freiwillig‹ aus. Das Gesetz zur Wiederherstellung des Berufsbeamtentums vom 7.4.1933 bot die Grundlage, um auch gegen die beamteten Hochschulprofessoren vorzugehen. Sonderregelungen gab es für die Frontkämpfer, doch fielen diese nach dem Tode Hindenburgs auch weg. Am 19.4.1937 folgte der Erlaß des Wissenschaftsministers, wonach auch die ›jüdisch versippten‹ Beamten untragbar waren. Folgende Ärzte schieden aus: Daniel Laszio Medizinische Klinik 30.4.1933, Rudolf Leuchtenberger Medizinische Klinik 10.4.1933, Max Günther Psychiatrie 6.5.1933, Anneliese Schloss Hautklinik 2.5.1933, Emil Kleinhaus und Hans Simchowitz Röntgeninstitut Bürgerhospital 30.6.1933, Meyerheim Zahnklinik 30.6.1933, Heinrich Krapf Psychiatrie September 33, Entzeug der Lehrbefugnis des Dermatologen Emil Meirowsky 24.11.1933, Gustav Aschaffenburg Psychiatrie 31.1.1934, 1936 folgten Bruno Kisch Physiologie, Walter Brandt Anatomie, Helmut Seckel Kinderklinik, Walther Jahrreiß Psychiatrie und am 27.9.1937 der Anatom Otto Veit. Die Medizinische Fakultät war endlich rein arisch!

Die aus politischen Gründen mißliebigen Direktoren der Zahnklinik

Karl Zilkens und der Medizinischen Klinik Franz Külbs zwang man 1936 bzw. 1938, ›freiwillig‹ zu emeritieren.⁵

Zu denen, die damals Karriere machten, gehörte auch der Gynäkologe Hans Naujoks, NSDAP-Mitglieds-Nummer 2 828 601 (seit April 1933). 1934 wurde er neuer Leiter der Frauenklinik. Zu seinen wissenschaftlichen Schwerpunkten zählten Methoden der Sterilisierung und Indikationen zur Schwangerschaftsunterbrechung. Auf ersterem Gebiet besaß er besonders profunde Kenntnisse. Dies bewies er, als er 1934 kurz nach Inkrafttreten des Gesetzes zur Verhütung erbkranken Nachwuchses gemeinsam mit seinem Marburger Chirurgie-Kollegen Boeminghaus »Die Technik der Sterilisierung und Kastration« veröffentlichte. Dort beschrieb er neben den chirurgischen Methoden auch die zu dem Zeitpunkt noch verbotene Sterilisation mittels Radiumeinlagerungen, hatte er sich doch seit Anfang der zwanziger Jahre mit der Sterilisation durch Röntgenstrahlen beschäftigt. Doch um Verbote dieser Art kümmerte er sich nicht, denn »wir sind als Hüter und Förderer der Volksgesundheit verpflichtet, die Überschwemmung mit kranken Erbanlagen zu verhindern.«⁶ Deshalb forderte er auch die Schwangerschaftsunterbrechung aus eugenischen Gründen. »Bevölkerungspolitisch haben die eugenische Schwangerschaftsunterbrechung und die eugenische Sterilisierung natürlich dasselbe Ziel, die Ausmerzung der Minderwertigen.‹⁷ Sonst ein Gegner der Schwangerschaftsunterbrechung, ist ihm zur »Ausmerze des lebensunwerten Lebens« alles recht. Die Gefühle der Frauen, deren Schwangerschaften noch im 9. Monat unterbrochen wurden, interessierten ihn nur am Rande. So berichtete er über den Fall einer blinden Frau, die ein Kind von einem gleichfalls blinden Mann erwartete: »Das intelligente Mädchen, das sich keineswegs Nachkommenschaft jemals wünschte, und das natürlich von der Schwangerschaft gern befreit sein wollte, verweigerte lange die Einwilligung zur Sterilisierung, brach unter der Forderung derselben fast zusammen und gab schließlich erst ihre Zustimmung, als die Alternative gestellt wurde: Entweder beide Eingriffe oder keinen. Wir haben dann sowohl die Unterbrechung der Schwangerschaft, wie die Sterilisierung einzeitig durchgeführt. Unangebrachte Weichheit ist hier nicht zu verantworten.«⁸

Dagegen wandte er sich scharf gegen jede Form der Freigabe der Abtreibung, denn diese war ja aus bevölkerungspolitischen Zielen unerwünscht. Die Aufgabe der Frau bestand für ihn darin, Gebärmaschine zu sein und Kinder im nationalsozialistischen Sinne zu erziehen. In seiner Antrittsvorlesung in Köln über »die Wandlung der deutschen Frau« pries er die nationalsozialistische Revolution als die

Retterin der deutschen Frau. »Nie hat eine Bewegung, eine Weltanschauung die Frauen höher geachtet als der Nationalsozialismus.«[9]

Diese deutsche Frau wird »im Beruf nicht gierig nach Erfolgen und Anerkennung und Ehre streben, sie wird sich nicht in der Nachahmung des Mannes erschöpfen.«[10] Sie wird sich nicht mit dem Mann »verbinden zu banalen Vergnügen oder schwüler Erotik, sondern ... um gesunde Nachkommenschaft zu zeugen.«[11] Hinter den Forderungen der Frauenbewegung stecke für ihn nur der »jüdisch-kommunistische Klassenkampf«. Hinzu kommt, daß die Frauenbewegung international und pazifistisch ist. »Das Traurigste aber bei dieser ganzen Entwicklung war, daß die deutsche Frau selbst, die von dieser Bevölkerung entwürdigt und entwertet wurde, die Gefahren in ihrer ganzen Größe nicht übersah, daß sie selbst gebieterisch immer wieder neue Rechte verlangte und die Sprengung von bestehenden Fesseln forderte und mit dem Ruf nach Freiheit und Gleichheit ihr eigenes Geschlecht dem Abgrund entgegenführte.«[12]

Mit dieser Einstellung war Naujoks prädestiniert, um die medizinische Fakultät nach außen zu vertreten – von Wintersemester 1937/38 bis 1938/39 war er ihr Dekan. Seit 1936 war er Schriftleiter der deutschen Gesellschaft für Gynäkologie, deren Präsident er 1956 wurde.

Bis 1945 blieb dieser würdige Vertreter seines Faches Köln erhalten. Dann nahm er einen Ruf nach Marburg an, wo ihn die Militärregierung wieder entließ.

1947 erhielt er den Frankfurter Lehrstuhl. 1951 beauftragte ihn die Bundesärztekammer, einen »Leitfaden der Indikation der Schwangerschaftsunterbrechung«[13] zu schreiben.

Bei diesem Vorbild verwundert es einen nicht, wenn sein Oberarzt und kommissarischer Nachfolger Wahl im April 1946 in einer Stellungnahme zum noch gültigen Erbgesundheitsgesetz schreibt: »Ich erachte die Aufrechterhaltung des Erbgesundheitsgesetzes in puncto Sterilisation mit einer gewissen Abänderung für zweckmäßig. Das Recht zur Sterilisation muß dem Staat grundsätzlich zugesprochen werden. Begründung: Der Staat hat in schweren Fällen von Erbkrankheiten a) ein sozial-wirtschaftliches Interesse hinsichtlich der späteren Versorgung der Erbkranken, b) ein volksbiologisches Interesse bezüglich der Verbindung der Erbkranken mit Erbgesunden und der Zeugung weiterer Erbkranken.«[14]

Im November 1946 konnte mit der Arbeit »Ergebnisse erbbiologischer und familienstatistischer Erhebungen« promoviert werden. Dabei handelt es sich um eine Auswertung einer vom Oberarzt

Movers 1943–1944 durchgeführte Befragung. Dazu gehörte auch die Frage nach Mißbildungen in der Familie. »Doch ist man bei Mißbildungen nie sicher, ob die Mütter einem nichts verschweigen, da eine gewisse Furcht vor der Sterilisation besteht«.[15] Mit Recht, wurden doch wahrscheinlich allein in der Kölner Frauenklinik um die 1000 Sterilisationen durchgeführt.[16]

Die theoretischen Grundlagen für die »Ausmerze der Minderwertigen« lieferten neben Rassehygienikern die Psychiater. Zu ihnen gehörte Gustav Aschaffenburg.[17] Sein Nachfolger wurde im Oktober 1934 das Mitglied der SS und des SD, der österreichische Psychiater Max de Crinis, ein alter Kämpfer der Bewegung.[18] 1889 geboren studierte er in Graz. Während des 1. Weltkrieges brachte er es bis zum Oberarzt beim Landwehrfeldkriegsgericht. Seit 1919 war er aktives Mitglied des steirischen Heimatschutzes und Bataillonsarzt der Studentenlegion in den Kärtnerabwehrkämpfen. Seine Mitgliedszeit im Heimatschutz wurde als Parteidienst für die NSDAP anerkannt, deren Mitglied er 1931 wurde. Wiewohl de Crinis nicht erste Wahl für den Kölner Lehrstuhl war, erhielt er ihn doch dank seiner guten Beziehungen – zum Mißfallen der Fakultät. Dieses legte sich, und ein Jahr später schrieb Dekan Kleinschmidt in Ergänzung eines Antrags von de Crinis für Stiftungsgelder: »Die Medizinische Fakultät hat hingegen größtes Interesse daran, Herrn Professor de Crinis der Universität Köln zu erhalten. Es scheint daher dringend notwendig, daß Herrn Professor de Crinis deutlich gezeigt wird, daß seine Hirnforschungen auch im Rahmen unserer Universität eine ausreichende Förderung erfahren können.«[19] Ziel seiner Hirnforschungen war die Suche nach einem biologischen Substrat der Schizophrenie. Für diese Forschungen wurden ihm auch Mittel der Deutschen Forschungsgemeinschaft bewilligt.[20] Doch ging es ihm nicht nur um die klare Identifizierung psychisch Kranker durch kostengünstige Nachweismethoden, sondern auch um ihre Bekämpfung. Er förderte die erbbiologische Bestandsaufnahme, die in Zusammenarbeit mit dem Rheinischen Provinzial-Institut für psychiatrisch-neurologische Erbforschung mit den späteren Euthanasiegutachtern Pohlisch und Panse stattfand.

1935 wurde de Crinis zum Führer der Dozentenschaft ernannt. Bezeichnenderweise wurden die Universität und das Wissenschaftsministerium aufgefordert, de Crinis zu benennen, doch konnte Rektor von Haberer in seinem Antwortschreiben bemerken, daß de Crinis »von hier aus schon in Vorschlag gebracht wurde.«[21] In seiner neuen Funktion versuchte er Parteigenossen zu fördern.[22] 1938 schaffte er den Sprung nach oben, er wurde Nachfolger Bonhoeffers als Leiter der

Universitäts-Nervenklinik der Charité in Berlin – trotz ablehnender Urteile vieler Lehrstuhlinhaber.[23] Zugleich war er als Referent im Wissenschaftsministerium u. a. zuständig für Berufungsfragen an den medizinischen Hochschulen.[24] Beteiligt war er aber auch an der Euthanasieplanung. 1945 beging er Selbstmord.

Sein Kölner Oberarzt war Hermann Stefan, wie de Crinis aus Österreich stammend. Seine entschiedene Forderung nach Ausweitung der Sterilisation verbreitete er unaufhörlich. Für ihn war die Erblichkeit psychischer Erkrankungen auch ohne den Nachweis ihrer Erblichkeit gegeben. »Wollen wir einen erbgesunden Nachwuchs, so müssen wir das (Erbgesundheits) Gesetz in jeder Weise fördern; es ist nicht als Förderung anzusehen, wenn heute (1936) noch Autoren das Gebiet der erblichen Fallsucht lediglich auf Fälle mit nachgewiesener Erblichkeit beschränken.«[25] Aber er ging noch weiter, indem er in den Fällen, in denen eine eindeutige exogene Ursache bekannt war, diese zum auslösenden Faktor einer genetischen Disposition erklärte. »Die symptomatischen Psychosen sind das Resultat von durch außen her auf den Körper einwirkenden Giftstoffen bzw. Krankheitserregern und deren Keimen, die unspezifische Symptomkomplexe hervorrufen können, die durch vorhandene Erbanlagen beeinflußt werden.«[26] 1937 habilitierte er sich in Köln und ging nach dem Weggang von de Crinis als Leiter der Städtischen Nervenklinik nach Hannover. Stefan, der es fertigbrachte, eine bei ihm geschriebene Doktorarbeit unter seinem eigenen Namen zu veröffentlichen[27], versuchte 1947 wieder in Köln zu landen, hatte dabei aber kein Glück.[28] Nachfolger von de Crinis wurde der Leiter der Nervenabteilung der Städtischen Krankenanstalten in Magdeburg Ernst Fünfgeld, ebenfalls ein SS-Mann.

Er war hauptsächlich histopathologisch orientiert und hatte besonders über Gehirnveränderungen bei Schizophrenie gearbeitet. »Besonders aber hat sich Fünfgeld um die genauere Beschreibung, Abgrenzung und erbbiologische Begründung der Verwirrtheits- und Motilitätspsychosen verdient gemacht.«[29] Auch de Crinis befürwortete Fünfgeld als seinen Nachfolger.[30]

Ein Jahr nach Fünfgelds Start in Köln begann die Euthanasie. Zwar wurde in der Kölner Klinik keiner ermordet, doch die Menschen wurden auf den Weg in den Tod geschickt. 3000 bis 4000 Aufnahmen pro Jahr waren in der Nervenklinik üblich[31], an manchen Tagen gab es bis zu 30 Aufnahmen, und das alles bei einer Bettenzahl von 130. Da konnte nicht mehr groß therapiert werden, sondern es blieb nur Zeit für eine kurze Diagnostik und die Weiterverschickung der Patienten nach Bonn oder Galkhausen, von dort wurden sie weitertransportiert, bis sie irgendwann in den Gaskammern landeten. Zwei Drittel aller Patienten wurden zum ersten Male in die Lindenburg gebracht, fast ausschließlich aus dem Kölner Raum. Unterstützt wurde Fünfgeld von seinem Oberarzt Fritz Gretzmacher, einem SS-Mann. Fünfgeld wurde 1945 entlassen und starb 1948.

Auch Anthropologen und Rassehygieniker taten das ihre zur Selektion bei. Zu den ersten, die rassenhygienische Vorlesungen hielten, gehörte der Direktor des Anthropologischen Institutes, Walter Brandt. Nach seiner Habilitation in Freiburg kam er 1926 als Abteilungsvorsteher an das Anatomische Institut unter Otto Veit. Nach Auseinandersetzungen mit Veit erhielt er Januar 1933 sein eigenes Anthropologisches Institut. Für ihn stand die Vermessung der einheimischen Bevölkerung im Vordergrund. »Die Anthropologie der Gegenwart muß sich bei der ungeheuren Bedeutung sozialer Fragen und der Probleme, welche das eigene Volk mehr in den Vordergrund stellen als irgendein weltvergessenes Urwaldvolk, neu orientieren ... Eine moderne Anthropologie kann sich mit Rassenforschung am eigenen Volke nicht begnügen, sie muß Rücksicht nehmen auf all die zahllosen Sozialvarianten, ... sie muß Familienforschung treiben, um den erbbiologischen Grundbau zu erfassen, auf dem das Individuum erwachsen ist ... Bei dieser konstitutionellen Forschung werden zwei Ziele besonders im Auge behalten, ein rein wissenschaftliches und ein eminent praktisches ... Das zweite besteht in der Nutzungsmöglichkeit der gewonnenen Kenntnisse für das allgemeine soziale Wohl ... Und so soll denn hier im Laufe der Jahre die Bevölkerung einer Großstadt, der Stadt Köln, konstitutionsanatomisch analysiert werden, in der Hoffnung, die Untersuchungsergebnisse zu praktischem sozialen Nutzen für die Allgemeinheit auszunutzen.«[32] Diese soziale Nutzanwendung folgte wenig später, als Juden, Zigeuner oder andere rassisch »Minderwertige« vernichtet wurden. 1936 wurde Brandt wegen seiner jüdischen Frau in den Ruhestand versetzt. Später emigrierte er nach England. Das Anthropologische Institut blieb vorerst verwaist. Doch die rassehygienischen Vorlesungen wurden weiter gehalten. Die Hygieniker hatten nun das Sagen.

An der Spitze des Hygienischen Instituts stand seit 1913 Reiner Müller. Seine Vorstellungen über Erbkrankheiten formuliert er präzise 1946, als er in seiner Stellungnahme zum Erbgesundheitsgesetz schrieb: »Die Zwangssterilisierung ist jedoch die einzige Maßnahme, die durchgreifenden Erfolg hat. Die anderen Verfahren sind lückenhaft; auch die Asylierung. Denn diese ist erstens nicht ausreichend durchführbar, besonders nicht bei der wichtigsten Gruppe der Erbkranken, nämlich den körperlich gesunden Schwachsinnigen; zweitens ist sie zu grausam im Vergleich zu kurzer einfacher Operation.«[33] Wer weiß, wie brutal die Eingriffe, teilweise ohne Narkose, durchgeführt wurden, unter welchen psychischen Problemen die Betroffenen zu leiden hatten und leiden, kann erst den Zynismus dieser Aussage richtig würdigen. Nicht umsonst ist Müller zum Mitglied des Erbgesundheitsobergerichts in Köln ernannt worden.

Müllers Oberarzt war Karl Pesch. Seit 1923 arbeitete er am Hygiene-Institut. Nach seiner Habilitation wurde er zum Oberarzt befördert, 1930 außerordentlicher Professor. Seit 1. April 1932 war er zusätzlich Direktor des Kölner Museums für Volkshygiene, dessen Austellungen seitdem stark rassenhygienisch orientiert waren.[34] Unermüdlich war er im Einsatz auf Parteiveranstaltungen oder im Rahmen seiner universitären Vorlesungen. Seine Themen waren »Auslese und Ausmerze, Verbrechen als Schicksal. Das Judenproblem. Warum Bekämpfung des Judentums, Erbkrankheiten als völkische Gefahr.«[35] Auch die meisten der rassenhygienisch orientierten Dissertationen wurden von ihm betreut, sein besonderes Augenmerk galt dem Zusammenhang von Erbkrankheiten und Zahnerkrankungen. Aber auch die von der Studentenschaft durchgeführten erbbiologischen Untersuchungen in den Eifeldörfern wurden von ihm unterstützt, ebenso wie von de Crinis, der es sogar schaffte, dafür Mittel der Deutschen Forschungsgemeinschaft bewilligt zu bekommen.[36] Welch ein Erfolg für Pesch, als die Erfassung des Eifeldorfes Berk als Reichssiegerarbeit ausgezeichnet wurde. Zur Siegergruppe gehörte auch der ehemalige Vorsitzende der Kassenärztlichen Bundesvereinigung Muschallik. Aber Pesch hielt nicht nur Vorträge, sondern als Mann der Tat untersuchte er in der beim Gesundheitsamt stattfindenden Sprechstunde in Vererbungs- und Erbgesundheitsfragen die Menschen und stellte anschließend die Anträge auf Unfruchtbarmachung.[37] Im Oktober 1938 wurde Pesch an das Hygienische Institut der Universität Berlin gerufen, 1940 erhielt er den Lehrstuhl in Prag, wo er 1941 starb.

1955 wurde eine Stiftung zu Unterstützung wissenschaftlicher Forschungsarbeiten nach ihm und seiner Schwester, die die Stiftung der Fakultät vermacht hatte, benannt. Als das Wirken Peschs 1985 bekannt wurde, forderte die Studentenschaft die Fakultät auf, auf die Stiftung zu verzichten. Nach mehrmonatiger Beratung entschloß sich die Fakultät, Peschs Namen aus dem Stiftungstitel zu streichen – ohne jede Erklärung.

Und noch ein Hygieniker ist der Erwähnung wert. Es ist der Blutgruppenforscher Peter Dahr, seit 1935 Oberarzt am Hygiene-

Institut. Hinter seinen Forschungen über Blutgruppenfaktoren stand der Wunsch, einen Zusammenhang zwischen den Erbkrankheiten und Blutgruppen zu finden.[38] Als Leiter des Amtes für Rassenpolitik im Kreis der NSDAP Köln-Süd[39] konnte er seine Vorstellungen oft genug in Veranstaltungen darlegen. 1942 wurde er an das Reichsgesundheitsamt Referat »Blutgruppenforschung« berufen.

Der andere Bereich, in dem die Blutgruppenforschung zentrale Bedeutung gewann, war der Vaterschaftsnachweis. Gutachterliche Entscheidungen, ob das Kind z. B. einen Juden oder einen »Ostarbeiter« als Vater hatte, konnten tödliche Folgen haben. Vaterschaftsgutachten waren die Spezialität des 1939 neugegründeten Instituts für Erbbiologie und Rassenhygiene in Köln, das die Nachfolge des Anthropologischen Instituts antrat. Direktor wurde Ferdinand Claussen. Er wurde nach einer Tätigkeit als Oberarzt in München in der Medizinischen Klinik, 1935 Oberarzt am neugegründeten Institut für Erbbiologie in Frankfurt unter Otmar von Verschuer. Claussens Forschungsschwerpunkt war die Vererbbarkeit rheumatischer Erkrankungen und Kreislauferkrankungen. 1948 wurde er Chefarzt der Inneren Abteilung des Kreiskrankenhauses Waldbröl.

Sein Oberarzt war Wolf Bauermeister. Während der Einberufung Claussens übernahm er die Vorlesungen und Kurse in Rassenhygiene, die er nach 1945 weiterhielt. Auch er äußerte sich 1946 zum Erbgesundheitsgesetz: »Die Einsicht in ihre Lage und die daraus entstehende menschliche Pflicht, die abartige Veranlagung nicht weiter zu tragen und damit der Quell neuen menschlichen Elends zu werden, sondern freiwillig auf Nachkommenschaft zu verzichten, ist bei den Unfruchtbarzumachenden fast nie vorhanden, sei es, daß ihre intellektuellen Funktionen dafür zu gering entwickelt sind wie beim Schwachsinn, sei es, daß ihre charakterlichen Abwegigkeiten sie daran hindern.«[40]

Hintergrund dieser schon mehrfach erwähnten Stellungnahmen zum Erbgesundheitsgesetz war eine Anfrage des Oberlandesgerichtspräsidenten in Köln im April 1946.[41] Dieser wollte, da die Aufhebung des Gesetzes anstand, eine Stellungnahme des Dekans zu den Fragen der Notwendigkeit des Gesetzes, der Streichung der Zwangssterilisation und der Streichung der im Gesetz bezeichneten Erbkrankheiten.

Der Dekan bat die Mitglieder der Fakultät um eine Stellungnahme. Die Mehrheit der Fakultätsmitglieder war der Meinung,
1. das Gesetz beizubehalten,
2. die Zwangssterilisation beizubehalten,
3. keine der im Gesetz als Erbkrankheiten bezeichneten Krankheiten zu streichen.

Sprachlich unterscheiden sich die Gutachten nicht von dem während der davorliegenden Jahre gängigen Vokabular.

Es ging an der Medizinischen Fakultät unverändert weiter. Sicher wurden einige entlassen, aber binnen kurzer Zeit waren sie entweder in Köln oder anderswo in Amt und Würden. Selbst der federführend an der Kindereuthanasie beteiligte Kinderarzt Werner Catel hätte in Köln den Lehrstuhl erhalten, wenn nicht eine andere Stelle das verhindert hätte.[42]

Die Beispiele ließen sich beliebig verlängern. Es gab keinen Selbstreinigungsprozeß. Für Veit z. B., der im Entnazifizierungsausschuß saß, war alleiniges Kriterium für die Entlassung das Begehen strafbarer Handlungen, und da fast alles gesetzmäßig abgesichert war, blieb alles beim alten.

Anmerkungen

1 Aufzeichnung Leupold 16. 4. 33. Universitätsarchiv Köln (UAK) 67/159

2 Schreiben Leupold an Hitler 16. 2. 34 ibid und Westdeutscher Beobachter v. 12. 4. 33.

3 Zusammengestellt nach Personal- und Vorlesungsverzeichnis Universität Köln Sommersemester 1933 – Wintersemester 44/45.

4 Zusammengestellt nach Frank Golczewski, Jüdische Hochschullehrer an der neuen Universität Köln vor dem Zweiten Weltkrieg, in: Bonke-Kollwitz (Hg.), Köln und das rheinische Judentum, Köln 1984, und Historisches Archiv der Stadt Köln (HAK) Liste der entlassenen Ärzte 690/268.

5 Golczewski wie 4 und Dekan an Kuratorium 15. 3. 46 UAK 67/612.

6 Hans Naujoks, Aufgaben des Frauenarztes bei den neuen bevölkerungspolitischen Bestrebungen, Ziel und Weg 1934, S. 452.

7 derselbe, Zur Legalisierung der Schwangerschaftsunterbrechung aus eugenischer Indikation, Deutsche Medizinische Wochenschrift, 1934, S. 500.

8 wie 7.

9 derselbe, Die Wandlung der deutschen Frau, Stuttgart 1935, S. 18.

10 ibid S. 22.

11 ibid.

12 ibid S. 15.

13 derselbe, Leitfaden der Indikation der Schwangerschaftsunterbrechung, Stuttgart 1954.

14 Wahl an Dekan 2. 4. 46 UAK 67/171.

15 Josef Friedrich Schauerte-Lücke, Ergebnisse erbbiologischer und familienstatistischer Erhebungen in der Geburtshilfe, Kölner Medizinische Dissertation 1946, S. 40.

16 Eigene Berechnungen nach Wilfent Dalicho, Sterilisation in Köln auf Grund des Gesetzes zur Verhütung erbkranken Nachwuchses vom 14. Juli 1933 nach den Akten des Erbgesundheitsgerichts von 1934–1943, Kölner Medizinische Dissertation 1971.

17 Vgl. den Beitrag über G. Aschaffenburg in diesem Band.

18 Lebenslauf de Crinis UAK 67/1005 und Westdeutscher Beobachter 3. 12. 34.

19 Schreiben Dekan an Kuratorium 20. 12. 35 UAK 67/212.

20 Forscherakte de Crinis, Bundesarchiv Koblenz (BA) R 73

21 Schreiben Wissenschaftsminister an Rektor 17. 5. 35 und Rektor an Wissenschaftsminister 25. 5. 35 UAK 28/180.

22 Vgl. Habilitation Behr UAK 67/855.

23 Michael Zomack, Die faschistische Hochschulberufungspolitik und deren Auswirkungen im Bereich der Psychiatrie, in: Thom/Spaar (Hrsg.), Medizin im Faschismus, Berlin (Ost) 1983, S. 103.

24 Michael Katy, Medizinische Fakultäten und Medizinstudenten. Eine Skizze, in: Fridolf Kudlien, Ärzte im Nationalsozialismus, Köln 1985, S. 89 f.

25 Hermann Stefan, Über die praktische Handhabung des Sterilisationsgesetzes bei Epileptikern. Die Medizinische Welt 1936, S. 967.

26 derselbe, Tuberkulose und Psyche. Die Medizinische Welt, 1936, S. 850.

27 Protokoll der Sitzung der Medizinischen Fakultät 6. 9. 40 und 21. 11. 40 UAK 67/158.

28 Dekan an Nervenklinik 26. 11. 47 UAK 67/594.

29 Kleist an Dekan 7. 10. 38 UAK 67/198.

30 De Crinis 13. 10. 38 UAK 67/197.

31 Anstaltsstatistik 1938 und 1939 HAK 690/6 Fuhrgeld an Regierungspräsidenten 11. 12. 41 UAK 67/143. Beringer an Coerper 25. 10. 38 UAK 67/650.

32 Walter Brandt, Zwecke und Ziele der Anthropologischen Abteilung des Anatomischen Instituts der Universität Köln, Anthropologischer Anzeiger 1932, S. 295 f.

33 Entwurf Müller UAK 67/171.

34 Jahresbericht 1935 HAK 690/6.

35 Themen zusammengestellt nach allgemeine und öffentliche Vorlesungen Wintersemester 1935/36 und 1936/37.

36 Forscherakte de Crinis BA R 73.

37 Jahresbericht 1935 HAK 690/6 u. Beratungsstelle für Erb- und Rassenpflege HAK 690/459.

38 Peter Dahr, Blutgruppenforschung und Rassenhygiene, Ziel und Weg 1939.

39 Mitteilungsblätter des Gaues Köln-Aachen der NSDAP, Dezember 1937.

40 Bauermeister an Dekan 13. 4. 46 UAK 67/171.

41 Anfrage und Einzelstellungnahmen sowie Stellungnahme der Fakultät in UAK 67/171.

42 Dekan an Kultusminister NW 18. 3. 47 UAK 67/963.

Lothar Pützstück

Von Dichtung und Wahrheit im akademischen Lehrbetrieb

Die Entlassung des Völkerkundlers Julius E. Lips durch die Nationalsozialisten in Köln 1933

In der westdeutschen Völkerkunde ist noch keine Arbeit erschienen, die die Rolle des Faches im Nationalsozialismus umfassend untersuchte.[1] Grundvoraussetzung, um die Auseinandersetzung mit den braunen Biographieanteilen des Faches überhaupt führen zu können, ist eine sorgfältige Forschung an Dokumenten in den verschiedensten Archiven.

Zu den Vorgängen um die Entlassung von Julius E. Lips aus seinen Funktionen als Hochschullehrer und Museumsdirektor gibt es zwei Arten von Quellen: Das sind zum einen die im Falle des 1950 verstorbenen Lips frei zugänglichen Dokumente im Universitätsarchiv Köln. In Ergänzung dazu können die Akten des Rautenstrauch-Joest-Museums herangezogen werden, deren umfangreicher Bestand sich im Historischen Archiv der Stadt Köln befindet. Neben derlei amtlichen Unterlagen bilden subjektive Darstellungen der Geschehnisse aus Sicht der Eheleute Lips den zweiten Quellentyp. Es handelt sich hierbei um das Vorwort »The Story of This Book« von Julius Lips zu seinem 1937 im Exil erschienen Werk »The Savage Hits back«[2] und um das Buch »Savage Symphony«[3] von Eva Lips, 1938 ebenfalls im amerikanischen Exil veröffentlicht, das in romanhafter Form eine ausführliche Schilderung der Ereignisse in der beklemmenden Atmosphäre Kölns nach der nationalsozialistischen ›Machtergreifung‹ bis zur Emigration des Ehepaares im Frühjahr 1934 bietet. Ein Vergleich mit den Dokumenten verdeutlicht, daß in beiden (Selbst)Darstellungen zwar eine konsequent antifaschistische Einstellung vertreten wird, beide jedoch in wesentlichen Punkten nicht mit dem überlieferten Aktenmaterial übereinstimmen, sondern eine positivere Färbung im Sinne des Ehepaares Lips enthalten, was ihren Quellenwert stark in Frage stellt. Wilhelm Sollmann, Kölns prominenter Sozialdemokrat aus der Weimarer Republik, der am 8./9.3.1933 grausam von SA- und SS-Leuten mißhandelt worden war[4], stellte bereits in einer Rezension der »Savage

Symphony«, die am 30.7.1938 in der ›Neuen Volkszeitung‹ erschien, »eine Reihe von Irrtümern« und »irrige Daten« fest.[5] Obwohl mit Hilfe der Dokumente eine historische Rekonstruktion der Ereignisse um Lips' Entlassung relativ gut möglich ist, die sich außerdem mit Quellenmaterial aus den Nachlässen von Wilhelm Sollmann und Robert Görlinger untermauern läßt, wäre die Existenz der Akten der Kölner Stadtverwaltung aus der Zeit des ›Dritten Reichs‹ wünschenswert, war doch die Stadt Geldgeberin sowohl der Universität wie auch des Rautenstrauch-Joest-Museums. Es ist aber davon auszugehen, daß die Hitlerdiktatur der »materialmäßig am schlechtesten dokumentierte Zeitraum der Kölner Geschichte« (Matzerath) ist, was mit dem Bombenkrieg, den Zerstörungen bei der Einnahme Kölns, gezielter Aktenvernichtung in der letzten Kriegsphase sowie Nachlässigkeiten nach Kriegsende zu erklären ist, so daß nur von »äußerst schmalen«[6] Überlieferungen offizieller Unterlagen geredet werden kann. Zusammenfassend ist dennoch die Quellenlage im Fall der Entlassung von Lips eher gut, obwohl auch hier im einzelnen einiges im Dunkel bleibt, zumal, wenn mensch den ›informellen Sektor‹ mitberücksichtigt, dessen persönliche Intrigen sich nicht immer in den Akten nachvollziehen lassen.

Julius E. Lips, geboren am 8.9.1895 in Saarbrücken, gestorben am 21.1.1950 in Leipzig, habilitierte sich am 27.2.1927 mit einer Arbeit über »Die Fallensysteme der Naturvölker« an der Universität zu Köln in den Fächern Völkerkunde und Soziologie. Danach bemühte er sich um die Errichtung eines völkerkundlichen Seminars[7] im Gebäude des Rautenstrauch-Joest-Museums, wo er in Personalunion am 1.4.1928 als Nachfolger Fritz Graebners Direktor wurde. Der Gründer des völkerkundlichen Seminars wurde am 10.12.1930 zum außerordentlichen, d. h. nicht beamteten Professor für Ethnologie und Soziologie ernannt. Der ehrgeizige und vielseitige Lips, ein autoritärer, aber guter Lehrer, der durch sein forsches Auftreten und sein reiches ethnologisches Wissen bestach (nach Zeitzeugenaussagen noch lebender ehemaliger Studenten), stand in der Tradition der kulturhistorisch orientierten ›Kölner Schule‹ der Völkerkunde von Wilhelm Foy und Fritz Graebner und bereicherte diese mit neuen, eigenen Ideen. Der fortschrittlich denkende Professor, dem es stark auf die Popularisierung der Wissenschaft Völkerkunde ankam, trat am 8.7.1930 in die SPD ein.

Seine beiden Ämter, außerordentlicher Professor für Völkerkunde und Soziologie und Museumsdirektor in Lebensstellung, übte Lips auch am 30.1.1933, dem Tage der Machtübernahme durch die NSDAP aus, als Reichspräsident Hindenburg Adolf Hitler zum Reichskanzler ernannte. Zu diesem Zeitpunkt arbeitete Lips an der Herausgabe der fünften Ausgabe der Museumspublikation »Ethnologica«, saß im Beirat der »Kolonialen Rundschau« und arbeitete seit mehreren Jahren intensiv an einem Buch über Europäerdarstellungen in der Kunst der Eingeborenen. Die diesem Buch zugrundeliegende Idee, in Umkehrung der traditionellen Sichtweise der Ethnologie den Europäer mit den Augen der Eingeborenen zu sehen, muß man für den damaligen Stand der ethnologischen Wissenschaft als neuartig und ihrer Zeit weit voraus bewerten. Um Bildmaterial aus aller Welt für sein Werk zu sammeln, nutzte der Professor seine weitreichenden internationalen Beziehungen.

Um sich ein Bild vom ethnologischen Seminar im Januar 1933 zu machen, seien aus einem Protokollbuch des Oberseminars von Prof. Lips, der einzigen Lehrkraft, aus dem Wintersemester 1932/33 unter dem Titel »Übungen und Referate über ausgewählte Kapitel aus dem Gebiet der Völkerkunde« ein paar Fakten entnommen.[8] An den insgesamt nur fünf Seminarsitzungen, die am 23.11., 30.11., 14.12., 1.2. und 14.2. stattfanden, nahmen sechs bis sieben Studenten teil, darunter mit Andreas Scheller und Willy Fröhlich zwei der drei Hauptfachstudenten. Vor allem Andreas Scheller, der im 1. Weltkrieg ein Bein verloren hatte und ein Jahr älter war als sein Lehrer, da er das Studium erst nach nachgeholtem Abitur aufgenommen hatte, sympathisierte in diesem Semester offen mit den Nationalsozialisten.

Nach dem Sturz des Kölner Oberbürgermeisters Konrad Adenauer am 13.3.1933 und der kommissarischen Neubesetzung des Amtes mit dem Nationalsozialisten Günter Riesen begann die eigentliche Machtübernahme der Nationalsozialisten in Köln. Nach seiner Amtsübernahme begann Riesen umgehend mit einer Säuberung der Stadtverwaltung, indem er fast alle Beigeordneten auswechselte und diese Positionen mit seinen Parteigenossen besetzte.[12]

Auch das Rautenstrauch-Joest-Museum wurde in den Tagen nach Riesens Amtsantritt mit einer Flut von Verordnungen und Verfügungen überschüttet. So mußte z. B. an Bismarcks Todestag das Gebäude mit Hakenkreuzfahnen beflaggt werden, mußte Nachweis über die Beschäftigung von Juden geführt und eine Anfrage über Zusammenarbeit mit jüdischen Firmen beantwortet werden.[14] Julius Lips wurde, nach eigenen Angaben, durch den neuen, für den Bereich Kultur zuständigen Beigeordneten Willy Ebel »durch Handschlag auf die neue Regierung verpflichtet« und hat nach Rücksprache mit Ebel am 28.3. um seinen ihm »noch zustehenden Urlaub gebeten«.[15]

Der frühere Eisenbahner Ebel, der seit 1929 einziger nationalsozialistischer Stadtverordneter in Köln gewesen und wegen seines aggressiven verbalen Auftretens bekannt war[16], schrieb jedoch am 31.3.1933 einen Brief an die Universität, worin er feststellte, daß »Herr Professor Lips von der Stadt Köln beurlaubt und es ungangbar ist, daß Herr Prof. Dr. Lips noch Vorlesungen in deren Räumen abhält.« Ebel bat darum, das Seminar sofort in die Universität zu verlegen, und untersagte Lips, solange er beurlaubt sei, die Räume des bisherigen Seminars im Museum zu betreten.[17] Diese Praxis, unliebsame Beamte von ihrer eigenen Arbeitsstelle auszusperren, wandten die Nationalsozialisten auch bei Mitarbeitern des Westdeutschen Rundfunks an.[18]

Am 4.4. meldete der Kölner Stadt-Anzeiger die Beurlaubung von Lips, deren Hauptgrund in der Kandidatur des Professors für die SPD bei den Kommunalwahlen im März 1933 gesehen wurde.[19]

Die Akten des Rautenstrauch-Joest-Musems belegen, daß bereits am 31.3.1933 der Direktorposten neu besetzt worden sein muß.[20] Der von den Nationalsozialisten bestellte kommissarische Direktor, kein anderer als der oben erwähnte, nicht einmal promovierte Student Andreas Scheller, fragte am 1.4. beim Oberbürgermeister, Amt II, an, ob das Direktionszimmer des Museums für Besprechungen des »Kampfbundes für deutsche Kultur« genutzt werden könne und bat um die Bestätigung der Verwaltung, den Hörsaal für Vortragsveranstaltungen des Kampfbundes zur Verfügung zu stellen. Scheller gab an, »am Aufbau dieser Organisation maßgeblich beteiligt« zu sein.[21] Diese Äußerung Schellers beweist, daß der einbeinige Student nicht zu den sogenannten ›Märzgefallenen‹ zu rechnen ist, die aus überwiegend opportunistischen Motiven in die NSDAP eintraten, sondern schon vor der Machtübernahme der Nationalsozialisten in Köln im März in der braunen Terrorbewegung etabliert war.

Ebel erklärte sich am 4.4. einverstanden, der ›wissenschaftlichen‹ NS-Organisation, die von dem Parteiideologen Alfred Rosenberg angeführt wurde, die Räumlichkeiten zu überlassen.[22]

Obwohl man sagen kann, daß der nationalsozialistische Terror im katholischen Köln nicht die andernorts übliche Bestialität erreichte, muß man davon ausgehen, daß der beurlaubte Lips in den folgenden Monaten nicht nur um seine berufliche Existenz, sondern auch um sein Leben kämpfen mußte. Der Ethnologe beschwerte sich am 3.4. bei dem geschäftsführenden Direktor des Kuratoriums der Universität, keinem Geringeren als dem (Wieder)Gründungsdirektor von 1919, Christian Eckert, über den Brief Ebels, »weil sowohl den Mitgliedern des Seminars wie mir selber die Möglichkeit zur wissenschaftlichen Betätigung genommen ist«[23], und bat ihn, Einspruch zu erheben. Den

Dekan der Philosophischen Fakultät, Schöffler, setzte Lips von diesem Schreiben in Kenntnis mit der Bitte, »Einspruch gegen die Unterbindung der wissenschaftlichen Arbeit im Rautenstrauch-Joest-Museum zu erheben«.[24]

Am 1.5., anläßlich der feierlichen Übergabe des neuen Studentenschaftsrechts, stellte der NS-Staatskommissar für die Universität, Dr. Peter Winkelnkemper, in der hakenkreuzbeflaggten Aula der Universität befriedigt fest, diese habe sich nicht aufgrund äußeren Drucks, sondern »unter Wahrung der traditionellen Formen«[25] in den Dienst der ›nationalen Erhebung‹ gestellt. Was darunter zu verstehen ist, verdeutlicht Eckerts Reaktion auf Lips' Eingaben: Am 2.5., dem Tag des verschobenen Beginns des Sommersemesters, teilte Eckert Lips mit, er sei infolge eines Telegramms des Ministers für Wissenschaft, Kunst und Volksbildung aus Berlin vom 29.4.1933 »bis zur endgültigen Entscheidung aufgrund des Beamtengesetzes mit sofortiger Wirkung beurlaubt.«[26] Rechtsgrundlage für diese Beurlaubung war das von den braunen Machthabern am 7.4.1933 erlassene »Gesetz zur Wiederherstellung des Berufsbeamtentums«.

Lips gehörte neben den Professoren Schmalenbach, Schmittmann, Spitzer, Cohn-Voossen, Braunfels, Esch, Beyer und Honigsheim zu den ersten 9 von insgesamt 29 Professoren, die aus rassistischen Gründen oder wegen politischer Unzulänglichkeit von den Nazis aus ihren Ämtern entfernt wurden. Das Gesetz, schon der lyrische Titel stellt den eigentlichen Sachverhalt auf den Kopf, bedeutete eine Diskriminierung der ausscheidenden Beamten.[27] Uwe Dietrich Adam sieht die Bedeutung des Gesetzes darin, »daß es im Sinne einer Zäsur den Ausgangspunkt eines neuartigen politischen Verständnisses hinsichtlich der gesetzlichen Behandlung von Minderheitsgruppen markierte und ein Signal setzte, das von keinem der Betroffenen übersehen werden konnte.«[28]

Lips erhob in einem Einschreiben vom 8.5.1933 an den Minister für Wissenschaft, Kunst und Volksbildung Einspruch gegen seine Beurlaubung und erwartete nach Prüfung seiner Angaben die Wiedereinsetzung in sein Amt. Er berief sich darauf, als Kriegsfreiwilliger ins Feld gezogen zu sein, auf seine als Frontkämpfer erlittene Kriegsverletzung, auf seine rein arische Abstammung und behauptete, sich politisch nie betätigt zu haben. Es war ihm »vollkommen unerfindlich, inwiefern die Bestimmungen des Beamtengesetzes auf mich zutreffen sollten«.[29] Als daraufhin keine Reaktion erfolgte, bat er Eckert, sein Einspruchsschreiben dem Minister auf dem Dienstwege nochmals vorzulegen.[30] Nach Rücksprache mit dem Staatskommissar für die

Universität, Winkelnkemper, leitete Eckert den Einspruch Lips »ohne Befürwortung« weiter.[31]

Lips arbeitete während der Beurlaubung von seinen Ämtern intensiv an seinem Buch über die Europäerdarstellungen in der Kunst der Eingeborenen. In der »Kölner Illustrierten Zeitung« vom 13.5.1933, einem völlig gleichgeschalteten Blatt, konnte er als Frucht seiner Bemühungen einen reich bebilderten dreiseitigen Artikel »So sieht der Schwarze den weißen Mann«[32] veröffentlichen. Dieser Abdruck seiner Forschungen rief Lips' ehemalige Doktoranden auf den Plan, die unter Leitung von Andreas Scheller das ›Erbe‹ ihres Professors im Museum angetreten hatten. In einem Brief vom 21.5. an den Preußischen Minister für Wissenschaft, Kunst und Volksbildung protestierte Lips aufs Schärfste gegen eine Hausdurchsuchung, die sein ehemaliger Schüler Willy Fröhlich auf Anordnung Schellers, in Begleitung eines Museumsbeamten und unter Aufstellung eines Postens, bei Lips durchgeführt hatte. Von Lips aus der Museumsbibliothek entliehene Bücher wurden ›sichergestellt‹, darüber hinaus die Herausgabe privater Manuskripte sowie der Beiträge anderer Forscher zur fünften Folge der ›Ethnologica‹ gefordert[33]. Der Tonfall des Protestschreibens von Lips – er bezog sich, um Scheller und Fröhlich als »Konjunkturpolitiker, die ihren Vorgesetzten aus seiner Stellung verdrängen wollen«[34], zu brandmarken, auf Äußerungen von Hermann Göring und Josef Goebbels – zeigt die tiefe Kluft zwischen Lips und seinen nationalsozialistischen Hauptfachstudenten, aber auch die Taktik des Professors, den Nationalsozialismus mit seinen eigenen (rhetorischen) Waffen zu schlagen.

Nach der Hausdurchsuchung schickte Lips die Manuskripte für die ›Ethnologica‹ an die Autoren zurück. Auf abenteuerliche Weise gelang es ihm, die Photographien und Manuskripte mit den Europäerdarstellungen zu retten.[35]

Inzwischen war auf Anordnung Eckerts das Inventar des Seminars für Völkerkunde in die Universität verlagert und der Geograph Prof. Thorbecke als Treuhänder für die Bestände eingesetzt worden.[36] Lips füllte am 26.6., also drei Tage nach dem endgültigen Verbot der SPD, an Eides statt den Fragebogen der Stadt Köln zur Durchführung des Gesetzes zur Wiederherstellung des Berufsbeamtentums aus. Er gab an, von Mitte 1919 bis Mitte 1920 sowie vom 8.7.1930 bis Dezember 1932 Mitgied der SPD gewesen zu sein.[37] In einem wegen dieser Falschaussagen gegen ihn eingeleiteten Dienststrafverfahren wurden ihm in öffentlicher Sitzung der Dienststrafkammer bei der Regierung zu Köln vom 21.9.1934 in einer sechsseitigen Urteilsbegründung das

Ruhegehalt, die Hinterbliebenenversorgung, die Amtsbezeichnung und der Titel aberkannt[38], da er noch bei der Kommunalwahl vom 12.3.1933 auf der Liste der SPD kandidiert hatte. Die Urteilsbegründung gibt ein beredtes Zeugnis von wiederholten Vernehmungen, die Lips im Herbst und Winter 1933 hatte erdulden müssen. Zusätzlich mußte sich Lips vor dem Schöffengericht Köln verantworten. Ihm wurde vorgeworfen, Andreas Scheller beleidigt zu haben, »indem er ihn dem Zeugen Dr. Rodens gegenüber als verrückt und kompletten Idioten bezeichnete, den seine eigenen Vorgesetzten für verrückt hielten«.[39] Der ›Westdeutsche Beobachter‹ konnte voller Häme vermelden, daß Lips zu einer Geldstreafe von 1000 RM verurteilt worden war. Der Grundtenor dieses Artikels wird durch ein Zitat zur Beurlaubung des Ethnologen deutlich: »Als das junge Deutschland erwachte, purzelte dieser Avantageur durch diesen elementaren Sturm auch von seinem professoralen und direktorischen Hochsitz herab.«[40] Am 27.12.1933 wurde Lips vom Preußischen Minister für Wissenschaft, Kunst und Volksbildung aufgrund des § 4 des Gesetzes zur Wiederherstellung des Berufsbeamtentums die Lehrbefugnis an der Universität Köln entzogen.[41] Zu einer weiteren Vernehmung in seinem Dienststrafverfahren am 3.2.1934, wo er möglicherweise verhaftet worden wäre, erschien er nicht mehr[42], sondern emigrierte nach Frankreich und bald darauf in die USA. Seine Frau Eva folgte ihm wenig später.

Hier sollte die Geschichte um Lips' Entlassung eigentlich zu Ende sein, sie hatte aber noch im ›Dritten Reich‹ ein bemerkenswertes Nachspiel: Im Vorwort zu seinem 1937 unter dem Titel »The Savage Hits back« erschienenen avantgardistischen Buch über die Europäerdarstellungen der Eingeborenen, zu dem Bronislaw Malinowski eine Einführung beisteuerte, dessen antinationalsozialistische Grundtendenz unabstreitbar ist, schrieb Lips: »I prefed therfore in March 1933, to lay down the offices that I held for life, the directorship of the Cologne Rautenstrauch Joest Museum, and my professorship. Alas, I was the only ›Aryan‹ ethnologist to do so.«[43] Die Nationalsozialisten reagierten auf diese Behauptung von Lips. Im ›Westdeutschen Beobachter‹ vom 18. und 19.5.1938 wird Lips als Lügner, Antisemit und Denunziant bezeichnet und auf die Existenz von Bittschreiben Lips' an den Kölner Oberbürgermeister von 19.4., 6.7. und 19.7.1933 hingewiesen, in denen der Professor zur Wiedererlangung seiner Ämter eine ihn verfolgende ›Judenclique‹ denunzierte[45] und sich positiv über die nationalsozialistische Bewegung geäußert habe.[46] Im selben Jahr erfolgte dann als weiterer Schritt gegen Lips die Aberkennung der deutschen Staatsbürgerschaft.[47]

Bei meinen Nachforschungen ist es mir zwar (noch) nicht gelungen, die besagten Bittschreiben von Lips aufzuspüren, es gibt aber einen deutlichen Hinweis darauf, daß sie im Krieg nicht vernichtet wurden, daß also die im ›Westdeutschen Beobachter‹ gegen Lips erhobenen Vorwürfe nicht nur, wie es häufig vorkam, reine Falschdarstellungen der Nationalsozialisten zu Propagandazwecken waren.

Robert Görlinger, bis zu seiner Flucht vor den Nazis 1933 Vorsitzender der SPD-Fraktion im Stadtrat, ab 1940 in Frankreich interniert und vom 1.6.1943 bis zu seiner Befreiung Häftling im KZ Sachsenhausen, nach dem Krieg Bürgermeister in Köln und als Kurator der Universität Köln tätig, schrieb am 12.4.1947 an Prof. Kuske einen Brief, aus dem die Passage über Lips zitiert sei: »Ich muß schon sagen, daß die Kölner Universität mir nie so viel Sorge bereitet hat als wie jetzt und eine der unerfreulichsten Aufgabengebiete darstellt in meiner weitgefächerten Tätigkeit. Man erlebt nur Enttäuschungen. Gestern bekam ich Einblick in ein Aktenstück, in dem Briefe von Prof. Julius Lips vom 19.4., 6.7., 19.7.33 vorlagen, in denen er geradezu in unwürdiger Weise sich dem Nationalsozialismus an den Hals geworfen hatte, nur um seinen Direktorposten am Museum und seine Lehrtätigkeit wieder aufnehmen zu können. Erst als das mißlungen war, ging er ins Ausland und wurde kämpferischer Gegner des Nationalsozialismus.«[48] Görlingers Enttäuschung im April 1947 kann man gut nachvollziehen, zumal er sich vorher »stärkst« um eine Rückkehr von Lips nach Köln bemüht hatte.[49]

Heute wird man bei dem Versuch, die Handlungen von Lips zu bewerten, mitbeachten müssen, daß der Professor tatsächlich der einzige deutsche Ethnologe in leitender Stellung war, der überhaupt emigrierte. Zusätzlich war er, neben dem Juden Franz Boos, als Redner auf Protestveranstaltungen im Exil, als Mitglied im »Council for a Democratric Germany« und in seinen Publikationen der einzige Völkerkundler, der dem Nationalsozialismus aktiv entgegentrat. Daß er andererseits im Kampf um sein Leben und um seine berufliche Existenz zu Mitteln gegriffen hat, die seine Gestalt in ein moralisches Zwielicht geraten lassen, erklärt sich auch aus den damaligen Strukturen der akademischen Welt und ihrer Apparate, die beinahe jeder Art von Opportunismus entgegenkamen.

Vielleicht hätte Görlinger milder über Lips geurteilt, könnte er gegenwärtig hinter die Kulissen blicken, wie noch 43 Jahre nach dem Ende der Terrorherrschaft der Nationalsozialisten die Geschichte der Universität Köln von 1933 bis 1945 offiziell behandelt wird.

Für die Völkerkunde in Köln sei dies zum Abschluß kurz skizziert.

Für die Völkerkunde in Köln sei dies zum Abschluß kurz skizziert. Obwohl der damalige Dekan der Philosophischen Fakultät, der Historiker Kallen, am 5.1.1935 auf Anfrage des ›Kurators‹ Winkelnkemper schrieb, »daß die Universität ein hohes Interesse daran hat, an der Stelle, wo Gelehrte wie Graebner und Foy (!, L. P.) gestanden haben, einen gleichwertigen Ersatz zu sehen«[50], blieb die Position von Lips sieben Jahre verwaist. Erst 1940 wurde ein Ordinariat für Völkerkunde geschaffen und mit dem Nationalsozialisten Prof. Martin Heydrich besetzt, der 1933 der NSDAP beigetreten war.[51] Heydrich übernahm im Nebenamt auch das Museum und löste dort den überforderten Scheller ab.

Nach dem Zusammenbruch der Naziherrschaft versuchte der Dekan der Philosophischen Fakultät, Prof. Rassow, am 13.4.1946, Lips zur Rückkehr nach Köln zu bewegen, »um den Platz in unserer Mitte einzunehmen, den Sie einst innehatten«. Lips folgte aber 1948 einem Ruf nach Leipzig und wurde kurz vor seinem Tode noch Rektor der dortigen Universität. Den »Platz in unserer Mitte« nahm statt seiner Ende 1948 der inzwischen amtlich ›entnazifizierte‹ Heydrich wieder ein.

Anmerkungen

1. Beschämenderweise hat eine Beschäftigung mit der eigenen Fachvergangenheit im »Dritten Reich« erst zögernd in den letzten Jahren in der westdeutschen Völkerkunde eingesetzt. Siehe Sabine Jell-Bahlsen: Ethnology and Fascism in Germany, In: Dialectical Anthropology, Vol. 9, 1985, S. 313-337, und Thomas Hauschild: Völkerkunde im »Dritten Reich«, in: Helge Gerndt (Hg.): Volkskunde und Nationalsozialismus, Münchner Beiträge zur Volkskunde, Band 7, München 1987, S. 245-259
2. Julius Lips: The Story of this Book, in: ders.: The Savage Hits back (dt. Der Weiße im Spiegel der Farbigen, München 1983), New Haven/London 1937, S. XIX-XXXI
3. Eva Lips: Savage Symphony. New York 1938, oder die identische englische Ausgabe, What Hitler Did To Us. London 1938
4. Der erschütternde Bericht seiner Mißhandlung ist abgedruckt in: Widerstand und Verfolgung in Köln 1933-45, Ausstellung des Historischen Archivs der Stadt Köln, Köln 1974, 2. unv. Auflage 1981, S. 112-115
5. Brief Eva Lips' an Wilhelm Sollmann vom 23.10.1938 mit der Anfrage, ihr Näheres über diese Irrtümer und irrigen Daten mitzuteilen. Nachlaß Wilhelm Sollman (Bearbeiterin: Ulrike Nyassi). Historisches Archiv der Stadt Köln (im folgenden: HAStK) 1120/45
6. Horst Matzerath: Nationalsozialismus in Köln – Köln und der Nationalsozialismus, In: Geschichte in Köln, Studentische Zeitschrift am historischen Seminar, Heft 18, S. 90-106, S. 100
7. Brief Lips' an Dekan der Philosophischen Fakultät 19.5.1927, Universitätsarchiv Köln (= UAK) 44/60
8. Das Protokollbuch ist im Besitz des Rautenstrauch-Joest-Musems (=R-J-M)
9. entfällt

10. entfällt
11. entfällt
12. Klein, Köln im..., S. 80-84
13. entfällt
14. Akten des R-J-M, HAStk 614/654
15. Brief Lips an Eckert, 3.4.1933, UAK 44/61
16. R. Morsey: Adenauer und der Nationalsozialismus, In: Hugo Stehkämpfer (Hg.): Konrad Adenauer, Köln 1976, S. 447-497, S. 449
17. Ebel an Universität Köln, UAK 9/297
18. Klein, Köln im... S. 86/87
19. Kölner Stadt-Anzeiger 4.4.1933, Nr. 173, Abendausgabe, Blatt 3
20. In den Akten des R-J-M finden sich an diesem Tag sowohl von Lips, wie auch von seinem Nachfolger Scheller unterzeichnete Schriftstücke, HAStK 614/654
21. HAStK 614/653
22. Handschriftliche Eintragung Ebels auf Schriftstück vorhergehender Anmerkungen
23. UAK 44/61
24. Brief Lips an Schöffler vom 3.4.1933, UAK 44/61 Mit handschriftlicher Notiz 12.4. H. (?): einstw. nicht antworten
26. UAK 17/3478
27. Vgl. Uwe Dietrich Adam: Judenpolitik im »Dritten Reich«, Düsseldorf 1972, S. 63
28. Ebenda, S. 64
29. UAK 17/3478
30. Lips an Eckert vom 28.5.1933, UAK 17/3478
31. Aktennotiz Eckert 1.6.1933, UAK 17/3478
32. Kölner Illustrierte Zeitung Nr. 20, 13.5.1933. In dieser Ausgabe der Zeitung findet man ebenso den zweiten Teil eines Fortsetzungsromans von Karl Bartz »Schlageter« – Die Tragödie eines Deutschen. Schlageter, ein Märtyrer der Nationalsozialisten, war im Ruhrkampf 1923 erschossen worden.
33. Achelis an Winkelnkemper (sic!) 6.6.1933, Abschrift des Briefes von Lips vom 21.5. zur Kenntnisnahme und Untersuchung der Angelegenheit, UAK 17/3478
34. Ebenda, Blatt 2
35. Ob die Europäerdarstellungen der Eingeborenen (Lips schreibt: »... in as much as the idea of the proposed work was contrary to the racial theories of the Führer...«, Lips, The Savage..., S. XXV) als »eine Verunglimpfung des ›Führers‹ oder der ›arischen‹ Rasse« (siehe Fritz Kramer: Der rote Fes. Frankfurt am Main 1987, Vorwort S. 8) betrachtet wurden, und die Nationalsozialisten, durch Scheller und Fröhlich darauf aufmerksam gemacht, deswegen in ihren Besitz gelangen wollten, läßt sich anhand der Akten nur vermuten. In der Kölner Illustrierten Zeitung vom 13.5.1933 war jedenfalls auch ein deutscher Oberstleutnant, von einem Künstler aus Togo porträtiert, abgebildet.
36. Brief Eckert an Thorbecke 16.5.1933, UAK 44/167
37. Der vierseitige, von Lips handschriftlich ausgefüllte Fragebogen befindet sich im Universitätsarchiv, UAK 17/3478, S. 4
38. Siehe Abschrift der Urteilsbegründung, UAK 44/61, Blatt 1
39. Oberstaatsanwalt an Kurator der Universität Köln vom 18.11.33 (Anklageschrift des Strafverfahrens gegen Lips), UAK 17/3478
40. Westdeutscher Beobachter 325, 19.12.1933, Artikel »Lips lügt...«
41. UAK 44/61
42. Urteilsbegründung (Anmerkung 37), UAK 44/61, Blatt 2
43. J. Lips, The Savage... S. XXII
44. Strauss/Roeder (Hg.): International Biographical Dictionary of Central European Emigrés 1933–45. München. New York. London. Paris 1983, »April 1933 vol. resignation

of protest aigainst Nazi govt.«, S. 725. Zuletzt noch bei Michael Harbsmeier: Beyond Anthropology, In: Folk Vol. 1986, S. 33-61, S. 45

45. Gegen Lips war im Jahre 1930 von Prof. Paul Leser, der 1936 wegen seiner jüdischen Abstammung nach Schweden fliehen mußte, mit Unterstützung der Professoren Johannes Lehman, Martin Block, Ernst Vatter und Paul Honigsheim ein Plagiatvorwurf gestartet worden, der im Universitätsarchiv mit Dokumenten und Zeitungsausschnitten genau nachvollziehbar ist.

46. Westdeutscher Beobachter 18.5.1938, Abendausgabe, Eugen Skasa-Weiß: Das Martyrium des Antisemiten Lips, und 19.5.1938, Lips lügt – Lips wird entlarvt

47. Brief Dekan an Oberbürgermeister der Hansestadt Köln Dr. Ludwig vom 3.10.1938, UAK 44/61

48. Nachlaß Robert Görlinger, HAStK 905/46, Blatt 193

49. Brief Görlinger an Sollmann vom 14.6.1946, Nachlaß Wilhelm Sollmann, HAStK 1120/596

50. UAK 44/167

51. Brief Heydrich an Paul Leser vom 10.4.1947, HAStK 614/11

Claudia Unseld

Zwischen »Thingspielen« und »politischem« Forum

Eine kurze Geschichte der Studiobühne

Die Gründung und Entwicklung der Studiobühne der Universität zu Köln zum Anlaß zu nehmen, um exemplarisch Tendenzen in der Theatergeschichte aufzuzeigen, hieße sicherlich, ihre künstlerische wie auch politische Bedeutung zu überschätzen. Eine Kontinuität in der Geschichte der Studiobühne, die der Darstellung wert ist, läßt sich jedoch bis heute verfolgen – das rechtzeitige Erfassen des jeweiligen Zeitgeistes. Gerade in den Anfangsjahren und bis weit in die 60er Jahre hinein drückte sich vor allem in der Spielplangestaltung ein stark ausgeprägter (nicht nur kultureller) Opportunismus aus. Mit seiner Hilfe wurden Inhalte transportiert, die ebenso von persönlichen, teils banalen oder skurrilen Vorlieben des Leiters bestimmt waren wie sie auch von der staatstragenden Ideologie mit einer jeweils stimmigen Interpretation versehen werden konnten.

In der Arbeit und Biographie des Gründers der Studiobühne Prof. Carl Niessen (1890-1969) findet diese Tendenz ihren charakteristischen Ausdruck. Niessen, selbst Schauspieler und Regisseur, habilitierte sich 1919 in der Disziplin Theaterwissenschaft und war Direktor der »Theatergeschichtlichen Abteilung am deutschen Seminar«, später des eigenständigen »Instituts für Theaterwissenschaft« an der Kölner Universität. Sein primäres Interesse war eine eklektizistische Sammeltätigkeit mit dem Ziel, den Ausbau seiner privaten theaterhistorischen Sammlung zum Theatermuseum zu forcieren; seine Lehrverpflichtung erfüllte er durch die Vermittlung hauptsächlich der Theater- und Dramengeschichte. Jedoch, wie Niessen zu erkennen glaubte: »(... selbst der geistvollste Theoretiker ist beim praktischen Theater nicht zu verwenden, wenn ihm nicht Merkmale tätiger Künstlerschaft eignen, die nicht so leicht abzuschätzen sind: Dazu muß man genau und aus eigener Erfahrung das Bühnenleben kennen, das Goethe nicht umsonst als einen ›mystischen Körper‹ bezeichnet«.[1] Neben der wissenschaftlichen Lehre stand daher nahezu gleichberechtigt die handwerkliche Schulung der künftigen DramaturgInnen und RegisseurInnen. Auf eben diese spätere praktische Tätigkeit war das Hochschulstudium ausgerichtet.

Ab Mitte der 20er Jahre wurden theaterpraktische Kurse eingerichtet: Dramaturgische Übungen, Kurse in Bühnenfechten, Schauspiel- und Opernregie, Rollenstudium, Vortragsübungen – auch und gerade mit dem Ziel, »Ungeeignete« vom Theaterberuf abzuhalten. Niessen: »Die *Auslese* muß so schroff und unumwunden getroffen werden, daß nicht ein einziger die Schar der erwerbslosen Bühnenleute vermehrt und lediglich das behalten wird, was der natürliche Bedarf des Theaters fordert und unterbringen kann.«[2]

Anfangs noch auf institutsinterne Inszenierungsversuche beschränkt, wurden Fastnachtsspiele und Leseabende einstudiert. 1930 gingen die StudentInnen erstmals an die Öffentlichkeit: In einer Kölner Gaststätte wurde die deutsche Uraufführung der »Bettleroper« von John Gay gegeben, angeregt durch eine Inszenierung der Brecht/Weillschen Dreigroschenoper.[3] Im Rückblick, 1936, begründete Niessen die Motivation für die Wahl des Stückes mit dem »Protest gegen die verhetzende Verdrehung der reizenden alten englischen Opernparodie durch Brecht und Weill«[4], eine nachträgliche Korrektur im Sinne der NS-Kulturbehörden, ein opportunes Zugeständnis an die neue Geisteshaltung. Ein direktes Bekenntnis für die neuen Machthaber war der schon 1934 erfolgte Beitritt des Instituts für Theaterwissenschaft als korporatives Mitglied in die Reichstheaterkammer gewesen.[5]

In der Anordnung Nr. 38 der Reichstheaterkammer wurde 1935 eine theoretische Unterweisung als Pflichtbestandteil der Schauspielausbildung festgeschrieben, um »dadurch den gesamten Stand der Bühnenkünstler (zu) heben und ihn mit Bildungselementen (zu) durchdringen«.[6] Die Kurse der Reichstheaterkammer fanden am Zoologischen Institut der Universität unter Leitung Niessens statt. Auf dem Lehrplan standen neben theatergeschichtlichen und dramaturgischen Seminaren Vorlesungen über den »Nationalsozialismus, sein Werden und seine Weltanschauung« und die Unterrichtung in »Grußformen«.[7]

Ein geeignetes Feld für sein politisches Engagement hatte Niessen bereits gefunden: »als Zugführer und stellvertretender Kompagnieführer« der Stahlhelm-Reserve-Kompanie. Ganz pragmatisch nutzte er seine Professorenstellung zur praktischen Politik aus, indem er z. B. dem Stahlhelm Versammlungsräume im theaterwissenschaftlichen Institut zur Verfügung stellen ließ.[8]

Vor allem im kulturellen Bereich verstand sich Niessen als Wegbereiter einer ›neuen Politik‹. Nicht so sehr am universitären Theater: Das Repertoire der Studiobühne reichte von wiederausgegrabenen mittelalterlichen Stücken – zwischen den Alten Meistern im Wallraf-Richartz-Museum aufgeführt – bis zu politisch scheinbar »neutralen«

Romantikern und »nordischen Komödien«, ein Spielplan, der sich sicher nicht sehr von dem anderer Theater der NS-Zeit unterscheidet und wohl in erster Linie mit Blick auf eine nüchtern-handwerkliche Ausbildung aufgestellt wurde. Die historisierende, auf Traditionsschaffung zielende Ausrichtung des Spielplans aber kam – mit entsprechender unterschwellig ausgedrückter Ideologie versehen – einer nazistischen Interpretation und Rezeption entgegen.

Ausdrücklich propagandistische Kulturarbeit dagegen betrieb Niessen außerhalb der Universität in der Stadt. In gemeinsamer Regie mit dem Stahlhelm versuchte er, in Köln die Idee »nationaler Aufmarschspiele«, sogenannter »Thingspiele« zu etablieren. Im September 1933 inszenierte er, unter seinem Titel als Universitätsprofessor, das »Annabergspiel« – an der Adlersäule, dem »Kreiskriegerdenkmal« – im Hindenburgpark. Dieselbe historische Staffage, mit der an der Studiobühne versucht wurde, in Unterhaltung verpacktes (nicht ganz klassisches) »Bildungsgut« zu vermitteln, sollte hier, ins Ritualhafte gesteigert, eine aktive »Kunst aus dem Volke« hervorbringen. Neben Stahlhelm, Hitlerjugend und dem Bund deutscher Mädel sollten »Chöre aus deutschen Frauen und Männern« mitwirken. Wie Niessen nach der Aufführung bekagte, hatten allerdings die Chöre aufgrund mangelnder Propaganda durch SS und SA nicht die nötige Stärke, um die gewaltige, erhebende Wirkung zu erzielen.[9] Trotz des Mißerfolgs wurde der ehrgeizige Versuch entsprechend honoriert: Im folgenden Jahr wurde Niessen, der übrigens nie Parteimitglied war, in den »Ausschuß des Reichsbundes der deutschen Freilicht- und Volksschauspiele« gewählt und das Kölner Institut für Theaterwissenschaft mit der Bildung des Archivs eben jenes Reichsbundes beauftragt.[10]

Die Notwendigkeit, seine Kulturarbeit in den Dienst der Machthaber zu stellen, auf die Niessens konservativ-reaktionäre politische Einstellung und seine besondere Vorliebe für unreflektierte »Historien«-Darstellung, für »Bildung« und Bombast an sich schon hinweisen, wird von ihm pseudowissenschaftlich untermauert: Sein Programm ist die Verpflichtung des Theaters zur affirmativen Wiedergabe der Zeitströmung. Programmatisch schreibt er 1940 dem Theater der Kriegsjahre seine Aufgabe zu: »(Im ersten Weltkrieg) erfolgte der durch Verrat erzwungene Zusammenbruch unserer stolzen Fronten, die dem innerlichen folgte. Dessen untrüglicher Erdbebenmesser war das Theater gewesen: immer ist es Spiegel der Zeit. Was unsere Zeit sein will, müßte sie auch in ihrer künstlerischen Spiegelung sehen! Wie steht es damit in dem Theater der Erfahrung? Die Antwort hat das Fronttheater in dem uns wieder aufgezwungenen Kriege zu geben«.[11]

Auch in den folgenden Kriegsjahren leistete Niessen seinen Beitrag zur musischen Bildung des Volkes: Auf der Bühne der Universitätsaula, die er seit 1935 bespielte, wurden eigens Wehrmachtsvorstellungen für Soldaten auf Fronturlaub gegeben. »Die junge Frontbühne«, wie sich die Studiobühne bei dieser Gelegenheit nannte, spielte in Zusammenarbeit mit der »Deutschen Arbeitsfront« (N.S.-Gemeinschaft ›Kraft durch Freude‹) Eichendorffs Lustspiel »Die Freier« – übrigens unter Mitwirkung des späteren SPD-Kulturdezernenten Kurt Hackenberg.[12]

Im Zuge der Entnazifizierung wurde Niessen im Kategorisierungsverfahren in Stufe IIIb (»minderbelastet«) eingeordnet und im WS 1947/48 bis zur weiteren Entscheidung vorläufig vom Dienst suspendiert.[13] Bis 1951 wird der Direktor des Instituts für Theaterwissenschaft im Vorlesungsverzeichnis mit N. N. benannt. Die Entscheidung fiel schließlich zu Niessens Gunsten aus; 1951 wurde er wieder in seine frühere Position eingesetzt.

Die Universitätsbühne wurde unterdessen vom Städtischen Theater bespielt; die Studiobühne mußte deswegen auf eine improvisierte, später fest installierte Bühne im Hörsaal VII ausweichen. Niessen, der nun nicht mehr selbst inszenierte, bestimmte nach wie vor den Spielplan. Bruchlos nahm er sein Repertoire mit in die 50er Jahre und ließ, neben den an BRD-Bühnen tpyischen unterhaltsamen Komödien und (zur Verdrängung) Mut machenden Dramen, erneut an klösterlichem Ort – in entsprechender Kostümierung – ein selbstbearbeitetes mittelalterliches Spiel aufführen. Daß er beispielsweise auch Camus spielte, muß nicht einmal als Widerspruch angesehen werden. Einmal lag er damit im Trend der deutschen Theater, auf der andere Seite kann gerade ein interpretatorisch negativ gewendeter Existenzialismus – entsprechend inszeniert – als Kronzeuge für eine schicksalhafte, unlösbare Verstricktheit »des Menschen« dienen, ohne eigenen Handlungsbedarf oder -möglichkeiten. Individuelle Ethik und moralische Rechtfertigung wird gegenstandslos, die Erfahrung des Nazismus erklärt sich ohne Eigenverantwortlichkeit, das Resultat ist mühelose Selbstreinigung. 1957, zwei Jahre vor seiner Emeritierung, überließ Niessen die Leitung der Studiobühne Prof. Otto C. A. zur Nedden. Ganz zeitgemäß wurden nun Anouilh, Jarry und Cocteau gespielt, problemlos dazwischengestellt die ebenso gefragte Unterstützung des Revanchismus: So trug die Studiobühne mit der Aufführung eines Barockstückes zum Programm des Kölner Schlesiertreffens 1959 bei. Ihre eigene ästhetische Ausdrucksform fand die Spießigkeit und prüde Jovialität der 50er und frühen 60er Jahre auch in von den StudentInnen selbstverfaßten Einakterinszenierungen. In einer Zeit, in der vor allem an ausländischen studentischen Bühnen erste Ansätze einer Aufarbeitung der jüngsten Geschichte und (noch zaghafte) formale Experimente zu sehen waren, befand sich die Kölner Studiobühne in einem künstlichen Vakuum. Die vorsichtigen Gehversuche in Richtung Modernität ernteten bei den jährlich stattfindenden »Studententheaterfestivals« in ihrer Banalität gerade noch peinliche Lacherfolge oder müde Kritik. Als Sprungbrett in die Kulturszene scheint sich das praxissimulierende, berufsorientierte Hochschulstudium trotzdem bewährt zu haben, stammen doch einige der erfolgreichsten StudiobühnenabsolventInnen gerade aus diesen Jahren: W+B Hein und Helma Sanders, Jürgen Flimm und Lambert Hamel.

Zur Nedden gab die Leitung der Studiobühne, möglicherweise um einer weiteren Erforschung seiner in ihrer Tendenz antisemitischen Publikationen während des Faschismus[14] zuvorzukommen, 1967 auf. Sein Nachfolger P. W. Jacob, Gründer eines deutschen Exiltheaters in Buenos Aires und als dadurch ausgewiesener Antifaschist von den StudentInnen als politisch integer akzeptiert, überließ das Theater den StudentInnen als Experimentierfeld und »politisches Forum«.

Im Zuge der heute noch beschworenen »Revolte« am theaterwissenschaftlichen Institut der Universität entwickelte sich eine Diskussion um die Daseinsberechtigung gerade des studentischen Theaters. Während die einen seine Abschaffung forderten (»Ästhetik ist Anpassung«), wollten die anderen – seit Jahren an der Studiobühne tätig – in ihrer kulturellen Arbeit einen Beitrag (auch) zur politischen Bildung sehen. Infolge dieser Auseinandersetzung, vielleicht um mögliche Aktionen seitens der »Polit«-Fraktion vorzubeugen, gab das Institut seine praktische Spielwiese an diejenigen ab, die das Universitätstheater in Eigenregie betreiben wollten.

1974 wurde die Studiobühne zur selbstverwalteten, zentralen Einrichtung der Universität. Der Spielplan wurde jetzt nicht mehr von oben bestimmt – jetzt entschied die Mitgliederversammlung über Einzelprojekte. Selbstverfaßte Lehrstücke über den Uni-Alltag, Zielgruppen- und Straßentheater, Kabarett und Revuen standen nun auf dem Programm. Entsprechend dem Anspruch und Rezeptionsverhalten der Studierenden waren Performance-Workshops des »Living theatre« und Gastspiele von Django Edwards, Grips, Rote Grütze und anderen als progressiv geltenden Schauspieltruppen fester Bestandteil des Studiobühnenangebotes.

Der Übergang in die 80er Jahre ging auch an der Studiobühne einher mit bewußter Zurücknahme der politischen Eindeutigkeit. Der letzte

Akt von einiger Brisanz war die Aufnahme des Stückes »Die Polizei« von Slawomir Mrozek ins Programm. In der Nacht vor der Wiederaufnahme im Januar 1981 wurde ein Brandsatz in die Räume der Studiobühne geworfen. Vermutungen, daß die Täter in rechtsradikalen Kreisen zu suchen waren, lagen nahe – die Ermittlungen seitens der Polizei wurden denn auch frühzeitig eingestellt.

In den 80er Jahren konzentriert sich, bedingt durch die Gründung vieler freier Theater in Köln, das vorrangige Interesse der Studiobühne auf das Streben nach schauspielerischer und inzenatorischer Professionalität. Durch die verstärkte Beschäftigung und Auseinandersetzung mit ästhetischen Fragestellungen will die Studiobühne auf dem expandierenden Markt der städtischen Theaterlandschaft konkurrenzfähig bleiben. Im Unterschied zu den »freien« Theatergruppen braucht die Studiobühne sich allerdings nicht am Kampf um städtische Subventionen zu beteiligen bzw. am Kampf ums Publikum. Die weiterhin bestehenden Bande zur Universität garantieren der Studiobühne die finanzielle, räumliche und personelle Grundausstattung. Die Studiobühne kann aufgrund dieser für kleine Bühnen wohl einmaligen Situation abseits des Konkurrenzkampfes und des Zwangs zur Reproduktion einen Spielplan ohne kommerzielle Kompromisse aufstellen. Einerseits bietet die Studiobühne so neben Eigenproduktionen kontinuierlich Gastspiele und internationale Theaterfestivals (z. B. deutsch-polnische, deutsch-belgische Theaterwochen) an, andererseits erfüllt sie eine soziokulturelle Integrationsfunktion durch Schauspiel- und Tanzkurse, Workshops usw.

Künstlerisches Profil und Programm der Studiobühne korrespondieren heute immer noch mit dem Zeitgeist: Ästhetizismus ersetzt wieder einmal gesellschaftliche Parteilichkeit.

Anmerkungen

1. Carl Niessen: Kölner Studenten spielen Theater. Sonderabdruck aus »Rheinische Blätter«, Köln 1936, S. 3/4
2. Niessen, a.a.O., S. 6
3. Theatermuseum Wahn vgl. Zeitungsausschnittsammlung
4. Niessen, a.a.O., S. 8
5. Vgl. Universitätsarchiv Zug. 9/276a
6. Vgl. Uniarchiv Zug. 9/277
7. Vgl. Sammlung Niessen, Wahn
8. Vgl. Uniarchiv Zug. 9/276a
9. Vgl. Autographen- und Programmzettelsammlung Wahn
10. Vgl. Uniarchiv Zug. 9/2276a

11. Carl Niessen: Theater im Kriege, Emsdetten 1940, S. 2
12. Vgl. Programmzettelsammlung Wahn
13. Vgl. Uniarchiv Zug. 9/621
14. Vgl. Autographensammlung Wahn

»Tout va très bien...«

René König über Emigration und Nachkriegssoziologie
Ein Gespräch mit Wolf Schönleiter

Frage: Nach Ihrer Emigration war es Ihnen seit Ende 1946 wieder möglich, nach Deutschland zu kommen. 1949/50 erhielten Sie eine Berufung als Ordinarius für Soziologie an die Wirtschafts- und Sozialwissenschaftliche Fakultät der Universität zu Köln. Sie entschieden sich damals dafür, diesem Ruf zu folgen.

Heute, nach 25jährigem Wirken in Köln, gelten Sie als Begründer der »Kölner Schule«, die sich ihrem Selbstverständnis nach in erster Linie als empirische Einzelwissenschaft sieht – in Absetzung etwa zur »Frankfurter Schule« mit ihrem kritisch-sozialphilosophischen Wissenschaftsverständnis. Gleichwohl haben Sie Ihr soziologisches Credo einmal dahingehend formuliert, daß Soziologie und Kritische Theorie identisch seien; der Soziologie sei es angeboren, kritische Theorie zu sein.[1] Doch was mich zunächst interessiert: Was bewog Sie damals, sich auf ein Land einzulassen, das bewohnt wird von einem der – politisch gesehen – dümmsten Völker, wie Sie einmal die Deutschen bezeichneten? Und was bewog Sie eigentlich, dem Ruf nach Köln zu folgen? Gab es Ihrerseits auch Bedenken, und was ist aus denen geworden?

Antwort: Ich bin nicht direkt aus der Emigration nach Köln gegangen. Nach Kriegsende kam ich auf Einladung der Amerikaner nach Deutschland und bin vor allem in München und anderen süddeutschen Städten gewesen. Ich hatte einen Freund unter den Amerikanern, die damals für die Unterrichtsorganisation zuständig waren, und dem hatte ich geraten, damit es nicht nach reeducation aussieht, Vorträge von Deutschen halten zu lassen, die in Deutschland schon vor dem Krieg gearbeitet hatten, dieselbe Sprache sprachen wie die anderen und auch deren Ideen verstehen würden.

So hatte ich Gelegenheit, mehrfach vor Studenten zu sprechen; in München z. B. vor ganzen Gruppen von Studenten, deren Eltern aus der CSSR geflohen waren und nun in Deutschland ein neues Leben anfingen. Mir war es außerordentlich wichtig, mit diesen jungen Leuten in Kontakt zu kommen, die sich mir gegenüber übrigens sehr vertraulich einstellten.

Einmal wurde die Frage aufgeworfen, was das für eine Demokratie sei, wo man vertrieben werde. Vergeßt nicht, so meine Antwort damals, daß eure Eltern vorher die anderen vertrieben haben. Eure Vertreibung ist also nur eine Reaktion und keine Aktion! Ich fragte dann den Studenten, ob er tschechisch sprechen könne. Nein, war die Antwort, woraufhin ich von einem niederländischen Freund erzählte, dessen Vater in der CSSR eine Glasfabrik besaß und dort arbeitete; selbstverständlich hatte dieser Mann seine Kinder in die tschechische Schule geschickt, und dieser Mann spricht heute noch immer etwas tschechisch, obwohl er seit 50 Jahren wieder in den Niederlanden lebt. Es handelt sich übrigens um Ernest Zahn von der Uni Amsterdam.

Frage: Bevor Sie nach Köln kamen, kannten Sie also die Verhältnisse und auch die Einstellungen der Leute im Nachkriegsdeutschland schon etwas. Welche Kontakte hatten Sie zu Kollegen?

Antwort: So gut wie keine. Mit einer Ausnahme: Alfred von Martin in München. Mit ihm war ich sehr eng und freundschaftlich verbunden – auch im wissenschaftlichen Sinne. Das Merkwürdige ist, Sie werden es kaum glauben: Den ganzen Krieg über korrespondierte ich mit ihm regelmäßig. Er schickte mir alle seine Bücher, und wir hatten einen offenen Austausch darüber.

Frage: Was durchaus anschaulich macht, daß der ziemlich perfekte Obrigkeitsstaat auch seine Löcher hatte . . .

Antwort: Löcher, durch die dann die Wahrheit durchsickerte. Ich bekam die Bücher in der Regel per Drucksache zugestellt und habe sie natürlich an andere ausgeliehen. So lebte Alfred von Martin trotz seiner totalen Isolierung munter weiter – nicht nur in Deutschland, sondern vor allem auch in der Schweiz.

Frage: Hatten Sie in Alfred von Martin einen Berater hinsichtlich der Frage: Nach Deutschland gehen? Einen Ruf annehmen?

Antwort: Nun, ich habe mit Alfred von Martin auch darüber gesprochen, ob ich die Berufung nach Deutschland annehmen sollte. Ich selbst hatte übrigens keine Anstrengungen unternommen, nach Köln zu kommen, und neben den Kölnern bemühten sich damals gleichzeitig die Münchner um mich. Es ging aber schließlich ein anderer Kandidat nach München, so daß für mich sozusagen der Stein für Köln fiel. Hinzu kam ein Umstand, den man auch bedenken muß: Bekanntlich war mein Amtsvorgänger Leopold von Wiese und Kaiserswaldau. Ich bin mit seiner Tochter Ursula und ihrem Mann Werner Guggenheim, mit dem sie mehrere Kinder hatte, sehr befreundet gewesen; wir kamen in Zürich häufig zusammen. So hatte ich diese enge Beziehung zu der Tochter von von Wiese und ihrem jüdischen Ehemann – der übrigens verfrüht an einem Herzschlag starb – und damit indirekt zu Leopold von Wiese. Ich erwähne das nur deshalb, um zu zeigen, daß manchmal über Zufälligkeiten Menschen zusammenkommen, die dann später gewissermaßen ganz amtlich zusammenleben bzw. -arbeiten. Letztlich habe ich trotz der Warnung Alfred von Martins die Berufung nach Köln angenommen. Ich hielt es sogar für meine Pflicht; nach den eher unregelmäßigen Vortrags- und Lehrerfahrungen in Deutschland hielt ich es für wichtig, dies in einen regelmäßigen Lehrplan umzusetzen.

Frage: Wie nun schätzten Sie denn die Verhältnisse ein?
Antwort: Also die Verhältnisse, die ich zu jener Zeit in München vorfand, waren nicht befriedigend. Die Gespräche, die ich eben erwähnte, waren irgendwie schief gewickelt, denn die Studenten glaubten nicht mir, sondern sich selbst. Schließlich fragte ich jemanden nach seinem Namen und bat ihn um seine Adresse in Prag, einschließlich Telefonnummer. Er geriet ins Stottern, so daß die anderen lachten. Ich konnte dann also feststellen, daß er schon vergessen hatte, worin seine geringe Verbundenheit mit der CSSR zum Ausdruck kam. Vergessen Sie nicht, so meine abschließende Einschätzung gegenüber den Studenten, daß Sie Ausländer, und zwar gefährliche Ausländer, in einem Land waren, das Sie später zu vernichten versucht haben.

Frage: Das war also der Auftakt Ihrer Zeit im Nachkriegsdeutschland, und es hört sich fast so an, als hätten Sie es als Ihre vordringliche Aufgabe als Soziologe angesehen, sich um die Integration von Flüchtlingen bzw. Vertriebenen zu kümmern; zu einer Zeit, als gesellschaftlich so ziemlich alles außer Kraft war, als sich vor der Haustür sozusagen der Tod einer Gesellschaft darbot.

Antwort: Das war sicher wichtig. Ich reiste damals übrigens mit dem britischen Vizekonsul in Zürich, den ich schon aus London kannte. Ich hatte ihn dort im Office getroffen, als ich um die exit permit nachkam, denn ich bin in England vom Krieg überrascht worden. Da ich nur deutsche Papiere hatte, galt ich als feindlicher Ausländer. Man hat mir schließlich in England geholfen, in die Schweiz zu gelangen, wo ich dann bis Kriegsende blieb. Ich lebte dort in einem Kreis von Emigranten; Juden und Nichtjuden, keine extrem Linken, mit denen habe ich eigentlich nie Kontakt gehabt, weil ich die auf der gleichen Ebene sah wie die Nationalsozialisten. Der NS ist ja eine extreme Art von Sozialismus, und zwar ein autoritärer und radikaler.

So hatte ich mit normalen Leuten Kontakt, die ich Ihnen auch nennen kann. Der bedeutendste, der mich beeinflußt hat, war Fritz Wotruba, der große österreichische Bildhauer, und andere Österreicher merkwürdigerweise. Aber auch Franzosen: Ich hatte Kontakt mit meinem Freund Georges Friedman, dem Industriesoziologen aus Paris, der Jude war. Er ging nach dem Zusammenbruch Frankreichs in den Untergrund, wo er sich Georges Fromentin nannte, und ich verschaffte ihm Bücher und Manuskripte aus Zürich, auf allen möglichen legalen und illegalen Wegen. Ich weiß selbst nicht mehr, wie das funktionierte. Wir trafen uns nach dem Krieg wieder. Ebenso hatte ich Kontakt mit italienischen Kollegen. Ein Freund, der mich sehr beeinflußt hat, war Guiseppe Delogu. Er war damals als Kunsthistoriker Verwalter der Venezianischen Museen. Leider ist er mittlerweile gestorben.

Frage: Sie waren vor allem mit Leuten zusammen, die nicht in erster Linie politisch orientiert waren, sondern eher kulturell. Als politischer Flüchtling durfte man sich in der Schweiz offiziell ja wohl auch nicht politisch betätigen . . .

Antwort: Wir waren ein Kreis von Leuten, die versuchten, sich wenn irgend möglich einen Vers auf das zu machen, was geschah und was uns eben immer mehr entsetzte. Wir bekamen präzise Nachrichten über die Geschehnisse in Deutschland, und die waren schauerlich. Selbst die schweizerischen Kirchen haben eingegriffen und haben – obwohl es vom Bundesrat untersagt war – Dokumente verbreitet über das, was in den deutschen KZs geschah. Der Theologe Emil Brunner – mein Kollege damals in Zürich – hat sogar ein umfangreiches Manuskript angefertigt, in dem alle Berichte über die systematische Judenschlächterei dokumentiert waren, um sie in der Schweiz bekanntzumachen. Und das, obwohl er sich damit strafbar machte, denn die Zensur hatte so etwas untersagt. Doch die Zensur hat es auch verstanden, warum wir darüber so empört waren, daß wir jede Strafe auf uns genommen hätten, und daß wir dafür sorgten, die Wahrheit zu verbreiten – und nicht das Gerücht.

Natürlich war ich in Zürich primär mit Leuten in Kontakt, die wesentlich kulturell interessiert waren; das hatte zwar auch politische Konsequenzen – aber das war nicht die Hauptsache. Wenn man als Flüchtling in einem Land toleriert ist, dann sollte man sich vor allem vor politischen Eingriffen zurückhalten. Das verlangt die Dankbarkeit für das Asyl, das man gewährt bekommt. Ich muß sagen, daß leider die deutschen Flüchtlinge sich gleich zu Anfang des Nazismus zum Teil sehr töricht benommen haben und in der Schweiz eine sehr schlechte Atmosphäre erzeugt haben. Das gilt vor allem für die ganze Clique um Klaus, Erika und Heinrich Mann. Sie hinterließen eine ärgerliche Presse und entsprechende Gefühle, so daß die später Gekommenen –

ich ging erst 1936 in die Schweiz – zunächst mit größtem Mißtrauen angesehen wurden. Ich muß sagen, daß meine Erfahrungen mit den Schweizern, auch den Behörden, mir deutlich gemacht haben, daß sie sich mit Vernunft und auch mit Sympathie den Fremden gegenüber verhalten haben. Was sie nicht mochten, war Großmäuligkeit, und sehr viele deutsche Emigranten sind leider sehr großmäulig in der Schweiz aufgetreten und haben deshalb Schwierigkeiten gehabt. Nicht weil die Schweiz keine Emigranten aufnehmen wollte, sondern aus dem einfachen Grunde, weil sich das nicht gehört. Hinsichtlich ihrer Politik mußte man die Schweizer nicht belehren; sie haben jahrhundertelang bewiesen, daß sie eine gute Politik machen können, und sie haben unendlich vielen Emigranten geholfen.
Frage: Sie haben in Ihrer Schweizer Zeit u. a. auch ein Buch über Machiavelli geschrieben, das dann von den Nazis verboten worden ist und das sich als Auseinandersetzung mit dem italienischen Faschismus wie auch dem Nationalsozialismus lesen läßt . . .
Antwort: Was meinen Machiavelli betrifft, so war es selbstverständlich ein politisches Buch, von der ersten bis zur letzten Seite, und das ist auch in der Schweiz so empfunden worden. Das Buch hat einen großen Erfolg gehabt, obwohl die Fachleute nicht ganz einverstanden waren. Damit muß man aber erstens bei historischen Themen immer rechnen, und zweitens gebe ich zu, daß es etwas einseitig war, denn ich habe aus einer neu sich anbahnenden französischen Tradition des politischen Mythos heraus argumentiert – also: Georges Sorel. Natürlich hat Machiavelli Georges Sorel nicht gelesen. Ich halte es aber für eine gerechtfertigte Deutungsmöglichkeit; denn Mussolini hat ein Büchlein über Machiavelli geschrieben, in dem er das Problem der politischen Mythenbildung für sich ausdrücklich in Anspruch nimmt und auch entsprechend behandelt. Dieses Buch war mein erster Bucherfolg in der Schweiz. Insgesamt hatte ich drei Bucherfolge in der Schweiz, die es mir erlaubten, einigermaßen zu leben: Mein Sizilienbuch mit der hohen Erstauflage von 10 000 Exemplaren, dann der Machiavelli, und das dritte Buch war eine ausgesprochene Sensation. Gegen Ende des Krieges wurden die Memoiren des Grafen Galeazzo Ciano, Schwiegersohn von Mussolini, in die Schweiz geschmuggelt. Ich übersetzte das Manuskript. Galeazzo Ciano war gegen 1941/42 bei Hitler an der russischen Front gewesen, und er hat an Mussolini berichtet; u. a. ist in seinem Geheimtagebuch festgehalten, daß er die sofortige Unterbindung der Unterstützung Hitlers durch Italien nahelegt, da die deutsche Front zusammengebrochen, der Krieg im Osten schon jetzt total verloren sei!

Frage: Wie erklären Sie sich eigentlich die Entwicklung im Deutschland der 30er und 40er Jahre?
Antwort: Vor dieses Problem sah man sich immer wieder gestellt: Woran liegt es eigentlich, daß derartiges in Deutschland passiert und sich immer noch verschlimmert? Das ist uns allen unbegreiflich gewesen. Ich habe bis in die Morgenröte mit Fritz Wotruba darüber diskutiert, und wir sind zu keiner Lösung gekommen.

Einmal hat es sogar so ausgesehen, als ob die Deutschen in die Schweiz einmarschieren würden, was zu einer panischen Abreise von vielen Schweizern in die Innerschweiz führte. Damals müssen Nachrichten vorgelegen haben, daß die Deutschen einen Einmarsch planten; sie haben es dann aber aufgegeben, aus Gründen, die ich nicht weiß.

Aber es war keineswegs gemütlich; man fühlte sich auch da wie auf einem Vulkan. Dafür waren aber die Studenten um so positiver. Mit ihnen hatte ich intensivsten Kontakt, wir konnten über alles sprechen, und sie kamen auch zu mir nach Hause. Ähnlich gute Kontakte hatte ich mit den deutschen Studenten nach dem Krieg, und es hat nie gravierende Probleme gegeben. Mit Ausnahme eines Studenten, der mich ziemlich grob anging. Aber die anderen waren froh, daß man sie ernst nahm und mit ihnen sprach – auch über ihre Probleme. Das hat es mir erleichtert, hier standzuhalten. Obwohl ich – wenn ich vorher gefragt worden wäre, ob ich nach Deutschland zurückgehen würde – vielleicht Nein geantwortet hätte.
Frage: Sie meinen also, daß Sie nach Deutschland zurückgekommen sind wegen der jungen Leute?
Antwort: Durchaus. Und diese Verbindung hat sich bis heute gehalten. Es kommen heute noch – wo ich längst emeritiert bin – junge Leute und stellen sich vor, wollen mich sprechen, oder sie telefonieren oder schreiben.

Ich bin nach wie vor in Kontakt mit den jungen Deutschen und den jungen Schweizern von damals. Mein Weg nach Deutschland ist tatsächlich über die Studenten gegangen.

Hier in diesem Hause waren nur wenige Male Kollegen eingeladen. Studenten aber immer – bis zu 80 Mann, speziell am Semesterende. Wir haben sie versorgt, indem wir Brathühner aus der Stadt kommen ließen . . .
Frage: Und wie war das nun mit Ihrer Berufung nach Köln? Wer oder was hat hinter diesem Ruf gesteckt, den Sie aus Köln bekamen?
Antwort: Ja, wenn ich das wüßte; ich weiß es nicht. Ich habe nur vage Vermutungen, die ich aber nicht preisgeben will.
Frage: Spielten denn bei Ihrer Entscheidung für Köln Überlegungen

oder eine Kenntnis der Rolle des Lehrkörpers und der Kölner Universität während des Nationalsozialismus mit?

Ihr Amtsvorgänger in Köln, Leopold von Wiese, hatte ja nicht wie etwa Rudolf Heberle in den Vereinigten Staaten Wurzeln geschlagen, weshalb er sich dann auch nach dem Kriege nicht entschließen konnte, »erfolgte Anerbieten aus Deutschland anzunehmen« (KZfSS 2/1976).

Immerhin wird von Wiese, was die Nachkriegssoziologie anbelangt, mit dafür verantwortlich gemacht, daß die Rolle der Soziologie bzw. bestimmter sogenannter Soziologen im Nationalsozialismus kein eigentliches Thema geworden ist. Nebenbei gesagt liegen inzwischen ja auch Dokumente vor, die kein gutes Licht auf von Wieses Verhalten während des Nationalsozialismus werfen; der Versuch, die Selbstgleichschaltung der Deutschen Gesellschaft für Soziologie (DGS) gegen den Widerstand von F. Tönnies zu betreiben, wäre u. a. zu nennen. Nun trug von Wiese dazu bei, ich deutete es schon an, daß weder die braune Vergangenheit des Faches (öffentlich) besprochen noch personelle Ausschlüsse in naheliegenden Fällen vorgenommen wurden, so daß Sie später von einem »Wiedereindringen zahlloser erwiesener Nationalsozialisten in den akademischen Lehrbetrieb« sprechen konnten. Die offizielle Marschroute der Nachkriegssoziologie hieß ja wohl: Nichtbewältigung der Vergangenheit. Auch die von Heinz Maus auf dem 1. Deutschen Soziologentag nach dem Kriege (1946) geäußerte Prophezeiung wurde nicht ernst genommen, daß die Soziologie abermals scheitern bzw. versagen werde, wenn sie nicht bereit sei, Lehren aus der Vergangenheit zu ziehen. Dies geschah nicht. Wie auch? Denn es herrschte offensichtlich eine Mentalität vor, die in der Äußerung von Wieses zum Ausdruck kommt, wenn er im Zusammenhang mit dem Nationalsozialismus völlig unsoziologisch als von der »Pest« sprach, die die Menschheit überfallen habe und die ein »metaphysisches Geheimnis (sei), an das der Soziologe nicht zu rühren vermag« – zum Schluß hätte es wohl besser geheißen: wagt!

Antwort: Natürlich bin ich mit größtem Mißtrauen nach Köln gekommen. Von meinem Amtsvorgänger Leopold von Wiese wußte man damals nichts Genaues, um es einmal vorsichtig auszudrücken; denn heute liegen ja wohl doch Dokumente vor, wie Sie eben auch andeuteten, wonach er die ganze Zeit des Nationalsozialismus hindurch regelmäßig publiziert hat. Man mag zugestehen, daß er ja weiterleben mußte – aber er mußte nicht schreiben, er hätte ja schweigen können. Das gilt auch für andere.

Immerhin hat er mir keine Schwierigkeiten gemacht; gemocht hat er mich sicher nicht.

Mir wurde vertraglich zugesichert, die ›Kölner Zeitschrift‹ und die Leitung des Instituts baldmöglichst zu übernehmen. Da ich nicht imstande war, soviel Arbeit auf einmal aufzunehmen, verzichtete ich zunächst auf beides, und es lag weiterhin in den Händen von von Wiese. Nach fünf Jahren schließlich übernahm ich die Zeitschrift und das Institut. Damit war ich voll etabliert, und natürlich hatte ich erst einmal die größte Mühe, hier die moderne Soziologie bekanntzumachen.

In diesem Zusammenhang stellte ich merkwürdige Dinge fest. Wir sprachen in einem Seminar über einen bestimmten amerikanischen Soziologen, und ein Student beklagte sich darüber, daß dessen Bücher und auch andere ja gar nicht vorhanden seien. Ich ging dann selbst in die Bibliothek, kam mit den Büchern zurück und konnte darauf verweisen, daß die Bücher zu ihrem Erscheinungszeitpunkt auch angeschafft worden waren. Sie waren also in Köln immer vorhanden, man hatte sie aber nicht gelesen.

Eines Tages fragte ich einen Assistenten von Herrn von Wiese nach einem Buch von Theodor Geiger: ›Schichtanalyse des deutschen Volkes‹; es war noch in Deutschland erschienen, und es ist auch ein extrem wichtiges Buch für Deutschland – heute noch. Er gab es mir und ich mußte erschüttert feststellen: Das Buch war unaufgeschnitten. Ein Buch, von dem übrigens Dahrendorf viel gelernt hat.

Das waren die ernüchternden Erfahrungen, die ich nach dem Krieg an der Uni Köln machen mußte. Natürlich konnte man nach dem Krieg nicht das Neueste an Literatur kaufen. Aber es kommt ja nicht darauf an, daß man das Neueste vom Allerneuesten hat. Es reicht aus, wenn man über die Traditionsbestände der anderen Länder und auch Deutschlands verfügt. Wenn das aber nicht gelesen wird, obwohl es vorhanden ist! So fing ich an zu begreifen, daß von innen heraus eine Art Zensur geübt worden war – nicht von außen! Man hatte sich selbst versagt, diese Bücher anzurühren.

Zu von Wiese möchte ich mich nicht weiter äußern. Was seine formale Analyse der sozialen Beziehungen anbelangt, so läßt sich sagen, daß dies in gewisser Weise nicht ganz ohne Sinn war. Zumindest pädagogisch hatte es den Effekt, darüber nachzudenken zu beginnen, was eigentlich ›soziale Beziehung‹ heißt. Natürlich ist es eine abstrakte Vorgehensweise, aber mitunter muß man auch abstrakte Fragen stellen. Andererseits muß man hinterher darüber hinausgehen, nämlich in die Realität. Denn soziales Leben ist nicht Fiktion oder eine bloße Erfindung der Professoren, sondern es handelt sich um reales Leben, an dem jeder teilnimmt.

An dieses Leben heranzuführen, ist mein Anliegen gewesen. Andere, z. B. Dahrendorf, taten desgleichen.
Frage: Es mutet ja in der Tat etwas weltfremd an, wenn Soziologen, ausgerechnet Soziologen, als Soziologie die formale Beziehungslehre (von Wiese) predigen oder sich in allgemeinen kulturphilosophischen bzw. -kritischen Ausführungen ergehen, wo doch vor der eigenen Haustür die Gesellschaft bis in die alltäglichsten Selbstverständlichkeiten hinein sich als ein Trümmerfeld präsentierte? Es ging ja sozusagen täglich ums Überleben. Genau in dieser Lage aber war die Spontaneität der soziologischen Theoriebildung verschwunden.
Antwort: Ja. Man darf nicht vergessen, daß in der Tat die Situation damals von Kämpfen geprägt gewesen ist, was ich zu der Zeit auch erst entdeckte; später hat niemand darüber geschrieben – heute kann man das nicht mehr. Denken Sie nur an die Situation der Flüchtlinge aus dem Osten. Das führte zu einer völlig neuen Situation in den Industriebetrieben. Man war konfrontiert mit Fremddeutschen, nicht Fremdarbeitern, die genauso diskriminiert wurden von den Einheimischen wie später die Türken oder auch die anderen Fremdarbeiter.
Frage: In einer gesellschaftlichen Situation, wo es hauptsächlich ums Überleben ging, ist gewissermaßen kein Bedarf gewesen, sich ernsthaft mit einer theoretischen Position wie etwa von Wieses Beziehungslehre auseinanderzusetzen . . .
Antwort: In einem Land, das noch völlig zerstört ist, kann man sich in der Tat dafür nicht interessieren. Das hätte ich fast als feindselig empfunden. Angesichts der damaligen Situation ging es vielmehr darum, zu zeigen, was geschehen war und was auf die Menschen der Zukunft zukommen würde. Den Mangel an Arbeitern konnte man zwar noch nicht voraussehen, aber vieles andere: Desorganisationserscheinungen, Jugendkriminalität, die damals enorm war, dann die Familie. In welcher Situation befindet sie sich? Unmittelbar nach dem Krieg gab es eine enorme Scheidungswelle z. B.
Frage: Wurde eigentlich das Thema Nationalsozialismus in Ihrer Zeit als akademischer Lehrer in Köln von seiten der Studenten oder Kollegen nachgefragt und systematisch besprochen?
Antwort: So kann man das nicht sagen, das Thema wurde verdrängt. Erst wenn man ein wenig vertrauter mit Kollegen und Studenten wurde, dann fingen sie an, aus ihren Familien zu erzählen. Im großen und ganzen hielt man es wie in dem französischen Lied über die Marquise, die nach Hause telefoniert aus Paris und den Hausdiener fragt, wie es denn bei ihnen stehe. Im Hause alles in Ordnung? Alles in Ordnung sagt der; ein Schloßflügel ist abgebrannt, aber sonst ist alles

in Ordnung. Und wie geht es meinem Mann? Ihr Mann ist schon lange tot! Sie wissen nicht, daß er sehr qualvoll und eines unangenehmen Todes gestorben ist? Und dann kommt der Refrain: Tout va très bien, Madame la Marquise; tout va très bien, Madame la Marquise! In diesem Sinne also: Alles verdrängt!

Zudem mußte man sehr vorsichtig, fast psychiatrisch vorgehen, was mir nicht immer ganz gelungen ist. Es dauerte Jahre, bis die jungen Leute begannen, nachzudenken und darüber zu sprechen. Zuerst fingen natürlich die Assistenten an. Interessanterweise haben zuallererst meine beiden Sekretärinnen – eine im Institut, eine andere im Seminar – begonnen, mit mir offen darüber zu sprechen, was in ihren Familien und überhaupt passiert war. Bei den jungen Männern dauerte das viel länger.

Zum Schluß hatte ich ein gutes Vertrauensverhältnis zu den meisten. Und zum Schrecken meiner Kollegen habe ich mich mit fast allen Assistenten geduzt. Das war für mich die Regel: Die Anerkennung als junger Kollege; das ist ja der Sinn des Assistenten.

Ich hatte lange Zeit einen Schweizer Assistenten, der leider verstorben ist, Peter Heintz. Dem hatte ich den Spitznamen Vierteli angehängt. Eines Tages fragte mich ein anderer Kollege, weshalb ich meinen Assistenten Vierteli nenne, der heiße doch Heintz. Ich gab ihm zur Antwort: Deshalb, weil wir Ordinarien Halbgötter sind. Die Assistenten sind Viertelgötter, und die anderen existieren überhaupt nicht. Er hat nicht gelacht. Der fragende Kollege ist übrigens der damalige Dekan Wessels gewesen.

Frage: Worauf führen Sie das lange Schweigen zurück? Besteht ein Zusammenhang mit einer gewissen ›deutschen Werttradition‹, mit der damaligen Hochschulpolitik, mit dem Klima überhaupt in der Bundesrepublik?

Antwort: Eher letzteres. Ich muß Ihnen gestehen, daß ich nach den ersten Wahlen hier absolut entgeistert gewesen bin. Es war unmöglich, was da für Leute auftauchten. Ich will keine Namen nennen, man weiß es ohnehin. Doch niemand hat etwas daran gefunden.

Die jungen Leute haben aber bald gemerkt, daß man über Gegenwartsprobleme sprechen kann, ohne über den Nationalsozialismus zu sprechen. Und zwar von der Zukunft aus gesehen. Wir kamen gut miteinander aus, wenn wir sozusagen die Weltgeschichte einfach umdrehten. Nicht mehr von gestern nach heute blicken – Wen interessiert das noch? –, sondern fragen: Wie wird das morgen sein?

So konnte man fragen, ob bspw. die wachsenden Scheidungsraten die Bedeutung einer Auflösung der Familie in der BRD haben? Die

Antwort ist: Nein! Erst wenn es über eine längere Zeit sich fortsetzen würde, wäre es dafür ein ernstes Indiz. Es läßt sich aber zeigen, daß an einem genauen Datum der Trend sich umdreht. Um 1964 herum ist diese enorme Scheidungswelle vorbei. Deswegen habe ich den Ausdruck geprägt, daß 1964 in etwa das Ende der Nachkriegszeit ist. Bis 1964 fallen noch die Folgen des Krieges ins Gewicht, danach beginnt eine neue Periode, und ich glaube nicht, daß ich damit unrecht habe. Ich habe das mit Leuten besprochen, die diese Phase von innen heraus verstanden haben; nicht mit Studenten, sondern deren Eltern. Sie haben mir sehr geholfen, zu sehen, daß eine Kumulierung von Anormalitäten gegeben war, die zunächst unlösbar schien. Man mußte überhaupt erst einmal das Land wieder zum Funktionieren bringen, was ja auch geleistet wurde. Das Nachdenken kommt immer verspätet. Es kam aber. Immerhin gab es dann auch eine Reihe großer Persönlichkeiten in diesem Lande, die versuchten, das Land moralisch neu aufzubauen. Das schien mir das Wichtigste, auch wenn dann ein Minister Erhard von uns sagte, wir seien ja bloß Pinscher, die alles kritisieren. Erhard war ein Schwächling und Ignorant – das war damals meine Antwort. Am nächsten Tag ging ich in die Vorlesung und sagte: Meine Damen und Herren, ich bin auch ein Pinscher. Nehmen Sie das bitte zur Kenntnis und behandeln Sie mich entsprechend. Sie haben alle gelacht, aber sie haben verstanden, was ich meinte. Dieser Hochmut und diese gesammelte bösartige Verleugnung der Situation und sogar seiner selbst – das war es, was mich damals beunruhigte und viele andere in der Welt auch. Es gab nur einen einzigen, der einem damals Hoffnung vermittelte: Heinrich Böll. Ihm ging es um eine neue Moral vor dem Hintergrund der Frage: Wie wird man nach uns leben? Dafür ist er dann leider nachher von sehr vielen Leuten verteufelt worden. Ich habe die größte Hochachtung vor Böll gehabt. Er war für mich einer der größten Leute der deutschen Nachkriegskultur. Eine Episode bleibt mir unvergessen: Wir hatten bei Bölls Verleger Joseph Witsch einen Cocktail gehabt. Nach dem Ende der Veranstaltung unterhielt man sich noch vor der Tür. Dann fuhren die Herren fort, und zwar die meisten im großen protzigen Mercedes. Böll stieg auf sein Fahrrad, und König ging zu Fuß zur Straßenbahnhaltestelle. Sie sehen, in der Bundesrepublik hatte schon damals alles wieder seine Ordnung.
Frage: Waren diese Entwicklungen und Erfahrungen für Sie eigentlich jemals ein Grund, noch mal zu überlegen, ob es richtig war, nach Deutschland zu gehen?
Antwort: Wenn Sie mich so direkt fragen, muß ich Ihnen direkt antworten. Mehrfach habe ich mit meiner Frau überlegt, ob wir hier

richtig am Platze sind. Das war z. B. genau 1953 der Fall, als wir von der Rockefeller Foundation nach den Vereinigten Staaten eingeladen wurden. Es war damals meine Frau, die entschieden hat, daß wir in Deutschland bleiben. Ich war damals drauf und dran zu gehen. Wenn ich soviel Kraft, Initiative und Grips entwickeln mußte – so dachte ich –, um herauszubekommen, wo man wirklich wieder beginnen kann, dann hat das gar keinen Zweck. Denn dann kann ich ja nicht das schaffen, was ich schaffen müßte. Ich besprach mich dann auch mit einem amerikanischen Freund, einem Kollegen von der Universität in den Staaten, an der man mich einstellen wollte und wo ich großartige Bedingungen vorgefunden hätte. Er riet mir, nicht anzunehmen, ›denn Du bist wichtiger in Deutschland heute‹, sagte er. ›Uns glauben die Deutschen nicht, aber Dir werden sie vielleicht glauben.‹

Seit dieser Zeit habe ich übrigens enge Beziehungen zu deutschen Emigranten in Amerika und zu Amerikanern behalten, und ich fühle mich dort zu Hause wie hier. Vielleicht sogar ein wenig mehr.

Frage: Das allgemeine Klima der 50er Jahre ist mit Stichworten wie Kalter Krieg, Kommunistenhetze, Rechtstendenzen, autoritäre Verhältnisse ja nur sehr oberflächlich charakterisiert . . .

Antwort: Und leider sind dann auch die Linken autoritär geworden. Ich habe als erster hier in Köln ein Seminar über Marx gemacht und hatte begeisterte Mitarbeiter, die natürlich noch nie Marx gelesen hatten. Man darf Marx nicht nur als Politiker und aus dem Marxismus verstehen. Marx ist ein geniales einzigartiges Kulturphänomen, das man nur mit einem einzigen Deutschen vergleichen kann, mit Hölderlin, der sein Lieblingsdichter war, und der das Problem der Entfremdung bis zum letzten aufgespeichert hat. Das habe ich versucht, mit dem Text in der Hand, den Studenten zu zeigen. Die Studenten, die daran teilgenommen hatten, reden mich manchmal heute noch daraufhin an. Auch habe ich versucht zu zeigen: die Verhunzung des Sozialismus durch den Nationalsozialismus.

Die Studenten haben begriffen, daß der Marxismus eine philosophische und nicht nur eine politische Wurzel hat. Deshalb habe ich mit Absicht in diesem Zusammenhang Hölderlin genannt. Aufgrund der mangelnden Kenntnis habe ich später noch große Vorlesungen gehalten über die Problematik des 19. Jahrhunderts, die völlig unbekannt war; die Revolution von 1848 war völlig unbekannt. Auch die Sozialdemokraten hinkten hinten nach . . .

Frage: Das restaurative Klima in der BRD wird sich auch an der Uni Köln bemerkbar gemacht haben, und es hat sicher nicht zu einem ›kreativen Unterrichtscharakter‹ beigetragen. Mit Blick auf die 60er

Jahre sprachen Sie einmal davon, daß Köln zur ›Arbeits- oder Pauk-Universität‹ verkommen sei.
Antwort: Das war aber nicht die Schuld von Köln, sondern die der Verhältnisse. Weil sich alle hierher drängten, speziell in die Fächer Ökonomie/BWL, führte das zu einer Überschwemmung. Mit der Folge, daß wir fast vor Überarbeitung eingingen; wir kamen nicht selten auf 70 Wochenstunden. Die Studenten, aber auch wir als Lehrende verfehlten damit völlig die Wirklichkeit.

Ich begann dann allmählich, rein empirische Arbeiten machen zu lassen. Z. B. über die Arbeiter, den Industriebetrieb, über informelle Gruppen im Industriebetrieb etc. Hierbei hatte ich hauptsächlich Werkstudenten, die durch Teilzeitarbeit in der Industrie ihr Studium verdienten. Das war natürlich großartig, denn die hatten den unmittelbaren Kontakt zu dem System der Arbeit und auch zu den Arbeitern, zu den deutschen Arbeitern von damals. Später erst kamen dann die Fremdarbeiter in großer Zahl, so gegen 1956 und 1960.

Frage: Sind diese Forschungsarbeiten von den Studenten angeregt worden?
Antwort: Selbstverständlich! Das erste, was man für die Anfertigung einer empirischen Arbeit benötigt, ist nicht der Wille, eine empirische Arbeit zu machen, sondern in irgendwelchen Verhältnissen vollständig verstrickt zu sein. Deshalb die Werkstudenten. Sie haben großartige Arbeit geleistet und sind auch in ihren Betrieben akzeptiert worden und haben auch zu vielen Veränderungen dort beigetragen.

Frage: Die Neuformierung der Industrie war sicher ein wichtiges Problem, aber es ergaben sich sicher auch große Probleme aus der Situation heraus, daß sich die Gesellschaft überhaupt erst einmal neu zu formieren hatte . . .
Antwort: In dem Zusammenhang erhob sich die Frage: Muß ein Platz für den Nationalsozialismus bleiben; soll er mitvertreten sein? Die Lösung bestand dann darin, daß viele rechte Abgeordnete in Wirklichkeit Nazis waren und es heute noch sind. Ich könnte auch die Namen nennen, will es aber nicht tun. Die Studenten an diese, ihre eigene Wirklichkeit – auch historisch – heranzuführen, war eine wichtige Aufgabe, und sie war nicht leicht, denn natürlich waren alle falsch informiert.

Frage: Gab es eigentlich Zusammenhänge zwischen Ihren Forschungsinteressen bzw. den praktischen Forschungsarbeiten und der DGS? Hat das, was damals dort diskutiert worden ist, Einfluß gehabt?
Antwort: Nein. Ich muß gestehen, daß ich kein Vereinsmeier bin. Die Leute reden sich da nach dem Munde und kapseln sich ab von der

Umwelt. Dagegen habe ich eine Aversion. Es kann falsch sein – ich weiß es nicht –, aber ich habe nie vereinsmeierliche Gefühle oder Bedürfnisse gehabt. Die DGS war für mich eigentlich vor allem wichtig, um Kollegen zu treffen. Es liegt mir mehr, mich für Dinge einzusetzen, die man übersehen und manövrieren kann. Einen Verein kann man gar nicht manövrieren; an der Universität kann man das aber sehr wohl. Ich habe oft Studenten an andere Kollegen verwiesen, weil ich glaubte, daß sie dort besser mit ihren Fähigkeiten aufgehoben seien, und oft habe ich auch von ähnlich denkenden Kollegen Studenten geschickt bekommen.

Frage: Gab es Forschungsprojekte, die Sie gerne durchgeführt hätten, die Sie aber nicht finanziert bekommen haben?

Antwort: Selbstverständlich. Die Finanzierung war immer ein heikles Problem. Insgesamt kann ich aber sagen, daß sich die zuständigen Stellen meistens verständig gezeigt haben – selbst die reinen Regierungsstellen. In Gesprächen mit Ministerialbeamten habe ich eher Anregungen empfangen, und ich habe eigentlich sehr gerne mit öffentlichen Geldern gearbeitet. Bei anderen Dingen, wo es dann wirklich um die Wurst ging, habe ich mich an Stiftungen gewandt. Denn da kann man hinterher sagen: Es tut mir leid, ich habe falsch angesetzt, es ist nichts herausgekommen. Ich habe zahllose Projekte durchgeführt, und die meisten bei mir durchgeführten Dissertationen – ca. 250 – sind auf diese Weise entstanden.

Frage: Was gab es zu Ihrer Zeit als Dekan in Köln zu vermelden? Wie beurteilen sie aus heutiger Sicht Ihre Amtsperiode?

Antwort: Meine Zeit als Dekan war natürlich dadurch geprägt, daß ich in solcher Art von Amtsgeschäften in der Fakultät eine sehr geringe Erfahrung hatte. Das wiederum lag daran, daß ich ungewöhnlich spät zum Dekan gemacht worden bin – zweifellos nicht zu dem Termin, der mir alters- und rangmäßig zugekommen wäre. Aber das ist eine andere Frage, die ich hier nicht erörtern will.

Als ich Dekan wurde, hatte vorher die Universität Köln mit der Wirtschaftsfakultät der Universität Kabul in Afghanistan einen Partnerschaftsvertrag abgeschlossen, der eine Ausbildungshilfe in größerem Maßstab vorsah. Damit wurde ich nun direkt konfrontiert. Die Kollegen, die dieses Projekt vorbereitet und eingefädelt hatten, zeigten kaum Interesse, die praktischen Konsequenzen mitzutragen. Ich kam montags aus einem Urlaubssemester in Amerika zurück, mein Amtsvorgänger übergab mir die Schlüssel und das Geld für die Kasse – und ein Flugticket nach Kabul; ich müsse dorthin, da sich im Rahmen des Partnerschaftsabkommens Schwierigkeiten ergeben hätten. Ich gab zu bedenken, daß ich in gar keiner Weise über die Vorgänge informiert sei, und hielt es für sinnvoller, daß mein Amtsvorgänger die Reise antreten würde. Der zauberte allerdings ein ärztliches Attest aus der Tasche, wie übrigens auch andere Kollegen, die bei der Vorbereitung des Projekts aktiv beteiligt gewesen sind. Mir blieb also nichts anderes übrig, als zu fliegen. Es war übrigens im gleichen Monat, als die Raketenstellungen auf Kuba sichtbar wurden, und gleichzeitig war meine Schwiegermutter auf den Tod erkrankt. Ohne ärztliche Untersuchung trat ich die Reise an, allerdings nicht ohne vorher einen Kollegen in Bonn telefonisch nach den Impfvorschriften zu befragen, denn ich hatte lediglich die für die Vereinigten Staaten vorgeschriebene Pockenimpfung. Ich wüßte gar nicht, wieviel ›schöne‹ Krankheiten ich in Afghanistan bekommen könne, ›beruhigte‹ er mich. Aber es gebe dort auch gute Ärzte, und auf die könne ich mich verlassen. So flog ich bereits am Donnerstag ab – über Teheran nach Kabul. Übrigens ist es zu meiner Jugendzeit, als ich Islamistik studiert hatte, stets mein Traum gewesen, nach Afghanistan zu kommen. Im Grunde war ich außerordentlich glücklich, nun, im höheren Alter, dorthin zu kommen.

Kabul ist im übrigen in der islamischen Kultur, und speziell der iranischen, der Ort, an dem sich all die märchenhaften Vorgänge der Urvergangenheit abspielen. Die dortigen riesigen Gebirge haben das Volk tief geprägt und ihm eine buchstäblich erhobene Stellung gegeben. Sie können das auch an dem ungeheuren Mut ablesen, mit dem sich die Afghanen gegenüber den Russen verteidigt haben. Man kann durchaus sagen, daß das kleine Volk der heute noch 12 Millionen zählenden Afghanen die Sowjetunion, ein Volk von 250 Millionen Einwohnern, militärisch geschlagen hat. Darüber besteht gar kein Zweifel, die Russen haben es auch eingesehen und ziehen sich heute mit dem Bewußtsein zurück, geschlagen zu sein. Das ist an und für sich ein Unikum; meine ganze Sympathie gehört dabei den Afghanen.

Frage: Sie haben ja, nicht zuletzt bedingt durch Ihre Erfahrungen in Amerika, bestimmte Vorstellungen darüber, wie ein sinnvolles universitäres Ausbildungssystem aussehen sollte. Das läßt uns vielleicht zu den 60er Jahren kommen; Stichwort: Studentenunruhen. Wie war ihr Verhältnis zu den Studenten? Was hat es mit der Kommunikationshemmung zwischen Studenten und Professoren auf sich?

Antwort: Das ist sehr viel wichtiger für mich, als Sie es jetzt vielleicht meinen. Das war ja, wie gesagt, die Zeit, als meine Frau und ich überlegten, ob wir nicht besser definitiv in die Vereinigten Staaten auswandern sollten. Jetzt aber, 1968, konnte ich endlich wieder atmen.

Ich hatte keine Probleme mit Assistenten oder Studenten. Der Beweis: Gelegentlich einer großen Massenveranstaltung gab ich zur Antwort: Sprechen Sie mit Ihrem Dozenten darüber! Das ginge nicht, denn die Türen der Professoren seien ja immer geschlossen. Da ging ein tobsüchtiges Gelächter los. Denn die meisten der Anwesenden wußten, daß meine Tür nie geschlossen war, so daß mich meine Sekretärin öfters meinte tadeln zu müssen. Ich habe aber stets daran festgehalten: bei Anwesenheit immer die Tür offen zu halten. Es handelt sich übrigens um einen amerikanischen Brauch, den mir mein Freund Bendix beigebracht hat. Die offene Tür bedeutet: Du kannst hereinkommen, auch wenn ich arbeite. Wenn Sie durch amerikanische Universitäten gehen, werden Sie feststellen, daß die Türen fast immer offenstehen.

Bendix und ich hatten aber zwei Zimmer. Eins direkt in der Fakultät neben den Hörsälen, dann aber ein anderes Zimmer, in einem anderen Gebäude, an dem kein Name stand, wohin wir uns zum Arbeiten zurückziehen konnten.

Frage: Wenn Sie nie Probleme mit Studenten hatten, so waren Sie ja darin wohl eine Ausnahme. Weshalb kam es aus Ihrer Sicht zu den Studentenunruhen?

Antwort: Die Studenten fühlten sich nicht angesprochen. Man ging über ihre Köpfe hinweg. Sie aber wollten z. B. wissen, wie sich die BRD vom Nazismus unterscheidet. Freilich waren auch Dummerjane dabei, die Dreigroschenkommunisten, die das Problem überhaupt nicht sahen. Bei Marx wären sie bestimmt durchgefallen. Das war auch das Unglück speziell bei Adorno und Horkheimer. Sie hatten eine ungeheure Fuchtel. Wenn jemand nicht das wollte, was sie sagten, so flog er hinaus. Außerdem ist es viel zu einseitig gewesen. Denn eine Weltanschauung, die nur davon lebt, gegen Marx zu sein, ist völlig ungenügend. Das Problem ist: Man muß sehen, welches Bedürfnis dahintersteht. Bei Bloch können Sie manchmal die geradezu biblischen Hintergründe erkennen, und die haben mit Politik im vordergründigen Sinne nur sehr wenig zu tun. Bloch ist eigentlich ein Prophet im alten traditionellen jüdischen Sinne. Deswegen haben wir alle, die um Bloch herum waren, ihn mit größter Verehrung erlebt.

Aber bei Horkheimer, diesem Großkapitalisten, finde ich übertrieben, was er macht. Ich kann Ihnen Briefe von Teddy Adorno zeigen, wo er an Fred Pollock schreibt und wo er von Emigranten sagt, sie bekämen ein zu hohes Stipendium, darunter befindet sich auch Walter Benjamin. Er selbst hingegen wollte mehr; mit 500 Dollars (alte Dollars!) könne er nicht leben.

Frage: Hatten Sie Kontakt mit Horkheimer und Adorno?
Antwort: Nein. Ich hatte sehr engen persönlichen Kontakt mit Fred Pollock. Horkheimer war mir zu weltfremd.
Frage: Sie haben sich ja mit Horkheimers Aussagen auseinandergesetzt, wonach u. a. der patriarchalische Charakter der deutschen Familie für den Autoritarismus des Nationalsozialismus verantwortlich zu machen sei. Sie hingegen wiesen darauf hin, daß der Autoritarismus in Deutschland nicht aus der Familie, sondern aus der deutschen Werttradition kam, der natürlich auch die Familie unterlag. Damit werde klar, so war Ihr Fazit, ›wo in Deutschland der Patriarchalismus zu suchen ist, nämlich in der bürgerlichen Oberklasse, der auch Horkheimer angehörte‹.
Antwort: Horkheimer war in meinen Augen Großkapitalist, um es einmal in der Sprache der Studenten auszudrücken. Unsere Untersuchung in Köln hat gezeigt, daß Horkheimers Ansichten falsch waren und zu undifferenziert. Natürlich ist der Autoritarismus in der Familie eine deutsche, französische, englische, eine universelle Krankheit. Das war früher viel schlimmer als heute. Heute hat es sich geändert; in Frankreich war es schon anders. Ich habe meinen Vater nie Vater genannt, sondern Gusti (von Gustav), und meine Mutter Guite (von Marguerite). In Amerika ist das die Regel. Wenn Kinder ihre Eltern mit Vornamen anreden, so ist das ein Merkmal für demokratische Verhältnisse.
Frage: Horkheimer hat also seine eigene autoritäre Familiengeschichte theoretisch verallgemeinert ...
Antwort: Ja. Im zweiten Band meiner Autobiographie, die demnächst erscheinen wird, habe ich einmal die Familie König beschrieben: Es gab eine Firma, die hieß Röhrig und König. In der Familie Röhrig waren die beiden einzigen Vettern, die ich hatte, das andere waren nur Cousinen. Beim 80. Geburtstag meiner Großmutter mußte ich mit acht Cousinen zu Tisch gehen. Bei den Röhrigs waren zwei Söhne, die älter waren als ich. Zu Kriegsbeginn 1914 ging der eine mit den Worten fort: Gott sei Dank – ich hoffe, ich komme nicht zurück. Der zweite Sohn hat kurz nach dem Krieg in den zwanziger Jahren Selbstmord begangen. Wenn man das zusammensieht – there's something wrong with it. Der Hintergrund ist ein schwerer Autoritarismus meines Onkels Röhrig.
Frage: Unlängst bezeichneten Sie in einer Selbsteinschätzung als Ihre Wirkung in der BRD: die Kluft zwischen 1933 und 1945 zu überwinden. Dies sei eine teils konservierende, teils restaurierende, vor allem aber auch kritische Funktion gewesen. ...

Antwort: Das Restaurierende ist: die Leute zu lehren, was in der Soziologie deutsche Soziologen geleistet haben. Z. B. Max Weber. Kein Mensch hat ihn hier gekannt; nicht einmal die Bücher waren zu haben. Restaurierend bezieht sich auch auf die Hintergründe bis und mit Hegel und noch weiter zurück. Das Kritische liegt auf der Hand. Das war Väterchen Marx. Man muß nicht Marxist sein, um Marx richtig zu interpretieren; ich habe es von meinem Freund Karl Löwith gelernt.

Frage: Die Kölner Schule hat auch eine Anzahl von ›Fliegenbeinzählern‹, um nicht zu sagen: Forschungstechnokraten, hervorgebracht. Wenn gegenwärtig festgestellt wird, daß während des Nazismus die empirische Forschung rein technokratische Forschung gewesen ist, und nun wieder festzustellen ist, daß die forschungstechnokratischen Tendenzen dominieren, so könnte man, überspitzt formuliert, darin eine Ursache für eine mögliche neonazistische Zukunft befürchten.

Antwort: Für diese Forschungstechnokraten kann ich aber nichts! Ich habe es immer perhorresziert und gesagt: Ihr seid keine Klempnermeister. Um etwas zu analysieren und zu erforschen, muß man wissen, was man tut und was man in der Hand hat, und dann kommt erst die Technik. Wenn sie mir ankommen mit zehntelst Prozenten, dann antworte ich ganz klar: Ich glaube Ihnen nicht – Sie lügen sich selber etwas vor. Alle Ergebnisse in menschlichen Verhältnissen sind stets nur ungefähre Ergebnisse. Das sagt die Logik. Und menschliche Verhältnisse lassen sich ohnehin nicht in Zahlen transponieren. Zahlen sind da, um Ordnung ins Material zu bringen, aber sie sind nicht die Sache selbst. Deswegen habe ich gar nichts gegen mathematische Auswertungen, bloß: Die Sache geht vor!

Frage: Als Professor in Köln hatten Sie natürlich Beamtenstatus. Haben Sie das eigentlich jemals als widersprüchlich zu Ihrer Ansicht empfunden, daß Soziologie eine kritische Wissenschaft ist bzw. bleiben muß. Immerhin wird in der Bundesrepublik ja die sogenannte ›Treuepflicht‹ gegenüber dem Dienstherrn besonders hoch gehalten. Bisweilen fühlt man sich in dieser Hinsicht an Loyalitätsklauseln der Monarchie erinnert, und nicht zuletzt gibt es den Zusammenhang zwischen der ›Treuepflicht‹ und der deutschen Spezialität des ›Berufsverbots‹ für diejenigen, die es mit der kritischen Sicht bezüglich der sozialen Wirklichkeit nicht genug sein lassen wollen.

Antwort: Selbstverständlich hatte ich als Ordinarius den Beamtenstatus. Aber ich habe das nie als Widerspruch zu der Tatsache empfunden, daß Soziologie eine kritische Wissenschaft ist. Ich bin als kritischer Wissenschaftler verbeamtet worden. D. h. ich schulde meinem

Dienstherrn meine kritische Einsicht, und ich kann mich nicht drücken, weil daraus interne Diskussionen oder Unstimmigkeiten erwachsen könnten. Meine Einsichten, die ich als Soziologe in ein solches System habe, zwingen mich, nein zu sagen. Aber nein zu sagen heißt nicht: das Wort zu versagen, sondern es beginnt dann erst die Diskussion. So habe ich es die ganze Zeit über gehalten. Meine Treuepflicht habe ich so verstanden, daß ich meinem Dienstherrn sage, was er falsch macht – gelegentlich. Hinsichtlich der Studenten galt für mich das gleiche. Die Treuepflicht gegenüber meinem Dienstherrn verpflichtete mich, sie in die beste Bahn zu bringen, die ich für sie sah. Sie können feststellen, daß heute circa 30 deutsche Ordinarien bei mir habilitiert worden sind.

Frage: Welchen Anteil hatten nach Ihrer Ansicht die Sozialwissenschaftler am Wiederaufbau nach dem Krieg – hatten sie überhaupt einen? Wurden sie zu Rate gezogen? Hat man sie gehört bei der Planung des Wiederaufbaus, oder haben sich wesentlich ganz andere Interessen bzw. Personen(gruppen) durchgesetzt?

Antwort: Das ist die große und wohl auch unangenehmste Frage! Ich denke, niemand wird sie mit gutem Gewissen mit Ja beantworten können. Im Grunde waren wir Soziologen am Anfang nach dem Krieg völlig ausgeschlossen. Als Ratgeber waren die zugelassen, die sich bereits als Nationalsozialisten bewährt hatten; die machten weiter, was sie früher schon getan hatten. Und das ist wohl eines der peinlichsten Ergebnisse der Nachkriegsentwicklung, das hier kein Ruck von einer zur anderen Ebene stattgefunden hatte; vielmehr hat man einfach die Alten weiterarbeiten lassen und dann Neue dazugenommen. Obwohl sie nach dem Gesetz hätten belangt werden können, sind die Alten sogar oftmals besser behandelt worden als die neu Dazugekommenen. Das hat viele Nachteile gehabt; aber das zu beantworten, müßte man die gesamte deutsche Nachkriegsfrage aufrollen. Ich behaupte jedenfalls, daß die Nachkriegsprobleme in Deutschland in keiner Weise zufriedenstellend und auch für die Zukunft versprechend gelöst worden sind. Die meisten Fragen sind sogar noch offen, und es wird sorgfältig darüber hinweggeschwiegen, darüber hinweggetuschelt, oder man versucht, bürokratisch über die Dinge hinwegzutäuschen, die in Wahrheit ganz tiefgehende Probleme sind. Dieses Deutschland ist nicht mehr das Deutschland von vorgestern, und es wird es auch nie wieder werden. Darüber muß man sich klar werden. Ich weiß nicht, wieviel Menschen in Deutschland sich darüber im klaren sind. Sie denken immer, die alten Zeiten kämen wieder zurück, was ich nicht glaube. Die Deutschen werden sich auch nicht wiedervereinigen; es

Anmerkung

1 Siehe auch: »Rasterfahndung und erleuchtete Wissenschaft.« Ein Gespräch von Wolf Schönleiter mit René König zur Soziologie im Faschismus und den Aufgaben moderner Gesellschaftswissenschaften. In: Uni Stadt Revue, 7. Jg., Nr. 13/1987, S. 10–17, sowie: »Deutsche Soziologie im Faschismus. Zur Normalität einer Anpassung.« Ein Gespräch zwischen O. Rammstedt und W. Schönleiter. In: Uni Stadt Revue, 6. Jg., Nr. 12/1986, S. 10–13; gekürzte Fassung in: Ästhetik und Kommunikation, 17. Jg., Heft 65/66: Zukunft des Politischen; 1987, S. 189–194.

Dieter Asselhoven

Fakultät 2. Klasse

Zur Geschichte der Lehrerausbildung

Die ungelöste Problematik der PH (und mit gewissen Einschränkungen auch der AfH) als ungeliebte Fakultät der Universität, ihre Behandlung als »Steinbruch« und Spielmasse für ökonomisch motivierte Einschnitte in die Ausstattung der Hochschule ist ein Lehrstück in Sachen »Bildungsökonomie«.

Den Angehörigen dieser Institution stellt sich die gegenwärtige Situation düster und verfahren dar: »Stichworte, die die derzeitige Situation . . . charakterisieren . . . Unerträgliche Überauslastung von PH/AfG; Erhöhung der Pflichtstunden und Leistungsanforderungen in neuen Studienordnungen selbst weit über das gesetzliche Minimum hinaus; weitere massive Stellenstreichungen im Uni-Haushalt zu Lasten von PH/AfH; schleichende Verlagerung von Lehrstühlen, z. B. von der Psychologie in die Wirtschaftsinformatik. Dahinter verschwindet die Sinnhaftigkeit unseres Tuns und diffundiert in viele ›kleine Fluchten‹ aus dem LehrerInnen- und Diplompädagogik-Studium. . . . Im ›Durchwurschteln‹ geht unsere Berufs- und Ausbildungsperspektive Stück für Stück verloren.«[1]

Dieser Zustand ist der Endpunkt einer seit Jahrzehnten geführten, im Grunde bis zum Beginn des vorigen Jahrhunderts zurückzuverfolgenden Auseinandersetzung.[2] Die Grundlinie des Konflikts zwischen Universität und »niederer« LehrerInnenausbildung bzw. deren Institutionen ist der Dualismus von gymnasialer (Elite-)Ausbildung und (elementarer) Volksschullehrerausbildung.

So umfaßte die Ausbildung auf der einen Seite die Produktion von individueller Bildung für die privilegierten gesellschaftlichen Schichten, die sich nur flüchtig an einem berufspraktischen Bezug orientierte und somit zu einem Fachstudium wurde. Dem gegenüber stand die Ausbildung der VolksschullehrerInnen in seminaristischer, nicht-wissenschaftlicher Form »nach dem Vorbild der handwerklichen Imitationslehre vor allem als Reproduktion der traditionellen Praxis«.[3]

Einen ersten, halbherzigen Schritt zu einer Annäherung der beiden Ausbildungsformen, einer dann insgesamt wissenschaftlichen, wenn auch differenzierten Lehrerausbildung (im folgenden: LAB) – stellten die 1925 in Preußen eingeführten »Pädagogischen Akademien« (im folgenden: PA) dar. Organisatorisch waren die PA sicherlich ein kleiner Fortschritt, von der Präparandenanstalt zur Mini-Hochschule.

In der unmittelbaren Nachkriegszeit war die Diskussion von Formeln geprägt, die auf die Demokratisierung und Egalisierung der Bildungsmöglichkeiten zielten. Äußere Faktoren, vor allem der Bevölkerungszuwachs durch Flüchtlinge und der schnelle ökonomische »Wiederaufbau« verhinderten allerdings eine entsprechende Reform (und sei es eine – infolge modernisierter Qualifikationsanforderungen – in der Konsequenz technokratische): »Durch den reibungslosen Ablauf der wirtschaftlichen Rekonstruktionsprozesse wurden Bildungspläne zur Demokratisierung überflüssig, da die frei wuchernde kapitalistische Ökonomie in ihrer sich entfaltenden Oberfläche der Freiheit und Gleichheit als per se demokratische erschien«.[4] Die quantitative Ausdehnung des bestehenden Schulsystems erscheint als ausreichend.

So konnten sich die traditionalistisch orientierten Kräfte durchsetzen: mit der Rekonstruktion des dreigliedrigen Schulsystems und – regional unterschiedlich – mit dem Wiederanknüpfen an die aus der Weimarer Zeit stammende Form der LAB. Diese Entwicklung bestimmte für mehr als ein Jahrzehnt (und in Auswirkungen bis heute) die Modi der gesellschaftlichen Reproduktion im Ausbildungssektor und staute einen erheblichen Problemdruck an.

Während der Restaurationsphase der 50er Jahre konnte besonders die katholische Kirche im Rheinland und Westfalen durch ihren unermüdlichen Einsatz für den Bekenntnischarakter der Volksschule eine wirksame Mauer um die bestehenden Bildungshierarchien zementieren. Die neuinstallierten Pädagogischen Akademien sollten in ihrer geografischen Verteilung die konfessionelle Zusammensetzung der Bevölkerung widerspiegeln. Von den zu Beginn der 50er Jahre bestehenden Pädagogischen Akademien bildeten sechs katholische (u. a. in Köln), vier evangelische LehrerInnen aus und zwei hatten ökumenischen Charakter.[5] Die CDU war in ihrem Bemühen erfolgreich gewesen, einerseits die bekenntnismäßige Grundlage der LAB im Schulgesetz und in der Landesverfassung zu verankern und andererseits die Forderung nach wissenschaftlicher Ausbildung für alle LehrerInnen zu unterlaufen.[6]

Die Pädagogischen Akademien waren denn zunächst auch auf die reine Erfüllung von Lehraufgaben beschränkt. Es gab weder eine

Mitwirkung des Lehrkörpers bei der Auswahl und Berufung von DozentInnen, noch war eine Freizügigkeit von DozentInnen und StudentInnen innerhalb des Bundesgebietes zugestanden worden. Ihr zwergschulartiges Wesen wurde auch durch die quantitative Dimension der Studienplätze je Akademie (ca. 200) und durch den minimalen Etat von 25 000 DM dokumentiert. Der Aufbau eines wissenschaftlichen Apparates war damit natürlich eo ipso ausgeschlossen. Die GEW (Landesverband NRW) kommentierte dies 1952: »Die Pädagogischen Akademien sind als Institutionen im wesentlichen in der Form erstarrt, mit der sie ins Leben getreten sind«.[7]

1954 erließ Kultusminister Teutsch (CDU) eine bis in die sechziger Jahre hinein gültige »vorläufige Satzung«, die den halbwissenschaftlichen Status der Akademien verankerte. Er gestand darin die Freiheit der Lehre für die DozentInnen zu, ferner ein Recht des Kollegiums auf Anhörung vor der Berufung von DozentInnen durch das Ministerium. Wir sehen: Die Wohlgefälligkeit und Intransigenz, mit der sich die akademischen Gremien der PH in Personalfragen heute ebenso suhlen wie ihre Uni-KollegInnen, ist gerade erst 34 Jahre alt – statt 600; in diesem Punkt sind die »professores« der Erziehungswissenschaften also Neureiche . . .

Bis zum Ende der 50er Jahre garantierte die gerade vollzogene Restauration des Bildungswesens stabile (Macht-)Verhältnisse. Verhalten vorgebrachte Reformvorstellungen, immanente staatliche Verbesserungen und Korrekturen zielten darauf ab, das im föderativen Gefüge der BRD besonders im schulischen Bereich weit auseinanderklaffende Bildungssystem zu vereinheitlichen. Das wurde für das dreigliedrige Schulsystem zum Teil 1955 durch das »Düsseldorfer Schulabkommen« angegangen.

Für die LAB in NRW fielen dabei Diskussionen und Pläne zu einer organisatorischen Verbindung von Pädagogischen Akademien mit benachbarten Universitäten ab (zumindest als Übergangslösung), die Einrichtung eines »Hochschulrats« als institutioneller Klammer, die Erhöhung der Studiendauer von 4 auf 6 Semester und die zahlenmäßige Vergrößerung der Pädagogischen Akademien.

Die lauter werdenden Forderungen nach einer Reform der Akademien wurden schließlich in die »Empfehlungen des Deutschen Ausschusses für das Erziehungs- und Bildungswesen« (Vorläufer des Wissenschaftsrates) kanalisiert (im September 1955). Hier tauchte zum ersten Mal das Konzept einer eigenständigen »Pädagogischen Hochschule« (PH) auf. Sie umschloß »die Funktionstrias Wissenschaftspflege (im erziehungswissenschaftlichen Bereich), Bildung (in einem unmittelbareren Sinne als an den Universitäten) und Ausbildung (als Berufshochschule für LehrerInnen)«.[8] »Gewissen und Glaube, letzte Sinndeutungen des Lebens, Sittlichkeit und Religion« als »die eigentliche Grundlage jeder Erziehungs- und Bildungsarbeit«[9] legten den Bekenntnischarakter der Ausbildung fest und separierten die Volksschul-LAB schärfer als zuvor von der Gymnasial-LAB der Universitäten. Dadurch war die beabsichtigte »lebendige Einheit der Bildungsgemeinschaft der künftigen Lehrer mit ihren Dozenten . . . im Rahmen der Universität schwer zu verwirklichen«.[10] Abgesehen von der Zuspitzung auf den katholischen Wertekanon entsprachen Teile dieser Formulierungen gleichwohl den seinerzeit durchgängig geisteswissenschaftlich geprägten Erziehungsleitbildern.

Die »Empfehlungen des Deutschen Ausschusses . . .« entfachten eine lebhafte Diskussion, die noch verstärkt wurde durch die in der Regierungserklärung des SPD-Ministerpräsidenten Steinhoff im Februar 1956 enthaltene Ankündigung, »der wissenschaftliche Teil der Ausbildung in den Pädagogischen Akademien« sei »in Zusammenarbeit mit der Universität durchzuführen«. Außerdem versprach er, die Studiendauer auf 6 Semester zu erhöhen. Diese Versprechen wurden 1½ Jahre später mit dem Beginn des Sommersemesters 1957 eingelöst.

Trotz der zitierten Ankündigung einer Zusammenarbeit mit den Universitäten wurden jedoch keine gesetzlichen Regelungen ins Auge gefaßt. Die kurzlebige SPD/FDP/Zentrum-Landesregierung kam über einen Kabinettsbeschluß zur Errichtung eines Pädagogischen Hochschulsenats, der auf gutachterliche Funktionen beschränkt sein sollte, nicht hinaus.

Im übrigen kamen die Widerstände gegen eine allzu enge Verbindung der Volksschul-LAB mit den Universitäten aus einem borniertem Besitzstandsdenken heraus, auch vom unteren Ende der Statuspyramide. So hatte bereits der Rektor der PA, Prof. Schütte, 1955 gewarnt: »Wenn die Universität nicht reformiert wird, deformiert sie die Lehrerausbildung.« Und derselbe Universitätsprofessor, der dies aus genauer Kenntnis der heutigen Universität gesagt hat, berichtete . . . davon, daß die Universitätslehrer nicht nur nicht bereit seien, sich der Bildung aller Lehrer anzunehmen, sondern in entschiedener Ablehnung verharren . . . Deshalb ist es begreiflich, wenn ein wahrhaftig der besten Lehrerausbildung zugetaner Universitätsprofessor nach lebenslanger Erfahrung urteilt: »Ihr werdet Steine statt Brot bekommen«.[11] Das sind Worte, die 25 Jahre später, angesichts der Polemiken der Universität zu Köln und ihres anachronistischen Standesdünkels immer noch zynische Bestätigung finden.

Andere, wie z. B. Prof. Hammelbeck, damals Rektor der Dortmunder Akademie, hielten der »bedrohlichen Halbbildung eines kurzfristigen Universitätsstudiums« die »wissenschaftlich nicht weniger qualifizierte Eingliederung der Pädagogik und Didaktik«[12] in die vom »Deutschen Ausschuß . . .« skizzierte PH entgegen.

Den existierenden Pädagogischen Akademien wurde – in Absetzung von den Universitäten positiv gewendet – attestiert, sie seien »eine Hochschule offener Katholizität. Der akademische Gottesdienst, Wallfahrten, Prozessionen, Tage religiöser Besinnung und Werkwochen gehören ebenso zum Leben der Akademie wie Feste, Feiern, Reisen und sportliche Veranstaltungen«.[13] Dagegen zog die GEW »die freie Luft der Universitäten, ihre Wissenschaft und die Möglichkeit der Forschung, der ›Nestwärme‹ der kleinen engrahmigen Akademien und auch der Restschen ›Hochschulgemeinschaft‹ vor«.[14] Die GEW favorisierte eine Aufgabenverteilung, die den Universitäten die Gebiete der pädagogischen Anthropologie (Philosophie, Soziologie, Psychologie) und die Geschichte der Geisteswissenschaften zuwies, während sich die PH mit Didaktik und Methodik auseinandersetzen sollte.

In der 1957/58 erlassenen Prüfungs- und Rahmenstudienordnung wurde dann die »Wissenschaftlichkeit« gänzlich dem erziehungswissenschaftlichen Kernbereich vorbehalten. Vorschläge zur Einrichtung eines intensiv zu studierenden Wahlfachs wurden abgewiesen. Neben der Aufsplitterung in eine Vielzahl »anzustudierender« Fächer erfuhren die didaktischen und pädagogischen Anteile des Studiums eine Aufwertung – dies bewußt als Kontrast zu den Gymnasiallehrern mit ihrem traditionellen Zweifächerstudium in den Disziplinen der philosophischen oder mathematisch-naturwissenschaftlichen Fakultät.

Die seit Ende der fünfziger Jahre sich verstärkende private Nachfrage nach qualifizierter Arbeitskraft, die Gefährdung der Weltmarktposition des BRD-Kapitals durch ein anachronistisches und starres Bildungs-, Ausbildungs- und Forschungswesen und die durch sinkende Wachstumsraten strukturell bedingte Knappheit der staatlichen Ressourcen manifestierten sich ab 1963/64 im Alltagsbewußtsein unter dem Stichwort der »Bildungskatastrophe«. Die ökonomische und gesellschaftliche Situation drängte auf einen Modernisierungsschub hin; das bestehende, unflexibel selektierende Ausbildungssystem wurde zur Schranke kapitalistischer Expansion und Akkumulation. Dem sich ankündigenden Entwicklungsbruch wurde in der Bildungspolitik des Landes mit Krisenmanagment begegnet: In der ersten Hälfte der sechziger Jahre wurde seitens der Landesregierung versucht, der demographischen Entwicklung (»Schülerberg«) und der mangelnden Attraktivität des LehrerInnenberufs (»Lehrermangel«) durch kurzfristig angelegte, quantitative Maßnahmen gegenzusteuern. Zu diesen Notmaßnahmen gehörten u. a. die Verkürzung des Studiums, die Abschaffung der Hochschulreife als Zugangsvoraussetzung für die Pädagogischen Akademien, nebenamtlicher Unterricht, Einrichtung von Kursen für Aushilfskräfte und schließlich auch die Übernahme nicht-habilitierter oder promovierter (berufserfahrener) Lehrkräfte als DozentInnen (von denen einige später die Karriere- und Beförderungsleiter weiter aufgestiegen sind, weswegen die PH/AfH das Unikum vorweisen kann, Professoren zu beschäftigen, deren höchster formaler Bildungsabschluß das Abitur darstellt . . .).

1965 verabschiedete der Landtag schließlich ein Gesetzespaket, das bereits alle Merkmale der später massiv einsetzenden technokratischen Hochschulreform in sich trug. Es war dies ein LAB-Gesetz, das erstmals den Vorbereitungsdienst (Referendarzeit) für LehrerInnen vorsah – ein wichtiger Schritt auf dem Weg zu einer Professionalisierung der PädagogInnentätigkeit. Zum zweiten wurde das legendäre »Statusgesetz« verabschiedet, das »Gesetz über die Errichtung von Pädagogischen Hochschulen im Lande Nordrhein-Westfalen«. Es machte die Akademien zu vollwertigen Hochschulen – mit Promotionsrecht und akademischer Selbstverwaltung. Es faßte die 15 in NRW existierenden Pädagogischen Akademien zu den Pädagogischen Hochschulen Rheinland[15], Ruhr und Westfalen-Lippe zusammen und ermöglichte eine effektivere Hochschulstrukturplanung und entsprechenden Ressourceneinsatz. Der bekenntnismäßige Charakter der neuen Pädagogischen Hochschulen war – als Auftrag der Landesverfassung – noch nicht zu überwinden. Dies erfolgte erst drei Jahre später; infolge schulorganisatorischer Schwierigkeiten (kapazitative Defizite beim Aufbau paralleler Systeme von Jahrgangsklassen) sowie aufgrund des Paradigmenwechsels in der Pädagogik, von der exklusiven Eliteabgrenzung (Begabungstheorie) zur effektiven Auslese nach dem »demokratischen« Leistungsprinzip, kam es 1968 zu einer von allen Landtagsparteien getragenen Verfassungsänderung und zu einer starken Eindämmung des kirchlichen Einflusses.

Da im Gesetz eine beratende Zusammenarbeit zwischen den Pädagogischen Hochschulen und den anderen wissenschaftlichen Hochschulen vorgesehen war, zudem den Abteilungen der drei Pädagogischen Hochschulen eine Zukunft als fakultätsähnlicher Bestandteil einer Universität in Aussicht gestellt wurde, erhielt die Forderung nach einer integrierten Ausbildung der LehrerInnen aller Schulformen neue Nahrung.

Der Hochschulplanungsbeirat des Kultusministeriums verfolgte vorübergehend Pläne, aus dem Kern der Pädagogischen Hochschulen Universitäten mit »erziehungswissenschaftlichen Schwerpunkten« zu bilden, mit besonderer Gewichtung auf der Ausbildung der zukünftigen Primarstufen-LehrerInnen. Die Entwicklungslinie »EWH« (Erziehungswissenschaftliche Hochschule) war aber bereits Ende 1970 (s. u.) für NRW erledigt.[16]

Das »Nordrhein-Westfalen-Programm 1975« der sozialdemokratischen Landesregierung sorgte dann für klare Verhältnisse. Darauf basierend legte Johannes Rau im August 1970 im neugeschaffenen Ministerium für Wissenschaft und Forschung einen »Aufbau- und Strukturplan für die Gründung neuer Universitäten« vor. Darin waren acht neue Hochschulen (darunter die 5 Gesamthochschulen) und – bis Ende 1980 – eine Kooperation der traditionellen Universitäten mit den Fachhochschulen, mit dem Ziel der Bildung von kooperativen Gesamthochschulen, vorgesehen. NRW lag damit auf der gleichen reformpolitischen Linie wie die Sozialliberalen im Bund; nach der Grundgesetzänderung von 1969 (die der Bundesregierung eine erhöhte Rahmenkompetenz für die Hochschulplanung verschaffte) favorisierten SPD und FDP für »alle Lehrer . . . an der Gesamthochschule eine gleichwertige Ausbildung«, bei der »auf einem erziehungswissenschaftlichen Grundstudium . . . die fachwissenschaftliche mit der fachdidaktischen Ausbildung«[17] aufbauen sollte. Zuvor veröffentlichte Grundsätze des »Deutschen Bildungsrats« formulierten eine Priorität der »Wandlungsfähigkeit des Bildungswesens«[18] und gaben damit zugleich den Spielraum an, in dem sich in NRW ab 1971 der Übergang zu einer flexibleren und regionalisierten Hochschulplanung als Konkretisierung einer technokratischen Hochschulreform vollzog.

In der LAB lief dies auf ein Modell hinaus, die bis dahin getrennten Ausbildungsgänge und Institutionen zusammenzufassen und in Form von Integrierten Gesamthochschulen (IGHS) zu vereinheitlichen. Aus den Universitäten (Ausbildungsstätten für LehrerInnen der Sekundarstufe II), den PH-Abteilungen und den Fach-, Musik- und Kunsthochschulen sollten »Hochschulregionen« gebildet werden (z. B. »Region Köln«) und über einen regionalen Planungsrat die Details von Organisation und Studienstruktur erarbeitet werden. Hinzu kamen dann die neuen GHS auf der »grünen Wiese« für die bisher benachteiligten Landesteile (in Duisburg, Essen, Wuppertal, Paderborn und Siegen), deren Kerne z. T. von den dort vorhandenen PH-Abteilungen gebildet wurden (so verlor die PH Rheinland beispielsweise ihre Abteilung Wuppertal an die »Bergische Gesamthochschule«).

Im April 1971 hatte Minister Rau die »Thesen zur Planung und Errichtung von Gesamthochschulen« vorgelegt; rund ein Jahr später verabschiedete der Landtag das »Gesamthochschul-Entwicklungsgesetz«. Innerhalb der Hochschulen sollten nun ausdifferenzierte Studiengänge eingerichtet werden, die sich an unterschiedlichen und den jeweiligen Entwicklungen und Anforderungen des kapitalistischen Arbeitsmarktes anpaßbaren AbsolventInnenprofilen orientieren sollten. Der Übergang zwischen den einzelnen Abschlüssen und Ausbildungsstufen sollte verflüssigt werden.

Der Scheinkonsens über die Ziele der Hochschulreform hatte sich, mit der allmählich befriedigten Deckung des kurzfristigen Nachhol- und Modernisierungsbedarfs der Qualifikation akademischer Arbeitskraft, verflüchtigt. Der demokratische Schein der Bildungsreform wurde abgestreift, der leistungsorientierte, nach betrieblicher Effektivität und zentralstaatlicher Steuerbarkeit zielende reale Gehalt der Reform trat in den Vordergrund und wurde in der Folgezeit Anknüpfungspunkt für eine ständisch-konservative Gegenbewegung im Bildungswesen (bis hin zu der völligen Aufgabe sozialliberaler Vorstellungen und zu dem Sieg der Reaktionäre bei der Durchsetzung der Auflösung der Pädagogischen Hochschulen als Fakultäten zweiter Klasse, als »Fundgrube« [Fakultätskonferenz der »PH« Köln im Sommer 1982] für die Universitäten).

Den umfassendsten Gegenentwurf für eine integrierte LAB hatte 1970 die Bundesassistentenkonferenz vorgelegt.[19] Er sah die Aufhebung der Ausbildung unterschiedlicher LehrerInnengruppen nach Schularten vor, eine Integration der LAB in die GHS, Einphasigkeit der Ausbildung, ein interdisziplinäres Wissenschaftsverständnis, Projektstudium und Praktika, berufliche Weiterbildung, die Einheit von Forschung und Lehre und das Prinzip »forschenden Lernens«. Die Bundesassistentenkonferenz ging damit weit über äußerliche Institutionsmerkmale hinaus und zielte auf eine Umwälzung des Wissenschaftsbetriebs nach den Vorstellungen eines selbstregulierten Lernens und Forschens.

In den zentralen Entscheidungsgremien des Bundes, des Landes NRW und in Köln wurde von diesen Vorschlägen so gut wie nichts durchgesetzt.[20] Lediglich die Orientierung der Ausbildung an Schulstufen (Einteilung nach Altersklassen) statt nach Schulformen wurde übernommen – angesichts einer sich professionalisierenden und zielgruppenmäßig ausdifferenzierten Erziehungswissenschaft war dies lediglich ein Nachvollzug der Evidenz der objektiven Verhältnisse.

Allroundlehrer wurden abgeschafft und die Lehrertätigkeit vom klassischen Erzieherbild geisteswissenschaftlicher Prägung weg- und zum Ausagieren eines flexiblen Unterrichtsorganisators hingeschoben. Um mit der sprunghaften Entwicklung der Unterrichtsinhalte und der Ausdifferenzierung des schulischen Lehrkanons Schritt zu halten, wude das Curriculum der LAB auf zwei Fächer reduziert. Dies schaffte übrigens die Voraussetzung zu weiterer Spezialisierung – ohne diesen Zwischenschritt wäre die Ergänzung *unterhalb* der »Fächerebene« durch das lehrplanmäßige Aufgreifen von technologischen und sozialen Modernisierungsaufgaben (z. B. informationelle Grundbildung, Ausländerpädagogik) ungleich mühseliger. Mit der Verkürzung der Studienzeiten wurden die Inhalte nicht nur komprimiert, sondern schwerpunktmäßig von »überflüssigem enzyklopädischen Ballast« befreit. Methodik, Didaktik und soziale Manipulationstechniken waren von da ab Trumpf.[21]

Das 1974 vorgelegte Lehrerausbildungsgesetz (LABG) perpetuierte so die Zweiteilung der LAB, obwohl für alle LehramtsanwärterInnen ein 18monatiger Vorbereitungsdienst eingeführt wurde. Die Regelstudienzeit für das Primarstufen- bzw. Sekundarstufen-I-Studium blieb bei 6 Semestern, der Sekundarstufen-II-Abschluß bei 8 Semestern. Der erziehungswissenschaftliche Anteil für die Primar- bzw. Sek.-I-Ausbildung wurde auf ein Drittel festgelegt, der für die Sek. II auf ein Viertel. Die Reduktion des erziehungswissenschaftlichen Anteils für die »VolksschullehrerInnen« war dabei mit der Absicht vorgenommen worden, Lehrkapazitäten freizusetzen und an die unterversorgten philosophischen Fakultäten umzuleiten. Unter diesen Bedingungen – bei dem sich abzeichnenden Scheitern der Bemühungen in den Gesamthochschulbereichen, den administrativ durchgesetzen zunehmenden Haushaltsverknappungen im Ausbildungssektor und hier insbesondere bei den PHen – traten im März 1975 die drei PH-Rektoren mit einer gemeinsamen Erklärung an die Öffentlichkeit, um gegen die technokratische Zerschlagung der LAB zum ersten und einzigen Mal einen offensiven Impuls zu setzen. Sie votierten – auch angesichts des Drucks und der hochschulpolitischen Bewegung der StudentInnenschaft an den PHs – für eine institutionelle Verknüpfung der unterschiedlichen Formen der LAB, bei Fortentwicklung und Respektierung der unterschiedlich entfalteten Aspekte von Wissenschaftlichkeit und Professionalisierung. Sie warnten vor einer fakultätsmäßigen Anbindung der PH'en an die Universitäten sowie vor einer Verschmelzung der Fächer ohne vorherige gemeinsame strukturelle Abstimmung über Formen und Inhalte zukünftiger Studiengänge.

Es war der letzte, fruchtlos bleibende Versuch, eine öffentliche

Debatte an den Hochschulen über die Zukunft der Erziehungswissenschaften und der LAB anzufangen (ein durch reaktive Abwehrkämpfe überlagertes Nachflackern fand dann noch einmal im Umfeld des Widerstands gegen die Auflösung der PH Ende 1979/80 statt).

Im Zuge der kapitalistischen Hochschulreform und der Durchsetzung des HRG auf Länderebene wurde in NRW an der formalen Hülse der GHS festgehalten und die zwangsweise Zusammenführung der PH mit der Universität vorgeschrieben – als finanzielle Einspar- und Rationalisierungsmaßnahme. Inhaltlich-konzeptionell war schon lange eine Abkehr von zumindest partiell egalisierenden Vorstellungen vollzogen worden. Die LAB wurde vielmehr in permanenten Novellierungen an die restaurative Realität angepaßt. So wurde 1979 in einer LABG-Novelle die schulformbezogene Ausbildung faktisch wieder eingeführt und die Primarstufe als GrundschullehrerInnenausbildung ghettoisiert.

Die 1979 mit der Verabschiedung des WiSSHG-NRW beschlossene und am 1. 4. 1980 vollzogene Eingliederung der Pädagogischen Hochschulen in die Universitäten hatte nichts mehr mit ehemals progressiven Vorstellungen von »Integration« oder »Gleichstellung« zu tun. Der Begriff der »Vereinheitlichung« wurde als Legitimationsfloskel eingesetzt, um nicht offen aussprechen zu müssen, was seit Ende 1976 durch die Kultusministerkonferenz beschlossene Sache war: die mittelfristige Herabsetzung der Kapazitäten der LAB auf 50% des Besitzstandes; die Verflüssigung von materiellen Ressourcen im Ausbildungssektor, um angesichts der politisch-ökonomischen Austeritätspolitik des »Modell Deutschland« auf Bundes- und Landesebene finanziellen Interventionsspielraum wiederzugewinnen und sich – der demografischen Entwicklung vorauseilend – auf eine reduzierte Berufsbedarfsplanung einzustellen.

Die traditionelle Trennung der LAB wurde durch die PH-Integration zwar beseitigt, der alte Dualismus lebt aber weiter – und im Grunde genommen in einer verschärften Fassung: An der Aufhebung der Trennung wird seit 1980 in einer negativen Dialektik dergestalt gearbeitet, daß eine *vollständige Destruktion* jeglicher LAB jenseits von didaktisch aufbereiteter Fachwissenschaft stattfindet. Dies geschieht durch die Aufgabe und den Verlust einer wissenschaftlich orientierten Pädagogik, die als Analyse von subjektiven und kollektiven Prozessen der Aneignung und des Umgangs mit Kultur definiert werden muß. (Hier trifft sich dann auch die Diplom-PädagogInnen-Ausbildung mit der LAB als zweiter Posten auf der Abschußliste.) Seinen materiellen Ausdruck findet dies im grassierenden Austrocknen von Stellenpools und Ausstattungen: So sind die ehemaligen Abteilungen der PH Rheinland in Neuss und Aachen von den Universitäten schnell aufgesogen worden; die Bonner Pädagogische Fakultät steht vor der Schließung; die Kölner haben das »Glück«, zum regionalen LAB-Schwerpunkt des Rheinlands auserkoren worden zu sein. Hier ist nach den »Strukturüberlegungen« der Landesregierung von 1982 und 1987 ein Einpendeln auf dem Level von < 50% vorgesehen (das entspricht ca. 2000 Studienplätzen als Rest von ehemals über 16 000 der ehemaligen PH Rheinland).

In der Studienstruktur schlägt sich die faktische Deprofessionalisierung in den vielfältigen Versuchen nieder, das auf eine eng definierte Berufstätigkeit maßgeschneiderte LehrerInnenstudium zu »multifunktionalisieren«. Die Anfänge solcher Überlegungen gehen bis auf das Ende der 70er Jahre zurück. So schrieb der Wissenschaftsrat bereits 1978 in den »Überlegungen zur Weiterentwicklung des Lehramtsstudiums«, das erziehungswissenschaftliche Studium befähige zu allen Tätigkeiten, »bei denen der Umgang mit Menschen, Betreuung, Informationsvermittlung, Ausbildung und Lernen, Beurteilung und Modifikation des Verhaltens sowie Helfen und Beraten im Mittelpunkt der Aufgaben steht«.[22] In einem zweiten Strang wurde die Aufwertung der fachwissenschaftlichen Anteile des Studiums bzw. dessen Anreicherung mit fachwissenschaftlichen »Zusatzqualifikationen« wie EDV-Kenntnisse, Fremdsprachenkenntnisse etc. verfolgt. Wie beides zusammengehen kann, erklärt uns Rektor Hanau:

»Aus der Pädagogischen Hochschule Rheinland haben wir eine Erziehungswissenschaftliche und eine Heilpädagogische Fakultät gebildet. Die traditionelle Ausbildung von Lehrern der Primarstufe, der Sekundarstufe I und der Sonderschulen geht weiter zurück. Doch konnte sich dies im Rahmen halten, weil Köln im Lande einen Schwerpunkt dieser Studiengänge bildet. Außerdem können auch diese Fakultäten am Wachstum der Dienstleistungen partizipieren (u. a. Gesundheits- und Umweltpädagogik; Medienpädagogik; Erwachsenenbildung; Rehabilitationstechnologie): Auch sie haben Zukunft.« Ähnlich äußert sich Rektor Hanau auch hinsichtlich der Ausbildung für LehrerInnen der Sekundarstufe II: »Die große Philosophische Fakultät löst sich mit vielfältigen Magister- und Diplomstudiengängen von der Fixierung auf die Lehrerausbildung... Neue Berufsperspektiven ergeben sich aus dem Bedarf der wachsenden und internationaler werdenden Dienstleistungsgesellschaft (Sprachen in Verbindung mit wirtschaftlichem Wissen, Medien und ihr Management usw.).«[23]

Pädagogik, Geisteswissenschaften und gesellschaftswissenschaftliche Anteile werden zu einer Hilfswissenschaft für die Nationalökonomie. Diese Art von verallgemeinerter Pädagogik soll dazu dienen, neu aufbrechende gesellschaftliche Widersprüche, die z. B. aus der Etablierung der Informations- und Kommunikationstechnologie, aus Umweltzerstörung, aus psychischer Verelendung und Immigration resultieren, zu bewältigen. Sie tut dies mit einem antiemanzipatorischem Impetus, durch die Entwicklung kurzatmiger, dressurähnlicher Interventionsmodelle. Die behavioristische Didaktik, die zum bestimmenden Merkmal der LAB geworden ist, wird zum Lösungsmodell für die Probleme der Alten, Ausgeflippten, Einwanderer ...
Materiellen Niederschlag findet dieser Beitrag zur »Modernisierung der Industriegesellschaft«, den sich die Universität auf ihre Fahnen geschrieben hat, an der PH/AfH derzeit in Projekten wie dem Studienschwerpunkt »Gesundheitserziehung« – hier werden mit der Finanzierung durch private TV-Gesellschaften und Schulbuchverlage Videospots für individuelles Verhaltenstraining produziert oder ein Aufbaustudienschwerpunkt konzipiert, der durch das Zusammenwirken von Pädagogen und Medizinern die Fähigkeit zur pivaten Krankenversorgung propagieren soll – ein aktiver Beitrag zur Kostendämpfung im Gesundheitswesen, der für das Leben mit dem »Restrisiko« Handreichungen gibt. Oder die Pädagogik der Informations- und Kommunikationstechnik: Hier versucht sich die PH ein Stück vom Media-Park-Kuchen abzuschneiden, computerisierte Sprachlernprogramme zu entwickeln oder Konzepte vorzulegen, um pädagogisch-schlichtend Akzeptanzprobleme bei der Einführung von I & K-Technologien in Betrieben zu minimieren. Oder schließlich die Geriagogik, die Altenpädagogik, mit deren Hilfe brachliegende Produktivitätsreserven einer »vergreisenden« Bevölkerung erschlossen werden sollen. Schließlich haben pfiffige Pädagogen der »Fakultät 2. Klasse« vermittels einer begriffsdefinitorischen Rochade den Einstieg in die elitäre Ausbildung für die Creme der Präparanden gefunden: durch die Entwicklung eines sonderpädagogischen Konzepts (»Hochbegabtencamps«) für leistungsmäßig unterforderte SchülerInnen.
Mit dem Erstarren eines emanzipatorischen Impulses zur Egalisierung und Reform der LehrerInnenausbildung und nach einer vorübergehenden Phase der Orientierungslosigkeit torkeln PH und AfH als Überbleibsel einer jahrzehntelangen Tradition von LehrerInnenausbildung nun in einen Basar von Akzeptanzwissenschaften für neue Technologien und werden zum Sedativum für aufbrechende soziale Teilkrisen der BRD-Gesellschaft.

Anmerkungen

1 Aus: Wahlinfo der ALTERNATIVEN LISTE PH/AfH, Wintersemester 87/88.
2 Namentlich des Wechselspiels von Begabungstheorien und dreigliedrigem Schulsystem.
3 W. Homfeld: Theorie und Praxis der Lehrerausbildung, Weinheim 1978, S. 42.
4 Fred E. Schrader, Ursula Schrader-Wälke: Schulreform in den Westzonen, Gießen 1974, S. 86.
5 Diese Verteilung bildet bis heute die Grundlage für die regionale Schwerpunktbildung in der Ausbildung für das Unterrichtsfach katholische und evangelische Theologie.
6 Dies geschah dadurch, daß die CDU die LAB als eine »hochschulmäßige« (gemäß § 15 der NRW-Verfassung) definierte; ein recht interpretierbarer Begriff jedoch, der später vom Landesverwaltungsgericht dann auch nur zum »Programmsatz«, nicht aber zu geltendem Recht erklärt wurde.
7 Neue Deutsche Schule, 1952, S. 347.
8 H. L. Gukenbiehl: Tendenzen zur Verwissenschaftlichung der Lehrerausbildung, Weinheim 1975, S. 71.
9 Neue Deutsche Schule, 1955, S. 325.
10 Gukenbiehl, a. a. O.
11 Ebenda.
12 Prof. Hammelbeck zit. nach Gukenbiehl S. 351.
13 Zitiert nach Gukenbiehl S. 354.
14 Neue Deutsche Schule, ebenda.
15 Zusammengesetzt aus PH und AfH Köln, PH Bonn, Neuss, Aachen und Wuppertal.
16 Für dieses Konzept entschied sich Rheinland-Pfalz und hält bis heute, z. B. mit der EWH Koblenz, daran fest.
17 Bildungsbericht 1970.
18 Grundsätze des dt. Bildungsrats für eine Reform des Bildungswesens (1970).
19 Bundesassistentenkonferenz 1970: Integrierte LAB.
20 Ausgenommen sind einige wenige Reformmodelle in anderen Bundesländern (Bremen, Oldenburg, Osnabrück, Kassel).
21 Allerdings benötigten die zuständigen Gremien in Land und Hochschule noch etliche Semester, um eine Feinkalibrierung dieser Instrumentarien zu schaffen: Erst mit der LABG-Prüfungsnovelle vom Dezember 1984 gelang es, für alle Unterrichtsfächer verbindliche Studieninhaltskataloge zu formulieren (die dann in fast dreijähriger Kleinarbeit von den Studienkommissionen der PH-Fakultät devot und buchstabengetreu übersetzt wurden). Mit der Einführung von Zwischenprüfungen, einer Vervielfachung von obligatorischen Leistungsnachweisen (1985) und der Einführung von landesweiten Ranglisten für Examensnoten komplettierten Landesregierung und Hochschulleitung ihre Leistungsanreize.
22 Überlegungen zur Weiterentwicklung des Lehramtsstudiums, Bonn 1978, S. 130.
23 Handelsblatt 6. 5. 88.

G. Althoff, H. J. Jonas und B. Waltermann

Das Märchen von der späten Geburt

1. Unter den Talaren – Leichengestank von 12 faschistischen Jahren!

600 Grundsteinjahre sind zu feiern – nahezu metaphysische Dimensionen angesichts der gerade 33 Jahre akademischer Sonderschullehrerausbildung in Köln. Auf stolze 1,3 Prozent der 600 Jahre bilanziert sich die Zugehörigkeit der Heilpädagogischen Fakultät – das ›Erziehungswissenschaftlich‹ im Schilde wurde unlängst wegen Unhandlichkeit gestrichen – zum universitären Kölner Grundstein. Grund genug also, so sollte man meinen, um von seiten der noch jungen Fakultät einiges an Minderwertigkeitskomplexen zu entwickeln, die es anläßlich der Festlichkeiten durch Aufblähen der spezifischen Leistungen des Fachbereichs und exzessiven Lobgesang gebührend zu kompensieren gilt.

Die Fakultät präsentiert sich von ihrer Schokoladenseite, ein dankbares Publikum erwartend, welches begierig der professoralen Selbstbespiegelungen harrt. So sind es auch weniger die real stattfindenden universitären Festspiele heilpädagogischer Provenienz, die einer Festberichterstattung würdig wären bzw. gar eine kritische Erörterung notwendig machen. Der Anlaß zu kritischen Bemerkungen ist etwas ernster. Es geht um die Aufarbeitung der wissenschaftstheoretischen Wurzeln der Heilpädagogik, genauer gesagt, um die Verlängerung der eigenen, herrschenden Heilpädagogikgeschichte als der einzig wissenschaftlichen in die Vergangenheit hinein. Zur Debatte steht die mehr oder weniger stillschweigende Ausklammerung von (zwölf Jahren) faschistischer Sterilisations- und Vernichtungspolitik gegen die als behindert geltenden Menschen – die Entsorgung des Leichengestanks im ›eigenen‹ Theoriebildungskonzept.

1.1 Vom wissenschaftlich-akademischen Totstellreflex ...

Die Wiedergeburt der Heilpädagogik nach dem Zweiten Weltkrieg erfolgte weitestgehend geschichtslos. Statt der eigenen Geschichte nachzugehen, galt es doch, die Ärmel hochzukrempeln. Die Grundhaltung der Hilfsschullehrer in jener Nachkriegszeit beschreibt Hofmann pathetisch im Wir-Gefühl: »Wir haben in dem geschädigten Menschen wieder den Menschen überhaupt gesehen (. . .) die unsere Hilfe nötig haben und unserer Hilfe teilhaftig werden sollen« (Hofmann 1966, 93). Angesichts dieser »Großtat pädagogischen Tuns und Verhaltens« (Hofmann, ebd.) mit der Wiederaufbauarbeit von Hilfsschulklassen verblaßte recht schnell, wie andernorts auch, die Erinnerung an die ›Schandtaten‹. Letztere wurden Stück für Stück dem ›autoritären Staat‹ zugeschrieben. Schuld hatte nicht, wer keinen Widerstand geleistet hatte, Schuld hatte die staatliche (ideologische) Einmischung, sprich: das nazistische Gedankengut. So tauchten nach und nach auch die alten Konzepte wieder auf. Bereits 1947 (!) legte Villinger im Auftrag des Stuttgarter Länderrates einen Sterilisationsentwurf vor, in dem ausdrücklich auch die eugenische Sterilisation befürwortet wurde.[1]

Statt auf einen Neuanfang, setzte man auf den ›Übergang vom autoritären zum manipulierenden Staat‹ (Horkheimer). Nicht mehr äußerer, vom Staat ausgeübter Zwang dürfe eine Sterilisation herbeiführen, sondern das Individuum selbst müsse in seinem wohlverstandenen Interesse eine derartige Entscheidung treffen – entsprechende (humangenetische) Beratung natürlich vorausgesetzt.

1.2 ... zur Gnade der späten Geburt

In diesem Rahmen vollzog sich die Restauration heilpädagogischer Theoriekonzepte – als reaktionäre Modernisierung. Wenn auch vereinzelt extrem biologistische Ansätze, wie etwa das »Neotonie-Konzept«, noch bis Mitte der 70er Jahre verbreitet wurden, so findet doch schon ab 1955, mit dem Hilfsschulgesetz, eine gewisse Konsolidierung auf die ›neue‹ heilpädagogische Linie statt. Zwar blieb weiterhin die Auseinandersetzung mit der Geschichte aus. Jedoch begann man mit der Aufarbeitung der Verbandsgeschichte, ein Kunstriff, der die Immunisierung gegenüber der faschistischen Vergangenheit beizubehalten erlaubte. Nun war die Heilpädagogik um so etwas wie wissenschaftstheoretische Wurzeln reicher: »Die Jahre von 1920 bis 1932 stellen die ›Hochblüte‹ der Heilpädagogik dar« (Hofmann 1966, 91). Wie Hofmann weist auch der Kölner Lernbehindertenpädagoge Kanter auf die Fülle von »Arbeitsintentionen und Bildungsvorstellungen der damaligen Heilpädagogik« (Kanter 1987, 111) hin, erklärt diese aber vorsichtshalber nur zum wissenschaftlichen Vorläufer der ›modernen

Heilpädagogik‹, sonst wäre das Bild von der späten Geburt nicht mehr so stimmig. So aber ist es ihm erlaubt, stillschweigend auf nur Reformheilpädagogisches zur Illustration ›eigener‹ (Verbands-)Geschichte zurückzugreifen und Mißliebiges auszugrenzen. So führt Kanter den 5. heilpädagogischen Kongreß 1930 in Köln[2] als Beleg für seine oben zitierte Behauptung an. Auf diesem Kongreß hielt der damalige Dekan der medizinischen Fakultät, Aschaffenburg, eine programmatische Schlußrede: »Insbesondere sollten wir davon Abstand nehen, hochgradig Schwachsinnige mit unendlicher Mühe zu fördern, mit dem Ergebnis, daß sie vielleicht etwas hinzugelernt haben, aber dennoch niemals sozial brauchbar werden. (. . .) Wichtiger als Heilung bleibt für den Arzt und sollte für den Heilpädagogen sein: V o r b e u g e n « (Aschaffenburg 1930, 709).

Mit seiner Konzeption von Heilen und Vernichten befand sich Aschaffenburg, im Gegensatz zu den meisten anderen Kongreßteilnehmern, auf der ›Höhe der Zeit‹; mit seiner Konzeption von sozialer und sensorischer Deprivation war er ihr sogar weit voraus![3]

Hierüber schweigt Kanter lieber, und mit ihm die herrschende Heilpädagogik. In alt bewährter Manier klammert er den Faschismus aus: »Nach einer Periode der Stagnation in den akademischen Ausbildungsbemühungen und in der wissenschaftlichen Auseinandersetzung mit behindertenpädagogischen Fragen während der Zeit des Nationalsozialismus . . .« (Kanter a. a. O.), um dann den ›nach dem Zusammenbruch beachtlichen Wiederaufbau der Heilpädagogik‹ um so mehr betonen zu können.

Hier ist nun in der Tat, jedenfalls für Kölner Verhältnisse, auf die ›späte Geburt‹ zurückzugreifen. Am Beginn der *akademischen Hilfsschullehrerausbildung* steht, obwohl schon für das Jahr 1931 projektiert, 1955 die Gründung des ›Staatlichen Heilpädagogischen Instituts‹, vorerst noch als Anhängsel der Pädagogischen Akademie Rheinland. Nichts erfährt man in der offiziellen Geschichtsschreibung darüber, wem sich die späte Geburt verdankt: dem preußischen Finanzloch! Nicht auszudenken, was gewesen wäre, wenn die Hilfsschullehrerausbildung in Köln wie etwa in München oder Stuttgart in die »Zeit des Nationalsozialismus« gefallen wäre. . .

1.3 Vernichtung der ›Nichtarbeiter‹ als historisches Projekt

Das, was Aschaffenburg auf den Begriff bringt, Kanter aber nicht wahrhaben will, berührt den neuralgischen Punkt der Heilpädagogik.

Tendenziell implizieren heilpädagogische Förderkonzepte immer eine Orientierung an sozialen Brauch- und ökonomischen Verwertbarkeitsinteressen. Die Kriterien hierfür ändern sich aber in Abhängigkeit vom Bedarf an sozialpolitischem Handlungsspielraum, der dann immer in die Richtung derjenigen ausgeweitet wird, die am wenigsten Widerstand leisten können: ›Nichtarbeiter‹, insbesondere wenn sie als lebenslange Kostenproduzenten des Sozialstaates antizipiert werden. Hierin liegt die ganz rationale Ökonomie der Barbarei.

So waren es auch die über die ideologischen Konzepte eines Aschaffenburg hinausgehenden Entwicklungen, die die Heilpädagogen und Hilfsschullehrer zur Verteidigung ihrer Klientel auf den Plan hätten rufen müssen. Immerhin wurde schon 1932 von der Preußischen Landesregierung ein Sterilisationsgesetzentwurf ausgearbeitet, ohne den das Sterilisationsgesetz der Nazis, das Gesetz zur Verhütung erbkranken Nachwuchses (GzVeN), nicht schon 1934 und in dieser ›Klarheit‹ hätte vorgelegt werden können. Greift das Sterilisationsgesetz in die körperliche Integrität der Betroffenen ein und bildet es quasi die Vorstufe zu iher physischen Vernichtung, so wird das Existenzrecht der ›Nichtarbeiter‹ durch die 2. Änderung des Reichsjugendwohlfahrtsgesetzes (RJWG) von 1932 auch ökonomisch angetastet. Dieser Gesetzesänderung ging die Ankündigung eines auf ca. 90 Mill. Reichsmark geschätzten Finanzlochs im preußischen Haushalt voraus. Eingespart werden sollte an der Fürsorgeerziehung, und zwar derart, daß jede weitere Fürsorgeerziehung künftig von der Aussicht auf Erfolg abhängig zu machen sei, wodurch das Recht auf Bildung nicht mehr von sozialen, sondern von individualisierten Vorgaben abhängig gemacht wurde. Diese ›Bildungsunfähigkeit‹ hatte sich nicht erst zu beweisen, sie war prognostisch festzustellen. Bestand aber kein Verdacht auf Erziehungsfähigkeit, so sollte der Fürsorgezögling nach Möglichkeit in eine Pflegefamilie vermittelt werden. Als Anreiz wurde das Pflegegeld etwas erhöht, was aber in keinem Vergleich zu den eingesparten Pflegesätzen der Anstalten stand. Die Einsparungen wurden durch die Verlagerung von sozialen Kosten auf unbezahlte Frauenarbeit erzielt.[4]

Von der Koppelung des Anrechts auf Bildung mit der Aussicht auf Erfolg läßt sich eine direkte Entwicklungslinie zum § 11 des Reichsschulpflichtgesetzes von 1938 ziehen, das mit der Aufkündigung des Bildungsanspruchs für ›Bildungsunfähige‹ deren Freigabe zur Euthanasie darstellte.

Die Mitwirkung der Heilpädagogen und Hilfsschullehrer an den Zwangssterilisierungen von ca. 200 000 Hilfsschülern und Fürsorgezöglingen wird heute nicht mehr geleugnet, aber mit »nur um Schlimmeres zu verhindern« ›erklärt‹. Das Ausmaß ihrer Mitwirkung am Euthanasieprogramm der Nazis bleibt vorerst noch ungeklärt –, allein zur Mitschuld reicht schon ihr Nichtverhalten, das Ausbleiben von Widerstand aus.

2. Modernisierung der Fürsorge – Vorsorge

Der dargestellte Zusammenhang der »Modernisierung« der Fürsorge birgt angesichts aktueller technologischer und sozialpolitischer Entwicklungen einiges an Brisanz. Vorweg und nur plakativ ein Hinweis: Mit der industriell-bürokratischen Vernichtung der Unbrauchbaren/Nichtarbeiter im Faschismus war eine intensive Grndlagenforschung zur effektiveren Förderung/Rehabilitation bzw. Vorsorge verbunden. Das immer wieder aufgestellte Dogma der »Unwissenschaftlichkeit« bzw. »Stagnation der Wissenschaft« im Faschismus bedarf hier dringend der Korrektur. Es hieße aber die Bedeutung des Modernisierungskonzeptes mißverstehen, wollte man die faschistischen Zwangsprogramme zur Erklärung aktueller Vorgänge heranziehen. Durch einen ungeheuren Innovationsschub in den letzten Jahren im Bereich der Reproduktionstechnologien sind derartig großangelegte Zwangsprogramme überflüssig gemacht, andererseits konnte der »molekulare Reduktionismus« wieder Fuß fassen in den Diskussionen um »Behinderung«, »Krankheit« etc. Durch die Verfeinerung der biochemischen Testmethoden und durch die Anwendung gentechnologischer Verfahren in der Analyse des menschlichen Genoms »steht« das Versprechen der Molekular- und Humangenetiker, Abweichungen vom genetischen »Normalzustand« definieren zu können, also auch verhindern zu »helfen«. Durch die Möglichkeit der vorgeburtlichen Diagnostik kann »behindertes« sprich »lebensunwertes« Leben nun schon in der Entstehung verhindert werden. Bei dem allerorten propagierten Machbarkeitsfetischismus »Was da ist, wird angewandt; was machbar ist, wird gemacht« braucht nun nicht mehr nach gesellschaftlichen Ursachen des vorhandenen individuellen und kollektiven Leidens gefragt zu werden, die Suche nach gesellschaftlichen Lösungen ist überflüssig geworden. Ständig wird darauf hingewiesen, wieviel Leid von den betroffenen Menschen und ihren Familien genommen werden kann, unterwirft sich frau dieser Technologie. »Behindertes« Leben ist nur noch als Objekt wissenschaftlicher Forschung interessant, um dem Ziel der umfassenden Kartierung des menschlichen Genoms schnell näher zu kommen. »Am Ende steht die Vision der individuellen Genkarte: Jeder Neugeborene erhält auf der Basis einer genetischen Checkliste Informationen über seine angeborenen Dispositionen, Defekte, Krankheiten und Schwächen. Sozial und gesundheitlich abgesichert wird nur der, der bereit ist, seine individuelle Lebensplanung und -führung auf sein genetisches Programm abzustellen.« (Hohlfeld, in Kollek/Hansen 1985, S. 62)

2.1 Zur Kontinuität der Zwangssterilisation

Vor dem Hintergrund dieses Versuchs der biologischen Deterministen, »lebensunwertes« Leben mit Hilfe des molekulargenetischen Instrumentariums gar nicht erst entstehen zu lassen, nimmt die Diskussion um die gesetzliche Regelung der Zwangssterilisation von »behinderten« Menschen immer weiteren Raum ein. Das Konzept der »Modernisierung« läßt sich im direkten Vergleich der Zwangssterilisation ab 1934 und nach 1945 gut verdeutlichen.

Der Charakter der aktuellen Zwangssterilisation liegt denn auch nicht im äußerlichen, sichtbaren Zwang. Formal werden dem Individuum sogar »Subjektqualitäten« zurückverliehen. So fordern z. B. SonderpädagogInnen, durchaus in der brisanten Situation zwischen den Ängsten der Mutter, dem unveräußerlichen Recht auf körperliche Integrität und eigene Sexualität und den eigenen pädagogischen Vorstellungen stehend, die Zwangssterilisation von (geistig) behinderten Frauen. Dabei beziehen sie sich auf das Interesse einer »aufgeklärten« pädagogischen Arbeit, die Sexualität von »Behinderten« nicht tabuisiert oder sanktioniert. Anders ausgedrückt: Das Recht auf eigene Sexualität wird den betroffenen Frauen mit dem Recht auf körperliche Integrität »abgekauft«. De facto wird die Qualität der Entscheidung aber von anderen abhängig gemacht, denn ohne eigene »Positionsbestimmung« der einzelnen PädagogInnen und der Sonderpädagogik selbst wird jede in diesem Kontext gefällte Entscheidung gesellschaftliche Macht- und Gewaltverhältnisse reproduzieren.

So wird das »Klientel« der Sonderpädagogik von zwei Seiten in Frage gestellt, die Legitimation der Sonderpädagogik als Wissenschaft allerdings auch. Daher wird die derzeitige Situation erneut davon geprägt, daß die Heilpädagogik vor der Wahl steht zwischen der bloßen Verwaltung der Realität der technologischen Entwicklung, als Lieferantin von Legitimationsbedarf für Bioethik: Ethik der Embryonenforschung, Ethik der Sterbehilfe . . ., oder dem Überschreiten ihrer bisherigen Praxis, der Verhinderung von Aussonderung. Gamm schreibt, das Recht des Menschen auf Entfaltung aller Anlagen sei die »... schlichte Elle, die den Verhältnissen anzulegen wäre« (Gamm 1984 [2. Aufl.], S. 39). Solle »pädagogische Verantwortung« als Begriff Sinn erhalten, so müsse sie »... ohne Zurückhaltung und Umschweife jeden möglichen Verrat am Glück ... ansprechen« (a.a.O.). Mit der Annahme dieser Verpflichtung, die ein bewußt distanziertes Verhältnis zu Herrschaft und Obrigkeit impliziere, »... wird der Vorrang des Perfektionistischen oder Faktischen in fundamentale Zweifel gezogen, und Pädagogik erhält Instrumente, die protzige Faktizität als einer moralischen Legitimation bdürftig abzuweisen« (a.a.O.).

Dieser Aufforderung von Gamm nachzugehen wäre u. E. sinnvoller als das »Abfeiern« von jämmerlichen 1,3 Prozent Anteil an 600 Jahren in scheinbar eigener wissenschaftlicher »Hochblüte«.

Literaturverzeichnis

1 Hansen, F., Kollek, R.: Gen-Technologie, Die neue soziale Waffe
2 Heilpädagogischer Kongreßbericht, Köln 1933, Hoffmann, zitiert nach Kanter
3 Gamm, H. J.: Führung und Verführung, Pädagogik im Nationalsozialismus, Frankfurt 1984 (2. Auflage)
4 Kanter, G.; Hg. Gerber, E., Kappus, H.; Reindt, T. in: Universitäre Sonder- und Heilpädagogik, München 1987

Literatur zum Thema

Bock, G.: Zwangssterilisation im Nationalsozialismus, Opladen 1980
Jantzen, W.: Allgemeine Behindertenpädagogik, Basel 1987
Jantzen, W.: Sozialgeschichte des Behindertenbetreuungswesens, München 1982
Köttgen, Ch.: Zwangssterilisation geistig behinderter Mädchen, in: Hansen/Kollek, s. o.

Anmerkungen

1 Villinger, der zusammen mit Stutte als Vater der Kinder- und Jugendpsychiatrie gilt, war im Faschismus Gutachter am Erbobergesundheitsgericht und Euthanasiegutachter. Weniger bekannt ist er jedoch als Vater der Heilpädagogik; er gehört zu den Initiatoren des ersten akademischen Sonderschullehrerausbildungsganges in Marburg und zu den Gründungsmitgliedern der ›Lebenshilfe für geistig Behinderte‹.
2 Dieser Kongreß war, wie sonst nirgendwo bemerkt, erst der vorletzte Kongreß. Der letzte fand 1936 unter Leitung von Lesch in München statt; vgl. die RHEINPROVINZ 1936.
3 Vgl. zur ›Modernität‹ von Aschaffenburg auch den Artikel von Liebermann in diesem Buch.
4 Die Parallelen zu Bestrebungen der Berliner Bildungssenatorin H. Laurien, ›schwer geistig Behinderte‹ nicht mehr zu beschulen, sind schwerlich übersehbar.

Wolfgang Lindweiler

Die Identifikation des Historikers

Andreas Hillgruber oder »Auschwitz als kleineres Übel«[1]

1986 lösten die Versuche einiger neu- und altkonservativer Historiker, mit breiter publizistischer Unterstützung von ›Welt‹ und FAZ den deutschen Faschismus, seinen Angriffskrieg und seine industrialisierte Menschenvernichtung moralisch zu entschuldigen und die Ablehnung der faschistischen Barbarei politisch zu neutralisieren, den sogenannten ›Historikerstreit‹[2] aus. ›Geistig-moralische Erneuerung‹ nebst ihren Legitimationsproblemen, Ronald Reagans ›Kreuzzug gegen das Reich des Bösen‹ und nicht zuletzt Expansionsansprüche des wiedererstarkten deutschen Imperialismus überschnitten sich in einer ideologischen Offensive, die darauf abzielte, die Erfahrungen mit der faschistischen Barbarei und der militärischen Niederlage des deutschen Faschismus als Grenze für eine autoritäre Renationalisierung von Politik, für machtstaatliches Durchgreifen im Innern und imperialistische Politik nach außen zu Fall zu bringen. Zu denjenigen, die da in den »neuen Deutungskämpfen um Anti-Faschismus«[3] ›aus dem Schatten Hitlers heraustreten‹ wollten, gehört(e) auch der Kölner Ordinarius Andreas Hillgruber.

Im Eifer des Gefechts urteilte Rudolf Augstein über den Kölner Professor: »Wer so denkt und spricht, ist ein konstitutioneller Nazi, einer, wie es ihn auch ohne Hitler gegeben hätte.«[4] Der Heidelberger Pädagogikprofessor Micha Brumlik diagnostizierte zur Eröffnung der Veranstaltungsreihe ›Wider den rechten Geist‹, mit der der ›Historikerstreit‹ zu einem öffentlichen Thema an der Kölner Universität gemacht wurde, einen »Niedergang deutscher Geschichtswissenschaft auf das Niveau von Landserheftchen«.[5] Mit seinem im Siedler-Verlag erschienenen Bändchen hatte der »nationalkonservative Weltaußenpolitiker Hillgruber«[6] seiner Hoffnung auf die »Rekonstruktion der europäischen Mitte«[7] und einer lange gehegten Trauer über den Verlust der »Eigenständigkeit der Großmachtstellung des Deutschen Reiches«[7a] in einer Weise Ausdruck verliehen, die nicht nur von Jürgen Habermas in seiner Kritik der »apologetischen Tendenzen in der deutschen Zeitgeschichtsschreibung«[8] mit gutem Grund skandalisiert worden war.

Hillgrubers Um-Deutung der Ereignisse und Frontverläufe des Zweiten Weltkrieges, mit der er sich laut Verlagsankündigung »gegen die landläufige Meinung, wonach die Zerschlagung des Deutschen Reiches eine Antwort auf die Untaten des NS-Regimes gewesen sei«[9], wendet, folgt den oben umrissenen Interessen ebensosehr wie seiner biographischen Erfahrung als gebürtiger Ostpreuße und Heimatvertriebener. Diese Erfahrung treibt ihn sogar noch über die im Untertitel »Die Zerschlagung des Deutschen Reiches und das Ende des europäischen Judentums« sprachlich bereits vollzogene Umdeutung von Tätern und Opfern hinaus: zur Preisgabe sämtlicher methodischen Wertfreiheits- und Objektivitätspostulate bürgerlicher Wissenschaft.

Während er die industrialisierte physische Vernichtung der europäischen Juden mit der Rede vom ›Ende‹ zu einem gleichsam naturhaften Prozeß verschleiert und die deutschen Täter ›entnennt‹, erscheint die »Zerschlagung des Deutschen Reiches« als das Ergebnis einer planmäßigen Strategie. Da »die Amputation des Reiches zugunsten eines Großpolen schon lange vor Auschwitz Kriegsziel der Alliierten war«[10], er gar »lange erwogene Kriegsziele der gegnerischen Großmächte, die während des Krieges zum Durchbruch gelangten«[11] behauptet, deshalb erscheint bei Hillgruber der faschistische Angriffskrieg – nicht ›nur‹ gegen die Sowjetunion (!) als ein beinahe defensives Unternehmen. Hillgruber geht es jedoch um mehr als derartige Relativierung der Monstrosität des Faschismus: Von seiner Biographie getrieben (?), reicht Hillgruber die Rolle des Wissenschaftlers, aus der heraus er seine Autorität beansprucht, nicht mehr aus, um die Ereignisse des Jahres 1944 ins ›rechte‹ Licht zu setzen. So schafft er im ›nationalen Interesse‹ – und der obrigkeitsstaatlichen Tradition der deutschen ›Mandarine‹ verhaftet – seine eigene Objektivität ab: Der Historiker muß »sich mit dem konkreten Schicksal der deutschen Bevölkerung im Osten und mit den verzweifelten und opferreichen Anstrengungen des deutschen Ostheeres und der deutschen Marine im Ostseeraum identifizieren, die die Bevölkerung vor den Racheorgien der Roten Armee (...) zu bewahren und in der allerletzten Phase den Ostdeutschen den Fluchtweg zu Lande oder über See nach Westen freizuhalten suchen.«[12]

Daß, wie einige Jahre zuvor auch Norbert Blüm festgestellt hatte, jener ›tragische Heldenkampf‹ das Weitermorden in den Konzentrationslagern ermöglichte, ficht Hillgruber nicht an. Mit den Opfern der SHOAH oder den politischen Häftlingen in den KZs identifizierte sich Hillgruber eben nicht, denn die Verwendung des Begriffs ›Befreiung‹ »impliziert eine solche Identifikation mit den Siegern«.[13] Für die

Insassen der KZs sei der Begriff ›Befreiung‹ wohl legitim, aber für einen »Überblick über das Kriegsgeschehen aus deutscher Perspektive«[14] kommt dergleichen nicht in Frage.

Aus dieser Perspektive hat Hillgruber dann auch für die konservativen Militärs um Graf Stauffenberg, die Attentäter des 20. Juni, nur das abqualifizierende Prädikat ›gesinnungsethische Handlung‹ anzuführen, um es der »verantwortungsethischen Position der Befehlshaber, Landräte und Bürgermeister« gegenüberzustellen, »aus deren Sicht alles darauf ankam, wenigstens einen schwachen Schleier von Sicherungen an der ostpreußischen Grenze aufzubauen, um das Schlimmste zu verhindern: die drohende Orgie der Rache an der deutschen Bevölkerung für alles, was in den Jahren 1941 bis 1944 in den von den deutschen Truppen besetzten Teilen der Sowjetunion – von welchen Dienststellen auch immer – an Verbrechen begangen worden war«.[15]

Gegenüber dem »Überrollen des deutschen Ostens durch die Rote Armee«[16] erscheinen der Fortbestand der Hitler-Diktatur ebenso wie der Betrieb der Todesmaschinen von Auschwitz zwar als hoher, aber in der ›tragischen Situation‹ unumgänglicher Preis. Mit dieser Argumentationsfigur ist die »Wiedergeburt des machtstaatlichen Zynismus«[17], die Endlösung des Hitlerfaschismus als eines Hindernisses für die ideologische Begründung einer offensiven nationalen Machtpolitik der BRD vermeintlich ebenso vollbracht wie die Beseitigung der Erfahrungen des Zweiten Weltkrieges als Warnung vor dem Dritten: Ohne die Verbrechen des deutschen Faschismus leugnen zu wollen (oder: zu müssen), erscheint dessen mit dem ausdrücklichen Ziel der Vernichtung und Ausrottung ganzer Völker geführter Eroberungskrieg durch Wertung und Wortwahl als Abwehrkampf gegen die das ›Reich‹ und die ›Mitte Europas‹ überflutenden ›Horden der Roten Armee‹.

»Hillgrubers Versuch, die Massenvernichtung gegen die Ostfront aufzuwiegen, stellt jedenfalls nichts anderes dar, als das Programm Heinrich Himmlers aus den letzten Kriegsmonaten (Sonderfrieden im Westen/Weiter ›kämpfen‹ und morden im Osten). Sollte also das Denken Heinrich Himmlers der neue Staatsmythos der Bundesrepublik werden?«[17] Micha Brumliks provokatives Resumée der Kritik an Hillgrubers ›Zweierlei Untergang‹ fand seine traurige Bestätigung, als Andreas Hillgruber von der ›Welt‹ dazu auserschen wurde, den promovierten Historiker und Bundeskanzler Helmut Kohl zu interviewen.[18] Das auf dem Höhepunkt des ›Historikerstreits‹ entstandene Interview kreist um mögliche Strategien zur »Rekonstruktion der zerstörten Mitte Europas«, die Hillgruber als »heute so offen wie damals« (gemeint ist: 1945) behauptet hatte. Zwischen dem machtrealistischen Eingeständnis Hillgrubers, daß »die Zusammenfassung eines erweiterten ›Mitteleuropa‹ unter deutscher Führung, zugeschnitten auf die deutschen Interessen, durch den Kriegsausgang historisch erledigt ist«[19], und Kohls ›Vision‹ eines bis nach Leningrad reichenden ›Gesamteuropa‹ kreist das Gespräch der beiden Historiker geradezu masochistisch um die fehlende Realitätstüchtigkeit der ›deuschlandpolitischen‹ Strategien der deutschen Rechten. Dieses Fehlen einer ›realpolitischen‹ Strategie, nach der Revision des Geschichtsbildes auch die Resultate der wirklichen Geschichte zu revidieren, löst sich in der Konstruktion eines politischen ›Imaginären‹ auf, dessen Realitätsferne die ideologischen Anstrengungen nur vergrößert: »Als Historiker wissen Sie, daß der Wille eines Volkes stets das Entscheidende ist.«[20] Somit rückt(e) Hillgruber unversehens ins Zentrum der Strategiebildung der deutschen Rechten und ihrer »imaginären Projekte«; einer deutschen Rechten, deren »historische Vorgängerin freilich exterministische Risiken der Revision der Geschichte nicht gescheut (hat)«.[21]

Als diese Arbeit Hillgrubers an möglicherweise politisch virulent werdenden Geschichts-Bildern von Jürgen Habermas und anderen kritisiert und auf ihre politischen Gefahren hin öffentlich ausgelotet wurde, befand der Historiker Hillgruber, dies alles sei keine ›Wissenschaft‹ und der ›Historikerstreit‹ nichts anderes als ein »uferloses öffentliches Palaver«[22]; für Unbefugte wie z. B. den Nicht-Historiker Habermas, erst recht für kritische StudentInnen, sei die ›historische Fachkontroverse‹ verbotenes Gelände. »Das ›Fach‹ fungiert als ideologische Festung«[23] – gegen das Eindringen unbefugter ›Intellektueller‹ und demokratischer Öffentlichkeit in die politische Mythenproduktion des Konservatismus. Hillgrubers nach eigenem Bekunden »konservative, allen ›linken‹ und sonstigen Weltverbesserungs-Utopien gegenüber mißtrauische Grundhaltung«[24] macht sich hier als vordemokratischer Betandteil der Mentalität der traditionellen nationalkonservativen Intellektuellen geltend. Zugleich mit dem Trauma der Niederlage von 1945 soll auch die ideologische Niederlage von 1968 revidiert werden: Außer der nicht völlig unberechtigten Kritik an Habermas' etwas leichthändigem Umgang mit einem Hillgruber-Zitat findet sich kein Wort der inhaltlichen Auseinandersetzung, sondern ausschließlich eine Polemik gegen ›wissenschaftsfremde Agitation‹. Die ›öffentliche Kritik‹ erscheint dem in der Tradition der deutschen Mandarine verwurzelten Hillgruber als eine »politisch motivierte Rufmordkampagne (. . .) im Stile der noch allzu vertrauten APO-Pamphlete der sechziger Jahre«.[25]

Hillgrubers Antikritik seiner Kritiker strotzt von Diffamierungen, wie »unsäglich dümmlich angelegtes Machwerk« und »keinen eigenen Gedanken zu Papier bringendes ›Geschreibe‹«[26], und rückt – durch die ständige Verwendung von Begrifflichkeiten wie »Gefolgsleute«, »Persilschein« und »Mitläufer« – seine Kritiker in die Nähe der Faschisten. »Es ist wie ein sprachlicher Aufstand im Namen einer Generation von Zwangsentnazifizierten«, bemerkt W. F. Haug[27] dazu. Daran, daß Andreas Hillgruber als neokonservativer Historiker in der Tradition der nationalkonservativen Eliten der Weimarer Republik steht, also einer der von Fritz Ringer als »deutsche Mandarine«[27] charakterisierten deutschen Gelehrten, deren Elitarismus und vordemokratische Traditionen den Faschismus mitermöglicht haben, daran gibt es ebensowenig zu zweifeln wie an seiner Bereitschaft, sein machtstaatlich geprägtes Geschichtsverständnis an der Universität zu Köln weiterzulehren. In bezug auf sein ›Herkunftsbewußtsein‹ sind aber Zweifel angebracht. Dies zeigt Hillgrubers Antwort auf Habermas' Feststellung, er stehe »fest in der Tradition der deutschen Mandarine«[28]: »Auf das törichte Geschwätz von Habermas, ich würde fest in der Tradition der deutschen Mandarine stehen, was immer das heißen soll, lohnt sich nicht einzugehen; es ist aber bezeichnend für den Wechsel zwischen gespielter hochgradiger sprachlicher Sensibilität und grober Polemik, und daher sollte dieser Satz hier nicht unerwähnt bleiben, um Methode und Stil des Agitators Habermas zu charakterisieren.«[29]

Daß Andreas Hillgruber nicht bereit war, sich der öffentlichen Diskussion an seiner Hochschule zu stellen, wozu der AStA ihn eingeladen hatte, versteht sich aus seinem intellektuellen Profil von selbst. Daß allerdings ebenso keiner seiner Kölner Fachkollegen in irgendeiner Weise zum ›Historikerstreit‹ Stellung bezogen hat, ist einer besonderen Erwähnung wert, da vermutlich die Mehrzahl derselben die Positionen Hillgrubers nicht teilt – ebensowenig wie die von Habermas. Das gesammelte Schweigen der Fachkollegen spricht nicht nur für ihre (falsche?) Höflichkeit, sondern legt auch beredt Zeugnis davon ab, daß das »Fach als ideologische Festung« an der Kölner Universität noch unerschüttert ist.

Anmerkungen

1 Kölner Stadt-Revue, Nr. 11/1986.
2 Da die gesamte Kontroverse hier nur in Ansätzen umrissen werden kann, verweise ich auf folgende Gesamtdarstellungen: W. F. Haug: Vom hilflosen Antifaschismus zur Gnade der späten Geburt, Hamburg, Berlin (Argument) 1987.

R. Kühnl (Hg.): Vergangenheit, die nicht vergeht. Die ›Historiker-Debatte‹. Darstellung, Dokumentation, Kritik. Köln (Pahl-Rugenstein) 1987.

3 W. F. Haug, a.a.O.

4 Rudolf Augstein, Die neue Auschwitz-Lüge, im ›Spiegel‹ vom 6. 10. 1986.

5 Micha Brumlik: Neuer Staatsmythos Ostfront, taz vom 12. 7. 1986.

6 Ders., in der Deutschen Volkszeitung/DVZ vom 13. 2. 1987, S. 18.

7 Andreas Hillgruber, Zweierlei Untergang. Die Zerschlagung des Deutschen Reiches und das Ende des europäischen Judentums, Berlin (Siedler) 1986, S. 74.

7a Ebd. S. 64.

8 Jürgen Habemas, Eine Art Schadensabwicklung, in: Die Zeit vom 11. 7. 1986.

9 A. Hillgruber, Zweierlei Untergang, Klappentext.

10 und 11 Ebd. S. 10 (Vorwort).

12 Ebd. S. 24 f.

13 Ebd. S. 24.

14 Ebd. S. 25.

15 Ebd. S. 21.

16 Ebd. S. 31; S. 65 findet sich auch die Formulierung »Überflutung ihrer Heimat durch die Rote Armee«.

17 M. Brumlik, s. Anm. 5.

18 Erschienen in der ›Welt‹ vom 1. 10. 1986 unter dem Titel »Helmut Kohl: Selbstbestimmung wie jedes Volk der Erde«.

19 A. Hillgruber, J. Habermas, K. H. Janßen und die Aufklärung anno 1986, in: Geschichte der Wissenschaft und Unterricht 12/1986 S. 725–738; hier zitiert nach dem Wiederabdruck in: ›Historikerstreit‹. Die Dokumentation der Kontroverse um die Einzigartigkeit der nationalsozialistischen Judenvernichtung, München (Piper) 1987, S. 331–351.

20 H. Kohl, a.a.O.

21 W. F. Haug, a.a.O., S. 278.

22 A. Hillgruber, Mein ›Schlußwort‹ zum sogenannten ›Historikerstreit‹, 12. Mai 1987, in: Historikerstreit, S. (19), S. 395.

23 W. F. Haug, a.a.O., S. 242.

24 A. Hillgruber, J. Habermas, K. H. Janßen S. (19), S. 343.

25 Ebd. S. 331.

26 Ebd. S. 332.

27 W. F. Haug, a.a.O., S. 243.

28 J. Habermas, Eine Art Schadensabwicklung, a.a.O.

29 A. Hillgruber, J. Habermas, K. H. Janßen . . ., a.a.O. S. 337.

Georg Althoff / Wolfgang Blaschke

Erwin K. Scheuch oder die »Kölner Soziologie« als Hüter von Recht und Ordnung

Seit Jahren schon ist die Soziologie an der Kölner Wiso-Fakultät ein Gütebegriff: »Die Kölner Schule«. Repräsentiert wird die »Kölner Schule« heute vor allem durch den vielschaffenden und um eine flinke Formulierung nie verlegenen »Hans Dampf der Soziologie«[1] Erwin K. Scheuch. Als ordentlicher Professor und Direktor des Instituts für angewandte Sozialforschung an der Kölner Universität vertritt Scheuch das, was im Kern die »Kölner Schule« seit den 60er Jahren ausmacht; sein reduktionistischer Forschungsansatz, sein Verständnis von Sozialforschung als bloßer Empirie, die damit verbundene Einengung auf Kleingruppenstrukturen sowie die Ausgrenzung und Tabuisierung makro-ökonomischer und marxistischer Methoden und Forschungsansätze bestimmen weitgehend das Bild der »Kölner Soziologie«.

Mit Scheuch ist die Soziologie, wie sie in Köln betrieben wird, endlich erwachsen geworden – effizient; so daß sie auch für die Industrie interessant und verwertbar ist. Dazu mußte Scheuch erst einmal dafür sorgen, daß es an der Kölner Universität keinen Ideen- und Wissenschaftspluralismus geben konnte und wissenschaftliche Traditionen, für die z. B. ein René König stand, aus dem öffentlichen Bewußtsein verdrängt wurden. Scheuch, der sich seit Ende der 60er Jahre zunehmend als Kämpfer gegen den Marxismus verstand, entwickelte die Soziologie in Köln zu einem Bollwerk gegen progressive Vorstellungen. Zugleich sorgte er in der quantitativen Sozialforschung für einen enormen Modernisierungsschub, indem er die Methoden der US-Sozialforschung nach Köln importierte und so in der BRD die Weiterführung einer Tradition und Kontinuität empirischer Sozialwissenschaft ermöglichte, ohne daß man reflektieren mußte, wie tief diese Traditionslinie schon im Faschismus verwurzelt war. Die vorgebliche »Amerikanisierung« und »Modernisierung« der deutschen Soziologie verschleierte, ob bewußt oder unbewußt, daß die Grundlagen der modernen Soziologie während des Dritten Reiches entwickelt worden waren und daß im Faschismus ein Modernisierungsprozeß der Wissenschaften stattgefunden hatte, der auch die Sozialforschung und Statistik vorangetrieben hatte. Man hätte in den 50er und frühen 60er Jahren, wenn man konsequent gewesen wäre, die Modernisierung der Soziologie auch zurückführen können z. B. auf die nazistische Tradition der Volkszählung, die ermöglicht hatte, Juden systematisch auszugliedern und zu vernichten.[2] Die Auseinandersetzung mit solchen Traditionen und Positionen brauchte damals aber nicht geführt zu werden, so kam es in den Nachkriegsjahren zu einer Revision der deutschen Soziologie, ohne daß man sich zugleich Gewißheit über die inhumanen Grundlagen der über den Umweg USA eingeführten modernen Methoden verschafft hätte. René König hat damals seinen theoretischen Rahmen modernisiert, nachdem er im Dritten Reich aufgrund seiner mangelnden Effektivität und seines traditionellen Verständnisses von Universität gescheitert war. König, als Gelehrtentyp und Emigrant, war nach dem Krieg gut und nützlich für den Schein – war aber nicht effizient genug. Sein Schüler Erwin K. Scheuch war die geeignete Person, die sozusagen den Re-Import auch deshalb leisten und organisieren konnte, weil er unbelastet vom Faschismus war. Die wissenschaftliche Tradition der »Kölner Soziologie« verbindet sich heute im wesentlichen mit Scheuch.

Von Paulus zu Saulus

Scheuch konnte diese Funktion auch einnehmen, weil er bis Ende der 60er Jahre als links-liberal, »als engagierter Sympathisant der SPD«[3] galt, sich gegen die Notstandsgesetze und für die protestierenden Studenten engagierte. Als am 7. Juni 1967 Studenten auf dem Kölner Neumarkt gegen die Ermordung Benno Ohnesorgs demonstrierten, waren Prof. Erwin K. Scheuch, damals 39 Jahre alt, und Prof. Klug die einzigen Ordinarien der Kölner Universität, die sich mit ihnen solidarisierten. Scheuch ergriff Partei für die rebellierenden Jugendlichen und den studentischen Protest, er widersetzte sich der Diffamierung der Studenten als Nichtstuer und Politgammler. »Hochschullehrer hätten ihre Aufgabe nicht erfüllt«, so Scheuch damals, »wenn Studenten nicht kritischer wären als Familienväter«. Und: »In einer Demokratie hat eine Polizei nicht den Auftrag, politische Gegner zum Schweigen zu bringen oder einzuschüchtern.«[4]

Warum jedoch der 1928 in Köln geborene Ordinarius vom Paulus zum Saulus wurde, ist nicht ganz klar. Hatte 1967 das 14. Kommissariat, zuständig für politische Straftaten, noch gegen Scheuch als vermeintlich »Linken« ermittelt, so hatte er wenige Jahre später nichts mehr einzuwenden »gegen die Anwesenheit von Polizeikräften«[5] in seinen Veranstaltungen. Nur zehn Jahre nach seinem Aufruf: »Entlarven Sie die Gegner der Freiheit!«[6] hält Erwin K. Scheuch den Rekord im Prozessieren gegen Studenten. Aus dem einstigen »liberale(n) Idol der Kölner Studenten«[7] ist einer der – wie er selbst sagt – »militantesten« Gegner ihrer Linken geworden.[8] Aber nicht nur hochschulpolitisch, sondern ganz allgemein ist aus dem früher liberalen und »linken« Professor ein Rechter geworden.

Scheuch war wohl, wie eine ehemalige Kommilitonin sagte, ehrgeizig, wollte immer »ganz vorn dran sein«, immer Mittelpunkt sein, wollte nicht aufs falsche Pferd setzen. Wie viele 1968 fortschrittliche Leute ist er deshalb wohl, nur eben eher, wieder auf »Linie« gegangen – er war der Zeit immer ein bißchen voraus.

Daß die Linken radikaler geworden sind, steht für den Sozialforscher fest. Ob er allerdings seinen Standort nicht immer mehr nach rechts verlagert hat? Das hält er nur für möglich. Mit Sicherheit ist er »weniger liberal«.[9] »Früher«, so Scheuch, »hatte ich ein gestörtes Verhältnis zu jeglicher Ordnung. Inzwischen habe ich kapiert, daß ein gewisses Maß an Regeln und Respekt vor der Ordnung keinen Gegensatz zur Humanität vergrößern kann.«[10] Deswegen ist er jetzt für Recht und Ordnung.

Jedenfalls warnte er schon 1967 vor einem aufziehenden »Links-Faschismus«. Richtig los legte Scheuch dann 1970 als Mitbegründer des »Bundes Freiheit der Wissenschaft«, dessen Pressesprecher und »graue Eminenz« er wurde; seit 1980 gehört er dem Vorstand an.[13] In diesem »Bund« schlossen sich, wie Scheuch es ausdrückt, »nicht die konservativen Professoren, sondern die militantesten Gegner der Politisierung der Hochschulen«[14] zusammen. Der Bund wurde für den profilierungssüchtigen Soziologieprofessor zur Speerspitze gegen die Hochschulreform, insbesondere war ihm die von der Studentenbewegung geforderte Drittelparität ein Dorn im Auge, er sah die Freiheit der Forschung und Lehre in Gefahr.

»Der heilige Marx«

Weil Scheuch das Grundrecht der Freiheit von Wissenschaft, Forschung und Lehre in Gefahr sah, trat er denn auch des öfteren als Retter der »reinen Lehre« in Aktion. So legte er sich u. a. mit seinem Fachkollegen Wolfgang Kaupen und dessen Frau Heidrun Kaupen-Haas an. Die beiden hatten seit 1970 einen Lehrauftrag an der Universität zu Köln. Scheuch behagte dies offensichtlich nicht, so behauptete er in einem Schreiben an Prof. König, in Frau Kaupen-Haas sei der »heilige Marx gefahren«, sie sei eine »Agit-Prop-Figur«.[15] Nicht genug damit, er strich die beiden Dozentinnen kurzerhand eigenhändig aus den Korrekturfahnen des Vorlesungsverzeichnisses des Wintersemesters 1972/73.

Der »Fall Kaupen« wurde zwar nicht vor Gericht ausgetragen, wohl aber vor der Öffentlichkeit der Kölner Universität. Es kam dabei zu erheblichen Auseinandersetzungen und Unruhen. Die von Scheuch aus politischen Gründen betriebene Nichtverlängerung der Lehraufträge für das Soziologenehepaar Kaupen-Haas führte zu einer Solidarisierung und kurzzeitigen Politisierung an der WiSo-Fakultät. Scheuch geriet ins Abseits. René König stellte sich öffentlich gegen Scheuch, selbst der RCDS setzte sich dafür ein, daß Kaupen-Haas die Lehraufträge wieder bekamen. Zur Solidarisierung hat damals sicher auch beigetragen, daß der Uni-Rektor Stern auf den Aufruf von Studenten, die Vorlesungen von Herrn Scheuch zu bestreiken, mit einer Aussperrung reagierte.

In der »Affäre Kaupen-Haas« ging es aber auch darum, ein kritisches Wissenschaftsverständnis an der WiSo zu verhindern. Der konkrete Anlaß waren Seminare von Wolfgang Kaupen über Klassenjustiz und von Heidrun Kaupen-Haas über »Berufssoziologie als Soziologie des sozialen Konflikts«; beide scheinen damit ein Theorietabu gebrochen zu haben. Schon beim geringsten Anzeichen dafür, daß ein offener Dialog über verschiedene Theorieansätze stattfinden könnte, griff der Bewahrer von Recht und Ordnung dirigistisch in den Lehrbetrieb ein. Es war eine Reaktion, die vielleicht erst richtig verständlich wird, wenn man Scheuchs Analyse zur 68er Revolte liest.

Unter dem reißerischen Titel »Auf dem Schlachtfeld Universität siegte der Geist von gestern«[16] will er die 68er Revolte und ihre Folgen entmystifizieren und analysiert so nebenbei seine Rolle im Konflikt mit den DozentInnen Kaupen/Kaupen-Haas. Scheuch stellt fest, von der Revolte seien vor allem die Universitäten betroffen gewesen; der Grund liege nicht im Wirken der 68er selbst, sondern darin, daß die deutsche Ordinarienuniversität renovierungsbedürftig war. »Dort (an der Ordinarienuniversität; d. V.) wurde ein Fach von nur einem ordentlichen Professor vertreten, der aber nicht die vorrangige Verpflichtung zur Weitergabe eines Kanons geteilter Meinungen in seinem Gebiet in sich verspürte, sondern seine Einmaligkeit herauszuarbeiten versuchte.«[17] Besser als Scheuch hier selber hätte wohl niemand seine damalige Rolle und sein Selbstverständnis als Ordinarius beschreiben können. Damit läßt er es aber nicht genug sein, er liefert auch eine tiefergreifende Analyse seines damaligen Handelns und seines Engagements für die Freiheit der Forschung und Lehre im »Bund Freiheit der Wissenschaft«. Die institutionellen Voraussetzungen der Ordinarienuniversität waren schon seit Mitte der 50er Jahre beschädigt, u. a. durch die Einrichtung sog. »Parallellehrstühle« und durch den zahlenmäßig verstärkten Ausbau des akademischen Mittelbaus mit ungesicherter Zukunft. 1968, so Scheuch, war die deutsche Universität entscheidend geprägt durch diesen enorm erweiterten Mittelbau und stark gestiegene StudentInnenzahlen. Die Hochschulen selbst entwickelten aber keine angemessene Organisationsform für diese neue Situation.

»Revolutionen werden durch die am wenigsten Priviligierten der am meisten Priviligierten gemacht«, zitiert Scheuch – ohne Quellenangabe – ein Ergebnis der empirischen Revolutionsforschung und wendet es auf die 68er Situation an. »Zwar wird diese Revolte immer durchweg als Studentenrevolte bezeichnet, aber die geistige Führung lag zu einem erheblichen Teil bei Assistenten und noch einigen Doktoranden.«[18] Diese Avantgarde-Funktion hatte nach Scheuch für die damaligen Mittelbauer erfreuliche Folgen: »Zwar sprachen die bereits im Amt befindlichen (so auch Herr Scheuch; d. V.) bei der folgenden Masseneinstellung von Professoren von Discount-Professuren, und das waren sie auch in ihrer Ausstattung im Vergleich zu etablierten Ordinarien, aber Professor ist letztlich doch Professor.«[19]

Abgesehen davon, daß es für den etablierten Ordinarius Scheuch offensichtlich keine Assistentinnen, keine Studentinnen und wohl erst recht keine Professorinnen gab und gibt, ging und geht es – wie letztlich auch in der »Affäre Kaupen« – um seine Einmaligkeit. Mit der ihm eigenen Arroganz denunzierte er wissenschaftliche Ansätze, die nicht in sein Weltbild passen und an der »wahren« Wissenschaft kratzen.

Tagebuch einer Störung

Anfang 1971 kam es bei Gastvorträgen in der Bochumer Uni zum erstenmal zu Störungen von Veranstaltungen des Soziologen. Später in Köln führte Scheuch dann zwei Jahre lang ein Tagebuch, in dem jede Störung seiner Veranstaltungen minuziös aufgezeichnet war. Diese Informationen leitete er an das Rektorat der Universität weiter und erstattete Anzeigen gegen die Störer, die allerdings im Sande verliefen.

Aufzeichnungen aus diesem »Tagebuch einer Störung« veröffentliche die Kölner Rundschau schon im März 1972. Scheuchs Aufzeichnungen geben Aufschluß über die Entwicklung dieser Auseinandersetzung und über seine Unfähigkeit, andere Wissenschaftsansätze als die von ihm favorisierten zuzulassen.

Nach Scheuch handelte es sich um einen Versuch, seine Lehrveranstaltung umzufunktionieren. Den Studenten ging es seiner Meinung nach nicht um eine ernsthafte Darstellung des Marxismus, sondern einzig um Agitprop. Der Dozent »soll die Zuhörer bringen, den Inhalt aber den Spartakisten und ihren nützlichen Idioten überlassen«.[21]

Auf dem Höhepunkt der Auseinandersetzung, bei der es auch um die Demokratisierung der Lehre ging, ging es für Scheuch darum, seinen Wissenschaftsansatz als einzig richtigen darzustellen und kritische Gesellschaftstheorie als unwissenschaftlich zu diskreditieren: ». . . wie bei den Nazis gibt es auch beim Spartakus in den Gesellschaftswissenschaften keine Neutralität.«[22] Die Studenten, die eine Auseinandersetzung um Inhalte forderten, belegte er mit einem Wort Kurt Schumachers als »rotlackierte Nazis«.[23]

Dem Herrn Professor ging es auch hierbei wohl darum, seinen Kampf gegen die Linken fortzusetzen. Wenig später führt er ihn schon vor den ordentlichen Gerichten und überzieht mehrere Studenten, die von ihren demokratischen Rechten Gebrauch gemacht hatten, mit Klagen. Im Juni 1973 war ein Flugblatt des »Kommunistischen Studentenverbandes« (KSV) erschienen, in dem es um Scheuchs Rolle in den Contergan-Prozessen, um die »Euskirchener Studie« und um sein Verhalten während der »Affäre Kaupen« ging.

Bei der »Euskirchener Studie« handelte es sich um eine Studie für die Bundeswehr, die Scheuch allerdings nicht verfaßt hatte. Das Contergan-Gutachten war kein Gutachten, es handelte sich um einen Vortrag auf einem Symposium über Fragen angeborener Mißbildung – hierzu weiter unten. In den von Scheuch angestrengten Prozessen kam es daher zur Verurteilung der Verantwortlichen dieses KSV-Flugblattes.

Von Bahro bis Rousseau

In seiner ununterbrochenen Sorge um die Freiheit der Wissenschaft ist dem promovierten Soziologen Scheuch kein Thema zu abwegig. Ging es bei seinen Aussagen im Zusammenhang mit dem Contergan-Prozeß noch um ein Thema, welches zur damaligen Zeit die bundesrepublika-

nische Gesellschaft erregte, so geht es dem »konservativen politischen Wissenschaftler«[24] und CDU-Mitglied heute um das Thema der freiheitlich-demokratischen Grundordnung. Hier kommt der Wissenschaft eine besondere Bedeutung zu, vor allem der Wissenschaft, wie Scheuch sie versteht: »interessenfrei, verläßlich und sachlich«.[25]
1966 hatte sich Scheuch mit seiner Sozialforschung, mit seinen Aussagen zum Contergan-Skandal, in den Dienst der Firma Grünthal gestellt, indem er erklärte: »Mütter benötigen eine entschuldigende Erklärung dafür, daß sie ein mißgebildetes Kind gebären.«[26] Er folgerte, deshalb geben die Mütter mißgebildeter Kinder an, Contergan genommen zu haben, auch wenn sie ein anderes Mittel benutzt haben. Noch Jahre später ist Scheuch der Meinung, daß der Contergan-Wirkstoff Thalomid nicht alleiniger Verursacher der Mißbildungen sein kann, daß es noch andere notwendige Bedingungen für die Entstehung von Mißbildungen geben müsse. Damit stellt er, ohne es zu merken, seine ganze empirische Sozialforschung in Frage, denn sie basiert ja im wesentlichen auf der Auswertung von Interviews, selten auf Beobachtung. Und in diesem Fall unterstellt er den befragten Frauen, daß sie lügen.
Heute hat Scheuch allerdings ganz andere Sorgen; unentwegt diagnostiziert er den beklagenswerten Zustand dieser Republik. Generell hat er schon längst erkannt, wer an allem Schuld ist: »die Sozis, besonders in ihrer bösartigen Variante als Kommunisten«[27] und die Grünen, bei denen er befürchtet, daß »wenn die Grünen nicht so rot reden würden, wäre ein großer Teil der CDU grün«.[28]
So veröffentlicht der unter Soziologen als Journalist bekannte E. K. Scheuch die Ergebnisse seiner freien Sozialforschung und analysiert die »Probleme einer stagnierenden Gesellschaft«[29] vornehmlich in den Feuilletons so bekannter Gazetten wie der »Welt« oder der FAZ. Hier räsonniert der unter Journalisten als Soziologe Bekannte über die »Deutsche Krankheit«, die »eine Mischung von Zivilisationspessimismus und Abschlaffung (ist), die Grundstimmung eine(r) diffuse(n) Angst, die sich in der Praxis äußert«.[30] Hinter der Nebelwand pofessoraler Geschwätzigkeit zeigt sich vor allem eins: CDU-Propaganda.
Als Bedrohung für die Freiheit der Wissenschaft hat Scheuch, neben Meyer-Abich, vor allem ausgemacht: »Rudolf Bahro, Jürgen Habermas, Carl Friedrich von Weizsäcker, Ludwig von Friedeburg, Fritjof Capra, Erhard Eppler, Robert Jungk, Wilhelm Steinmüller, Ulf Steinke, Bernd Lutterbeck, Wolf-Dieter Narr, Wolfgang Abendroth, Horst-Eberhard Richter und nicht zuletzt Jean Jacques Rousseau. Ein wahrlich illustrer Kreis.«[31] Die schlimmen Folgen sind, für Scheuch,

Wissenschaftsläden, Frauenforschung, Friedensforschung und Beschäftigung mit Ökologie. Die Tatsache, daß wir Frieden wollen, müsse ja nicht gleich dazu führen, daß man eine »Friedensforschung« einrichtet, ebenso dürfe die »Hysterie über ein Waldsterben, das weitgehend eine Folge veränderter Kriterien für die Gesundheit von Bäumen ist«[32], nicht zu einem Forschungsgebiet Ökologie führen. Und selbstverständlich hält Scheuch die Einrichtung von Professuren für Frauenforschung für überflüssig. Denn »selbstverständlich gibt es keine Wissenschaft Frauenforschung ... wohl aber eine politische Bewegung für Frauenemanzipation ... und selbstverständlich ist mit wissenschaftlichen Kriterien eine Forderung unvereinbar, daß Lehrstühle für Frauenforschung nur von Frauen ... eingenommen werden dürften«.[33] Dies alles ist laut Scheuch doch nur aus karrierefördernden Motiven zu erklären. Forschungsschwerpunkte könnten doch viel besser interdisziplinär bearbeitet werden. Was Scheuch am »alternativen Wissenschaftsverständnis« so besorgniserregend findet, ist wohl darin begründet, daß »im Umgang von einflußreichen Institutionen und Personen mit Wissenschaft ... bereits ein erheblicher Verlust an Wissenschaftsautonomie zu beobachten (ist)«.[34]

Drahtzieher dieser Miesmacherei sind »die Apos von Gestern, heute aus ihren Positionen des Einflusses heraus endlich eine Möglichkeit sehen, der verhaßten bürgerlichen Gesellschaft den Garaus zu machen«[35], die ihre Positionen »zum Guerillakrieg gegen die bürgerliche Gesellschaft nutzen«.[36] Denn mit der 68er Revolte gelang es geschickten Assistenten, zum »Apo-Professor« zu werden, deren Herkunft aus der Apo Herr Scheuch daran erkennt, daß »sie nicht viel mehr als Apo-Ideologie gelernt hatten, als sie ihre kurze Karriere auf Druck in der universitären Öffentlichkeit machten«.[37] Heute sind die Führer der Apo, so Scheuch, »auf den unteren Rängen der obersten Ränge angekommen. Parallel zu diesem Aufstieg geht das Einsickern des gläubigen Fußvolkes in die Kulturberufe ... Eine wichtige Teilerklärung für dieses Medienszenario der Angst«, der deutschen Krankheit, ist für Scheuch, »der Marsch in die Institutionen ... Nun, als Medienpersonal, konnten sie der Allgemeinheit ihre Vision des bevorstehenden Untergangs und der Allgegenwärtigkeit von Angst mitteilen.«[38]

Folgt man Scheuch, so hat die Republik nicht nur eine schlechte Presse, denn in diesem Lande ist selbst »in den Medien schon längst die Regel, was Roger de Weck eine ›barocke Geschwätzigkeit‹ titulierte ... fortwährend ist in diesen die Rede von Dioxin und Schwefel, Waldsterben und Atomgefahr, Staatsverschuldung und Arbeitslosigkeit. Wer etwas verhindert . . . gilt als kritischer-aufgeweckter und mutiger Elitebürger«³⁹, sondern sie leidet vor allem unter der »deutschen Krankheit«, welche nach Scheuch vor allem dem Treiben der Apo und den Sympathisanten der Grünen in den Medien geschuldet ist. Dieses Treiben wird seiner Ansicht nach bei »wohl nicht weniger als zwei bis vier Prozent eines Altersjahrgangs bleibende Schäden«⁴⁰ hinterlassen.

Volkshygiene ist angesagt, damit die Normen und Werte der bürgerlichen Gesellschaft nicht weiter bröckeln und die Dynamik des sozialen Systems wieder in Gang kommt. Was für Scheuch vor allem heißt, daß »wir weiter einen Grundkonsens haben, daß Wirtschaftswachstum für uns alle gut ist, daß die Folgen eines Wachstums sozial erwünscht sind«.⁴¹ Welche Folgen und welches Wachstum, darüber bestehen bei Scheuch keine Zweifel.

Die Beschädigung des Expertentums

Zwar sieht Scheuch in der Entwicklung nach 1968 nichts anderes als eine Revolte Halbgebildeter und weltfremder Heilsverkünder, »Wiedertäufer der Wohlstandsgesellschaft«⁴², die inhaltlich nichts Neues hervorbringt. Denn »die undogmatische Linke ist die Rückentwicklung des Sozialismus von der Wissenschaft zur Utopie«.⁴³ Neu ist einzig die Dimension: durch die Dominanz der Kulturberufe in den Medien, deren Feindschaft gegen Expertenurteile und die Bedeutung der Medien für unsere Politiker und »das Führungspersonal unserer Gesellschaft, sind die Phantastereien der literarischen Cafés, das Gerede in larmoyanten bildungsbürgerlichen Salons . . . zu einer öffentlichen Angelegenheit geworden. Jetzt haben die Kulturberufe über ihren Einfluß auf die Politik und durch die Parteien eine Chance der Herrschaft gegenüber den technisch-wissenschaftlichen Gruppierungen.«⁴⁴

So warnt Scheuch unermüdlich vor den alternativen Wissenschaften, die ihm verführerisch und gefährlich vorkommen, da sie die »hehre deutsche Wissenschaft«, wie sie z. B. der Bund der Freiheit der Wissenschaft versteht, bedrohen. Da ist denn auch schon mal vom »Barfußexperten eines Ökoprojektes«⁴⁵ die Rede; oder davon, daß »nach dem Urteil von Naturwissenschaftlern (. . .) das Öko-Institut mit Wissenschaft soviel zu tun (hat) wie ein Institut für Astrologie mit dem wissenschaftlichen Fach Astronomie«.⁴⁶

Und so bemüht sich E. K. Scheuch um die Konstruktion einer

Definition eines grün-alternativen Wissenschaftsverständnisses, was vor ihm noch keinem gelungen ist, verzweifelt aber zugleich bei seinem Bemühen, diesen Wissenschaftsbegriff zu beschreiben: »Nageln Sie mal einen Pudding an die Wand«.⁴⁷ In ihrem borniertem Verständnis von Wissenschaft sehen die »grauen Eminenzen« des Bundes Freiheit der Wissenschaft im »grün-alternativen Wissenschaftsverständnis« vor allem »eine totalitäre Auffassung, die eine gefährliche Bedrohung der Freiheit darstellt«.⁴⁸ Normative Modelle, die Absage an die Zergliederung der Wissenschaften und die Feststellung, daß die herrschende Wissenschaft ein mechanistisches Weltbild produziert, treffen Scheuch empfindlich. Und er ahnt Schlimmes: wenn ›politisierende‹ Wissenschaftler Einfluß auf praktische Politik gewinnen . . .⁴⁹ Als aktuelle und direkte Folge eines veränderten Wissenschaftsverständnisses sieht er den Streit um die Stellung des Expertentums. Denn »würde tatsächlich der Expertenstatus allgemein beschädigt, wäre das«, für Scheuch, »eine der verheerendsten Spätfolgen der damaligen Revolte«.⁵⁰

Wenn wir Scheuch glauben wollen, so befinden wir uns heute an einer Art Kreuzweg, allerdings in einem anderen Sinne, als er es uns glauben machen will. Es geht um kulturelle Hegemonie und damit um Macht. Scheuch als neokonservativer Vordenker versucht, nicht ohne Erfolg, ein Netz zu knüpfen, das mit der Logik, der Anpassung, der Institutionalisierung, dem Verbot, der Unterwerfung arbeitet. Abstrakt, ohne Alternativen, vertritt Scheuch heute eine neue Politik, die jedes Aufbegehren, jedes kritische Infragestellen etablierter Wissenschaft zum Kampf gegen die Gesellschaft und gegen den Liberalismus macht. Der kritische Wissenschaftler, der Linke, derjenige, der zu überlieferten Institutionen eine Alternative sucht, wird bei Scheuch im übertragenen Sinne zum Terroristen. Die »Tendenzwende«, die von den Neokonservativen als Wende zur Vernunft und Pragmatik gefeiert wurde, die als eine Hinwendung zum Staat, zur Besinnung auf tradierte Normen, auf die Werte von Recht, Gesetz und Ordnung gefeiert wurde, bot auch Scheuch seine Chance. Er bringt Linksliberale, Grüne und Linke sowie Terroristen zwanglos unter einen Hut.

Methodisch ist dies für ihn kein allzu großes Problem: Da etabliert er »die Alternative Wissenschaft«⁵¹, indem er sie als Eintopf verkocht und nicht mehr zwischen den einzelnen Ansätzen differenziert, ihnen vielmehr pauschal »Wissenschaftsfeindlichkeit« und die »Blut- und Boden-Natur der traditionellen Industriekritik«⁵² unterstellt. Und bei »den Grünen ist dann die Zivilisationsfeindschaft der rechten, reaktionären deutschen Tradition mit linkem Vokabularium gut vermengt«.⁵³

Die Suche nach Alternativen hat für Scheuch nur vordergründig etwas mit »links« oder »rechts« zu tun, für ihn – die selbsternannte Mitte – handelt es »sich um einen Protest von Bürgern gegen das Bürgertum«.[54] Um diesem Protest zu begegnen, bedarf es wirksamer Feindbilder, die sorgfältig ausgesucht, stilisiert und mystifiziert werden. Die Scheuchsche Methode beruht dabei nicht auf Einsicht, sondern auf Absicht: Ziel ist, die Grenze zwischen dem, was an Kritik zugelassen wird, und dem, was verboten, sanktioniert wird, bis zur Kriminalisierung hin, immer weiter zu verschieben. Den Hintergrund gibt eine diffuse »Volksmeinung« ab, derer Scheuch sich immer wieder versichert: Es gab und gibt »einen Grundkonsens, daß dies keine Klassengesellschaft mehr sei und daß in der Wirtschaft wirtschaftliche Erwägungen den Vorrang vor anderen Gesichtspunkten haben müßten . . . Tasächlich ist die Bundesrepublik ein ziemlich stabiles Land und hat insbesondere eine Arbeiterbevölkerung, die sich mit der Gesellschaft identifiziert.«[55] Für Scheuch sind daher die alarmierendsten Veränderungen der bundesrepublikanischen Realität nicht die Krise der Institutionen, nicht die Veränderungen in den Einstellungen zur Wissenschaft und zur Arbeit, entscheidend und alarmierend sind für ihn die Grünen und die Fundamentalopposition: Hier findet die »Fremdheit gegenüber der Technik und der Zweifel an der Wünschbarkeit des Wirtschaftswachstums«[56] seinen konzentriertesten Ausdruck. Diese Opposition bewirkte, daß nichts mehr entwickelt werden kann, daß nichts mehr läuft.

Diese »Ballung von Infantilität«[57] konnte zum Leidwesen von Herrn Scheuch bei einer ›freien‹ Wahl mehr als fünf Prozent erhalten und hat ein noch größeres Wählerpotential. Und dies nur, weil es offensichtlich in der BRD Menschen gibt, die die Arroganz der »Systemparteien« leid sind. Dieses Potential für die Grünen setzt sich für Scheuch »aus sehr unterschiedlichen Nischen in unserer Bevölkerung zusammen. Das sind die überdurchschnittlich gebildeten Ehefrauen der leitenden Angestellten großer Industrieunternehmen – die Hanglagen der Bayer-Stadt Leverkusen sind ein grünes Nest. Und da gibt es viel Fremdheit gegenüber unserer Wirtschaftsgesellschaft.«[58] Zum Beweis dieser These, daß es wohl vor allem der gebildete und zugleich gelangweilte Mittelstand und hier vor allem die sog. »Grünen Witwen« sind, die Grün wählen, zitiert Scheuch aus einer Umfrage von F. Müller-Rommel und faßt diese zusammen: Überdurchschnittlichen Zulauf erhalten die Grünen von »leitenden Angestellten bzw. deren Frauen; höheren Beamten bzw. deren Frauen; (und) Freiberuflern«.[59] »Vor allem: Ein Teil der durch die ›Studentenrevolte‹ geprägten Menschen ist nicht in unser politisches System integriert.«[60] Daß die Grünen solche Erfolge hatten, hat für Scheuch einen simplen Grund: Da es ihm nicht um Inhalte geht, führt er die Erfolge auf ein in der Bevölkerung vorhandenes »Protestpotential« zurück, welches sich leicht funktionalisieren lasse, da »dieses Protestkonglomerat (...) in jede neue Partei ihre Wünsche (projiziert)«.[61] So einfach ist das, und um dem ganzen noch einen drauf zu geben, setzt Scheuch die Erfolge der Grünen mit den Erfolgen der NPD Anfang der 70er Jahre gleich, denn das einzig Neue bei den Grünen: »Die reaktionären Inhalte werden jetzt auf links ausgesprochen.«[62] Und selbstverständlich spiegelt sich dieses von Scheuch beschriebene Protestpotential auch in den Fraktionen der Grünen Partei wider: Da gibt es: »grüne Grüne, braune Grüne..., blut-rote Grüne, wobei deutlich die anarcho-trotzkistische Szene vorherrscht...«[63] Die Grünen sind, nach Scheuch, nicht der Ausdruck eines Wertewandels in unserer Gesellschaft, sondern bloß Folge eines »politischen Generationenzyklus«; also nichts Neues.

Nur eine Minderheit der Anhänger und Wähler folgt den »wirren Phantasien« der Grünen – und das auch nur, »weil sie durch geschürte Angstvisionen an das nahe Ende der jetzigen Industriegesellschaft glauben«.[64] Scheuch befürchtet aber, daß für die Grünen ein Mechanismus fehlen könnte, der seiner Ansicht nach für den Niedergang der NDP noch entscheidend war. Früher konnten »Protestgruppen und insbesondere deren Sympathisanten absorbiert werden: Je mehr die Medien zeigten, wie es bei den Protestlern tatsächlich zuging, um so mehr der Sympathisanten kamen zu der Überzeugung, daß man mit der Sympathie dann doch wohl die Falschen gemeint habe... Nun zeigt das Fernsehen die real existierenden Grünen in ihrer ganzen Konfusion. Jeder kann wissen, wie unmenschlich sie miteinander umgehen, niemand sollte übersehen, wie sprunghaft und grotesk sie sich in Aussehen und Inhalt im Bundestag gebärden. Wie in einem Universitätshörsaal werden jetzt auch im Hohen Haus Transparente entfaltet, Beleidigungen geschrien und der Beratungsprozeß durch Lärm gestört... Die Grünen stellen für die Europawahl Straffällige auf ihren Listen auf, und drei von ihnen sitzen jetzt als Vertreter der Bundesrepublik im Europaparlament. Die Bundesrepublik nimmt es nicht zur Kenntnis... Die Grünen betreiben Antipolitik nach Art und Form, aber gerade das ist es, was ein Teil der Anhänger will.«[65]

Hier entlarvt sich Scheuch einmal mehr als Neokonservativer und argumentiert nur noch »reaktionär«. Schaut man genauer hin, bleibt nichts als »Ideologie von rechts, im Extrem und als Extremisten sind es

Reaktionäre und Sympathisanten derer, die im angeblichen Namen der politischen Vernunft und der Staatsräson den Andersdenkenden radikal an die Gurgel versuchen zu gehen . . . Nichts Neues, aber gefährlich, destruktiv und nicht folgenlos.«[66]

Oft auch noch zynisch – wie Prof. Scheuch: »Das Netz sozialer Sicherheit ist zwar angespannt, ermöglicht aber selbst Arbeitslosen noch einen Urlaub in Mallorca.«[67] Besser als Scheuch hätte die »Kölner Soziologie« wohl niemand entlarven können.

Anmerkungen

1 Wende im Sommerloch, RFFU-Mitteilung 8/85.
2 Roth/Aly.
3 E. K. Scheuch, Kölner Stadt-Anzeiger vom 28. 7. 1977.
4 Ebd.
5 Ebd.
6 Ebd.
7 SDS-Flugblatt, 1986.
8 Scheuch, KStA vom 28. 7. 1977.
9 Ebd.
10 Ebd.
11–12 entfällt.
13 FAZ vom 13. 9. 1982.
14 Scheuch, KStA vom 28. 7. 1977.
15 Vgl. Vorwärts vom 9. 3. 1973.
16 E. K. Scheuch, Auf dem Schlachtfeld Universität siegte der Geist von Gestern; in: Rheinischer Merkur vom 22. 4. 1988.
17–19 Ebd.
20 Entfällt.
21–23 Scheuch, in: Kölnische Rundschau vom 4. 3. 1972.
24 Die Zeit vom 23. 12. 1977.
25 Scheuch, siehe Fußnote 16.
26 Scheuch, in KStA vom 28. 7. 1977.
27 F. Grämlich, Brschloch des Monats; in: Pardon 2/81.
28 Scheuch zitiert nach: C. Bergfort, Von Bahro bis Rousseau; in: FR vom 16. 1. 1986.
29 E. K. Scheuch, Vom Wirtschaftswunder zur »Deutschen Krankheit«? in: PS Nr. 1/Juli 1985.
30 Ebd.
31 Vgl. Fußnote 28.
32 Scheuch, siehe Fußnote 29.
33 E. K. Scheuch, Haben Bäume und Flüsse eine Seele? in: Rheinischer Merkur vom 15. 2. 1986.
34 Ebd.
35–36 Scheuch, siehe Fußnote 29.
37–38 Scheuch, siehe Fußnote 16.
39–41 Scheuch, siehe Fußnote 29.
42 Scheuch, Die Wiedertäufer der Wohlstandsgesellschaft, 1969.

43 Scheuch, Progressiv ist sinnleer; in: Die Zeit vom 23. 12. 1977.
44 Scheuch, siehe Fußnote 29.
45 Ders., siehe Fußnote 33.
46 ?
47 Zitiert nach, siehe Fußnote 28.
48 Ebd.
49 Vgl. Scheuch, Fußnote 33.
50 Ders., siehe Fußnote 16.
51–52 Vgl. Scheuch, Fußnote 33.
53 Scheuch, Grüße aus dem Kindergarten; in: Rheinischer Merkur vom 26. 8. 1983.
54 Ders., siehe Fußnote 33.
55–56 Scheuch, siehe Fußnote 29.
57–63 Scheuch, siehe Fußnote 53.
64–65 Scheuch, siehe Fußnote 29.
66 U. Jaeggi, Konservativ ist gefährlich, in: Die Zeit vom 23. 12. 1977.
67 Scheuch, siehe Fußnote 43.

Wolfgang Blaschke

Die Obsessionen eines deutschen Juristen: Martin Kriele

Der Kölner Jurist Dr. Martin Kriele, Professor am Seminar für Staatsphilosophie und Rechtspolitik, kämpft seit Jahren mit außergewöhnlicher Verve für die Menschenrechte. Dabei sieht sich dieser Mann, dem nach eigenen Aussagen »die linken Eierschalen noch hinter den Ohren kleben«[1], als entschiedenster Verfechter der Demokratie westlicher Couleur. In seinem »moralischen Kampf«[2] für die Prinzipien der Demokratie und der Freiheit, wie er sie versteht, geizt Dr. Kriele dabei nicht mit Rundumschlägen, Faschismusvorwürfen und Unterstellungen gegenüber seinen politischen Gegnern und Kritikern. Schlaflose Nächte bereiten dem einstigen SPD-Mitglied dabei vor allem Erfahrungsberichte aus der ›kommunistisch‹ beherrschten Welt. So steht der Schlaflose denn auf und kämpft gegen das Böse, wobei ihn sein mit »unerbittlicher Begriffsschärfe, präziser Unterscheidung und unparteiischem Urteil nach Sachgesichtspunkten«[3] ausgestatteter Antikommunismus nicht in die Gefahr bringt, in eine differenzierte Betrachtungsweise abzugleiten. Er bekämpft das Böse, wo er es zu treffen glaubt: sei es »im real existierenden Sozialismus«, in Vietnam, Angola, dem Chile zur Zeit der Volksfrontregierung unter Allende oder bei ›beamteten‹ Linken in der BRD, in der »Kölner Juristen Zeitung«, im AStA oder in der sandinistischen Revolution. Die Tragik beim Sturz Allendes in Chile z. B. sei gewesen, daß das Volk nicht durch eigene Erfahrung lernen konnte, daß das sozialistische Experiment der Volksfront die Armut nur vergrößert hätte.[4] In seinem unerbittlichen Kampf für die Freiheit ist es denn auch nur folgerichtig, daß Kriele 1985 in einem in »Le Monde« veröffentlichten Aufruf die USA zur offenen Unterstützung der Contras in Nicaragua aufruft, um das Land von einer totalitären Diktatur zu befreien. Für Kriele »ist das Engagement für die Contras eine Frage der Menschlichkeit«[5], denn allzuoft hätten sich die westlichen Demokratien erst mit den Opfern von Menschenrechtsverletzungen solidarisiert, »wenn alles vorbei war«.[6] Seine Kritiker machte Kriele in seiner professoralen Überheblichkeit platt, indem er ihnen »Linksfaschismus«[7] und »ständige Kollaboration mit der DKP und anderen Lakaien des Sowjetimperialismus« vorwarf.[8]

Von diesem Professor sollen die Kölner Jura-StudentInnen seit

Jahren lernen, was Recht und Gerechtigkeit ist. Denn hauptamtlich gibt sich Martin Kriele der allgemeinen Staats- und Verfassungslehre und dem Öffentlichen Recht hin und ist Direktor des Seminars für Staatsphilosophie und Rechtspolitik an der Universität zu Köln. Nebenbei beschäftigt sich der »wehrhafte Demokrat« als Schützer des Grundgesetzes und der freiheitlich-demokratischen Grundordnung (fdGo). In seiner Funktion als Verfassungsrichter des Landes Nordrhein-Westfalen übt er praktischerweise auch gleich noch die Interpretation von Gesetzen aus bzw. prüft ihre Verträglichkeit mit der herrschenden Verfassungsauslegung. Kriele kann damit als ein lebendiges Musterbeispiel von Gewaltenteilung gelten.

Was Prof. Dr. jur. Kriele unter Recht und Gerechtigkeit versteht, legte er in seinem 1980 erschienenen Buch »Befreiung und Aufklärung« dar.[9] In diesem honorigen Credo seines Verständnisses der Jurisprudenz wagt der Staatsrechtler eine Einschätzung der generellen Situation auf dem Erdball. Gerechtigkeit sieht der streitbare Jurist nur da gegeben, so sie sich »in Institutionen verwirklichen kann«. Recht und Gerechtigkeit, Menschenrechte und Freiheit sind für Kriele durch ein Bündel von formalen Regeln in den westlichen Demokratien ausreichend gewährleistet. Vorhandene »gute« Institutionen, wie sie sich während der europäischen Aufklärung entwickelt haben, sollen und müssen »wehrhaft« verteidigt werden. Dazu gehört auch die Presse- und Meinungsfreiheit, selbstverständlich auch die Möglichkeit, sich politisch zu organisieren. Allerdings stößt Toleranz im Sinne Krieles und seiner Interpretation des Bonner Grundgesetzes an Grenzen. Denn das Grundgesetz legitimiert, daß »statt unbeschränkter Toleranz das Verbot verfassungsfeindlicher Parteien und Vereine und die Verwirkung von Grundrechten im Falle ihres Mißbrauchs gegen die freiheitlich-demokratische Grundordnung«[10] vorgesehen sind.

Daher ist es nur logisch, wenn er sich als Hochschullehrer und Verfassungsrichter für die Beibehaltung der Berufsverbotepraxis einsetzte, während sein ehemaliger Parteivorsitzender und Mitinitiator des Radikalenerlasses schon längst Abstand von dieser das Grundgesetz beugenden Regelung genommen hatte.

Kriele hatte einst, in den sechziger Jahren, zu den Weggefährten und Beratern Willy Brandts bei der Vorbereitung und Einleitung der sozialliberalen Ostpolitik gehört. Nachdem er 1960 in Leverkusen Mitglied der SPD geworden war, verteidigte er in den 70er Jahren vor dem Bundesverfassungsgericht in Karlsruhe die sogenannten Ostverträge. Er trug damals dazu bei, daß wir »Feindbilder abgebaut (haben) in Moskau«[11] und daß die Länder der kommunistischen Welt aus ihrer wirtschaftlichen Isolierung heraustreten konnten. Während seiner damaligen Gutachtertätigkeit für die Brandt-Regierung kamen aber auch jene diplomatischen Aktivitäten in Gang, die ihm bald »schlaflose Nächte bereiten und ihn nicht mehr loslassen«[12] sollten.

Da seine Tätigkeit für die SPD nicht zu höheren Weihen führte, vollzog der »prominente Sozialdemokrat« (Die Welt) eine Wandlung seiner Einsichten und war bald wieder auf der Höhe seiner Zeit. Er nahm die Wende vorweg.

Seitdem kämpft der verhinderte Bundesverfassungsrichter mit wahrhaft missionarischem Eifer als einsamer, aber aufrechter Mahner gegen eine »linksgerichtete« Medienwelt, gegen Kommunismus und Linke. Er habe durch Einsicht gelernt, so wetterte er 1980 gegen die »Kölner Juristenzeitung«, den einzigen kritischen Lichtblick, den es damals an der reaktionären, dem deutschen Geist verbundenen juristischen Fakultät gab. Die Zeitung hatte sich gegen die drohende Entlassung eines Privatdozenden gewandt, der als einziger (!) Dozent seine ablehnende Haltung gegenüber dem immer noch lehrenden Strafrechtler Lange öffentlich machte. An der Kölner Universität und vor allem an der juristischen Fakultät ist zwar ein Professor tolerierbar, der wie Lange in brauner Vorzeit die »Nürnberger Rassengesetze« kommentierte, nicht tolerierbar ist aber offensichtlich ein Dozent, der den Geburtstag des furchtbaren Juristen nicht mitfeiern will. Da ist dann die Toleranzschwelle überschritten, und die akademische Laufbahn wird zerstört, weil so jemand, so damals wörtlich, »nicht in das kollegiale Klima der Fakultät paßt«.[13]

Auch Herr Kriele empörte sich damals, allerdings scheint es für den glühenden Verfechter der Menschenrechte kein Problem zu sein, daß er an einer Fakultät lehrt, an der nicht nur ein Herr Lange seine Heimat fand, die auch Herrn Nipperdey oder einen Herrn Jahrreiß hervorbrachte. Vielmehr schließt sich Martin Kriele der Apotheose des Mittelmaßes und des »kommunikativen Beschweigens«[14] der braunen Vergangenheit an. Und so schrieb er damals an die Kölner Juristenzeitung: »Zwar habe Prof. Lange eine faschistische Vergangenheit, aber gerade der KJZ fehle jede moralische Glaubwürdigkeit der Kritik, da sie sich noch nicht gegen linke totalitäre Regime geäußert habe. Statt dessen ziehe sich durch ihre Veröffentlichungen der Grundgedanke, die Verteidigung freiheitlicher und demokratischer Verfassungsinstitutionen stehe in der Tradition des Faschismus.«[15] Soweit seine Art der Aufarbeitung der Vergangenheit an dieser Universität; den Dreck des »1000jährigen Reiches« verdrängen und flugs dem Gegner unterschieben!

Welches Geschichtsverständnis Herr Kriele hat, zeigte sich bald noch deutlicher: Im Konflikt um sein Nicaragua-Engagement wagt er nicht nur den direkten Vergleich zum Nationalsozialismus, sondern überzog seine Kritiker vehement mit Faschismusvorwürfen. In einer Flugschrift griff er Gruppen der sandinistischen Jugend und deren Unterstützer an den deutschen Universitäten unverblümt als Faschisten an. Diese Jugendgruppen, »Turbas« genannt, werden nach Auffassung des Professors von der sandinistischen Regierung zur Einschüchterung der Bevölkerung eingesetzt, »um das Volk gefügig zu machen und Wahlen zu manipulieren«, er bezeichnet die »Turbas« als »SA-ähnliche Banden der sandinistischen Jugend«.[16]

Als der Kölner AStA und die Fachschaft Medizin Vertreter der sandinistischen Jugend nach Köln einluden, kommentierte Kriele, das sei so, als ob das demokratische England in den dreißiger Jahren die Hitlerjugend eingeladen hätte. Über die Unterstützer der sandinistischen Jugend urteilt Kriele in einem Flugblatt: »Unsere universitätseigenen Turbas (ihre Kollaborateure) lieben abstrakte Ideen, aber nicht konkrete Menschen; vor allem aber leitet sie blindwütiger Haß gegen die Amerikaner, denen wir erstens die Befreiung vom Nationalsozialismus und zweitens den Schutz vor dem Sowjetimperialismus verdanken. Sie wollen Widerstand in der freiheitlichen Demokratie, Kollaboration im Totalitarismus. Wer verstehen will, wieso Deutschland den Nazis anheimfiel, beobachte ihre Verhaltensweise und analysiere ihre psychologische Motivation. Kurt Schumacher, nach seiner Befreiung aus dem Nazi-KZ Vorsitzender der SPD, nannte solche Leute ›rotlakkierte Nazis‹.«[17]

Dieser schon pathologisch zu nennende Kommunistenhaß und die umstandslose Gleichsetzung Links = Rechts spricht für sich: Prof. Dr. jur. Martin Kriele hat sich damit eingereiht in die unrühmliche Tradition furchtbarer deutscher Juristen und knüpft ohne Probleme an eine Kontinuität der Kölner Universität an, wie sie gerade bei der juristischen Fakultät besonders ausgeprägt ist.

Daß er wegen seiner letztendlich mörderischen Propaganda für die Contras nicht verklagt wurde oder gar wegen der Wahrnehmung des politischen Mandats Berufsverbot an der Universität erhielt, liegt wohl schlicht und einfach daran, daß er die herrschende Meinung vertritt. Sein platter Antikommunismus dient eben der »besten aller möglichen Gesellschaften«.

Anmerkungen

1 Zitiert nach: A. Wirtz: Ein Genosse stützt Reagans Nicaragua-Kurs. In: Kölner Stadt-Anzeiger vom 16./17. Mai 1985.
2 WDR-Interview vom 15. 5. 1985.
3 Martin Kriele: Befreiung und politische Aufklärung, Freiburg 1980.
4 Vgl.: H. Schaaf, Kriele – ein Professor ruft zum Krieg für die beste aller Ordnungen. In: Universität Stadt-Revue Nr. 11, April 1986.
5 Siehe A. Wirtz, a.a.O.
6 Ebd.
7 Vgl. FR vom 20. 4. 1985.
8 M. Kriele: Demokratie für Nicaragua, Flugschrift April 1985.
9 Siehe Fußnote 3.
10 Nach M. Kriele, ebd.
11 M. Kriele, in WDR-Interview vom 15. 5. 1985.
12 M. Kriele, siehe Fußnote 3, S. 204.
13 Zitiert nach W. Lindweiler: Von Talaren und anderen Zwangsjacken, Professoren und sonstigen Narren. In: Uni-Stadt-Revue Nr. 1, April 1988, S. 16.
14 Hierzu z. B. H. Lübbe: Der Mythos der »kritischen Generation«. In: Aus Politik und Zeitgeschichte, B 20/88.
15 Nach H. Schaaf, a.a.O.
16 M. Kriele: zitiert nach W. Kahl: Ein Professor geht in die Offensive, o. O.
17 M. Kriele, Flugblatt 1985.

Wolfgang Lindweiler

»Ich bin Deutschlands Che Guevara«

Berthold Rubin, Prof. für Byzantinistik, ein ›68er‹ der Reaktion

In der an Skurrilitäten nicht gerade armen Kölner Universitätsgeschichte nimmt der Byzantinistikprofessor Berthold Rubin eine Ausnahmestellung ein. Immerhin trieb er es so toll, daß er sich bundesweiten Spotts erfreuen durfte, von der ›Zeit‹ als »Gartenzwerg«[1] tituliert und vom Kölner SDS zum Ehrenmitglied ernannt wurde. Hannes Wader begegnet in seinem ›Tankerkönig‹ bei der Versammlung einer obskuren Verschwörung, nämlich der »Bewegung für ein soziales Reich unter deutscher Nation unter Wiederherstellung der Grenzen von 814«, auch »einem Professor für Byzantinistik, der aus Protest gegen die Regierungspolitik schon mehrfach mit dem Fallschirm abgesprungen war«.[2] Gemeint ist kein geringerer als Berthold Rubin, dessen Synthese aus gar nicht so ungewöhnlichen reaktionären politischen Auffassungen und spektakulärem Aktionismus, der der Provokationsstrategie der ›Situationisten‹ abgeschaut sein könnte, ihm neben zweifelhaftem Ruhm schließlich die Versetzung in den einstweiligen Ruhestand einbrachte. Alles das ist zwar nicht einmal 20 Jahre her, aber an der Kölner Universität so gut wie vergessen, ebenso wie die Revolte von 68, durch deren Bekämpfung Prof. Rubin die höchsten Sprossen seines zweifelhaften Ruhmes erklomm.

Es ist sicherlich nicht leicht, als deutscher Professor von der ›Zeit‹ unter der Überschrift »Gartenzwerg bleibt Gartenzwerg«[3] der Lächerlichkeit preisgegeben zu werden. Rubin war bzw. ist – er lebt heute in Berlin und betätigt sich Gerüchten zufolge im Umfeld der Liste D – DVU – nicht nur besagter ›Gartenzwerg‹ von hohem Unterhaltungswert für die liberale, aufgeklärte Öffentlichkeit der 70er Jahre, der er in der ›Zeit‹ als »Deutschlands führender Spezialist für Polit-Happenings seit dem Abtreten der Herren Teufel und Langhans« vorgeführt wird. Rubin ist – trotz seiner seltsamen Kreativität, die ihn als Vertreter politischer Positionen allein schon durch ihre Lächerlichkeit ›töteten‹ – ein verstockter und dreister Reaktionär, bewegt sich politisch im von Antikommunismus, Wiedervereinigungsgehuber, Rehabilitierung des Faschismus und Hetze gegen ›linke Staatsfeinde‹ geprägten Grenzbereich des rechten CDU-Flügels und mehr oder weniger faschistoiden

Parteigründungen – bis 1971 im Schutz der Freiheit der Forschung und Lehre an der Kölner Universität.

Die zweite Karriere des Berthold Rubin beginnt medienwirksam am 1. Oktober 1962, bezeichnenderweise zur Geisterstunde: Mit Hammer und Meißel gewappnet fährt Rubin nach Berlin, um den »Aufschrei des deutschen Volkes gegen die Schandmauer« unübersehbar durch ein paar eigenhändig angebrachte Kratzer in eben diese ›Schandmauer‹ zu vergegenständlichen. Nachdem er zu allem Überfluß auch noch mit einem Luftgewehr auf DDR-Grenzposten zu schießen versucht hat, wird er von der Polizei weggeschafft und in seine rheinische Heimat zurückexpediert; immerhin hatte er es erstmals geschafft, aus dem trüben Professorenalltag in die Schlagzeilen zu gelangen.

Damit war Rubin für einige Jahre zufrieden und betrat die Szenerie erst wieder, als er von den Protagonisten der APO gelernt hatte, was mit phantasievollen Aktionen und der Strategie der begrenzten Regelverletzung zu erreichen war. Und von nun an, als der Erzreaktionär Rubin endgültig den ›Sponti‹ in sich entdeckt hatte, überschlugen sich bis zu seiner Versetzung in den einstweiligen Ruhestand die Ereignisse: Im schönen Mai 1968 solidarisiert sich Berthold Rubin – mit dem im Spandauer Gefängnis einsitzenden Führer-Stellvertreter Rudolf Heß, indem er, wie Heß anno 43, mit dem Fallschirm über Schottland abspringt. Einige Tage später stellt er sich – als seine eigene Karikatur – in voller Fallschirmspringermontur vor das Spandauer Gefängnis.

Am 30. Mai 1968 fand zwar nicht der vielbesungene Weltuntergang statt, aber es gab eine Barrikade vor dem Hauptgebäude der Universität, die der SDS aus Protest gegen die Notstandsgesetze dort aufgebaut hatte, sowie die symbolische Umbenennung der Universität in ›Rosa-Luxemburg-Universität‹, die mittels etwas Farbe am Hauptgebäude bewerkstelligt worden war. Dies veranlaßte Rubin dazu, sich mit aller Kraft gegen den immerhin drohenden Untergang des Abendlandes zu stemmen: Der erste Versuch, besagte Barrikade mittels eines Lötkolbens in Brand zu setzen, scheiterte an der Widerständigkeit des Objekts. Einer Tracht Prügel entzog er sich, indem er sich dem sozialistischen Feind als »Deutschlands Che Guevara« vorstellte und die Verwirrung zur Flucht nutzte. Daraufhin beschaffte er sich einige Beutel mit schwarzer Farbe, um den Mord an Rosa Luxemburg symbolisch zu wiederholen. Allerdings traf der farbbeutelwerfende Professor nicht die bedrohliche Inschrift, sondern einige Demonstrationsteilnehmer – und wieder einmal seine Reputation: Da ein Student auf der Rubinschen Farbe ausrutschte und sich einen komplizierten

Beinbruch zuzog, mußte Herr Professor für seine Selbstjustiz Schadenersatz zahlen. Seiner Popularität tat dies keinen Abbruch, und im Stile eines Fritz Teufel nutzte er das Tribunal als Propagandabühne: Zum einen behauptete er, da er vom Rektor per Handschlag zum Farbbeutelwerfen investiert worden sei, sei der Anschlag eine Diensthandlung gewesen; zum anderen versuchte er demagogisch, die Behandlungskosten gegen die ›Schäden der Revolution‹ aufzurechnen – und verliert den Prozeß. Dem gutgemeinten Ratschlag des Rektors, doch für den Rest des Semesters in Urlaub zu fahren, kommt er nicht nach, und anstelle einer Saalschlacht endet seine nächste Vorlesung – mit Gelächter: Auf die Ernennung zum Ehrenmitglied des SDS antwortet Rubin mit dem Angebot von Fallschirmunterricht für mutige SozialistInnen.

Wie für seine Kontrahenten der StudentInnenbewegung beginnt auch für Rubin mit den 70er Jahren eine Phase der Orientierung und Organisationsgründungen: Er gründet einen obskuren bundesweiten CSU-Freundeskreis, dessen erste Aktion für Rubin allerdings zum Fiasko wird: Anläßlich der Landtagswahlen in Schleswig-Holstein im Frühjahr 1971 fährt Rubin in das oberfränkische Landhaus eines Freundes aus dem CSU-Freundeskreis, läßt sich an einen Baum binden und inszeniert das ganze als Entführung. Allerdings unterläuft den CSU-Freunden der winzige Fehler, den ›Erpresserbrief‹, der die Freilassung Horst Mahlers fordert, mit ›Baader-Meinhof-Bande‹ zu unterschreiben. Sinn der Aktion: Den »Volkszorn auf die Linken richten« und der CDU zum Wahlsieg zu verhelfen. In einem Flugblatt seines CSU-Freundeskreises tönt es: »Bürger! Wehrt Euch, ehe ihr als Geiseln von Mördern und Banditen roter marxistisch-leninistischer Herkunft beiseite geschafft werdet!« Auch wenn die Bild-Zeitung auf Rubins Propagandaschiene ansprang, mit dessen akademischer Karriere war es vorbei: Als Quittung wurde Rubin in den einstweiligen Ruhestand versetzt, und am Kölner Institut für Byzantinistik kehrte wieder die der eher trockenen Beschäftigung mit der Geschichte des oströmischen Reiches bis zum Mittelalter angemessene Ruhe ein.

Ob allerdings mit der spleenigen Kreativität Rubins auch dessen politische Position aus den Reihen des Kölner Lehrkörpers verschwunden ist, darf bezweifelt werden. Darüber geben nicht nur die weiteren Professorenporträts in diesem Band Auskunft, auch die Vorgänge um den den ›Republikanern‹ nahestehenden und über Verbindungen zur NPD verfügenden ›Ring freiheitlicher Studenten‹ machen das Gegenteil wahrscheinlich.

Anmerkungen

1 »Gartenzwerg bleibt Gartenzwerg«, Die Zeit 47/1970.
2 Hannes Wader, Der Putsch, Tankerkönig Teil II, auf der Schallplatte »Kleines Testament«, Phonogram-Philips 1976.
3 Die Zeit 47/1970.

Wolfgang Blaschke/Olaf Hensel

Jugendrevolte Köln 68 – die unruhigen Jahre

Klar, daß Köln nicht der Nabel der Sozialrevolte war, damals – 1968. Ein wenig provinziell war die Kölner Universität schon immer gewesen, und dennoch streifte der Hauch der Revolte auch diese ehrwürdige Institution. Damals wurde auf dem Campus für kurze Zeit die Revolte geprobt, was seinen Ausdruck in der Umbenennung der Kölner Universität in »Rosa-Luxemburg-Universität« fand. Auch wenn die großen Ereignisse woanders stattfanden, lassen sich in Köln Spuren dieser unruhigen Jahre finden, beispielsweise in der Geschichte des SSK, der Häuserkampfbewegung, der Anti-AKW-Bewegung. Verständlicherweise ist das Treiben der damaligen Schmuddelkinder kein Thema für die offizielle Uni-Geschichte. Gerade weil hier ein Sück Uni-Geschichte und Geschichte der sozialen Bewegung verschwiegen und verdrängt wird, die letztlich keinen Eingang in die Institution selber fand, soll an die schon fast vergessenen Ansätze einer »anderen« Tradition und Universität erinnert werden.

Auch 20 Jahre später kann und soll die damalige Bewegung nicht im nachhinein umgedeutet werden in eine politische Revolte ohne Widersprüche und Brüche. Festzuhalten bleibt, es war ein »existenzieller Protest gegen die Lebensbedingungen, gegen die systematische Verlogenheit dieser nachnazistischen Gesellschaft, gegen die furchtbare Kontinuität des Nazismus in der Adenauer-Restauration«.[1] Auch für Köln stellte die 68er-Bewegung einen Bruch mit den Traditionen des Obrigkeits- und Adenauerstaates dar, einen Bruch mit den Vätern, eine Konfrontation mit den überholten Idealen und Moralvorstellungen der älteren Generation, die politisch bankrott und nicht auf der Höhe der Zeit war.

Es war eine Zeit, in der es keine Opposition gab. Die kommunistische Partei war verboten, und die sozialdemokratische suchte ihr Heil in der großen Koalition und Anpassung. Wenn auch die Studentenbewegung mit ihren politischen Projekten – Antinotstands-Kampagne, Anti-Springer-Kampagne usw. – gescheitert ist und an den herrschenden sozioökonomischen Machtverhältnissen nichts verändert hat, so läßt sich dennoch sagen, daß die Revolte noch keine endgültige Niederlage erlitten hat. Denn es gibt eine Kontinuität der Revolte in den sich reproduzierenden Widerstandsbewegungen, die in der Tradition von 1968 stehen. Denn nicht zuletzt datieren aus dieser Zeit die ersten Regelverletzungen bzw. militanten Aktionen und Demonstrationen, welche das Gewaltmonopol des Staates nachhaltig in Frage stellten. Die Militanz, die vor 1968 in der politischen Auseinandersetzung so gut wie keine Rolle spielte, ist seither aus dem politischen Widerstand nicht mehr verschwunden.

Kurze Chronik der laufenden Ereignisse

Oktober 1966: Demonstrationen gegen die Fahrpreiserhöhungen bei der KVB.

1967: Gründung des Republikanischen Clubs.

Februar 68: Sitzblockade im Foyer des Uni-Hauptgebäudes. 3000 Studenten demonstrieren für Mitbestimmung an der Uni. Der sog. Negativkatalog soll in die Uni-Verfassung eingeführt werden, um die Mitbestimmungsrechte zu konkretisieren.

Ostern 68: Anti-Springerdemonstrationen nach dem Attentat auf Rudi Dutschke. In Köln verhindern Demonstranten die Auslieferung der »Bild-Zeitung« durch eine Blockade des Pressehauses Dumont. Die Polizei spreng nach mehreren Stunden die Blockade.

Mai 68: Warnstreik aus Anlaß der Notstandsgesetzgebung. Zum erstenmal streikt fast die gesamte Studentenschaft. Wo trotz AStA-Aufruf und Rektorempfehlung der Vorlesungsbetrieb weitergeht, kommt es zu Auseinandersetzungen.

30. Mai 68: Rosa-Luxemburg-Universität; der Haupteingang der Universität ist durch eine Barrikade blockiert, die in der Nacht errichtet worden ist und von Studenten besetzt gehalten wird. Die Aktion gilt der dritten Lesung der Notstandsgesetze. Die Barrikade wird abends ohne Auseinandersetzungen geräumt.

Juni 68: Die Rektorwahl wird gestört. Die Studentenvertreter dringen in die Sitzung ein und verlangen, daß sie mitwählen können.

Oktober 68: Die Rektoratsübergabe findet zum erstenmal in der Geschichte der Universität unter Ausschluß der Öffentlichkeit statt.

November 68: Studenten besetzen das Rektorat. Es geht vor allem um die Forderung nach Öffentlichkeit aller Gremien. Der Senat tagt außerhalb der Uni an einem geheimen Ort. Die Rektoratsbesetzung wird nach zweieinhalb Tagen abgebrochen.

4. Dezember 68: Zum erstenmal wird an der Uni Polizei eingesetzt gegen Studenten, die in eine Sitzung der Philosophischen Fakultät eingedrungen waren, um Öffentlichkeit herzustellen.

21. Dezember: Die Universität wird zum ersten Mal geschlossen, um Unruhen zu verhindern. Währenddessen tagt der Senat, der gefürchtet hatte, daß die Sitzung gesprengt wird.

Januar 69: Zum zweitenmal wird an der Uni die Polizei eingesetzt. Etwa 100 Studenten hatten das Kriminalwissenschaftliche Institut besetzt, weil der Direktor ein »alter Nazi« war.

In einer SDS-Ausstellung werden auch andere Professoren und Kölner Richter mit ihrer Vergangenheit konfrontiert.

Anmerkung

1 K. H. Roth: in: Konkret, Mai 88.

Wolfgang Blaschke und Peter Liebermann

Auf der »anderen Seite der Barrikade«

Ein Gespräch mit Prof. Ulrich Klug (Juristische Fakultät der Uni Köln) über die Studentenrevolte 1968

Frage: Sie sind seit 1960 Ordinarius für Strafrecht an der juristischen Fakultät dieser Universität und haben die Auseinandersetzungen in den 60er Jahren miterlebt – allerdings als Angehöriger des Lehrkörpers, standen also »auf der anderen Seite der Barrikade«, sind aber auch ein Stück mit dieser Bewegung gegangen, ich denke hier z. B. an die Gründung des »Republikanischen Clubs«. Wie sehen Sie heute, im Rückblick, diese Zeit, und was ist Ihrer Meinung nach von 68 nach 20 Jahren übriggeblieben?
Prof. Klug: Ich bin 1960/61 hier an die Universität in Köln auf den Lehrstuhl für Rechtsphilosophie und Strafrecht berufen worden und habe die gesamte, Sie interessierende Entwicklung Mitte der 60er Jahre mitbekommen und verfolgt. Ich habe in Köln zunächst eine Situation vorgefunden, die für die damalige Zeit typisch war; sie war ruhig und nicht anders gestaltet als die Situation an den Universitäten Mainz und Heidelberg, an denen ich vorher war. Bis sich das aus verschiedenen Gründen eines Tages, nicht lange nach meiner Berufung, änderte. Nach meiner Erinnerung kam es zu den ersten großen politischen Diskussionen und Engagements innerhalb der Studenten anläßlich des Spiegelverfahrens; es handelte sich da um einen Artikel, von dem die damalige Bundesregierung behauptete, er enthalte Landesverrat. Daraufhin wurden die Redaktionsräume des »Spiegel« durchsucht. Dieses Vorgehen des Staates verursachte viel Unruhe und Diskussionen in der gesamten deutschen Öffentlichkeit, weil das so noch nicht vorgekommen war, daß die Polizei Redaktionsräume, von denen man dachte, sie stünden unter dem Schutz der Pressefreiheit, durchsuchte. Damals organisierten, zu meiner angenehmen Überraschung, die Studenten auch hier in Köln Diskussionen an der Universität und luden schließlich auch Beteiligte dazu ein. Ich erinnere mich, daß in dem damals zweitgrößten Hörsaal, in der sogenannten Scheune, ein Gebäude, das dort stand, wo jetzt das Philosophikum steht, eine Podiumsdiskussion mit Beteiligung der Studentinnen und Studenten stattfand, zu der

insbesondere auch Augstein eingeladen war, der gerade aus der Haft entlassen war; den konservativen Part in der Diskussion übernahm der Kollege Rubin, der das, was da in Hamburg geschehen war, für rechtmäßig hielt; während meine Meinung die war, daß hier das Grundrecht der Pressefreiheit verletzt worden ist.

Kurze Zeit nach dieser Episode wurde in Bonn die Notstandsgesetzgebung diskutiert, und auch hier haben die Studenten wie auch die damals politisch engagierte Öffentlichkeit sehr rasch reagiert. Auch hier fanden Veranstaltungen und Diskussionen statt – nun in noch größerem Umfang, wohl auch deshalb, weil es hier um die Einschränkung von zahlreichen wesentlichen Verfassungsrechten ging. Dazu gehörte z. B. eine Ausschaltung des Parlaments; und da fühlten sich die politisch interessierten Studenten, aber auch Mitglieder des Lehrkörpers angesprochen, weil das Parlament ja Grundlage unserer freiheitlichen Demokratie ist. Und im Zusammenhang mit den Auseinandersetzungen um die Notstandsgesetze fanden auch zum ersten Mal studentische Demonstrationen im Raum der Universität statt. Die Studenten protestierten gegen eine Rechtsauffassung, die von konservativer Seite vertreten wurde, und waren natürlich erfreut, daß es im Lehrkörper auch Vertreter gab, die auf ihrer Seite standen; und das war ein großer Teil des Lehrkörpers, denn die Notstandsgesetzgebung mit der weitgehenden Abschaffung des Parlaments und vieler anderer Rechte erregte viele Gemüter. Und so steigerte sich das politische Engagement der Studentinnen und Studenten an unserer Universität Mitte der 60er Jahre.

Frage: Von einem Zusammengehen der Studenten mit den Professoren kann doch rückblickend nicht gesprochen werden. Wo war denn Ihrer Meinung nach der Bruch?

Klug: Der Bruch kam mit dem Vietnamkrieg, der zunächst einmal zum Hauptthema wurde. Und da muß ich aus meiner Sicht sagen, daß unsere Hörerinnen und Hörer die Bedenklichkeit dieses militärischen Exzesses der Vereinigten Staaten früher erkannt haben als z. B. ich. Ich selber bin damals weitgehend, in der ersten Phase, ein Opfer der Propaganda der Amerikaner geworden, die ja erklärten, sie müßten dort, in Vietnam, eingreifen, um die Freiheit zu retten und zu sichern. Erst ganz allmählich durch die ständige Diskussion gerade auch der Studentinnen und Studenten an unserer Universität änderte sich dieses Bild, das man von Vietnam hatte. Wenn ich die politischen Zusammenhänge richtig sehe, hängt hiermit die Entstehung von sehr intensiven Abgrenzungen der Studenten gegenüber dem Lehrkörper zusammen.

Das »Echo draußen«, außerhalb der Universität, war die Entwicklung der APO, der außerparlamentarischen Opposition. Hier in Köln wurde der Republikanische Club gegründet, mit meiner Mitbeteiligung; mitgemacht haben auch der Kollege Volkmann-Schluck aus der philosophischen Fakultät und ursprünglich auch der Soziologe René König, der allerdings dann bei der eigentlichen formalen Gründung doch nicht mehr dabeigewesen ist.
Frage: Die Gründung des Republikanischen Clubs war 1967. Vorher – 1966 – gab es die KVB-Demonstration, bei der Klaus Laepple, damals RCDS, als AStA-Vorsitzender die Verantwortung übernommen hatte.
Klug: . . . ja, war das eigentlich vor oder nach der APO?! Irgendwie ist das so in der Gesamtentwicklung, man kann das gar nicht so genau abgrenzen. Jedenfalls war das Merkwürdige, daß diese KVB-Demonstration, die erste große Studentendemonstration in der BRD, sogar ihr Echo in der Auslandspresse fand und daß diese Demonstration eigentlich weniger politische Zielsetzungen hatte, – es ging um die Fahrpreiserhöhungen der Kölner Verkehrsbetriebe (KVB), bei der die Studenten benachteiligt waren. Aber ich war damals zufällig in Italien und habe dort in der Presse gelesen, noch bevor die deutschen Zeitungen dort ankamen, daß in Köln die bisher größte studentische Demonstration, mit Sit-Ins auf den Straßenbahnschienen, stattgefunden hätte. Gleichzeitig wurde aber berichtet, daß dabei auch Gewalt angewendet worden und es zu einem großen Polizeieinsatz gekommen sei, daß u. a. Straßenbahnwagen schwer beschädigt worden seien. So die italienische Presse, und in der deutschen las ich dann das Entsprechende. Aus der späteren genaueren Sicht, als ich wieder in Köln war, ergab sich dann, daß die Öffentlichkeit nicht korrekt unterschieden hatte zwischen der studentischen Demonstration und einer Entwicklung, die von außen in die Demonstration hineingetragen worden ist. Es hat also, nach meiner Erinnerung, erst in der Phase, nachdem Laepple, auf Wunsch – glaube ich – des Oberbürgermeisters, das Ende der Demonstration über Lautsprecher bekanntgegeben hatte, Gewalttätigkeiten gegeben. In dem Prozeß gegen Laepple wegen Nötigung hat sich dann auch gezeigt, daß diese Trennung richtig war: Die Studenten hatten mit den Gewalttaten, die zu schweren Schäden bei den Fahrzeugen der KVB usw. führten, nichts zu tun.
Frage: Ich habe dieses Photo vor Augen, wo Sie und Scheuch bei der Demonstration gegen die Notstandsgesetze als einzige Vertreter der Universität mitgegangen sind; und ich denke mir, daß das sicher auch typisch ist für diese Hochschule, daß es immer nur wenige Professoren waren, die sich öffentlich engagiert haben. Das hat sicherlich damit zu

tun, daß die Kölner Uni nie die fortschrittliche Universität gewesen ist, sondern immer eher konservativ war.

Klug: Ohne daß man Kollegen verletzt, kann man sagen, daß die juristischen Fakultäten immer, auch hier in Köln, ausgesprochen konservativ waren. Ich habe da allerdings nie Schwierigkeiten gehabt, man hat mich akzeptiert. Es gab diese kollegiale Liberalität, die zur Folge hatte, daß man sich engagieren konnte, ohne daß sich das im Lehr- und Fakultätsbetrieb und Alltag auswirkte. Ich bin ja auch zweimal – 1964 und 1965 – zum Dekan gewählt worden. Was ja auch heißt, daß man keine Bedenken gegen meine Aktivitäten hatte, die ja zum Teil mit meinen Fächern zusammenhingen. Zum einen war ich als Strafrechtler angesprochen, als da plötzlich Strafverfahren gegen Studenten eingeleitet wurden, und dann sind da natürlich für den Rechtstheoretiker und -philosophen das Demokratieproblem, das Rechtsstaatsproblem, das Toleranzproblem. Das sind natürlich wichtige Problembereiche für philosophische und theoretische Analysen mit Auswirkungen auf Praxis.

Frage: Aber gibt es da nicht einen gewissen Punkt, wo die Fakultät sagt, hier machen wir nicht mehr mit. Ich denke da z. B. an Prof. Lange. Da gibt es doch sicher auch irgendwo Grenzen.

Klug: Ich kann mich eigentlich an keine Diskussion an der Fakultät oder Abstimmung erinnern, die mir Schwierigkeiten bereitet hätte. Ich erinnere mich z. B., daß natürlich über die Störung von Vorlesungen gesprochen wurde und darüber, wie man reagieren sollte. Einige meinten, man müßte solche Vorlesungen abbrechen und möglicherweise die Polizei hinzuziehen, um die Ruhe wiederherzustellen; andere, nicht etwa ich allein, waren der Meinung, da käme man mit Großzügigkeit besser über die Probleme hinweg. Insbesondere wurde natürlich darüber diskutiert, ob man mit den Störern der Vorlesung diskutieren solle. Und auch hier hat es zwei Meinungen gegeben: Die einen meinten, mit solchen Hörern diskutieren wir nicht, und die anderen, warum eigentlich nicht. Und ich persönlich habe in der Erinnerung, daß es ganz interessante Diskussionen in diesem Zusammenhang gegeben hat.

Für mich war immer wichtig, als wissenschaftliche Analyse dieser unruhigen Zeit an der Universität, daß, rein statistisch jedenfalls, die Kölner Universität niemals ernsthaft in ihrem Lehr- und Forschungsbetrieb gelitten hat durch die Aktivitäten von studentischer Seite. Das könnte man sogar noch heute anhand der Aktenunterlagen im Rektorat wissenschaftlich erhärten.

Frage: Um noch einmal auf die KVB-Demonstration und auf die

Verurteilung Laepples zurückzukommen. Dieses Urteil hatte doch eine zentrale Bedeutung, und zwar bis heute, gerade wenn man jetzt die Urteile zu den Sitzblockaden in Mutlangen erlebt. Gibt es da eine rechtspolitische Linie aus Ihrer Sicht, der Sie ja Laepple damals mitverteidigten?
Klug: Ja, aus meiner Sicht kann ich dazu folgendes feststellen. Ich habe ja den Laepple auch vor dem Bundesgerichtshof verteidigt und habe damals das Entstehen dieses berühmten und sehr demonstrationsfeindlichen Urteils miterlebt. Das Laepple-Urteil halte ich persönlich für eine verfassungswidrige Ausweitung des Nötigungsparagraphen im Strafgesetzbuch. Die weitere Entwicklung der Rechtsprechung und juristischen Diskussion war dann zunächst so, daß es eine Phase gegeben hat, wo dieses Urteil mit seiner Interpretation des Gewaltbegriffes die juristische herrschende Meinung eindeutig bestimmte. Erst nach Jahren zeigte sich ein leichte Lockerung in der Auslegung des Nötigungsparagraphen durch den Bundesgerichtshof, als dieser sich in einem noch gar nicht so alten Urteil vom Laepple-Urteil distanzierte. Zu einem Höhepunkt dieser Entwicklung kam es dann durch die Pattlösung beim Bundesverfassungsgericht, und jetzt, mit der neuen verfassungswidrigen Entscheidung des BGH zu Mutlangen, erkennt man plötzlich ein bedenkliches Zurückgehen in eine Phase, in der man dem Laepple-Urteil wieder folgt. Jedenfalls möchte ich die neue Entscheidung des BGH so interpretieren.
Frage: 1968 – als zeitlicher Bezugspunkt – markiert m. E. in der Geschichte dieser Republik einen Bruch. Wenn man von heute aus die Ereignisse betrachtet und das, was sie bewegt haben, kann man einerseits feststellen, daß Demokratie bis Ende der 60er Jahre doch sehr formal verstanden wurde. Das hat sich seither, auch durch die 68er, geändert. Und zum zweiten, nach 1968, mit der APO, hat eine sehr intensive Aufarbeitung und Auseinandersetzung mit dem Faschismus stattgefunden, vor allem im Hinblick auf strukturelle Analysen und Beschreibung von Kontinuitäten. Wie würden Sie diese Entwicklung im Hinblick auf die Bundesrepublik und die juristische Fakultät hier in Köln beurteilen?
Klug: Zunächst einmal kann ich Ihnen zustimmen, daß durch das gesteigerte politische Engagement der Studentinnen und Studenten an der Universität das Bewußtsein davon, daß wir in einer Demokratie leben, sich gesteigert hat. Dazu gehört auch, ein Verständnis von Demokratie zu entwickeln, das die Auseinandersetzung und Diskussion ausdrücklich fordert, damit sich eine politische Meinung bilden kann. Ich denke, das ist eine positive Entwicklung, und diese Entwick-

lung, die ich selber ein bißchen mit vorangetrieben habe, hat doch in der Gesellschaft etwas bewegt, auch an den Universitäten. Denn wir dachten, unsere Aufgabe als Hochschullehrer ist es, Lehre und Forschung in vornehmer Zurückhaltung gegenüber den politischen Entwicklungen auszuüben. Das hat sich durch die APO und die Aktivitäten der Studenten geändert. Ich glaube, daß sich diese Zeit auf das politische Bewußtsein in der Bundesrepublik insgesamt positiv ausgewirkt hat. Ich will nicht behaupten, daß das demokratische Engagement aller Bürgerinnen und Bürger damit besser geworden ist, aber es ist doch ein politischer Fortschritt, wenn man die verschiedenen Positionen deutlicher erkennen kann, die Fronten klarer geworden sind. Und das, diese Entwicklung, ist ein Verdienst der jungen Generation.

Was nun die juristischen Fakultäten angeht, so hat es hier ja eine Bereinigung gegeben: Also z. B. ist der prominente und extreme Antisemit C. Schmitt, mit seinen rassistischen und faschistischen Parolen, mit Recht nie wieder an eine deutsche Universität berufen worden.

Frage: Wenn ich kurz unterbrechen darf. Nipperdey z. B. hat doch eine kontinuierliche Karriere gehabt. Seine Kommentierung der Arbeitsgesetzgebung im Nationalsozialismus . . .

Klug: Ich habe ja in den 30er Jahren studiert und habe noch eine sehr deutliche Erinnerung daran, welche Juristen mit prominenten Namen wir damals und später, also nach 45, für Nazis gehalten haben. Nipperdey gehörte nach unserem Verständnis nicht zu den Nazis, er gehörte zu den Protagonisten des Arbeitsrechts und hatte schon in seiner Weimarer Zeit hier in Köln große wissenschaftliche Erfolge und Lehrerfolge. Wir wußten, was in seinen Büchern stand und was in den Gesetzen der Nazis stand, aber es war spürbar, daß Nipperdy nicht hinter diesen Gesetzen der Faschisten stand. Es hat aber natürlich andere Fälle gegeben, wo man sagen kann, hier ist die Vergangenheit nicht bewältigt worden.

Frage: Bei dieser Frage geht es doch auch um eine bestimmte »Mentalität«, die H. Lübbe mit der Metapher »kommunikatives Beschweigen« beschreibt. Er schreibt da in einem Aufsatz über 1968, natürlich wußten wir welcher Professor, welcher Assistent, welcher Angesellte usw. bei den Nazis, in der Partei war, aber die Aufarbeitung der Details und ihrer politischen Einschätzung überließ man der historischen Forschung. Ich meine, was Lübbe da beschreibt, ist doch eigentlich ein Ausdruck für eine ganze bestimmte Haltung gegenüber der Vorgeschichte dieser Republik. Dieses Verdrängen, das Abdrängen

der eigenen Geschichte an den Rand! Was hat sich da für Sie seit '68 geändert? Wie hat sich das politische Klima verändert?
Klug: Aus meiner Sicht hat sich da etwas positiv geändert. Durch die Ereignisse '68 und danach ist das politische Bewußtsein gestärkt worden und hat insbesondere eine Aufarbeitung der düsteren nationalsozialistischen Vergangenheit eingesetzt, und zwar durch das Engagement der jungen Generation. Die Universitäten haben natürlich auch vorher schon den Nationalsozialismus behandelt, und in den Kommentaren zum Grundgesetz hat das auch seinen Niederschlag gefunden, aber das alles ist etwas neutraler akzentuiert worden, und man hatte nicht so unmittelbare Konsequenzen für die politische Lage der Gegenwart gezogen. Das ist mit der Studentenbewegung anders geworden, und das ist geblieben und nicht wieder eingeschlafen. Das politische Engagement und viele Ideen der jungen 68er Generation wirken fort.
Frage: Es gab nach 1945 eine Bereitschaft, bestimmte Sachen nicht weiter zu verfolgen, und ich denke mir, daß hier ein Problem liegt, daß bestimmte Dinge strafrechtlich nicht relevant waren und sind, deren Kontinuitäten sich aber in irgendeiner Form auswirken.
Klug: Das ist aber, wie ich meine, ein prinzipielles Problem der freiheitlichen Demokratie. Der Demokratie fällt es schwer, ihre Gegner zu bekämpfen, weil sie ja gerade nicht faschistische Methoden anwendet. Den Faschisten fiel es leicht, ihre Gegner zu beseitigen, die haben sie ermordet oder in KZs gefangengehalten. Und die Lehrkörper an den Universitäten und Schulen haben die Nazis auch sehr einfach von ihren Feinden, den Demokraten in den damaligen Lehrkörpern 1933, »befreit«. Die haben einfach ein Gesetz zur »Bereinigung des Berufsbeamtentums« gemacht. Das kann und will eine Demokratie nun ja nicht.
Frage: Immerhin hat es 1956 ein Verbot der KPD gegeben, hat es in den 70er Jahren verstärkt politische Prozesse gegeben, die sich gegen links gerichtet haben, und natürlich muß man fragen, warum in einer Demokratie Berufsverbote gegen Linke ausgesprochen werden, warum Denkverbote à la § 88 a, 130 a erlassen werden, warum Verteidigerausschluß usw.
Klug: Ja sicher, auch das ganze Berufsverbotsproblem. Sie wissen, daß ich gegen diese Berufsverbote war und bin. Ich halte das insgesamt für einen demokratischen Rückschritt. Allerdings glaube ich, daß sich damals W. Brandt und andere nicht alles politisch genügend klargemacht hatten und dann eigentlich nicht politisch entschieden haben, sondern etwas stur bei einer gängigen Haltung geblieben sind.

Frage: Praktisch gleichzeitig hat es Ende der 60er, Anfang der 70er Jahre auch eine Liberalisierung des Strafrechts gegeben, die heute teilweise wieder zurückgenommen werden soll.
Klug: Ja, damals ist z. B. der Widerstand gegen Vollstreckungsbeamte liberalisiert worden, dann der Landfriedensbruch, die Rädelsführerthese rausgeboxt worden; jetzt kommt das vielleicht wieder zurück, man weiß es nicht genau. Aber, da würde ich auch sagen, die Durchsetzung der Liberalisierung im Strafrecht, die Akzeptanz des Resozialisierungsgedankens im Strafvollzugsgesetz, das hätte man wohl nicht geschafft, wenn sich nicht das gesamte politische Klima geändert hätte, und an dieser Änderung des gesamten politischen Klimas sind sicherlich die Studentinnen und Studenten, die sich politisch engagiert haben, beteiligt.

Wolfgang Blaschke/Olaf Hensel

»Der aufrechte Gang geht zuweilen durch Glastüren«

1968 in Köln – ein Gespräch mit Kurt Holl, Rainer Kippe, Klaus Laepple und Steffen Lehndorff

Anlaß zur Erinnerung an die Revolte '68 in Köln sind nicht zuletzt die offiziellen Jubelfeiern der Universität zu ihrem 600jährigen Bestehen. Da das Treiben der damaligen Schmuddelkinder für die Uni-Oberen verständlicherweise kein Thema ist, sollen an dieser Stelle Exponenten der damaligen Auseinandersetzungen zu Wort kommen: Rainer Kippe, Kurt Holl, Steffen Lehndorff und Klaus Laepple.[1] Die Auswahl der Gesprächspartner spiegelt, wenn auch nicht vollständig, die diversen politischen Strömungen innerhalb der damaligen Kölner Studentenschaft wider; wobei das Fehlen vor allem der Positionen der damals entstehenden »Neuen Frauenbewegung« auch realer Ausdruck der Dominanz der Männer in der Revolte ist. So stehen die Diskutanten auch nicht für das Allgemeine, sondern für ihre damaligen bzw. heutigen Positionen.

Frage: 1968 – Wie war es damals in Köln und an der Universität? Was hat euch damals getrieben? Wie seid ihr politisiert worden? Was ist für euch geblieben? Haben die 68er verloren? Ist deshalb eine Niederlage abzufeiern? Darüber sollten wir diskutieren.
Rainer Kippe: . . . wir haben damals diesen alten Satz gehabt: »Universitas docentium ac studentium« – die Gesamtheit der Lehrenden und Studierenden, wobei dann natürlich bei uns, von unserer linken sozialistischen Position aus, diese Idee kam, die sehr stark mit der Kulturrevolution in China zusammenhing, daß Lehren und Lernen eins ist – es geht hierbei nicht um die Kulturrevolution, sondern es geht darum, was das für uns ausgedrückt hat. Die alte Professorenherrlichkeit und deren Nazi-Vergangenheit, das ist das eine, wogegen wir revoltiert haben; und das andere, was wichtig ist, ist, daß es sich um eine Revolte gehandelt hat, die in meinen Augen fälschlicherweise Studentenrevolte heißt.

Ich gehöre zu den Leuten, die damals revoltiert haben, die auf die

Straße gegangen sind, mit viel Schiß in der Hose übrigens, und dort Straftaten begangen haben, sich gegen die Ordnung gestellt haben. Und ich weiß, wer auf der Straße war; ich habe die heißesten Sachen damals ja gar nicht mitgemacht, bin ja vielleicht auch ein bißchen feige und vorsichtig gewesen. Aber die heißesten Sachen, wo sich wirklich mit der Ordnung angelegt wurde, das ist ja nun zuletzt die Polizei – das waren zum kleinsten Teil Studenten, das waren andere Leute, die man heute als Arbeiter bezeichnen müßte.
Klaus Laepple: . . . also Studentenrevolte ist sicherlich eine Verkürzung, man müßte schon sagen: Jugendrevolte . . .
Rainer: Da waren auch Ältere dabei! Aber ich will das Wort betonen, um das es mir jetzt geht, das Wort *Revolte,* wozu man bisher immer '68 gesagt hat – Revolte, denn das hat ja etwas eingerissen, etwas aufgebrochen; an irgendeinem Punkt sind die Leute auf die Straße gegangen und haben Gewalt angewandt. Das ist so, und zwar gegen die Gewalt des Staates.
Kurt Holl: Es war, wie soll man sagen, die Autonomie der Wissenschaft, der Universität, die im Grunde genommen eine Illusion war. Dieser Schein hat aber zu einem realen gesellschaftlichen Freiraum geführt, zumindest in dieser Übergangszeit, bevor der kapitalistische Staat sich vollständig dieses Freiraums bemächtigt hat.
Steffen Lehndorff: Insofern war das natürlich, wenn man das jetzt schon einordnen will, und da würde ich dem neuen Mythos, den Du (Rainer) da gerade einbringen wolltest, energisch widersprechen, es war doch mehr eine Revolte von bürgerlichen Individuen, die eben relativ vielzählig gerade an den Universitäten versammelt waren und die diese Freiräume bedroht sahen.
Kippe: Ich seh das anders. Ich habe sehr stark das andere Element erlebt, das ich als Arbeiter bezeichne, meistens Lehrlinge, die abgehauen waren, die an dem System gescheitert waren, die zum Lumpenproletariat gezählt wurden; Leute also, die in Erziehungsheimen gewesen waren oder in der Psychiatrie oder am Rande der Psychiatrie vegetierten, was ja alles der Ausschuß dieser Gesellschaft ist. Das habe ich damals schon sehr stark als bewegendes Moment erlebt. Und das hat ja dann für mich persönlich zu dem Phänomen SSK hingeführt. Ich denke da z. B. an Rudi Jäger, der ja im SDS war, der uneheliche Sohn eines SS-Scharführers, der in einem Kinderheim aufgewachsen war. Wegen dem haben wir, die später den SSK machten, uns mit dem SDS auseinandergestritten, weil dieser darauf bestanden hatte, nicht über das Schicksal von Rudi Jäger zu reden, sondern darüber diskutieren wollte, ob die Heidelberger oder die Frankfurter Linie die richtige ist.

Kurt Holl: Da machst Du jetzt selber auch einen Mythos draus. Ich sehe das so, daß in jeder Revolte, also wenn nach einer Zeit von langem politischen und geistigen Stillstand, wie wir's ja in den 60er Jahren hatten, wenn sich etwas Neues regt, werden alle, ich sag' das völlig ohne Bewertung, Entwurzelten dieser Gesellschaft – die Ausgestoßenen, die Ausgeworfenen oder wie immer wir sie bezeichnen wollen – werden, wenn sie sich um mehr kümmern als um ihr eigenes persönliches Schicksal, sofort hingehen zu diesem neuen Zentrum. Das halte ich für eine völlig normale und naheliegende Geschichte. Und genau das ist damals passiert, daß die Entwurzelten der Gesellschaft zu den geistig und politisch organisierten Zentren hingegangen sind. Das waren eben bestimmte linke Gruppen in der Studentenschaft. Und es mußten damals Studenten sein, denke ich.
Kippe: Mir geht es darum, zu zeigen, nachdem sich da was in Bewegung gesetzt hatte, da kamen die Teile der Arbeiterklasse, die sich der SPD oder diesem Zeug entzogen hatten. Die kamen übrigens auch stückweise, was es da alles an Gruppen und Gruppierungen gab, die tauchten alle auf und haben auch eine Rolle gespielt.
Holl: Laß uns doch darüber einigen: Wir erzählen jeder aus unserer persönlichen Perspektive, tun aber so, als hätten wir eine Theorie über die ganze Geschichte. Also, dann sollten wir ehrlich sein. Du erzählst, wie Du damals angefangen hast mitzumachen, mit welchen Leuten, und Du hattest aufgrund Deiner Kontakte im wesentlichen zu tun mit Leuten, von denen du sagst, daß sie rausgeflogen sind aus Arbeits- und Familienzusammenhängen, eben keine Studenten, sondern Leute aus der Arbeiterklasse. Ich hatte mit Arbeitern überhaupt nichts zu tun. . . . Wir sollten lieber über unsere eigenen Politisierungsprozesse sprechen, die ja völlig idiotisch liefen . . . also vom subjektiven Faktor, sagt man ja heute. Ich hatte damals ja schon mein Examen und sollte eigentlich in die Schule gehen. Und für mich stellte sich das so dar, daß ich übergangslos rein sollte in ein System, so wie das eben von mir erwartet wurde und wo ich dann die Rolle der Leute, der Lehrer, die mich erzogen oder manipuliert hatten, übernehmen sollte. Das war für mich eine derartige Horrorvorstellung, daß es für mich wie eine Erlösung war, als mir jetzt die Studentenbewegung auch die Chance gab, mich da erst mal wieder rauszuziehen und mir für Jahre Luft gab, was anderes zu machen – mich auch der Verantwortung zu entziehen, sicher . . .
Rainer Kippe: . . . Bei mir ist das so gewesen: Wenn ich damals nicht mit Orientalistik und so was noch rumgefummelt hätte, wär ich ja auch mit Jura fertig gewesen, und ich habe gedacht, das darf nicht sein,

du verpaßt was. Ich wollte einfach nicht; da habe ich Arabisch gelernt, alles mögliche gemacht, und ich habe auf etwas gewartet . . . und dann hatte ich 10 oder 13 Strafverfahren, war vor der Großen Strafgerichtskammer angeklagt. Das hat mich dann der Notwendigkeit enthoben, Rechtsreferendar zu werden und den Beruf zu ergreifen, mit dem ich bestimmt an der falschen Stelle gewesen wäre.
Kurt Holl: . . . ein biographisches Moment. Ich war nämlich zu dieser Zeit schon acht Jahre verlobt. Mit einem unheimlich netten, bürgerlichen Mädchen aus dem Badeort Bad Oeynhausen, aus der Hautevolee. Ich war mit ihr verlobt – sie hatte Examen, ich hatte Examen –, und es war von beiden Familien ausgemacht, daß wir heiraten würden. Das war sozusagen der zweite Alptraum, der auf mir lastete. Neben dem Referendardienst die drohende Eheschließung.
Klaus Laepple: . . . also – jetzt kommen ja die wahren Hintergründe deiner revolutionären Tätigkeit erst mal durch! Der wollte nicht in den Referendardient, weil er nicht heiraten wollte!
Rainer Kippe: . . . und so was wird als revolutionärer Aufbruch mythologisiert.
Kurt Holl: . . . nein, ich hatte Horror, daß ich vom System mit den zwei klassischen Integrationsmechanismen total vereinnahmt würde. Das ist der Beruf, und das ist, was man damals machte: Man verlobte sich, heiratete und setzte Kinder in die Welt. Ihr wißt ja, wie selbstverständlich das damals war und wie man, als Frau sowieso, auch als Mann als abnorm hingestellt wurde, wenn man diesen normalen Weg nicht ging. Deswegen war für mich 1968, ich kann das noch genau datieren: Essen, Ostern 68, da warst du (Kippe) auch dabei, Springerboykott und Barrikadenbau – angezündet . . . und daneben war eine Telephonzelle. Ich sollte nämlich, weil meine Schwiegermutter Ostern ihren 60. Geburtstag hatte, unbedingt dahinkommen. Da bin ich ins Telephonhäuschen und habe den Hörer rausgehalten. Sieglinde war dran und fragte »Wo bleibst Du?« Hinter den Barrikaden hörte man Schüsse . . .
Rainer Kippe: . . . und das Rasseln der »Panzerketten«. . .
Kurt Holl: . . . ganz dramatisch . . . es geht nicht, hier ist die Hölle los, oder: Hier ist mein Platz, oder wie ich das gesagt habe . . .
Steffen Lehndorff: Ich muß eines sagen: Eure Biographien sind etwas anders als meine, weil ich ein paar Jahre jünger bin als ihr und erst spät in diese Geschichte reingekommen bin. Mein erstes Semester war das Sommersemester 1966, ich bin in die damalige Aufbruchsituation reingekommen. Für uns hat sich das etwas anders dargestellt, denn wir, die Leute, mit denen ich damals zusammengearbeitet habe, wir

hatten diese gesicherten Perspektiven gar nicht vor Augen. Wir sind in die Universität hineingekommen in einer Situation, wo der Umbruch, der Aufbruch bereits begonnen hatte, und wir hatten in diesem Zusammenhang primär politische Ansichten. Wobei biographische Momente natürlich immer eine Rolle spielen, aber es war für uns nicht der Versuch des Ausbruchs aus einer gesicherten persönlichen Zukunft, diese Frage hat zunächst überhaupt keine Rolle gespielt, sondern wir haben die Universität primär als politischen Ort begriffen.

Das kann ich jedenfalls von den Leuten sagen, die in meiner Generation im SHB oder SDS aktiv waren oder wurden. Wir waren im Grunde die zweite Generation der Aktivisten, wobei es ja gleichzeitig losging. Insofern war das ein etwas anderes Herangehen an die Dinge, vielleicht auch ein bißchen ruhiger deswegen, nicht so stark verbunden mit einem persönlichen Umbruch.

Vielleicht kann man sich – von heute aus gesehen – die damalige Zeit nur erschließen, wenn man begreift, wenn man das vergleicht mit dem Umbruch von einer quasi religionsstaatlichen Ordnung hin zur kapitalistischen Normalität.

Klaus Laepple: ... natürlich: Kapitalismus auf der einen Seite und Autonomie eines Teilbereichs der Gesellschaft können sich nicht vereinbaren ...

Rainer Kippe: ... Du bringst heute Sätze, Klaus, Du bringst wirklich heute die linken Credos ...

Steffen Lehndorff: ... das ist einfach Faktum, das ist nüchterne Betrachtung der Realität. Die ganze Gesellschaft war politisch, geistig im wesentlichen erstarrt – sie war für die kapitalistische Entwicklung selbst ein Anachronismus geworden. Von heute aus gesehen ist das völlig klar, und trotzdem wäre das allein noch zu einfach, weil es ja eine Bewegung von unten war. Es war sicher einerseits Umbruch vom Religionsstaat zur kapitalistischen Normalität, vereinfacht gesagt. Auf der anderen Seite aber hat diese Bewegung von unten ungeheure Initialwirkung gehabt, weshalb der Umbruch verbunden war mit der Entwicklung und dem Anwachsen demokratischen Potentials in dieser Gesellschaft. Ich glaube, man kann sich diese Zeit – 1967–69 – überhaupt nur erschließen, wenn man diese gesamtgesellschaftliche Umbruchsituation sieht. Und dieses ganze Philosophieren heute, diese Nostalgie: »Ach, war das damals toll, und heute ist alles so beschissen« usw., das geht völlig am Kern der Sache vorbei.

Klaus Laepple: Aber es ist doch unstrittig, daß durch die damaligen Ereignisse Reformen ausgelöst oder initiiert wurden, die dann später realisiert worden sind. Die aber möglicherweise so oder überhaupt

nicht gekommen wären, wenn es diese Bewegung nicht gegeben hätte.
Kurt Holl: Es war 1967/68 für alle, die damals mitgemacht und sich engagiert haben, sozusagen die Offenbarung: Aha, jetzt, wie sagt Marx, hat die Idee die Massen ergriffen. Und deswegen war es im Grunde nichts völlig Neues. Zum Beispiel, diese Sozialismusgeschichte war für uns, die wir ja Antikommunisten bis aufs Blut waren – und heute wieder sind –, damals war das für uns das Wiederanknüpfen an sozialistische und demokratische Traditionen der deutschen Geschichte. Da war die alte Friedensbewegung, Ostermärsche, die Pazifisten aus den 30er Jahren, liberale und antiklerikale Traditionen, an die wir anknüpfen konnten, ideologisch erstmals und dann in unserem Wahn, daß die Arbeiter jetzt zusammen mit uns aufstehen. Und deshalb, glaube ich, daß damals nicht nur junge Leute mitgemacht haben. Und die Verstoßenen und sonstigen Außenseiter, all diese Leute, die liberale Ideen in der Frühphase der Bundesrepublik vertreten hatten und zu Sonderlingen geworden waren, weil sie kein Echo gefunden hatten, die kamen 68 alle wieder und machten mit in den Gruppen.
Rainer Kippe: Ja, das sind diese Leute, die während des Roll-Back in den 50er Jahren verteufelt worden waren, die haben sich dann hier als die besseren Deutschen, eine Runde später, durchsetzen dürfen. Da ist z. B. Heinrich Böll, der zwar spät – aber auch als Feind von denen erkannt worden, aber dafür um so intensiver . . .
Klaus Laepple: Nein, ich meine, es ist gerade durch die Ostverträge, das ist ja eben indirekt angesprochen worden, erstmals für viele deutlich geworden: Erstens ist der Krieg wirklich beendet, und zweitens, wir haben ihn verloren und haben die Konsequenzen zu tragen. Hinzu kommt sicherlich, daß natürlich die 50er Jahre und auch noch ein wesentlicher Teil der 60er den meisten Bürgern dazu gedient haben, ihre materiellen Belange abzusichern. Erst als hier ein gewisses Maß an Sicherheit erreicht war, bestand ja erst bei vielen Leuten die Voraussetzung, sich anderen geistigen und politischen Dingen im verstärkten Maße zuzuwenden.
Kurt Holl: Aber doch nicht bei denen, die in den 50er Jahren versucht haben, sich materiell wieder auf die Beine zu stellen. Die waren doch zu, sind bis heute zu.
Klaus Laepple: Das ist richtig, nur glaube ich, daß das, was 67/68 gelaufen ist, daß das zehn Jahre vorher nicht möglich gewesen wäre. Wir hätten nicht dieses Maß an Unterstützung bekommen, einfach deshalb, weil die Leute mehr mit materiellen Dingen beschäftigt waren und oft nicht Zeit und Lust hatten, sich mit diesen Dingen auch nur

näherungsweise auseinanderzusetzen. Wir hätten diesen Zulauf nicht gehabt, wenn diese Voraussetzungen nicht gegeben gewesen wären. Auch an den Universitäten hatten wir es schon mit einer völlig anderen Studentengeneration zu tun als der Generation der, sag' ich jetzt mal extrem, der 40er und 50er Jahre, die ja die Universität nur und ausschließlich begriffen hat als ein Institut, um möglichst schnell dort einen Abschluß zu schaffen, um dann sofort in die Gesellschaft reinzugehen und dort sich zu etablieren. Da wäre überhaupt nicht Raum und Zeit gewesen für diese Dinge, die wir damals gemacht haben.
Rainer Kippe: Also Klaus, jetzt sagst Du, wir haben Zulauf gehabt, und tust so, als hätten wir, also ihr von der CDU und wir vom SDS, damals auf derselben Seite der Barrikade gestanden. Ich möchte noch ein Ereignis in die Diskussion werfen. Das einzig wirklich markierende an der Uni war, in meiner Erinnerung, die Rektoratsbesetzung . . .
Steffen Lehndorff: . . . oh ja, das war schön.
Kurt Holl: . . . Glotz mit seinem historischen Ausspruch: »Der aufrechte Gang geht manchmal durch Glastüren.«
Rainer Kippe: . . . wofür wir dann Landesfriedensbruch-Prozesse bekommen haben. Was ich bis heute nicht verstehen kann, ist, daß diese Obrigkeit derartig humorlos war. Also die haben die Feindschaft wirklich selbst auf sich gezogen. Statt daß sie sagen, Schwamm drüber, oder wie in den Verbindungen, Fidelitas – Scheiben fliegen raus – alte Herren bezahlen das . . .
Klaus Laepple: Während der Besetzung lief doch eine Senatssitzung an anderem Orte . . .
Rainer Kippe: Du hast die Räumung verhindert, oder wie war das? Was war denn nun in dieser Senatssitzung?
Klaus Laepple: . . . in der Senatssitzung sind zwei Dinge gelaufen, das eine war der Antrag: sofort die Polizei, also mit allen zur Verfügung stehenden Mitteln die Rektoratsbesetzung zu beenden . . .
Rainer Kippe: . . . Das wäre das Klügste gewesen . . .
Klaus Laepple: . . . dagegen habe ich mich damals erfolgreich gewehrt, diese Konfrontation – es wäre ohne jeden Zweifel zu irgendwelchen körperlichen Auseinandersetzungen gekommen, das wollte ich nicht . . .
Rainer Kippe: . . . Du wußtest nicht, wie schwach wir waren . . .
Klaus Laepple: . . . das zweite im Senat war die Diskussion darüber, ob die Presse zugelassen werden sollte, da war der Senat sehr geteilter Meinung. Der Rektor, Prof. Hübner, wollte das damals nicht; andere

wollten es unbedingt, und zwar mit einem hochinteressanten Argument: Sie sagten also, nicht nur die Presse, sondern speziell das Fernsehen, damit wir dann auch genau feststellen können, wer daran beteiligt war . . . das haben wir zumindest teilweise abgeblockt . . .
Rainer Kippe: Ich meine, es war ja keine Glastür, durch die wir gegangen sind, ich habe sie ja zusammen mit dem Lothar Gothe eingedrückt und eingetreten, es war Plastik. Und wir sind rückwärts durch die Tür gegangen.

Aber das Entscheidende, woran ich mich auch weiterhin gehalten habe, das war die Forderung nach Öffentlichkeit, die kam ja auch von euch, Klaus – die Öffentlichkeit aller universitären Gremien . . .
Klaus Laepple: . . . da waren wir alle einig . . .
Rainer Kippe: . . . und wir waren diejenigen, die gesagt haben: So, wir stellen die jetzt her – Öffentlichkeit, ganz einfach. Wir wollten ja nicht das Rektorat besetzen, sondern da sollte eine Senatssitzung stattfinden, und wir hatten uns vorgenommen, da reinzugehen. Daraufhin hat sich der Senat heimlich woanders getroffen; ihr habt da ja mitgemacht, ihr habt uns ja nicht gesagt, wo die sind, sonst wären wir dahin gegangen . . .
Klaus Laepple: . . . das stimmt ja nicht . . . Ich habe damals über einen Dritten den Steffen informieren lassen, wo die Sitzung stattfindet. Daß diese Information nicht angekommen ist, lag aber nicht an mir . . .
Steffen Lehndorff: . . . in der Situation, in der wir waren, wollten wir ins Rektorat, alle die da waren, die paar hundert Leute . . .
Rainer Kippe: Du hast noch ein Teach-In gemacht und die Frage gestellt, die man auch heute noch stellen muß: Wem gehört das Rektorat? Ganz schlicht – die Machtfrage.

Der Kurt Holl, der sich an der Aktion nicht beteiligt hatte, tauchte dann auf und hatte ein Programm in der Tasche, hatte eine Presseerklärung, konnte Forderungen aufstellen, ich kannte überhaupt keine. Ich war mit der Tatsache, ins Rektorat oder in den Senatssaal reinzukommen, wochenlang so beschäftigt gewesen, daß niemand von mir verlangen konne, daß ich irgendeine Forderung hätte formulieren können. Und dann kam der Karpen, als wir drin waren, und der hat dann mitdiktiert, ein echter Jurist – also zu deutsch Zyniker. Wenn der Kurt ins Stottern kam, wegen der Forderungen, was ja schon schwierig ist, dann hat der Karpen unsere Forderungen flüssig weiter an den Rektor und an die Presse diktiert: Das waren die großen Momente von Macht und Zynismus, und wir waren eigentlich nur die kleinen Räder.
Steffen Lehndorff: . . . ich will eine wichtige – ich will nicht übertreiben – eine kleine Differenzierung noch einbringen. Bei der Rektorats-

besetzung gab es auf der Linken eine Kräftekoalition. Es war ja Ende 68, und da war die Spaltung der Linken im wesentlichen schon vollzogen. An diesem Punkt haben die Linken zusammengearbeitet. Und zwar wir, die wir das ja eingerührt hatten, also der traditionalistische Flügel des SDS und der SHB . . .
Rainer Kippe: . . . aber da reinzugehen, es aufzubrechen . . .
Steffen Lehnhoff: . . . ja, paß auf, das will ich gerade sagen, wohl wissend, daß in dem Moment . . . und wir wußten ja, daß die Senatssitzung nicht dort stattfindet, hat uns aber auch gar nicht interessiert, wo die stattfindet, wir wollten ins Rektorat.
Rainer Kippe: . . . gewußt, man!
Steffen Lehndorff: . . . und wir wußten, wie wir reinkommen, weil wir wußten, daß ihr die Scheibe einschlagt . . .
Rainer Kippe: . . . und das brauchtet ihr . . .
Kurt Holl: Machiavellismus von links!
Steffen Lehndorff: . . . nein, ich sag' die ganze Wahrheit: Ich persönlich hätte mich das nicht getraut. Ich wußte aber, daß Du – Rainer – und der Lothar das machen werdet. Wir wußten, daß ihr die Scheibe einschlagt und wir dann alle reingehen konnten. So war die Konstellation . . .
Rainer Kippe: Dann hätte ich danach ja nach Hause gehen können . . .
Klaus Laepple: Ja.
Rainer Kippe: Bei der Rektoratsbesetzung und den Barrikaden im Sommer 68 ist in meinen Augen das Entscheidende gewesen, daß sich Leute für Rechte, die ihnen unstreitig zustanden, also demokratische Rechte, nachdem sie alle möglichen Sachen erschöpft haben und angefragt haben, dafür kämpfen und sich ihre Rechte selber nehmen und daß sie dafür auch Gewalt anwenden. Und das ist für mich das Wesentliche, was sich seit 68 in der Gesellschaft durchgesetzt hat – von den Barrikaden 68 bis auf der Rheinbrücke zu Rheinhausen. Wenn heute gesagt wird, daß die Menschen nicht nur Rechte haben, sondern auch das Recht haben, sie in Anspruch zu nehmen und dafür auch Gewalt anzuwenden. Das ist ein ganz entscheidender Punkt. Denn wenn Du den Anspruch hast, eine neue Ordnung aufzurichten oder zu verteidigen, dann mußt Du auch dazu stehen, daß Du dafür auch bereit bist Gewalt anzuwenden, das demonstriert uns ja der Staat.
Frage: Ich würde da ganz gerne nachhaken, weil 68 den Beginn der Gewaltdiskussion markiert, nämlich bezogen auf die Entstehung der RAF und der aus der Revolte hervorgegangenen bewaffneten Gruppen einerseits und auf die Differenzierung von Gewalt gegen Sachen und Gewalt gegen Personen. Es gibt eine Kontinuität der Debatte über die

revolutionäre Gewalt, also über die Frage, unter welchen Voraussetzungen Gewalt, auch gegen Menschen, legitim ist. Und diese Debatte zieht sich unter verschiedenen Voraussetzungen durch die sozialen Auseinandersetzungen der letzten Jahre, die Massenmilitanz ist in die sozialen Bewegungen eingedrungen und zum zentralen Thema geworden – bis zu Rheinhausen.
Klaus Laepple: Ich glaube, zwischen Rheinhausen und Rote Armee Fraktion liegen Welten, und das Gefährliche an der Sache ist, daß solche Dinge hinterher in einen Pott geworfen werden. Es ist doch ein Riesenunterschied, ob ich, aus welchen Gründen auch immer, eine Knarre ziehe und Herrn Buback ermorde oder ob ich mich, weil ich mich existentiell bedroht fühle, beispielsweise auf eine Brücke setze und für eine bestimmte Zeit, und sei es auch ein ganzer Tag, den Verkehr lahmlege.
Rainer Kippe: Du meinst, das kann unter Umständen berechtigt sein?
Klaus Laepple: Das letztere? – Ja, natürlich.
Rainer Kippe: Ja, das ist eben kapitalistische Normalität. Das ist ja der Punkt.
Steffen Lehndorff: Daß man dieses Recht sich nimmt, gegen die bürgerlichen Regeln zu verstoßen. Das ist was, wo der Klaus zustimmen kann, weil er als nüchterner Bürgerlicher immer schon der Auffassung gewesen ist, daß so etwas zur kapitalistischen Normalität gehört, daß man mit allen möglichen Mitteln für seine Rechte eintritt, auch wenn das damit verbunden ist, mal gegen die Gesetze zu verstoßen oder gegen die Straßenverkehrsordnung.
Kurt Holl: . . . völlig undifferenziert; ein Bekenntnis zu Gewalt in der Form, wie wir, wahrscheinlich auch der Klaus, das bis heute bejahen. In der Tat, daß man für Dinge, die man für gerecht hält, daß man da auch bereit ist, gegen Gesetze, die unter Umständen diese Ungerechtigkeit decken, zu verstoßen – und das hat mit Gewalt zunächst einmal gar nichts zu tun. Ich verstoße dagegen und bin bereit, die Risiken dieser Regelverletzung zu tragen. Und das ist eine Abkopplung von der bürgerlichen Normalität, in der wir erzogen wurden, die klassische deutsche Tradition. Das ist etwas, worauf wir uns einigen können.
Rainer Kippe: Genau. Das halte ich für eine sehr gute und richtige Beschreibung des Zustandes, wo sich die Demokratie oder die Freiheit, wenn es wirklich gilt, darum zu kämpfen und etwas dafür zu riskieren, immer befindet – bei einer Minderheit, die bereit ist, etwas dafür zu riskieren, und die meistens ausgegrenzt, diffamiert, lächerlich gemacht oder verfolgt wird, selten einmal zum Erfolg kommt. Das ist so, daß du davor erschrickst, daß du meinst, das war ja eigentlich

dieses linke Gejammere, was sich nach 68 angebahnt hat; daß man plötzlich meinte, daß man dafür, daß man für Selbstverständlichkeiten eintrat, einen Orden bekommen mußte oder befördert werden sollte oder sich zumindest in einem ganz breiten Feld befinden mußte, wo man jeden Tag einen auf die Schulter geklopft bekommt. Das ist doch eigentlich so ein Denken, wo das eigentlich nicht mehr als Lebensäußerung erscheint, sondern wieder zu einem gesellschaftlich erwünschten Verhalten wird. Aber die Freiheit ist nie bei dem erwünschten Verhalten, nie. Und die Ordnung wird immer, sobald sie da ist, an den Leuten herumkritteln oder nörgeln, ausschließen; wenn ich sie hätte, würde ich es auch tun.

Steffen Lehndorff: ... Ich finde, man darf jetzt nicht bestimmte Teilbereiche für das Ganze nehmen, weil sich die Gesellschaft sehr widersprüchlich entwickelt. Es gibt z. B. Situationen, politische Auseinandersetzungen, wo das entschlossene demokratische Potential, wo die radikalen Kerne der demokratischen Bewegung in bestimmten politischen Fragen Mehrheiten gewinnen, Meinungsmehrheiten erobern, und bestimmte Dinge dann auf einmal akzeptiert werden. Wir haben in den 80er Jahren eine Situation gehabt, wo wir mit der Friedensbewegung total aus der Isolation herausgekommen sind, daß wir breite politische Mehrheiten geschaffen haben, welche insgesamt eine große Rolle gespielt haben bei der Veränderung politischer Gegebenheiten. Wir haben jetzt in der Gewerkschaftsbewegung die Situation, und das ist nicht nur Rheinhausen, das hat seine Vorgeschichte, da ist der Kampf um die 35-Stunden-Woche, da besteht ein sehr kompliziertes Zusammenwirken von Traditionen der 68er, die sich im Gewerkschaftsapparat und in den Betriebsräten festgesetzt haben, da wirkt vieles zusammen. So daß auf einmal eine Art Brückenbesetzung stattfindet, die einerseits eine spontane Bewegung ist, aber andererseits Ausdruck einer größeren Bereitschaft, in bestimmten Situationen radikaler zu werden. Und deswegen wehre ich mich dagegen, daß die Dinge mit so einem Schwarz-Weiß-Schema behandelt werden. Das ist nämlich die Mythologisierung, die die 68er häufig selber betreiben.

Kurt Holl: Ja, das ist alles o. k. Aber das andere, das vorhin angesprochen wurde mit dem bewaffneten Kampf, oder auch die gesamtgesellschaftlichen Perspektiven bzw. Übel, die sowohl die diversen sozialistischen und kommunistischen Parteiungen vor Augen hatten wie auch letztlich die RAF, das ist entweder tabuisiert, oder es ist abgehakt, oder die es noch vertreten, sitzen in den Hochsicherheitstrakten. Ich meine, wir stellen uns nur einem Ausschnitt des Gewaltbegriffes, wenn wir von Regelverletzung reden statt von Widerstand. Wir haben ja damals auch argumentiert, daß Widerstand legitim ist in einer Situation von Notwehr, etwa der faschistischen Gefahr oder der Notstandsgesetze. Dann stellt sich aber die prinzipielle Frage, ob da noch Loyalität, und zwar jetzt nicht nur im Sinne der Regelverletzung, verlangt ist, sondern ob wir dann nicht auch aktiv Widerstand leisten müssen, d. h. ob man in bestimmten Situationen Formen der Organisation, die u. U. clandestin sein muß, und bestimmte Mittel, die über Sitzstreiks und dergleichen hinausgehen, entwickeln muß. Es stellt sich doch die Frage, wie sie sich auch der Anti-Vietnam-Bewegung in den USA stellte, wie das ist mit Sabotage, wenn Schiffe nach Vietnam auslaufen. Das wurde damals ganz offensiv diskutiert, und bei uns hat das nicht nur die RAF thematisiert. Und die bewaffneten Gruppen sind aufgrund ihrer Analyse, daß die BRD in das imperialistische System eingetreten ist, daß überall auf der Welt die »Counterstrategie« vorangetrieben wird, daß die Massen, auf die wir uns ja immer berufen, nicht mehr da sind, daß wir nicht warten können, bis wir auf einem breitmöglichsten Konsens unsere Proteste ausdrücken, zur Aktion übergegangen. Deswegen, meine ich, ist es falsch, das unter der abstrakten Gewaltfrage zu diskutieren, sondern entscheidend scheint mir die Frage, ob wir uns heute überhaupt noch, so wie 68, eine prinzipielle Ablehnung des Systems vorstellen können, oder ob wir nicht alle inzwischen Positionen eingenommen haben, die darauf hinauslaufen, es gibt die und die Übel in der Gesellschaft und die machen wir nicht mit und gegen die kämpfen wir konkret an, auch mit Regelverletzungen. Aber wir stellen uns nicht mehr der Frage, jedenfalls meine ich nicht mehr, ob wir die sozialistische Revolution wollen, dazu braucht man dann, traditionell ist das ja alles definiert, bestimmte Organisationsstrukturen, muß man bereit sein, letztendlich den Bürgerkrieg vorzubereiten; und wir stellen uns auch nicht mehr die Frage, wie es die RAF getan hat: Wie verhindern wir, daß in unserem Namen und mit den Machtmitteln dieses Staates Menschenrechte und Menschenleben überall auf dieser Welt mit den Füßen getreten und vernichtet werden? Aus dieser Sache haben wir uns eigentlich ausgeklinkt.

Steffen Lehndorff: Du gibst natürlich eine generelle Tendenz wieder. Aber es gibt ja nun immer noch eine ganze Reihe von Leuten, die diesen grundsätzlichen Anspruch auf Gesellschaftsveränderung, auf gesellschaftliche Revolution nicht aufgegeben haben. Nur ist die Frage: Wie, auf welchem Wege, welche Strategie entwickelt man? Das ist doch das eigentliche Problem. Es gibt ja wohl kaum jemand, der der Meinung ist, daß die sozialistische Revolution bei uns in der BRD auf der Tagesordnung steht, egal in welcher Form wir sie vollziehen.

Frage: Ich fände es jetzt wichtig, daß ihr rückblickend von euren Positionen aus wertet: Was ist geblieben? Was hat sich in anderen politischen Ansätzen fortgesetzt bzw. hat sich gebrochen?
Steffen Lehndorff: Ich würde sagen, daß die APO-Bewegung ganz weitreichende Folgen gehabt hat. Sie hat die Initiativen für bestimmte wichtige gesellschaftliche Reformen in der Außen- und Innenpolitik gegeben, die dann natürlich voll unter der Regie der herrschenden Kräfte abgelaufen sind. Was auch nicht anders sein konnte, aber in der Verbindung mit dem Anwachsen und der Existenz eines wichtigen demokratischen Potentials in unserer Gesellschaft.

Die Generation der 68er hat viele Nachfolgerinnen und Nachfolger, die unter den jeweiligen Bedingungen die Sache hinterher viel besser gemacht haben. Ich finde, die Friedensbewegung war auf ihre Weise viel realistischer und auch viel wirksamer als die 68er Bewegung, ist aber ohne die 68er Bewegung überhaupt nicht vorstellbar.
Rainer Kippe: Für mich ist ganz entscheidend der Riß in dieser Gesellschaft, der sich mit 68 durchgesetzt hat. Damit hat die BRD eigentlich Anschluß an alle Demokratien dieser Welt gefunden, weil die nämlich aus Revolutionen entstanden sind und nicht durch Mitteilungen von Besatzungsmächten. Dieser Bruch oder Riß, daß man für die Demokratie und für seine Rechte Gewalt anwenden darf, das ist geblieben und hat sich in dieser Gesellschaft fortgesetzt. Es geht dabei nur um eine Möglichkeit von Auseinandersetzung, die vorher verschlossen war. Wir hatten ja das preußische System, hatten Kant, der gesagt hat, »Räsonniert, aber gehorchet«, d. h. du darfst kritisieren, und das war ja die Universität, aber du darfst, selbst wenn du im Recht bist, nicht gegen den Staat oder die Ordnung sein; oder Luther mit seinem »Alle Obrigkeit ist von Gott«. Diese beiden Sätze haben Deutschland bestimmt, und die haben die Deutschen von der Demokratie weggehalten, die ganze Zeit. Und das haben wir damals durchbrochen, ich sage heute ganz klein durchbrochen, aber das hat einen Riß gegeben, und durch diesen Riß strömt immer noch frische Luft.
Klaus Laepple: Ich will da gerne anschließen. Ich glaube auch, daß das, was der Steffen eben ausgeführt hat, prinzipiell richtig ist. Ohne 68, um das mal als Schlagwort zu gebrauchen, wären viele Reformen in Staat und Gesellschaft nicht erfolgt. Im innenpolitischen und im außenpolitischen Bereich ebenso nicht. Aber, und das scheint mir wichtig zu sein, auch innerhalb der Parteien nicht. Denn auch in den Parteien hat sich einiges getan – in der einen Partei sicherlich mehr, in der anderen weniger. Für mich ist noch entscheidender oder zumindest genauso wichtig, daß das Selbstbewußtsein der Bürger gegenüber

dem Staat erheblich gewachsen ist. Die Bürger haben erkannt, daß es möglich ist, auch als einzelner oder in der Organisation in kleinen Gruppen etwas zu bewirken, und daß sie diese Möglichkeiten tatsächlich heute auch nutzen. Daß davon in dem vielleicht wünschenswerten Maße nicht Gebrauch gemacht wird, ist eine andere Frage, aber daß Staatsautorität generell nicht mehr einfach hingenommen wird, sondern auch in Frage gestellt wird und dagegen opponiert wird, das ist heute Faktum.

Frage: Was in unserem Gespräch überhaupt keine Rolle gespielt hat, ist, daß wir heute nicht vor der Frage stehen, wie sie sich 68 gestellt hat, das einzufordern, was die bürgerliche Gesellschaft versprochen hatte, sondern daß inzwischen andere Probleme, andere Themen anliegen. Der Kapitalismus modernisiert sich in großem Ausmaß, und das wird von euch überhaupt nicht thematisiert, in Frage gestellt; ob das nicht ein massiver Angriff auf die von euch beschriebenen Veränderungen der letzten 20 Jahre ist und neue Probleme aufwirft. Sei es High-Tech, sei es Gentechnik oder die Entwicklung der »Neuen Medien«. Wie verhalten wir uns da, wo z. B. dieser Staat sich möglicherweise den Luxus leistet, daß ein bestimmter Prozentsatz der Bevölkerung eben auch spinnerte Ideen hat oder einfach aus der Gesellschaft rauskippt; was durchaus in der Logik des Systems ist. Diese Fragen haben doch heute einen anderen Stellenwert als z. B. die Diskussion über die Autonomie der Wissenschaft, wie sie 68 geführt worden ist.

Steffen Lehndorff: Ja, es ist schon richtig, daß man nicht alles gleichsetzen darf, daß sich die Themen sehr stark verschoben haben im Lauf von 20 Jahren . . . Tatsache ist, wie idealistisch solche Vorstellungen waren, wie wir sie gehabt haben. Aber ich denke, daß in den Bewegungen selber, ob das die Volkszählungsboykottbewegung war oder die Friedensbewegung oder jetzt der gewerkschaftliche Abwehrkampf in Teilen der Stahlindustrie, daß in diesen Bewegungen sich ein sehr differenziertes Potential entwickelt. Es entwickeln sich neue Erkenntnisse, es wirken unterschiedliche gewerkschaftliche politische Kräfte zusammen, und es entwickelt sich Systemkritik im Rahmen dieser Bewegungen.

Kurt Holl: Wenn ich Dich reden höre, dann argumentierst Du so, wie wie immer argumentiert haben: Irgendwie sind wieder Tendenzen sichtbar, mehr Menschen sehen es ein und schließen sich zusammen. Also Hoffnung, die ich überhaupt nicht teilen kann. Deswegen bin ich überhaupt nicht optimistisch in dem Sinne, in dem Ihr das vorhin vertreten habt. Ich glaube eher, daß allgemein ein ungeheures Unbehagen existiert, oder, wenn man es schärfer formulieren will, eigentlich auch resignierte Verzweiflung. Daß wir diesen Entwicklungen auf dem Mediensektor, auf dem elektronischen Sektor, in der Gentechnologie, der internationalen Verflechtung der Konzerne ohnmächtig und ohne Gegenkonzept gegenüberstehen. Und immer nur bestimmte Auswirkungen, die uns unmittelbar berühren, zu bekämpfen versuchen; aber schon wissen, daß wir verloren haben . . . Ich meine, das hängt zusammen, die Resignation gegenüber den Möglichkeiten, gesamtgesellschaftliche katastrophale Tendenzen, da gehört letztlich auch die Kriegsgefahr dazu, zu stoppen, und auf der anderen Seite die Bereitschaft, sich Formen von Lebensentwürfen zu öffnen, wo man sich scheinbar erlebt als Individuum, als Subjekt, die aber im Grunde dazu führen, die Gesamtentwicklung, die objektiv hinter unserem Rücken abläuft, hinzunehmen und zu akzeptieren und letztlich wieder Opfer zu werden. Und wir haben auch keine Alternative. Wir wehren uns. Du an Deinem Ort – ich an meinem, aber gesamtgesellschaftlich ist nichts da.

Anmerkungen

1 Rainer Kippe: Exponent des antiautoritären und sozialrevolutionären Flügels des Kölner SDS, Mitbegründer des SSK, heute Mitarbeiter der Sozialistischen Selbsthilfe Mühlheim.

Steffen Lehndorff: In den 60ern Mitglied des Sozialdemokratischen Hochschulbundes (SHB) und Vertreter des tradionalistischen Teils der Studentenbewegung. Heute Kreisvorsitzender der DKP.

Kurt Holl: Aktiver Sympathisant des antiautoritären Flügels des SDS. Nach mehrjährigem Berufsverbot als angebliches Mitglied der KPD heute Lehrer und u. a. Mitarbeiter der Grünen Ratsfraktion.

Klaus Laepple: Von 1966 bis 1968 AStA-Vorsitzender, Mitglied des RCDS. Heute noch CDU-Mitglied und selbständiger Reisekaufmann.

Wolfgang Blaschke/Olaf Hensel

»Wir wollten alles«

Ein Gespräch mit Gustav Seidler und Lothar Fietzek

Mit dem Zerfall der APO, bedingt durch das Scheitern ihrer politischen Großprojekte wie der Notstandskampagne usw., und der reformatorischen Antwort des Systems auf die ungestillten Bedürfnisse breiter Bevölkerungsschichten durch das Projekt der sozialliberalen Koalition entdeckten die damals Revoltierenden auch die Brüchigkeit ihres eigenen Identitätsentwurfes und Politikverständnisses, für das es keine historischen Erfahrungen und keine überlieferte Begrifflichkeit gab. Politik als permanente Revolution im Sinne der Praktizierung eines radikal anderen Lebens – das war das historisch Neue an der Revolte.

Mit dem Zerfall setzte die Suche nach sinnstiftenden Identifikationsfiguren ein, die sich im Zuge der Septemberstreiks '69 dann auch fast schon aufdrängten. Aufgrund einer teils euphorischen Aufbruchstimmung und einer kurzatmigen Rezeption der Geschichte der Arbeiterbewegung setzte der undogmatisch-spontaneistische Teil der 68er[1] auf eine radikale Interventionsstrategie im Produktionsbereich – auf das Primat der Betriebsarbeit. Unter dem Motto »Wir wollen alles« gingen die ehemaligen Kader studentischer Politik in die Betriebe und zentrierten die politische Auseinandersetzung Anfang der 70er auf die Fabrik als gesellschaftliches Machtzentrum und entdeckten das Proletariat wieder.

Frage: Warum habt ihr euch damals entschieden, aus der Uni rauszugehen bzw. dann weiter diskutiert in Richtung »revolutionäre Berufspraxis«?
Gustav: . . . das war ein Gruppenbeschluß, hör mal!
Lothar: Da kannst Du Dich doch heute nicht mehr mit rausreden.
Gustav: Wir haben damals eine Diskussion gehabt, und da gab es halt eine Mehrheit, und wir intervenierten in die Betriebe. Und es ging da rigide zu, denn zum Dabeisein bei dem Haufen gehörte es auch, daß man es dann auch tatsächlich tat. Sonst wäre es nicht die Einheit von revolutionärem Kampf und Leben gewesen.

Also gingen wir in die Betriebe. Ich hatte da große Probleme, ich

sollte im Herbst in den Betrieb, wollte aber im Februar erst noch mein Examen machen. Da wurde gesagt, das geht aber nicht, daß Du Deine kleinbürgerlichen Träume erst noch realisierst. Wenn Du in die Fabrik gehst, dann jetzt.
Lothar: Für mich ist die ganze Geschichte anders gelaufen, weil ich eigentlich immer, seit meinem 14. Lebensjahr, im Betrieb war. In den Ferien auf dem Bau und dann während der Schulzeit schon Jobs, erst Brötchen und Zeitschriften ausfahren, dann, ab 16, regelmäßige Arbeit in der Wäscherei, nachmittags nach der Schule, so zwei, drei Stunden und samstags vier, fünf, und hab' ich mir meine Kohle verdient.

Während des Studiums dann genau das gleiche, da habe ich fast zwei Jahe bei Land und See, Felten & Guilleaume, also Rheinkabel, gearbeitet und habe dort mein Praktikum gemacht und bin dann noch 16 Monate als Arbeiter in dem Betrieb gewesen, Spätschicht. Bald habe ich dann geheiratet und beim Stadtanzeiger einen festen Job angefangen, das war 63. Und das war die Zeit, wo meine Politisierung stattfand. So bei Nacht und Nebel gesehen, 59/60 rum war das, als ich an die Uni kam und zu begreifen begann, was der Faschismus überhaupt gewesen war. Als bei mir die Vergangenheit hochkam und ich mich langsam löste von meiner Vertriebenen-Identität, von der Vater-Familien-Struktur und ich, eigentlich damals Adenauer- und Strauß-Fan, dann quasi in der Absetzung vom Vater eine Gegenidentität entwickelte. Und mich dann 63 für die SPD organisieren ließ. Und dann eben ab 63 regelmäßg Stadtanzeigerarbeit als Bote. Also, da ging es dann 65/66 nach langwierigen internen Diskussionen, die maßgeblich über eine Figur, den Jürgen Bolder, der war von uns am politischsten, kam von den Falken her, war ein Wischnewski- und Agnoli-Zögling, Politologe, und der war in Frankfurt bei Habermas Assistent gewesen, und über den ist bei uns im Betrieb so etwas wie eine intellektuelle Zelle entstanden; die dann auch geschlossen mit der ganzen Abteilung in die Gewerkschaft gegangen ist. Ab 65 war ich dann gewerkschaftlicher Vertrauensmann; da ich im Betrieb war, hatten die ganzen Diskussionen einen anderen Stellenwert, und zudem bekam ich diese ganzen Universitätsdiskussionen zum größten Teil überhaupt nicht mit.
Gustav: Ich kam erst 67 nach Köln, und zwar aus der Provinz – aus Mönchengladbach, aus der autonomen Lehrlings- und Schülerbewegung. Wir hatten damals in Mönchengladbach unseren eigenen autonomen Verein gegründet, immer orientiert am SDS, der unser großes Vorbild war. Wir sind da immer mit jungen Textilarbeitern und Lehrlingen nach Köln, Bonn oder nach Frankfurt gefahren, z. B. zum

Vietnam-Kongreß. Vor allem, um zu hören und zu gucken, wie es da zugeht, und der SDS, das war für uns das Allertollste.

Dann fing ich an zu studieren und saß hier in Köln, 1967, und da begann für mich die Sache mit dem SDS. Für mich, aufgrund meiner Vergangenheit, also Lehre und diese Lehrlings- und Arbeitergruppe in Mönchengladbach, war die Orientierung am Betrieb und am Proletariat schon etwas ganz Selbstverständliches. Deswegen war es für mich bei der Spaltung des Kölner SDS auch vollkommen klar, wo ich hinmarschierte. Das war 70 oder 71, die Spaltung in den Arbeiterkampf und K-Gruppen, praktisch der KBW.
Lothar: Das ist interessant, was jetzt die SDS-Orientierung angeht. Das war bei mir ganz anders. Also wir haben z. B. bei uns im »Botenzimmer« beschlossen, wir gehen nicht in den Kölner SDS, der war uns zu dogmatisch, und wir haben uns nach Frankfurt hin orientiert.

Der entscheidende Punkt war, für mich damals, daß wir in einer ganz emphatischen Weise auf das revolutionäre Subjekt, auf die Arbeiterklasse gesetzt haben und glaubten, daß wir als revolutionäre Kader uns nur mit den Massen zu verbinden brauchten, um die bestehenden Strukturen aufzubrechen. Dieses Verständnis hat sich dann bis in den Untergrund hinein fortgesetzt.

Eigentlich haben wir, jedenfalls meine Fraktion, in doppelter Weise gearbeitet. Ich war in der Gewerkschaft, war aber zugleich draußen, das war mein Verständnis von Doppelstrategie, was mich in meinem politischen Handeln geprägt und getragen hat; in der Organisation, soweit wie möglich, und außerhalb, so weit wie nötig – d. h. draußen richtig Druck und Putz machen und drinnen umsetzen, gegebenenfalls auch im Sinne von Arbeitsteilung. Wir sind dann zweigleisig gefahren, haben selbstorganisiert, z. B. Arbeitskreis Druck, Chemie, also praktisch Branchenarbeitskreise und übergreifend Arbeitskreis Betrieb und Gewerkschaft auf Kölner Ebene.
Frage: Uns würde jetzt interessieren, wie ist das z. B. bei Ford praktisch gelaufen? Haben sich die diskutierten und bestehenden Organisationsansätze in den Betrieb hineinverlängert?
Gustav: Also ich kann von mir her sagen, daß eigentlich alles, was wir uns mit dieser Intervention in die Betriebe hinein vorgestellt hatten, nicht klappte. Ich hatte zwar meine drei Jahre Studium hinter mir und hatte zwischenzeitlich immer wieder gearbeitet, auch weil ich nie ein Stipendium bekommen hatte. Aber im Betrieb ging es dann richtig los – Schichtarbeit und Fließband. Daneben, sehr rigide, hat man ständig seine politischen Termine, anfangs hatten wir glaube ich drei, weiterge-

macht. Das wurde dann aber bald weniger, weil es einfach nicht machund leistbar war, bedingt durch die Schichtarbeit und den damit verbundenen Schlauch. Die ganzen Ansätze, die wir in der Theorie hatten, liefen in der Praxis nicht, und dann ging es meist, da hast du sehr kleine Brötchen gebacken, um die Ebene von Abteilungskonflikten und speziellen Arbeitsplatzkonflikten, wo wir natürlich immer interveniert haben. Und jeder einzelne war immer ganz fortschrittlich; wir haben dann Berichte gemacht und uns gegenseitig bestärkt. Aber bald war es schon fortschrittlich, wenn der Kollege Yilmas G. am Band 4 in der Y-Halle, wenn der sich gegen die Verschärfung des Arbeitsdruckes dadurch wehrte, daß er ständig langsam arbeitete . . .

Weißt Du, im Laufe dieser Jahre, ich habe insgesamt 9 Jahre bei Ford am Band gestanden, wurde diese ganze theoretische Kopflastigkeit, die man vorher draufhatte, und dieser organisatorische Wasserkopf zu einem Mythos. Am Ende waren wir alle, die noch im Betrieb waren, nur Malocher und haben nur noch funktioniert. Klar, ich war der Malocher, der die größte Schnauze hatte, aber mehr auch nicht.

Ein Teil der Interventionisten war allerdings spätestens nach einem halben Jahr schon wieder draußen – sind z. T. auch geflogen.

Frage: Viele sind doch spätestens nach zwei, drei Jahren wieder aus den Betrieben rausgegangen und haben oft bruchlos da weitergemacht, wo sie vorher ausgestiegen waren. Und haben ihre intellektuelle Laufbahn fortgesetzt, sind Lehrer oder Sozialarbeiter u. ä. geworden. Warum bist Du damals im Betrieb geblieben?

Gustav: Weil ich nicht geflogen bin! Nach dem Fordstreik 73 hatte ich das Glück, daß mir irgendeine Frau, eine Ärztin, ein Attest schrieb; damit konnte ich meine Kündigung rückgängig machen. Die, Ford, hatten nämlich Zeugen aufgeboten, daß ich da im Streik mehrere Rädel geführt hätte oder so was; ich hatte aber nun ein Attest, das mir bescheinigte, daß ich an diesem Tage krank war – tüchtig krank, und da konnten die mich nicht schmeißen. So war ich einer der wenigen, die da noch drin waren, und hatte somit erst recht die Verpflichtung, weiter drin zu bleiben. Daß sich an Perspektive nichts mehr ergab, nachher – so hatte sich im Laufe der Zeit ja alles auseinanderdividiert, die einen bauten die Partei des Proletariats auf, und die anderen fingen endlich mal an zu privatisieren und zu entdecken, daß das Leben schön ist – war mein Pech. Und ich saß jetzt drin und hatte auf einmal keine andere Perspektive als einfach weiterzumachen. Was hast du denn dann noch?! Für mich war der Zug abgefahren, irgend etwas anderes zu machen. Irgendwann habe ich mich dann aufgeschwungen und was anderes gemacht als Fabrikarbeit. Was hatte ich als Alternative?

Jedenfalls, ich konnte dann noch einige Jahre Lastzüge fahren, was für mich eine unglaubliche Befreiung war, endlich mal den freien Himmel sehen und wieder Bewegung zu haben und nicht mehr an diesem Band zu stehen wie ein Goldhamster, der in seinem Rädchen rumläuft.
Frage: Ich finde das, was Du da sagst, ist ein entscheidender Punkt. Du, Gustav, bist damals aufgrund eines Organisationsbeschlusses in den Betrieb gegangen und bist irgendwann an den Punkt gekommen, wo Du feststellst, das ist auch nicht das Wahre, hier kann ich eigentlich nicht mehr weitermachen, aber ich habe überhaupt keine andere Perspektive.
Gustav: Sicher, aber ich kann Dir sagen, hätte ich nicht diesen gesundheitlichen Hammer, Herzschlag, bekommen, würde ich heute immer noch Truck fahren. Ich bekomme heute noch feuchte Augen, wenn ich die Trucks durch den Frühling ziehen sehe. Das war mir nach 9 Jahren Band genug – auf dem Ding sitzen und den lieben Gott einen guten Mann sein lassen.

Im Laufe so einer wirklichen Protetenkarriere, die dich immer mehr einengt, dann ist das tatsächlich, darum auch diese Pseudofreiheit, die in der Werbung ja auch verkauft wird, eine reale Perspektive: Statt in der Bude, sitzt du also irgendwo im Grünen und bewegst dich. Ja, der alte Männertraum!
Lothar: Nur, das Problem ist, du bewegst dich selber nicht mehr, du läßt dich bewegen . . .
Gustav: Das fällt mir heute noch schwer. Ich komme ja jetzt langsam, merke, daß da jahrelang Sachen bei mir brachlagen, langsam fängt da wieder etwas an zu schwingen . . .

Was wir uns mit unserer rigiden Radikalität im Grunde angetan haben – ich jedenfalls, mit diesem rigiden Eine-Sache-ganz-konsequent-Durchziehen –, ist ja eigentlich sehr preußisch gewesen . . .
Lothar: Oder katholisch . . .
Gustav: . . . was du machst, das machst du richtig. Bist du Revolutionär, dann aber richtig. Gehst du in die Fabrik, dann aber bitteschön ganz unten anfangen, und dann lernst du türkisch, und dann geht aber die Post ab.
Lothar: Ja. Aber Du sprichst hier eine ganz wichtige Frage für diese ganze Berufsgeschichte an. Weil nämlich, ich glaube, der Bruch für uns war, als praktisch die Bewegung, die 68er Bewegung zerfiel und sich auflöste in die diversen Strömungen – die RAF, die alten Dogmatiker gingen zur DKP, die weniger dogmatischen gingen zu den Jusos oder wurden Teamer in der Gewerkschaft. Dann die verkappt karrieresüch-

tigen Kleinbürger, die eigentlich keine richtige Berufsperspektive hatten, eigentlich nur so einen Affekt gegen alles – dann bleib' ich moralisch sauber, wählten den Revolutionär als Beruf. Und das ist eine andere Geschichte als die Frage: Revolutionierung des Berufes, in dem du drin bist. Das müssen wir auseinanderhalten, weil da auch sehr viel Moralismus mit drin war. Eigentlich ging es doch darum, sich nicht schmutzig zu machen. So in der radikalen Identität aufgehoben zu sein: Wir wollen alles, wir sind gegen alles, keine Macht für niemand! Macht kaputt, was euch kaputt macht! ... Ich bin Revolutionär. Und das trägt natürlich nicht weit, weil, dann holst du dir einen blutigen Kopf. Die Realität ist ja viel härter als du denkst, und du bist ja auch viel weicher als du denkst.

Das ist die eine Sache. Und zum anderen, als ich anfing, beim Stadtanzeiger zu arbeiten, da habe ich in der Woche nur zwei Stunden gemacht. Als ich dann rausflog, waren es acht, das Limit für Nebenamtler: Eigentlich war es für mich auch nur so ein Nebenjob, wenn du so willst. Und als ich rausflog, mit Diplom in der Tasche, wo sollte ich denn damit hingehen?! Mich nahm doch keiner. Die ganzen Uni-Jobs waren besetzt, vergeben. 1970–73, da waren höchstens noch ein paar FH-Jobs offen. Da habe ich gesagt, na gut, dann promoviere ich jetzt und versuche, noch reinzuschlüpfen. Für mich gab es dann einen Punkt, an dem ich merkte, es geht nicht, mit der Biographie nimmt dich keiner. Ich weiß noch, wie mühsam ich das immer kaschiert habe, mit Forschungsaufträgen, hier ein halbes Jahr für den WDR, Programmstrukturanalyse, und hab' das immer aufgeblasen ... dann war ich beim Jaeggi in Bochum, Doktorandenseminar, Mitarbeit an der Entwicklung des Studienganges Soziologie an der Uni Bochum unter der besonderen Berücksichtigung von ... und solche Dinger – wo ich mir die Biographie aufgefrischt habe, um überhaupt noch eine Chance zu haben, und dann ist irgendwo Ende. Dann bleibst du, gehst in die Politik, wirst Gewerkschaftsteamer, gehst vom Betrieb in den Schreibtischjob im Betrieb selbst, ja, oder gehst in die Organisation, oder du gehst raus in die Bewegung. Und dann habe ich gesagt: Nein, Institution geht eigentlich nicht, und bin in die Alternativszene, also in ein linkes Projekt gegangen.

Frage: Wir möchten da noch mal nachfragen. Ihr habt ja sehr unterschiedliche Erfahrungen gemacht, bei Ford und in der IG-Druck, aber wo war eigentlich für Dich der Bruch in Deiner Biographie?
Lothar: Also, wenn Du so fragst, wo ist für mich der Kipp-Punkt, dann war das eigentlich mein Examen. Ich habe ja 68 in Köln Examen gemacht, und als Diplom-Betriebswirt, als Wirtschafts- und Sozialwis-

senschaftler, war das 68 ein todsicherer Job. Ich hätte damals sofort einsteigen können und wäre heute wahrscheinlich, weiß ich, Sektionsleiter oder Betriebsleiter oder irgendwas, ich hätte Karriere machen können. Nur war das aus ideologischen Gesichtspunkten für mich nicht möglich.
Frag: Also auch bei Dir dieser moralische Rigorismus?
Lothar: Sicher auch. Ich konnte nicht in den Betrieb gehen, weil ich nicht auf die Gegenseite gehen konnte. Ich war eigentlich immer abhängig beschäftigt gewesen, und dadurch hatte sich in mir so ein Klasseninstinkt oder was auch immer entwickelt, obwohl ich objektiv Kleinbürger war, mit diesen ganzen Aufstiegsmöglichkeiten zu der Zeit damals. Aber es gab für mich so eine Barriere, ich konnte nicht auf die andere Seite gehen, konnte mich nicht verkaufen. Es war für mich unmöglich, meine Qualifikation der Gegenseite zur Verfügung zu stellen, und das war eigentlich der Bruch.

Also blieb ich im Betrieb, und natürlich hat meine Entscheidung sehr viel mit den Diskussionen und der damaligen Bewegung zu tun. Ich blieb also beim Stadtanzeiger als Hilfsarbeiter und hatte Diplom.
Frage: Das ist heute durchaus eine ganz normale Karriere, und mancher würde dich darum beneiden, überhaupt sich für etwas entscheiden zu können. Das, was ihr aber eben beschrieben habt, ist u. E. auch einer der wesentlichen Ursachen für die Alternativbewegung, wie sie so 74/75 entstanden ist.

Politische Strukturen der undogmatischen Linken sind damals zusammengebrochen, der Betriebsinterventionismus war letztlich gescheitert, das System hatte dem Ansturm standgehalten, und – sicher nicht unwichtig – der »subjektive Faktor« war entdeckt worden.
Lothar: . . . es war eine Notwendigkeit für viele politische Kader, sich selbständig zu machen, weil sie nirgends mehr unterkommen konnten . . .
Frage: Es war aber auch sicher eine Möglichkeit für Leute, die damals noch an der Uni waren, sich eine Alternative zu den Jobs, auf die hin sie studierten, zu schaffen. Das war wohl doch immer auch eine zweiseitige Geschichte: einerseits politische Kader, und andererseits ein Ausweg aus den Zwängen des Systems, sicher auch Flucht.
Lothar: Die Alternativkiste kam nach der 75er Krise, als wir zum ersten Mal mit dem Problem der Akademikerarbeitslosigkeit massiv konfrontiert wurden. Anfangs gab es ja nur ganz wenige Projekte, in der Regel reine Intellektuellenprojekte wie »Kritische Justiz«, Argument u. ä.; also reine Kopfarbeiter-Projekte. Erst später dann, in der Alternativbewegung, zuerst Buchläden und Verlage, die aus der 68er

Bewegung und später aus der Alternativbewegung herausgewachsen sind, und dann hat sich das ausgefächert – man denke nur an die Bioläden. Das ganze hat sich maßgeblich daraus gespeist, daß Leute für sich im bestehenden System keine Perspektive mehr sahen – entweder weil sie nicht wollten oder weil sie nicht konnten, weil es nicht mehr ging.
Gustav: Lothar, die Wurzeln dafür sind aber weitaus früher als 75, viel früher. Die ersten Projekte sind doch noch Ende der 60er entstanden.
Lothar: ... wo der Druck auftrat und du dir keine Illusionen mehr machen konntest, wie noch Anfang der 70er, wo noch sehr, immer sehr viel offen war. Und es noch viele Möglichkeiten gab, als Intellektueller unterzukommen.

Z. B. Lehrer zu werden, war da keine Perspektive mehr, und Studieren hatte keinen Zweck mehr. Ich glaube, wenn die von uns hier diskutierte Betriebsintervention 1979 statt 69 entwickelt und diskutiert worden wäre, daß der Betriebskampf auch so abgebröselt wäre.
Wolfgang: Möglicherweise. Aber ich möchte auf etwas anderes hinweisen. Bei den Projekten, die es Mitte der 70er Jahre schon gab, da ist 1975 einiges gekippt. Die klassischen Projekte der Linken haben damals, aus vielfältigen Gründen, ihre Perspektive gewechselt. Einige gab es ja schon seit 68, allerdings mit einem explizit politischen Anspruch und vor allem mit einer ganz anders bestimmten Perspektive der Leute, die in den Projekten arbeiteten. Die Arbeit in den Projekten wurde bis dahin doch immer als politische und als zeitlich begrenzte verstanden – ein paar Jahre und dann woanders hin. Ich war ja in einem dieser Projekte, die sich als politisch und nicht alternativ verstanden, aber irgendwann ist auch für mich die Arbeit in diesem Buchladen zu einer anderen Perspektive geworden als zu dem Zeitpunkt, als ich da reinging. Irgendwann gab es aber diese andere Perspektive nicht mehr, und damit wurde das Projekt, quasi hinter dem Rücken der daran Beteiligten, durchaus zu einer Lebensperspektive. Sicher auch, weil außerhalb keine Strukturen mehr existierten und Weitermachen in diesem Bereich eine politische Identität gab. Und ich denke, daß es, nicht nur für mich, für viele Leute wichtig war, in den Projekten eine Perspektive zu entwickeln; denn wenn du da auf einmal rausfällst oder, wie ich, rausgehst, weil das Projekt für dich nicht mehr tragfähig ist, weißt du in der Regel gar nicht wohin, weil es existiert nichts, es ist keine Struktur da, in die du dich hineinbegeben kannst – bruchlos. Es existiert keine Struktur mehr, und eine Berufsperspektive, abgesehen mal von deiner Biographie, ist auch nicht mehr vorhanden – außer vielleicht: Studium fertig machen, und dann bist du auch arbeits-

los. Insofern verstehe ich Gustav, dem letztlich nur das Weitermachen übriggeblieben ist.
Lothar: . . . die hehre idealistische oder auch ideologische Perspektive des Revolutionärs mischt sich dann mit den gesellschaftlichen Gegebenheiten oder trifft zusammen, und dann kannst du nicht mehr ausweichen, dann bist du praktisch in der Zange. Also, zum einen, aus dir selbst heraus, sagst du, eigentlich will ich es anders, und die sagen dir dann zurück, »und übrigens mußt du anders!«. . . und außerdem bleibt dir überhaupt nichts anderes übrig. Und da kommt natürlich noch hinzu, daß mit der Verengung, und das sollten wir nicht unterschätzen, auf die Fabrik als das Zentrum des kapitalistischen Gewaltzusammenhangs zugleich eine Entmischung der Bewegung stattgefunden hat. Und in diesem Auseinanderfallen von Bewegung hat es zwei Lösungsmuster gegeben, die aber beide den Aufbau von Strukturen für, wie wir es wohl heute nennen würden, die Szene verhinderten.

Eines war die Kaderlösung, also nach Köpfen organisieren, die proletarische Organisation aufbauen und Avantgarde sein, also der angemaßte Anspruch, Avantgarde gegenüber der Arbeiterklasse zu sein. Und der zweite Ansatz, den wir im »Sozialistischen Büro« vertreten haben – Interessen organisieren, also nicht eine starke Organisation aufbauen und Ideologie in die Massen hineintragen, sondern da, wo du bist, als Lehrer, als Sozialarbeiter, egal als was, von den konkreten Konflikten und Bedingungen vor Ort ausgehen und Veränderungsperspektiven entwickeln.

Gustav: . . . unser Ansatz war betriebszentriert, aber nicht wie bei den K-Gruppen organisationszentriert. Deswegen konnte sich unsere Organisation, der »Arbeiterkampf«, anderswo war es der »Revolutionäre Kampf«, auch so verschlabbern. Die K-Gruppen, die mußten sich Ende der 70er erst offiziell auflösen, ehe sie merkten, daß sie sich überlebt hatten. Das war bei uns nicht nötig, das ging ganz organisch, weil wir uns eben nicht an der Organisation und an diesem Kaderbegriff zentrierten, sondern weil wir uns auch an Interessen zentrierten, – aber der Mittelpunkt der Welt war eben der Betrieb, die Fabrik und das Proletariat sowieso . . .
Lothar: Na ja gut, aber Betrieb ist auch Schule!
Gustav: Na gut, ist der Betrieb auch Schule, nur hätte mir das mal jemand vor 20 Jahren gesagt . . .
Lothar: Das ist aber insofern wichtig, Gustav, weil wir über die Marx-Analyse, glaube ich jedenfalls, das revolutionäre Subjekt Proletariat entdeckt, wiederentdeckt haben . . .
Gustav: . . . und nicht nur da, auch über konkrete politische . . .

Lothar: ... wir haben geträumt von einer Rekonstruktion der Arbeiterklasse – das war doch unser Traum ...
Gustav: ... das war doch nicht *nur* ein Traum, es war *auch* ein Traum. Das wurde ja nicht nur gespeist durch die Lektüre von Marx. Also, wenn ich nur Marx gelesen hätte, wäre ich doch darauf nie gekommen. Aber ich hatte doch konkrete Erfahrungen. Ich denke da z. B. an Mönchengladbach, da lernte ich plötzlich alte Arbeiterkader kennen, die waren bei Hitler in den KZs und bei Adenauer im Knast. Das waren alte Männer, und die reckten die Faust, und das war eine ganz konkrete Erfahrung mit sehr konkreten Menschen, an denen du dich orientieren konntest, und das war keine irgendwie fahle Vorstellung von revolutionärem Proletariat. Das war etwas anderes als diese ewig gestrigen Rußlandkämpfer, die uns Geschichte beigebracht haben. Das waren konkrete, lebendige Menschen, Personen, an denen wir uns orientieren konnten.

Anmerkung

1 Gemeint ist hier die Fraktion der APO, die sich bald in K-Gruppen, KPD-Aufbauorganisationen und Spontis ausdifferenzieren sollte.

Martin Stankowski

Die anderen 68er

oder die Geschichte der Kölner »Arbeitsgemeinschaft Abschreibung«

Die Kölner Stadtgeschichte gibt sich immer sehr stolz auf die typisch heimischen Produkte: Kölner Leim und Kölner Brett, Kölsch und Kölscher Klüngel, Kölner feine Leberwurst. Aber nie wird in diesen Aufzählungen das »Kölner Modell« erwähnt, und dabei hat es doch Milliarden von Mark in dieser Republik in Bewegung gesetzt. Das »Kölner Modell« ist die erste Fassung des sogenannten »Bauherrenmodells«, eine Form der legalen Steuerhinterziehung, die in den 60er Jahren an der Kölner Universität ersonnen, Anfang der 70er Jahre von einigen cleveren Leuten, vormals Studenten der Wirtschaftswissenschaften auf den Markt gebracht, sich rasant verbreitete und erst Anfang der 80er Jahre durch eine Änderung der Steuergesetze kanalisiert werden konnte.

Die Protagonisten dieses »Kölner Modells« haben in der Vergangenheit für reichlich Schlagzeilen gesorgt in der Domstadt, wenn auch mehr in den Klatschspalten und Gerichtsreportagen der Boulevardpresse als in den Wissenschaftsmagazinen. Jüngst erst wieder Dr. Jochem Erlemann, der im Kölner Jubiläumsjahr 1988 nach acht Jahren Haft die Gefängnistore hinter sich schließen konnte. Oder Dr. Renatus Rüger, welcher sich in umfangreichen zivil- und strafrechtlichen Verfahren gegen den Vorwurf des Betruges beim Hotelbau auf Gran Canaria verteidigen mußte. Jürgen Amann, ein dritter aus der Abschreiber-Crew, der sich schon vor Jahren vor Justiz und Kunden in die Schweiz absetzen und in Zürich ein neues Immobilienunternehmen aufbauen konnte. Lediglich Erwin Walter Graebner drängt sich weniger ins Rampenlicht und verstand es in den letzten Jahren, seine am Abschreibermarkt erworbenen Millionen nach und nach in den USA steuermindernd und gewinnbringend anzulegen.

Spötter nennen diese vier auch die »Arbeitsgemeinschaft Abschreibung« abgekürzt ARGE, wobei A für Amann, R für Rüger, G für Graebner und E für Erlemann steht. Und auch wenn der eine heute mit dem anderen nicht mehr in einem Atemzug genannt und nicht zur selben Party eingeladen werden will, so ist es doch kein Zufall, daß sie alle einst in Köln ihre Geschäfte betrieben und sich diese Stadt noch vor Hamburg, München oder Westberlin zum Eldorado der Abschreibungsbranche entwickelte.

Start in Lindenthal: der Repetitor Dr. Karl Braunschweig

Die Geschichte der Arbeitsgemeinschaft beginnt vor fast einer Generation um die Mitte der 60er Jahre im Keller einer Villa in Köln-Lindenthal. Hier in der Robert-Koch-Straße Nr. 53 unterrichtete der Repetitor Dr. Karl Braunschweig angehende Wirtschaftswissenschaftler und Betriebswirte. Braunschweig gilt heute noch als »der ungekrönte König der Wirtschaftswissenschaften an der Kölner Uni der 60er Jahre«, so Wolfgang Wegener, jüngerer Kollege und juristischer Repetitor in Köln. In Braunschweigs Keller lernten sich die erwähnten Herren als Studenten untereinander und durch ihren Lehrer die Systematik des Fachs kennen.

Karl Braunschweig erinnert sich 1986 in einem Gespräch: »Ja, das begann, glaube ich, Anfang der 60er Jahre und hat sich durch die ganzen 60er Jahre hindurchgezogen. Ich weiß heute nicht mehr ganz genau, wann Herr Graebner oder Herr Amann oder Herr Erlemann oder später Dr. Ebertz und so weiter, wann die genau hier waren. Aber das spielte sich alles in den 60er Jahren ab. An sich waren das gute Kursteilnehmer, die haben durchweg ein gutes Examen gemacht. Also entweder haben sie das Examen mit sehr gut oder zumindest mit gut bestanden. Und die haben ja auch durchweg promoviert.«

Aber die waren nicht nur Studenten bei Ihnen? »Ja, die haben dann zum Teil Hilfsfunktionen hier übernommen. Die bestand darin, daß sie Klausuren nachgeschaut haben. Das hat der Erlemann zum Beispiel gemacht, und der Dr. Amann, der hat hinterher auch andere Fächer, die ich nicht machte, übernommen im Rahmen meines Repetitoriums. Beispielsweise einen Lehrgang für Industriebetriebslehre, für Sozialpolitik. Der Dr. Ebertz, der machte Finanzwissenschaft, und der Dr. Quast, der hat betriebswirtschaftliche Steuerlehre gemacht. Das war alles im Rahmen meiner Repetitorien. Und ich muß sagen, alle die, die ich eben genannt haben, waren überdurchschnittliche Betriebswirte geworden, gute Betriebswirte.«

»Clevere Leute«, »tüchtige Kerle« mit »ausgezeichneten Examen« und »alle promoviert« – das sind die Kategorien, mit denen sie heute gemessen werden. Ein Trainer redet über seine Schüler, offenbar eine Art Hochleistungssport am Kapitalmarkt. Sie begriffen damals vor

25 Jahren sehr schnell, was ihr akademischer Lehrer ihnen beibrachte: die exzessive Auslegung steuerlicher Vorschriften bei der betriebswirtschaftlichen Konzeption eines Unternehmens. Oder noch genauer: die Konzeption einer Firma allein nach fiskalischen Gesichtspunkten. Die Produkte, welche die neuen Firmen allesamt verkauften, hießen: »Steuervorteil«. In Braunschweigs Repetitorium war die Keimzelle des »Kölner Modells« nicht die einzige, aber die erfolgreichste Anwendung der Abschreibungslogik.

Die Grundlage: Alle Methoden der Abschreibungsbranche beruhen auf einem einfachen Gedanken. Aber wie beim Ei des Kolumbus, es mußte einer darauf kommen. Es geht um die Kombination zweier völlig verschiedener Dinge, deren tertium comparationis eine Steuererklärung ist. Daß sich ein Bauer beispielsweise an einer Futtermittelfabrik oder ein Taxiunternehmer an einer Tankstelle beteiligen, liegt wohl im Rahmen ihres Berufs. Daß sich aber ein Zahnarzt an Ölbohrungen in Alaska und ein Konzertgeiger am sozialen Wohnungsbau in Westberlin engagieren, liegt allein an ihrer jeweiligen Steuererklärung.

Der Trick des Kölner Modells ist die künstliche Herstellung von Verlusten beim Bauen. Braunschweig über das Prinzip: »Das war im Prinzip die Überlegung, daß man all das, was man fürs Grundstück ausgab, nicht abschreiben konnte. Das war sozusagen au fond perdu. Die Baukosten, die mußte man auf die Jahre der Nutzung verteilen. Daneben gibt es aber allerlei Ausgaben, die ein Bauherr tätigen muß, irgendwelche Provisionen muß er zahlen usw., diejenigen, die die Steuer als Werbungskosten bezeichnet, und die gleich im Jahre der Zahlung als Betriebsausgaben als Werbungskosten absetzbar sind. Jetzt bestand der Trick darin, eine bestimmte Verschiebung möglichst zu erreichen. Nämlich von den Werbungskosten, wenn es ging, zu den Baukosten. Und wenn das nicht mehr ging, dann sozusagen Werbungskosten erfinden. Denn je mehr Werbungskosten die hatten, um so mehr konnten sie ihre steuerliche Last reduzieren in den Jahren der Bautätigkeit.«

Dem Bauherrn sind diese Kosten lieb und teuer, und er scheut keine Mühe, sie in die Höhe treiben zu lassen: seien es Bereitstellungs- oder Finanzierungskosten, Mietausfall- oder Treuhandgebühren, Vermittlungs- oder Garantieprovisionen, Zinsen, Gebühren, Courtagen und das berühmte Disagio.

Dahinter steht eine Umwertung der Begriffe »Kosten« und »Verluste«: Der Verlust wird in Wirklichkeit zum Gewinn und Kosten zu einer Einnahme. In Braunschweigs Repetitorium lernten die Studenten diese »Logik« kennen. Er wurde damit zum theoretischen Großvater des Kölner Modells, das seine Jünger im Handumdrehen in der Praxis anwandten.

Die andern 68er: Erwin Walter Graebner

Das war die Zeit, als die Jusos die Vergesellschaftung von Grund und Boden und das Verbot des privaten Maklerwesens forderten und andere Studenten der APO-Generation eine radikale Veränderung der Gesellschaft verlangten. Die Graebner, Erlemann, Amann indes machten sich selbständig.

Wenn Braunschweig der theoretische Großvater des Modells war, dann ist Erwin Walter Graebner der praktische Vater. Er war zunächst Verkaufsleiter bei Renatus Rüger, begann 1967 als 28jähriger seine eigenen Geschäfte und brachte das erste Bauherrenmodell auf den Markt. 1969 gründete er die Firma »Consulta«, eine Aktiengesellschaft, die wohl alles in allem bisher 4 bis 5 Milliarden Mark an Investitionsvolumen in der Abschreibungsbranche untergebracht hat. Über 100 Beschäftigte und Dutzende freiberuflicher Verkäufer tingelten in den goldenen Boomjahren für Graebner die wohlhabende Mittelschicht ab, um Anlagegelder locker zu machen. In aller Regel hat der Anleger zwischen 10 und 20 Prozent des notwendigen Kapitals aufzubringen, der Rest kommt von den Banken, deren Zinsen u. a. ja die nötigen Ausgaben sind, die die gewünschten Verluste in die Höhe treiben.

Nun ist das Gewerbe runde 20 Jahre alt, und es hat sich herumgesprochen, daß nur wenig von dem, was die Prospekte versprechen, auch Wirklichkeit wird. Viele Anleger haben nicht die erwünschten Steuervorteile gehabt, die Kosten waren höher als prospektiert, und der größte Teil der Vorteile blieb bei den Anbietern und Verkäufern hängen. Gleichwohl hielt der Boom lange an, und es scheint mir eine der merkwürdigsten Ungereimtheiten, daß Ärzte, Metzgermeister, Notare und Fabrikanten, die doch sonst auch nichts verschenken, oft bedenkenlos ihr Geld hergeben und irgendwelchen frommen Sprüchen in bunten Prospekten vertrauen.

»Wie kommen vernünftige Leute dazu, einem Mann wie Erlemann Geld anzuvertrauen?« fragte der »Spiegel« schon vor 8 Jahren und gibt auch gleich die Antwort: »Eine ganze Branche lebt davon, daß Tausende von gut verdienenden Bundesbürgern zeitweilig nicht wissen, was sie tun. Getrieben von der krankhaften Überzeugung, ein böser Staat wolle sich ihres wohlverdienten Geldes bemächtigen, werfen sie die Tausender dem erstbesten hin, nur damit sie der Fiskus nicht greifen kann.«

Bei manchen Leuten setzt offenbar der gesunde Menschenverstand aus, wenn sie Vokabeln wie »Vermögen« und »Steuervorteil« hören. »Schulden, die Vermögen werden! Die Schokoladenseite Ihrer Steuern! Das Finanzamt gibt auch! Wer die Pflicht hat, Steuern zu zahlen, hat auch das Recht, Steuern zu sparen! Greifen Sie dem Staat in die Tasche! Der neue Weg zum kleinen Vermögen!«

So oder ähnlich lauten Prophezeiungen und Versprechen der Branche, die eine Raubrittermentalität mobilisieren. Aber zurück zur Kölner Arbeitsgemeinschaft und zur Genealogie des Bauherrenmodells.

Die neuen Digger: Jochem Erlemann und Jürgen Amann

Nach Braunschweig, dem Großvater dieser Spezialität, und Graeber, dem Vater, folgten Amann und Erlemann als »Söhne«, um im Bild des Stammbaums zu bleiben. Mit der Olympiasiegerin Jutta Heine gründeten sie 1969 zusammen eine Firma. Amann war 28 und Erlemann 31 Jahre alt. Zwei Jahre später machte Erlemann allein weiter mit seiner Firma »Europäische Treuhand AG«, und er hatte bald den Ruf eines seriösen Finanzmaklers in einer schon damals leicht anrüchigen Szene. Ein erstes Engagement hatte sich nach kurzer Zeit als Pleite herausgestellt. Anstatt aber die Anleger ihrem Schicksal zu überlassen, zahlte Erlemann alle anvertrauten Beträge mit geliehenem Geld auf Heller und Pfennig zurück. Das brachte ihm ein so gutes Image ein, daß er in kurzer Zeit eine Unmenge Kapitals steuermindernd anlegen konnte. Bis 1980 schaffte er Umsätze von über 1 Milliarde Mark und baute sich – wie übrigens auch die meisten anderen – eine verschachtelte Konstruktion von zwei Dutzend Firmen auf. Aber dann brachte ein früherer Kompagnon an die Öffentlichkeit, daß Erlemann zusammen mit anderen Geschäfte im Libanon gefälscht und nahezu 100 Millionen Mark umdirigiert hatte. Erlemann erhielt 8 Jahre Haft, seine Mittäter konnten sich ins Ausland absetzen.

Der jüngste im Stammbaum der Arbeitsgemeinschaft ist Dr. Jürgen Amann. Er lernte die Branche im Auslandsgeschäft kennen und bot Verluste bei Hotelbauten am Mittelmeer, Ferienparks in den USA oder Erdgasexplorationen in Kanada an. Seine Spezialität war das »Mietkauf-Modell«, bei welchem der Mieter nach der verlusteproduzierenden Anfangszeit von 5 Jahren dem Bauherrn das Objekt abkaufte, also dann, wenn die »Gefahr« bestand, daß die Wohnungen auch einmal

Gewinne abwerfen. Amann setzte in seiner gleichnamigen Firmengruppe bis Anfang der 80er Jahre über 2 Milliarden Mark um. 1981 kollidierte er das erste Mal mit der Justiz, konnte allerdings noch mit Vergleichen um eine Verurteilung herumkommen. Nach neuen Anklagen wegen Betruges setzte er sich in die Schweiz ab und hinterließ eine so leer geräumte Firmengruppe, daß mangels Masse nicht einmal der Konkurs eröffnet werden konnte.

Nun könnte man die Auffassung vertreten, solange nur die Gelder der spekulationsfreudigen und steuerunwilligen Reichen auf der Strecke bleiben, kann das den Bundesbürger kalt lassen. Eher schon reizt es zur Schadenfreude, daß viele der neuen Goldgräber nicht wie erwartet ihre Claims ausbeuten konnten, sondern selber kräftig gerupft wurden.

Die Folgen: z. B. der Köln-Berg

Aber es geht nicht nur um Geld und Steuern. Die Abschreibungsgesellschaften haben in den 70er Jahren weitgehend die Stadtplanung in die Hand genommen und einen städtebaulichen Zustand produziert, der ansonsten als Verlust an Urbanität beklagt wird. Eklatantestes Kölner Beispiel ist der – übrigens auch in keiner Hitliste der lokalen Produkte erwähnte – »Köln-Berg« im Süden der Stadt, im Ortsteil Meschenich. Das Hochhausghetto war das erste Großobjekt der Republik als Bauherrenmodell, nachdem Erwin Walter Graebner sein neues Konzept an einem kleinen Modell in Frechen ausprobiert hatte. Das war so rasant verkauft worden und so gut angekommen, daß er umgehend eine ganze Hochhaussiedlung in Angriff nahm mit fast 1300 Wohneinheiten. Das war im Jahre 1972. Der prognostizierte Trick war, daß jeweils zwei Wohnungen verkauft wurden und später mit dem Verkaufserlös der einen die Schulden der anderen getilgt werden sollten. Dafür gab es eine eigene Gesellschaft, die vertraglich den Rückkauf der Wohnungen garantierte. Fünf Jahre lang ging das Spiel gut, die Zahnärzte und Metzgermeister kassierten die Steuervorteile und bezahlten damit die Banken. Aber als nach fünf Jahren die erste Laufzeit der Kredite beendet war und die Banken die Kreditlinie anzogen und deshalb ein großer Teil der Besitzer wie geplant und versprochen eine Wohnung abstoßen wollte, war das Spiel zu Ende. Zwar bestand noch die Rückkaufgarantiegesellschaft, doch war sie zwischenzeitlich von Graebner & Konsorten soweit finanziell ausgehöhlt worden, daß sie faktisch nichts mehr kaufen konnte.

Die Eigentümer blieben auf den Wohnungen und den jetzt zunehmenden Belastungen sitzen, sie vermieteten höher und um jeden Preis, und taten gleichzeitig nichts für die Verbesserung des Komforts, der Infrastruktur etc. Die Folge war schnell eine Häufung sogenannter »sozialer Problemgruppen«. Die baulichen Mängel verlängerten sich zur sozialen Katastrophe. Die Eigentümer hatten einen Steuervorteil gekauft, dabei aber »übersehen«, daß mit jeder Wohnung auch Mieter und Menschen verbunden waren.

Ähnliche Fälle gibt es in nahezu allen westdeutschen Großstädten. Eine Untersuchung am Kieler »Institut für Wirtschaftspolitik« ermittelte über 200 000 Wohnungen, die im Bauherrenmodell errichtet wurden. Im Jahre 1983 beispielsweise entfielen die Hälfte aller Baugenehmigungen im freifinanzierten Wohnungsbau auf dieses Modell. Dahinter steht ja in aller Regel kein wohnungspolitisches oder bauwirtschaftliches Interesse, sondern als einziges Motiv: Steuern sparen. Die sozialen und politischen Folgen waren Anfang der 80er Jahre in Westberlin etwa unübersehbar, in den zahllosen besetzten Häusern, die abgerissen werden sollten, um Abschreibungsneubauten Platz zu machen, obwohl sie meistens sanier- und renovierbar waren.

Der schnelle Sanierer: Renatus Rüger

Als letzten schließlich kommen wir auf Dr. Renatus Rüger, von dem kurz schon die Rede war. Er hat nichts mit der Keimzelle des Dr. Braunschweig zu tun, sondern promovierte in Graz und stieß sozusagen von außen zur Kölner Arbeitsgemeinschaft. Er machte sich vor allen anderen bereits im Alter von 27 Jahren selbständig mit studentischer Wohnungsvermittlung. Von ihm wird kolportiert, daß er seine ersten Zimmervermittlungen nahe der Universität in einem Wohnmobil am Straßenrand tätigte. Bald wechselte er vom Makler- ins Bau- und Anlagengeschäft über. Rüger hat wohl das größte Imperium angehäuft. Man schätzt, daß er selber fast 10 000 Wohnungen besitzt und noch einmal so viele verwaltet. Rüger brachte eine Neuigkeit ein: Er spezialisierte sich auf den Ankauf von alten Industrieunternehmen, die zwar meist nichts mehr produzierten oder an der Börse keine Dividenden vorwiesen, aber häufig große Grundstücke in ihren Bilanzen hatten. So kam er über einen verschachtelten Dreh an das berühmte Stollwerck-Gelände in der Kölner Südstadt, an über 2000 Werkswohnungen der ehemaligen Zeche Langenbrahm in Essen oder an die Württembergische Cattunmanufaktur.

Deren stille Reserven realisierte er durch Verkauf oder Beleihung und verhalf so seiner »Dr. Rüger-Gruppe« zu immer neuen liquiden Mitteln. Weil Rüger als Wohnungsgroßbesitzer am meisten mit Mietern und Benutzern zu tun hatte, wurde er auch anders bekannt als die übrigen Mitglieder der Arbeitsgemeinschaft: Er wurde mit einem früheren berüchtigten Wohnungsgroßbesitzer aus Köln verglichen, mit Günther Kaussen. Gegen Rüger gab und gibt es so etwas wie Widerstand in Form von Mieter- oder Bürgerinitiativen. Bei den anderen organisierte sich allenfalls eine späte Opposition geprellter Anleger. Aber die scheuen in aller Regel das Licht der Öffentlichkeit und ziehen die Zivilgerichte vor, weil sie neben dem Schaden nicht auch noch den Spott haben wollen.

Immer wieder gibt es zur Abschreibungsbranche eine politische Diskussion, wieweit der Staat diese Art des Unternehmertums toleriert oder goutiert. 1980 wurde mit dem Verbot des »negativen Kapitalkontos« im Einkommensteuergesetz eine besonders krasse Form der Steuervorenthaltung beschnitten, aber den Umsätzen der Branche hat es wenig geschadet. Auch eine Reihe administrativer und finanztechnischer Restriktionen in den letzten Jahren hat die Geldströme der potentiellen Anleger allenfalls in andere Bahnen und neue Nischen gelenkt. Heinz Gerlach, wohlinformierter Marktbeobachter aus Oberursel, schätzt im Boomjahr 1980/81 das gesamte Volumen der Abschreibungsbranche auf runde 20 Milliarden Mark. Und selbst wenn es in den Jahren davor und danach weniger gewesen ist, kann seit den ausgehenden 60er Jahren eine Gesamtsumme von mindestens 100 Milliarden Mark angenommen werden.

Aber das sagt noch wenig mehr aus, als daß in diesem Umfang Geld bewegt worden ist. Zu wessen Gunsten oder Ungunsten? Diese Frage beantwortet sich je nach Betrachtungsweise und Position. Die einen halten die Investitionen vor allem im Wohnungsbau für erwünscht und errechnen 130 000 Arbeitsplätze, die allein durch das Bauherrenmodell gesichert worden seien. Dazu kommen Umsätze in der Bauwirtschaft, Steuern durch die Handwerker und die Bauunternehmer und schließlich die Minderleistungen an Arbeitslosengeldern. Die anderen denken an die entgangenen Steuerleistungen für den Fiskus, obschon sich exakte Zahlen schwer ermitteln lassen. Der Landesrechnungshof Rheinland-Pfalz hat einmal für die Jahre 1977 bis 1981 allein in diesem Bundesland Steuerminderungen von 550 Millionen Mark ermittelt. Rechnet man das für alle Jahre und alle Länder hoch, kommen ebenfalls Milliardenbeträge zusammen.

Wie dem auch sei, die Politiker der bürgerlichen Parteien haben eine seltene Scheu, trotz aller verbalen Verurteilung, der Branche echt zu Leibe zu rücken. Die Bundesregierung hatte erst 1984 einen »Bericht über Maßnahmen gegen Verlustzuweisungsgesellschaften, Bauherrenmodelle usw.« vorgelegt. Dieser zählt zwar eine ganze Palette von fiskalischen Details und Möglichkeiten auf, will aber tatsächlich nichts tun: »Eine grundlegende Lösung des Problems der Verlustzuweisungen ... würde eine umfassende und vom derzeitigen System völlig abweichende Umgestaltung der allgemeinen ertragsteuerlichen Vorschriften erfordern.«

Damit hat die Regierung selber deutlich gemacht, daß eine »Lösung« der Abschreibungsproblematik im Rahmen der herrschenden Steuergesetze, und das heißt auch der bestehenden wirtschaftspolitischen Verfassung, nicht möglich ist. Mit der Steuerreform der ausgehenden 80er Jahre verschärft sich dieses Problem sogar noch, denn es ist offensichtlich, daß versucht wird, die hohen Einkommen zuungunsten der Masseneinkünfte zu entlasten. Und Subventionen durch Steuerersparnisse sind ein wesentliches Moment der Umverteilungspolitik. Steuern sparen aber kann nur, wer Steuern zahlt, je höher, um so mehr. Womit sich die alte Spruchweisheit bestätigt: »Der Teufel scheißt immer auf den größten Haufen« oder wie es die Bibel etwas vornehmer ausdrückte: »Wer hat, dem wird gegeben, und wer nichts hat, dem wird auch das noch genommen.«

Dieter Asselhoven

Die »Bringschuld« der Universität

Wissenschafts- und Technologiepolitik als Instrument kommunaler Wirtschaftspolitik in Köln

Eine gegenseitige Einmischung von Hochschulpolitik und Kommunalpolitik ist durch den stummen Zwang der Verhältnisse selbst auf die Tagesordnung gesetzt worden. Zentrale Themenfelder, die für die Entwicklungsdynamik von Kommune und Universität gleichermaßen bedeutsam sind und in denen die Kritik an technokratischer Hochschulreform und technokratischer Stadtentwicklung zusammenfallen, sind die grassierende High-Tech-Fixierung und Technologiegläubigkeit, das inbrünstige Hoffen auf eine Profitsteigerung der Privatindustrie als Durchbruchspunkt für die Verbesserung der sozialen Lage (Arbeitslosigkeit, finanzielle Ressourcen für Gemeinden und Uni-Etats) usw. Die gemeinsamen Teilmengen der Bürokratien in Stadt und Hochschule wachsen; die Unterordnung unter betriebswirtschaftliches Effizienzdenken und die Favorisierung von Konkurrenz und Wettbewerb als naturgegebener zentraler Verkehrsform der Menschen (und ihrer Organisation) ebenso. Und auch die Arbeitsbedingungen der Opposition ähneln sich: *Hier* sitzen einige wenige versprengte Alibi-StudentInnen in den akademischen Entscheidungsgremien einer erdrückenden Mehrheit von Ordinarien und ihrer ständischen Interessenpolitik gegenüber. *Dort* bilden Sozial- und Christdemokraten in Ausschüssen, Rat und Verwaltung eine städtische kölsche große Koalition der Modernisierer und Wirtschaftshörigen, die ihre Stabilität immer dann beweist, wenn der »Pöbel« dagegen anzurennen versucht.

Will man den Stellenwert der Kölner Universität und ihrer 60 000 Angehörigen für die einheimische Wirtschaft beleuchten, so ist die rein quantitative Seite des Geschäftsbetriebs der Institution die eher uninteressante: Bei einem Personaletat von knapp über 400 Mio. DM und einer geschätzten Kaufkraft der 50 000 StudentInnen von einer halben Milliarde DM kommt zwar einiges zusammen von diesem sechzehntel Teil der Kölner Wohnbevölkerung. Doch Ersatzbeschaffungen größeren Stils und Investitionen, wie die Anschaffung von Großgeräten oder relevante Neubauten, stehen in Köln – anders als z. B. in der »Technopolis« Ulm oder seinerzeit mit der 2-Milliarden-Investition »Großklinikum« an der TH Aachen – in absehbarer Zeit nicht an.

Entscheidend ist daher, daß »gut ausgebildete Studenten für eine Wirtschaftsregion unglaublich wichtig sind« (E. Garnatz, Geschäftsführer der IHK und CDU-Ratsmitglied im KStA 20. 5. 88). Rektor Hanau kann da im »Handelsblatt« vom 6. 5. 88 nur bekräftigen: »Die WISO-Fakultät hat wesentlich zur Ausbildung der heutigen Führungsschicht in Wirtschaft, Staat und Gesellschaft beigetragen ... Ähnliches läßt sich von der juristischen Fakultät sagen, deren besonderes Kennzeichen ein Kranz praxisnaher Institute ist.«

Uns geht es hier nicht um derlei Alltagsgeschäfte, sondern um die auf erweiterter Stufenleiter heraufziehende neue Verbrüderung von Kapital, Staat und Hochschulen, analysiert in ihrer lokalen Phänomenologie.

Nachdem die Kölner Universität lange genug in ihrer Mittelmäßigkeit herumgedümpelt ist, versucht sie nun einen eigenen Beitrag zur Standortwerbung für die Kommune zu leisten und gleichzeitig durch heroisches Abkupfern von der verhältnismäßig erfolgreichen Imagepflege des städtischen »Amts für Wirtschaftsförderung« mitzuprofitieren. Sie hält sich selbst für das »Wissenschaftszentrum West«, in Analogie zum »Wirtschaftszentrum West« der Köln-Promotion. Auch die Metapher von der »Bürgeruniversität«, in zunehmendem Maß Oberthema der Werbung für die offizielle 600-Jahr-Feier, formuliert Verantwortung und Relevanz für Köln, für das städtische Leben. Und so ganz falsch liegt die Uni damit noch nicht einmal: So wie sie ihre Wiedergründung 1919 dem merkantilen Kleingeist der Kölner Handelshäuser verdankte, so wird die neue Blüte von Teilen der Universität gegenwärtig nur durch das Anheizen der technologischen und ökonomischen Offensive des BRD-Kapitals, durch das »Engagement« der Besitzbürger Anno 88 vorangebracht.

Die neue Verbrüderung von Stadt und Universität wird auch personell dokumentiert: Vertreter des Rektorats palavern fast wöchentlich mit den Stadtoberen; Rektor Hanau steht mit auf der Rathausempore, wenn Oberstadtdirektor Rossa Lady Di auf Kölnvisite die Hand schüttelt und marschiert im Trauerzug mit, wenn Altbürgermeister Burauen begraben wird. Im revitalisierten »Kuratorium der Universität zu Köln« sitzen dann Hanau, Kanzler Neyses, der Vorsitzende des Wirtschaftsausschusses Dr. Meyer (CDU) und Eberhard Garnatz einträchtig beisammen ...

Welche gesellschaftlichen Triebkräfte heizen diese Kumpanei an? Als »Naturbasis« eines dringend zur Erhaltung der Konkurrenzfähigkeit auf dem Weltmarkt benötigten Innovationsschubs konzentrieren Staat und Ökonomie die materiellen und geistigen Ressourcen auf Projekte und Technologien, die die dominierende Stellung der BRD absichern sollen: Das sind die Bio- und Gentechnologien, die neuen Informations- und Kommunikationstechnologien, Roboterisierung, Weltraumfahrt und neue Werkstoffe, Computerisierung. Die Hochschulen und sonstigen Wissenschaftseinrichtungen werden Anbieter für und Zulieferer von marktgängigen Hochtechnologien. In einträchtiger Penetranz haben zu diesem Zweck Bundes- und Landesregierungen, Kapitalverbände, örtliche IHKn, Hochschulleitungen und Kommunalpolitiker die Hochschulen – genauer: die Ergebnisse avancierter universitärer Forschung und ihren personellen und technologischen Output – neu entdeckt.

Der »zügige Transfer von Ideen und Forschung in die Wirtschaft ist die Bedingung unserer Zukunft als Industrienation« (Forschungsminister Riesenhuber). Die selbstverschuldete Isolation der Universitäten, ihre Saumseligkeit und Lahmheit im Herangehen an diese nationale Überlebensfrage ist eine Erbsünde – um tätige Reue an der »Bringschuld der Hochschulen für die Wirtschaft« üben zu können, müssen sie nun massiv in die Pflicht genommen werden ...

Die kapitalistischen Industrienationen stehen vor einem infrastrukturellen Umbruch. Alte Industriebranchen werden stillgelegt: überholte Sektoren im Maschinen- und Anlagenbau, die taylorisierte Massenproduktion in der Chemie, beim KFZ-Bau, bei Stahl, Bergbau und Werften. Diese »Sauriertechnologien« waren bisher für die Branchenzusammensetzung der BRD ausschlaggebend.

Dort, wo sie regional konzentriert sind (z. B. im Ruhrgebiet), werden die Städte zu »Freilichtmuseen für veraltete Technologien« (B. Worms). Zukunftsanalysen von PROGNOS oder Sinus über städtische Ballungsgebiete bekräftigen den prima facie-Verdacht des unbefangenen Beobachters: Städte, die nicht auf eine grundlegende Erneuerung der Industriestruktur setzen und im gnadenlosen Konkurrenzkampf mit anderen Regionen kneifen, werden zu verrottenden Arbeitslosenghettos mit ökologischer Dauerkatastrophe verkommen. Für die Stadt Köln ergab die Studie des bis 1987 amtierenden Beigeordneten für Stadtentwicklung Prof. R. Göb (übrigens jetzt Lehrstuhlinhaber an der Universität) aufrüttelnde Prognosen über herandräuende Strukturbrüche und in den Himmel steigende Arbeitslosenraten (März 1988: offiziell 16,6 %!). Die Alternative wurde in den Studien gleich mitgeliefert. Sie liegt in der Anpassung der Städte an die »sauberen« neuen Technologien. Dabei geht es nicht nur um eine

Modifikation staatlicher Politikmethoden: Nicht mehr der Staat mit seinen interventionistischen Eingriffen (Implementierung von Großprojekten wie der Atomenergie o. ä.) ist das Flaggschiff des gesellschaftlichen Aufbruchs zum Weltniveau, sondern die »invisible hand« des Marktes soll dezentral und ohne bürokratischen Ballast zum Erfolg führen. In Köln hat man sich diesen Rat zu Herzen genommen und in diesem Geiste der »Entwicklungsgesellschaft MediaPark« vorgeschrieben, die Mehrheit der Besitzanteile an Privatinvestoren abzugeben und dieses städtische Filetstück dem freien Spiel der Kräfte auszusetzen.

Ausgenommen von der Marktlogik sind überdimensionale Projekte der Grundlagenforschung wie u. a. der europäische Raumgleiter, Teilchenbeschleuniger, Kernfusionsanlagen usw. Weniger ambitionierte Forschung fördert der Staat nur noch dann, wenn das Privatkapital durch seine Beteiligung an der Finanzierung signalisiert, daß an sie konkrete Verwertungsinteressen geknüpft sind.

Diese Strukturkrise ist nicht hausgemacht, sondern betrifft im Grunde alle kapitalistischen Industriegesellschaften. Prof. J. Hirsch spricht von einem Übergang zu einem »postfordistischen Akkumulationsmodell«. Seine Merkmale sind:

- Die Abkehr vom Fließband – die große Fabrik, die Megamaschine, wird dezentralisiert, aufgelöst, verallgemeinert, tertiarisiert. Funktionelle Aufgaben der Fabrik (Kantinenbewirtschaftung, Lagerhaltung, Wartungsaufgaben) werden an außenstehende »Dienstleistungsbetriebe« abgegeben und eine Kern-/Stammbelegschaft bzw. eine »Mantelbelegschaft« gebildet.

- Die Flexibilisierung der Arbeitsverhältnisse – symptomatisches Beispiel aus Köln ist etwa die Gründung einer »BeschäftigungsGmbH« durch die Mehrheit des Rats am 28. 1. 1988, mit der die Stadt eine Vorreiterrolle in der Unterminierung des »Normalarbeitstages« gespielt hat. Der Bereich prekärer und unterbezahlter Arbeit wird weiter, z. B. durch die Aufhebung des Ladenschlußgesetzes oder durch die Festlegung von Minimallöhnen wie bei RTL in Köln, ausgeweitet.

- Die Kommerzialisierung öffentlicher Dienstleistungen: Die Stadt zieht sich aus der kollektiven Verantwortung für öffentliche Aufgaben zurück (siehe die von der CDU vorgeschlagene Privatisierung von Feuerwehr, Stadtreinigung etc.).

- Die Erhöhung des Innovationstempos: neue Unternehmensformen entstehen (z. B. mittelständische ehrgeizige »Risikounternehmen«.)

Die Schattenseiten der »postfordistischen Krise« schlagen in Köln fast ungehemmt durch. Die hiesige Wirtschaftsstruktur führt zu einer fast 40%igen Abhängigkeit vom Export; Köln ist so in eine überproportionale Weltmarktabhängigkeit verstrickt.

Die vorgegebene Branchenstruktur Kölns erstreckt sich auf drei Sektoren. Der *erste* ist der der »High-Tech-Betriebe«. Hier gibt es fünf Entwicklungspfade

● Medien/Versicherungen (vergegenständlicht im WDR und den anderen großen Sendeanstalten, der Colonia, Gerling usw.) Die verschiedenen Anwendungsvarianten der Informations- und Kommunikations-Technologien – von TEMEX über Mailbox bis hin zur Medienhochschule, die für den Mediapark vorgesehen sind – haken hier ein.

● Mikroelektronik: Hewlett-Packard, Siemens, Sony, Textronic, Nixdorf

● Verkehrsmittel: Hier erhält sowohl der traditionelle KFZ-Bau einen Wachstumsschub (500 Mio.-Investition einer roboterisierten Fabrikationshalle bei Ford). Gleichzeitig wird auch versucht, Köln zu einem Knotenpunkt der Verkehrsmittel der nächsten technischen Generation zu machen (Hochgeschwindigkeitszug, Magnetbahn, Weltraum- und Luftfahrt).

● Energiebranche: Hier steht der Einstieg in die Umwelttechnologien, in das »Energiehaus« und ZEUS ante portas.

● Chemie/Pharmabranche: Köln ist auf dem besten Weg, zu einem Bio-Gen- und Reproduktionstechnologiemekka der BRD zu werden.

Die *zweite* Ebene ist die der »klassischen« Gewerbe. Die Kapitalgruppen und Betriebe, die den Anschluß an den High-Tech-Sektor verpaßt haben, kollabieren. Friktionen und Brüche werden im Stadtbild sichtbar – etwa indem alte klassische Industrieviertel (Ehrenfeld, Kalk) entindustrialisiert werden, schrumpfen, veröden und vom städtischen »Fortschritt« abgekoppelt werden.

Schließlich der *tertiäre* Sektor (Banken, Dienstleistungen usw.). Hier schießen immer neue Dienstleistungsbetriebe aus dem Boden – vom Pizza-Taxi über den Fahrrad-Kurier bis zur Zeitarbeitsfirma. Im tertiären Sektor liegt der Hauptbeitrag der Universität – neben der Lieferung von FachabsolventInnen – darin, eine große Anzahl von flexiblen und disponiblen Arbeitskräften (deklassierte StudentInnen als Teil des Jobber-Arbeitsmarktes) in Reserve zu halten.

Das Ziel kommunaler Wirtschaftspolitik und Wirtschaftsförderung ist in Köln nicht anderslautend als in Bonn, Passau oder Flensburg auch. Das Motto heißt: den Tiger reiten! Die administrativ kaum beeinflußbare und nur in Randzonen steuerbare Dynamik der Kapitalentwicklung soll zum Vorteil des jeweiligen Ortes umgelenkt werden.

Ein möglichst bedeutender prozentualer Anteil des Weltmarkts soll durch Köln zirkulieren. Nicht der Vergleich mit Erftstadt, Düsseldorf oder Bensberg, sondern der mit Stuttgart, München, Hamburg, ja mit Tokio und Paris ist angesagt (wobei lt. einer Umfrage des Handelsblatts nach der Beliebtheit als Investitionsplatz Köln noch mit 2 % abgeschlagen auf den hinteren Rängen liegt).

Will man Weltmetropole sein, dann muß aus der Not eine Tugend gemacht werden. Die Not: das sind die leeren Kassen und die stumpf gewordenen Instrumentarien kommunaler Wirtschaftsförderung. Die Tugend: das Angebot von städtischen Dienstleistungen für investitionswillige Unternehmer und Mäzene. »Wirtschaftsfördernde Dienstleistungen« – das ist die euphemistische Umschreibung für die völlige Willfährigkeit der Verwaltung und des Rates gegenüber Industrieansiedlungswünschen bis hin zur Hörigkeit. (So werden z. B. Bebauungspläne nach Gusto, gemäß dem Geschmack von einzelnen Konzernen geändert [Hyatt-Hotel]). Und: die Stadtverwaltung setzt ihr ganzes Know-how, ihre Arbeitskraft und ihren politischen Einfluß als Makler und Katalysator für das Zusammenbringen der Entwicklungspotentiale in Forschung, Öffentlichkeit und Unternehmen ein.

Die klassischen Instrumentarien der kommunalen Wirtschaftspolitik, ihre gediegenen Werkzeuge, sind stumpf geworden. Es handelt sich hierbei um

● wohlfeile Grundstückspreise: Mittlerweile ist die Zahl der »autobahnnahen«, neuerschlossenen Gerwerbeflächen Legion, und alle kommunalen Liegenschaftsabteilungen lassen sich gegen das (imaginäre) Versprechen von Arbeitsplatzzuwachs und höherer Gewerbesteuereinnahme dazu nötigen, Gelände unter Preis an ansiedlungswillige Unternehmen abzustoßen.

● Gewerbesteuersatz: Seine Höhe ist – nach einer Untersuchung der IHK Hamburgs – am untersten Ende der Skale der Motive für Umsiedlungen, Abwanderungen oder Standortauswahl von Betrieben anzusetzen.

● Lohnniveau: Angesichts der chronisch sinkenden Bedeutung des Lohnkostenanteils als Kostenfaktor spielen die Differenzen *innerhalb* der BRD nur noch eine zweitrangige Rolle gegenüber dem Vergleich Köln–Seoul oder Köln–Johannesburg.

Da mit diesen Methoden – wenn überhaupt – nur eine »angebotsorientierte« Beeinflussung des Marktgeschehens möglich ist, steigt die Bedeutung der »immateriellen« Faktoren: der Qualifikation der Arbeitskräfte; des Ambiente (Möglichkeit eines exorbitanten Lebensstils für Führungskräfte von der Philharmonie zu den neuen First-class-Hotels); des stimmigen politischen Beziehungsgeflechts (Gewißheit der »offenen Tür« für Unternehmerwünsche); und schließlich der Forschungs- und Entwicklungspotentiale, die dem unkontrollierten Zugriff der Anwender offenstehen.

Je flüssiger das Kapital, je unabhängiger die jeweilige Produktion von einer spezifischen materiellen Basis ist (wie z. B. Mikroelektronik, Biotechnologien), desto wichtiger werden diese »immateriellen« Faktoren, desto entscheidender ihre Vorratshaltung für die Städte, um in der interkommunalen Konkurrenz bestehen zu können.

Es lassen sich in Köln drei Phasen der Entwicklung der Universität zum »Wissenschaftszentrum West« unterscheiden. Bis Anfang der 80er Jahre wurden ökonomische Transferleistungen der Hochschule nur zufällig erzielt; die Institute betrieben (von Ausnahmen abgesehen) abgeschottet von der Öffentlichkeit ihre Grundlagenforschung. In der »scientific community« und – weit belastender für den gemütlichen Schlaf der Kölner Professoren – in den Augen der nach neuen Profitquellen schielenden kölschen Konzernherren und Prokuristen des mittelständischen Gewerbes galten die einheimischen Ordinarien allzu lange als unproduktive Luxusgeschöpfe: Was läßt sich schon an Byzantinistik, altgermanischer Philologie oder komparativer Didaktik Nennenswertes verdienen? Lieber schmückte sich die Universität mit Köpfen wie dem »Papst der sowjetischen Gegenwartsliteratur« (WamS 8. 5. 88 – Warum nicht wenigstens ›Metropolit‹?) W. Kasack oder mit dem globalen Goethe-Experten K. O. Conradi.

Allerdings ist das Bild von der Kölner Hochschule als spätscholastischer »Semi«versität, die Erheiterung über die alberne und unzeitgemäße Pflege äußerlicher Riten (die Rektorenwahl als Abklatsch der Kürung mittelalterlicher Kaiser), die Behauptung der an der gesellschaftlichen Realität vorbeigehenden Halbbildung als Curriculum der »alma mater coloniensis« nur zur Hälfte stimmig. Trotz aller Mittelmäßigkeit: In diesem Muff von Katholizismus, Konformität und nie gebrochener reaktionärer Kontinuität seit 479 Jahren gedieh die Produktion von angepaßten Juristen und elitären diensteifrigen Wirtschaftsmanagern in spe seit eh und je recht probat. Und nicht zufällig nimmt die deutschnationale Geschichtsrevision (Hillgrubers Holocaust-Relativitätstheorie) ihren Ausgang mitten aus dem Herzen »dieser unserer Universität«.

Und auch die weniger ideologische denn harte, technologisch verwertbare Fakten liefernde Seite der Hochschule kam zum Zug: Forschung für südafrikanische Minengesellschaften, Exploration der Rohstoffvorräte in der Antarktis, Atomforschung in der KFA Jülich etc.

Übersetzen wir vor dem Hintergrund dieser Beschreibung den diskurstaktisch nicht ungeschickt gewählten Begriff »Bringschuld« in Klartext: Die Übertragungsgeschwindigkeit von Erkenntnissen der Grundlagenforschung in angewandte Technologie, die rechtzeitig auf den Markt gebracht werden kann, soll gesteigert werden. Damit kommt auch das regionale Umfeld in den Blick, die Notwendigkeit der Kooperation mit dem einheimischen Kapital und einer Vernetzung mit dessen Forschungs- und Ausbildungsbedürfnissen, seinem Wunsch nach Know-how. Rektor Hanau begriff es so: »Die Zusammenarbeit der Universitäten mit den kommunalen Einrichtungen der Region wird überall proklamiert.« Die Uni soll »der Nähe, dem Umfeld, der Region verbunden sein.« (Handelsblatt 6. 5. 1988).

Er vollzieht damit für Köln nach, was der ehemalige Präsident der WRK und jetzige Senator für Wissenschaft und Forschung des Landes Berlin Georg Turner im Handelsblatt vom 11./12. 2. 1988 vorformulierte: »Die internationale Konkurrenzfähigkeit einer Region hängt dabei zunehmend von einer engen Zusammenarbeit zwischen privater Wirtschaft und öffentlich gefördertem Wissenschaftsbereich ab ... Forschungspolitik ist darüber hinaus auch Teil einer vorausschauenden Stadtpolitik«, um »Lösungen für Probleme zu suchen, die durch dichtbesiedelte Ballungsräume erzeugt werden oder dort zutage treten.«

Darin praktisch zu werden, bedurfte es schon des Anstoßes von außen. Die Uni Köln trabte ohne sonderliche Originalität hinterher, kopierte die Methoden anderer Hochschulen bzw. beteiligte sich an den von Land und Stadt angeschobenen Kooperationsprojekten. Es handelt sich um die folgenden Ideen: Über sog. »Gründerparks« sollte die Anbindung an die bestehende Industriestruktur geleistet werden und Kontakte zwischen investitionsbereiten Unternehmern mit vielversprechenden Forschern und Professoren hergestellt werden. Sie sollten entweder sich selbst als Agenten einer schnellen Übertragung von Grundlagenkenntnissen in die praktische Produktion durch »Personaltransfer« einsetzen – oder aber selbst die verwertungsträchtigen Ideen in neue Produkte umsetzen und dafür kommerzielle Hilfestellung für den Startschuß als Unternehmensgründer empfangen. Das geschah durch die Bereitstellung von Räumlichkeiten, Risikokapital, Büro-Infrastruktur, Computerzugang usw. In Köln kam eher Halbherziges zustande: das Innovations- und Technologiezentrum in Braunsfeld, von Stadt und Stadtsparkasse getragen (und mittlerweile finanziell arg ins Trudeln geraten). Und als Korrelat an der Uni: die Forschungstransferstelle unter Leitung von Prof. Hohlneicher.

Zu ihrer Tätigkeit gehörte u. a. die Organisation der Beteiligung an Forschungsausstellungen oder Ereignissen wie dem »Innovationsmarkt Forschung und Technologie« (am Rande der Hannover Messe 87). Dort stellte die Uni-Arbeitsstelle für Forschungstransfer »Beispiele angewandter Forschung vor und möchte dadurch Impulse für den Technologietransfer zwischen Hochschule und Industrie geben« (J. Zielinski im KStA). Die Präsentation von Erfindungen wie dem Herzrhythmus-Meßwerte-Erfassungssystem »HAL 3« oder ein Kaliumspuren-Meßgerät (wichtig zur Prüfung der Qualität von Rohstoffen für Keramik- und Glasproduktion) der Kölner Geologie gehören zu den seltenen Erfolgserlebnissen der zentralen Uni-Einrichtung.

Bereits nach drei Jahren ist die Gesamtbilanz negativ. Unter der Überschrift »Enttäuschte Hoffnung« stellt der KStA zum Vorhaben »Forschungstransfer« lakonisch fest: »Daraus ist nichts geworden« (20. 5. 1988). Auch die ersten Anläufe zu einer kommunalen »konzertierten Aktion zur Modernisierung der Volkswirtschaft von Wissenschaft und Wirtschaft« verwehten im Winde, die »Kölner Technologierunde« unter Vorsitz von OB Burger tagte 1984 ganze zwei Mal mit wenig handfesten Resultaten und trat symptomatischerweise erst Ende 1987 wieder zusammen. Die »Technologierunde« bezeichnet einen mehr oder weniger informellen Gesprächskreis von lokalen Polit-Größen der IHK, verschiedenen Großbetrieben (von Sony über BAYER bis KHD) und Rektoraten der Kölner Hochschulen mit hochkarätiger Beteiligung der Spitzen von Rat und Verwaltung.

Neben dem Aufbau von Kontakten und dem propagandistischen Effekt der Durchsetzung einer Sichtweise und Ideologie von Hochschule, Wissenschaft und Forschung als »Quelle neuer Technologien« (Kohl) – auf der dann in einer zweiten Phase die Produktion von »Transferwissen« (Hanau) aufgebaut werden konnte, konnte mit Hilfe dieser Projekte *in* der Universität erst einmal der Kurs (und wissenschaftspolitische Diskurs) der uniinternen Modernisiererfraktion in einem politischen Konflikt durchgesetzt werden. Dieser spielte sich hauptsächlich als Machtgerangel hinter den Kulissen von Senat und Rektorat ab und schlug allein beim Tauziehen um den neuen Unikanzler öffentliche Wellen. Denn natürlich fühlte sich der Großteil der Professoren in ihrem reaktionären Muff von Mittelmäßigkeit saturiert und betrieb eine Politik der Besitzstandswahrung und des Status quo. Der Einbruch von ökonomischem Effizienzdenken und -handeln war angstbesetzt, war dieser doch mit der Bewährung in der Konkurrenz und im freien Spiel der Kräfte des Stärkeren am Markt verbunden. An der Spitze der Universität war der Konflikt personalisiert im Übergang der Amtskette von Prof. Gutman – einem typischen biederen Unipatriarchen konservativsten Zuschnitts, der sich durch seine Mandatszeit hindurchwurschtelte und lediglich durch einige eklatante Fälle von Zensurmaßnahmen gegen die StudentInnenschaft wie das Verbot von Veranstaltungen zur Schwulenpolitik Spuren hinterließ – zu Prof. Staak und schärfer und eindeutiger noch – zum amtierenden Rektor Hanau. Staak selbst kann in seiner wissenschaftlichen Tätigkeit ein Beispiel für die von seinem Nachfolger geforderte »Transferforschung« liefern: Er arbeitet (nicht im direkten Auftrag, aber nach den Bedürfnissen) für das BKA am Institut für Rechtsmedizin an der Entschlüsselung und Identifikation der menschlichen DNS-Muster und darin enthaltener chemischer Signale. Erkenntnisinteresse ist die eindeutige Täteridentifikation durch den »genetischen Fingerabdruck« bzw. die unwiderlegbare Bestimmung von Verwandtschaftsbeziehungen von Asyl- und Einwanderungsantragstellern und ihren nachziehenden Familienangehörigen (Handelsblatt 17. 2. 1988).

Gegenstand des Konflikts innerhalb der »Mandarine« war der Streit um den adäquaten Weg, die Kölner Universität so umzustrukturieren, daß sie dem schärfer werdenden Wettbewerb an allen Fronten standhalten kann. Die an einem effizienten Industriemanagement und an einem professionellen Marketing der (Kopfarbeits-)Produkte ihrer Institute (materiell) interessierten Opinion-Leader – insbesondere der Math.-Nat.-Fakultät (Prof. Bischoff et al.) und der Med.-Fak. setzten einen Kanzler mit starker Stellung (als »Geschäftsführer« der Universität) durch. An einem Bürovorsteher Ihro Magnifizienz nach altem Stil war kein Bedarf mehr.

Angeschoben wurden diese Prozesse der Einleitung von Strukturveränderungen in Richtung Zulieferbetrieb für das regionale Kapital – neben der Rückendeckung aus Düsseldorf – durch die ungleichzeitige Entwicklungsdynamik der Fakultäten. War doch z. B. die Math.-Nat. Fakultät erpicht auf Drittmitteleinwerbung und Industriekooperation größeren Stils und hatte durch die Einwerbung von zwei Stiftungslehrstühlen (Chemie), bezahlt durch den BAYER-Konzern, schon vorgelegt. Auch im lukrativen Bereich Gentechnologie/Biotechnologien hatte die Math.-Nat. einen der 4–5 großen Sonderforschungsbereiche in der BRD an Land gezogen und konnte die Kooperation mit BAYER vertiefen. So kommen in dem Genetik-Neubau an der Zülpicher Straße zusammen: das Geld von BAYER und 25 andernorts (z. B. an PH und Phil.) wegrationalisierte HochschullehrerInnenstellen für exklusive Forschung. BAYER baute damit seine monopolartige Stellung (neben dem Kooperationsvertrag mit dem MPI-Vogelsang) in den universitären Bereich hinein weiter aus. Und die Stadt Köln führte vor, wie die konzertierte Aktion (des wissenschaftlich-industriellen Komplexes) exemplarisch arbeiten kann. Oberbürgermeister Burger schrieb am 22. 3. 86 an den Ministerpräsidenten Rau und trug ihm das Anliegen der Stadtspitze vor, in Köln ein Zentrum/Institut für angewandte Biotechnologien zu gründen. In einer von der Stadt Köln dazu beauftragten Untersuchung von »Scientific Consulting« wird ausgeführt: »Die Stadt Köln ist bemüht, durch eine Verstärkung der wissenschaftlich-technischen Infrastruktur einen wichtigen Beitrag zum modernen Ausbau der im Raum Köln vorhandenen Industrie- und Wirtschaftsaktivitäten zu leisten.« Die Heranziehung von leistungsfähigen Knowhow-Trägern soll auf mittlere Sicht zur Stärkung der in diesem Raum tätigen Unternehmen sowie »zur Heranziehung weiterer Wirtschaftsunternehmen führen« (S. 3). Damit soll »das vorhandene hervorragende Forschungspotential durch anwendungsbezogene Aktivitäten ergänzt werden und so die Attraktivität von Köln als Wirtschaftsstandort für einen der wichtigsten Industriezweige der Zukunft nachhaltig erhöht werden« (S. 44). Bezüglich der organisatorischen Verfaßtheit taucht der Vorschlag der Etablierung eines »An«-Instituts auf – worauf später zurückzukommen sein wird. Der Stadt Köln wird nahegelegt, über eine Schwerpunktsetzung »Biotechnologien und Unternehmensgründungen« im Gründerzentrum Katalysator zu spielen und dazu beizutragen, das Institut für Genetik der Universität und die Arbeit des MPI propagandistisch umfassend zu unterstützen (S. 53) – ein Vorschlag, dem die Stadt einerseits durch die Bereitstellung des Forums »Uni im Rathaus« für die Kölner Genetiker von Starlinger bis Kneser Folge geleistet hat, andererseits z. B. durch das Ausräumen von Hindernissen etwa bei der Vorbereitung von Freilandversuchen genetisch veränderter Pflanzen in Köln-Vogelsang.

Die Hinwendung der Universität zu den direkten Verwertungsinteressen Kölner Konzerne, die Einleitung der Funktionalisierung von Wissenschaft und Ausbildung für eine kleine radikale Minderheit von Kapitalisten firmierte seit dieser 2. Phase unter dem Stichwort »Öffnung der Universität«. Damit der Kaiser nicht ganz nackt in seinen neuen Kleidern dastand, entstand in dieser Phase auch die Idee und Realisierung der Vortragsreihe »Uni im Rathaus«. Hier wurde dann »Bürgerdialog«, in Nachhilfeleistungen zu Themen wie »Rohstoffprospektion«, »Gentechnologie« oder »europäische Integration«, betrieben.

»Forschungs*transfer* ist eine begrenzte Angelegenheit«, so Hanau am 6. 5. 1988 im Handelsblatt, »etwas wirklich Weiterführendes wäre dagegen *Transfer*forschung. Damit meine ich ... eine Zusammenarbeit schon während der Forschung, um transferierbare Ergebnisse überhaupt erst zu ermöglichen.« (ebenda). Stadt und Universität hatten erkannt, daß universitäre Forschung und Wissenstransfer zu einem konstitutiven Faktor regionaler Wirtschafts- und Strukturpolitik im Rahmen der »dritten industriellen Revolution« geworden sind. Sie betrieben die Industrialisierung der Wissenschaft und Ausbildung programmatisch und Schritt für Schritt von der Peripherie der Hochschule aus. In einem neuen Anlauf wurde Ende 87 in der 3. Technologierunde ein Bündel neuer High-Tech-Projekte ideenmäßig auf die Schiene gesetzt: Umwelttechnologien, Forschungs- und Entwicklungszentrum für angewandte Informatik (»FEZAI«), ein neuer Anlauf für das »Institut für angewandte Biotechnologien«, die Technologien im Umkreis der Weltraumfahrt und die Mitarbeit der Universität und ihrer Fakultäten im geplanten MediaPark:

- »FEZAI«: An der Schnittstelle des kommunalen Vorzeigevorhabens »Medienzentrum Gereon«, der Nutzungsinteressen von ortsansässigen Mikroelektronik-Konzernen und EDV-aufgeladenen Studiengängen ist geplant, eine Arbeitsgemeinschaft: »Forschungs- und Entwicklungszentrum für angewandte Informatik« zu bilden. Als Teilnehmer aus dem Forschungsbereich werden die Fakultäten, die GMD (Gesellschaft für Mathematik und Datenverarbeitung) und das BIFOA (Betriebswirtschaftliches Institut für Organisation und Anwendung) genannt. Im Vordergrund stehen zwei Ziele: die »Leistungssteigerung der Betriebe und die Qualifizierung der Beschäftigten« (Protokolle der 3. Technologierunde, S. 183), denn »die Intensität des Informations- und Kommunikationsbedarfs in der Kölner Wirtschaft, Forschung und Verwaltung nehmen zu« (ebenda).

Zwar hat die WiSo-Fakultät nicht zufällig eine kostenlose Grundausstattung an Hardware von den ortsansässigen Computerkonzernen aufgebaut bekommen und weitet seit zwei bis drei Jahren systematisch ihre »Informatik für Wirtschaftswissenschaftler« in der Versicherungsstadt Köln zielgerichtet aus. Aber von einer ausreichenden materiellen Basis für den Aufbau einer relevanten Abteilung »Neue Medien/EDV« ist die Kölner Universität meilenweit entfernt. Das FEZAI könnte die Anlaufschwierigkeiten der Mathematiker, Medienpädagogen, EDV-gestützten Linguisten etc. durch direkte Industriekooperation auf einen Schlag beseitigen helfen und der Stadt neues Hinterland für die Stabilisierung des Medienzentrum West auf dem Gereonsgelände verschaffen.

- Umwelttechnologien: Wie man durch eine Anstrengung des

Intellekts aus Dreck Geld machen kann, will die Universität demnächst durch den mit Stadt, Energiekonzernen und Chemieunternehmen abgesprochenen Einstieg in Umwelt-Reparaturtechniken und marktgängige Öko-Schadensbegrenzungsverfahren zeigen. Da die Naturgrundlagen der kapitalistischen Produktion durch diese selbst immer weiter zerstört werden, ist es kein Zufall, daß gerade die »Grundstoffindustrie« in diesen Wirtschaftszweig investiert. Und diese Industrie ist im Rheinland – von Rhein-Braun über das städtische Sub-Unternehmen GEW bis zu Wacker-Chemie und Shell dominant vertreten. Nach deren technokratischem Verständnis sollen – möglichst exportfähige – Abfall-, Abwasser- und Bodenaufbereitungsanlagen entwickelt werden bzw. Müll-Wiederverwertungsverfahren (Rohöl aus Kunststoffverpackungen) und Lärmschutztechniken geprüft werden. Kölner Wirtschaftsunternehmen sollen »die an den Kölner Hochschulen breit gefächerte Forschung auf diesem Gebiet nutzen« mit dem Ziel, »diejenigen Umwelttechnologien, bei denen sich das beste Verhältnis von Geldeinsatz und Wirksamkeit ergebe... von Unternehmen einsatzbereit« machen zu lassen (Umwelt-Beigeordneter Simon am 6. 2. 1988 im KStA). Und G. Hohlneicher überschritt kreativ künstliche Zuständigkeitsschranken, indem er sich in die kommunale Bauleitplanung mit dem Ratschlag einmischte, die Genehmigungsverfahren für solche Großanlagen schleunigst zu verkürzen (KStA 15. 4. 1988)

● Transsonischer Europäischer Windkanal (Baukosten ca. 560 Mio DM; Verwendungszweck u. a. Test der Flugeigenschaften von Marschflugkörpern und dem NATO-Bomber '90); europäisches Astronautentrainingscenter; Nationale Weltraumbehörde; und schließlich die »Deutsche Versuchsanstalt für Luft- und Raumfahrt« (DVFLR): Köln wird zum westeuropäischen Zentrum für Weltraumtechnik ausgebaut. OB Burger führte als gewichtiges Argument für die Einmaligkeit dieses Standorts in einem Bittschreiben an Forschungsminister Riesenhuber an, »das Umfeld stimmt: Universität, Fachhochschule, Großforschungseinrichtungen bilden einen guten wissenschaftlichen Humus« (Brief an das BMFT, 17. 7. 87). Hingewiesen wurde vor allem auf das »Institut für Weltraumrecht des Prof. Böckstiegel an der juristischen Fakultät. Daß das »Umfeld stimmt«, das hatten die Veranstalter des »1. Kölner Wirtschaftskongresses« an der Uni Köln im Frühjahr 87 bewiesen, als sie unter dem Motto »Der Weltraum als Markt der Zukunft« die daran interessierten Kreise von Siemens über KHD und Stadtsparkasse, VW und IBM bis Genscher und Furrer zusammenführten.

Dies und die voraussichtlich ca. 20 Mrd. DM an Forschungsmitteln und Auftragsvolumen für Raumfahrtunternehmen bis zum Jahr 2000 durch Bund, BMFT und ESA stieß die Universität darauf, die an verschiedenen Institutionen und Lehrstühlen verstreuten weltraumbezogenen Aktivitäten zu sichten. Sie stieß neben ihren Weltraumjuristen (deren apparative und finanzielle Ausstattung postwendend aufgestockt wurde und denen aus Landesmitteln wissenschaftliche Assistenten zugeteilt wurden, um ihre Fragestellungen auf wirtschaftliche Aspekte ausdehnen zu können – siehe Handelsblatt vom 9. 10. 87) auf Weltraummediziner, Weltraumgeologen, -geophysiker, -meteorologen... usw. Schnell stampfte man ein internationales Kolloquium mit Experten der US-amerikanischen, chinesischen und sowjetischen Weltraumbehörden und – Oberbürgermeister Burger vom 16. bis 19. 5. 1988 aus dem Boden. Und schon sah man die Hochschule auf dem Weg zu einem Zentrum der Weltraumwissenschaft; dies mache die »Vielzahl der Projekte der Universität deutlich«. Das gebe »Hoffnung für eine gebeutelte Wirtschaftsregion mit überdurchschnittlichen Arbeitslosenzahlen« (Kölnische Rundschau 5. 5. 88).

• Institut für angewandte Biotechnologien. Der nächste angepeilte Schritt ist die Durchführung einer Transferveranstaltung, in der die verschiedenen Interessenträger (Institut für Genetik/Uni Köln; MPI-Vogelsang; Thyssen-Graduiertenprogramm aus der Wissenschaft – Nattermann; Madaus; BAYER; Pfeiffer & Langen etc. aus dem Unternehmerlager) zusammengeführt und mögliche Anwendungspotentiale herausgearbeitet werden sollen.

Nach einigen hochschulpolitischen »Liberalisierungen« (Einrichtung von reinen Forschungsprofessuren, Freigabe der Drittmittelforschung, entregulierte Dienstverhältnisse) der Landesregierung sind die Instrumentarien geschaffen, um *methodisch* die von Hanau geforderte »Transferforschung« in der Universität zu implementieren. Bevorzugtes Mittel dazu ist die Ausweitung der »An«-Instituts-Konstruktion und die Vervielfachung von Stiftungslehrstühlen. Bei dieser Konstruktion handelt es sich darum, einen Hochschullehrer bei Fortbestand seiner Mitgliedschaft als Teil des Lehrkörpers (mit Vorlesungen, Prüfungen, Promotionen) freizustellen und sein ihm zugeordnetes Universitätsinstitut für Forschungszwecke Dritter auf Sold eines privaten Trägers und Finanziers faktisch vermieten zu lassen. Weite Teile der Hochschule können so entlang den Verwertungsinteressen von Einzelkapitalen verpachtet werden; Auftragsforschung für Dritte wird legitimer Bestandteil des offiziellen Wissenschaftskanons. (»Institut für Bankrecht«, »Institut für Rundfunkrecht« – vom WDR getragen usw.)

Damit werden die Ausbildungs- und Forschungsstrukturen grundlegend verändert. In den An-Instituten werden durch die Vorgabe befristeter Arbeitsverträge für Wissenschaftler Vorbedingungen einer typischen »Täterkarriere« (Brechts ›intelligente Zwerge‹) hergestellt: Enormer Leistungsdruck entsteht, der zu einer sozialen Isolierung in den Labortrakten und zu ausgeprägter politischer Anpassungs- und Funktionalisierbarkeitsbereitschaft führt und skrupelloses Vorgehen im Interesse des »Fortschritts« und des eigenen Aufstiegs begünstigt.

Die Aneignung des »geistigen Eigentums« von Diplomanden und DoktorandInnen, die an diesen Instituten ausgebildet werden, braucht nun noch nicht einmal mehr den Zwischenschritt über einen prüfenden Professor zu gehen, sondern es wird direkt industrierelevant geforscht: So brachten das Privatbankhaus Delbrück & Co. und die IHK (nachdem sie in Köln die Ratsspitze als Werbeträger für den Hochgeschwindigkeitszug Köln-Paris gewonnen hatten) auch die Uni auf Trab: Flugs legte eine aus Studenten und Diplomanden bestehende Arbeitsgruppe der WiSo-Fakultät, die an ein Privatinstitut angelagert war, ein »durchdachtes Gutachten« über die privatwirtschaftliche Finanzierbarkeit der Schnellbahnverbindung vor und brachte die (wirtschafts-)politische Entscheidung damit mit auf die richtige Schiene (Handelsblatt 11./12. 2. 88).

Eine weiterentwickelte und spezialisiertere Variante dieser Flexibilisierung der Kopfarbeit stellt die »Diplomarbeitenbörse« der Fachhochschule und der IHK Köln dar. Dort können – in erster Linie mittelständische – Betriebe innerbetriebliche Fragestellungen und Problemstellungen anmelden und erhalten qualifizierte ExamenskandidatInnen zugeteilt, die gegen ein Zubrot eine Expertise (als Prüfungsleistung von der FH anerkannt) vorlegen. Den Löwenanteil des Honorars streicht der Forschungsfond der Hochschule ein – ein drastisches Beispiel für die »neuen industriellen Beziehungen« im Postfordismus... Und natürlich fand diese Idee Nachahmer an der Universität: Die Reste des zerstrittenen OFW haben sich als studentische Initiative (mit fünfstelligen Finanzspritzen von Sponsoren wie Gerling, KHD usw.) mit der Vermittlung von kostenlosen Praktikanten betätigt und arbeiten als kostenlose »studentische Unternehmensberatung« in ähnlicher Richtung.

Und der Präzedenzfall für den nächsten Schritt über die Industrialisierung der Wissenschaft in den »An«-Instituten hinaus liegt schon vor: Der seit Jahren vakante Lehrstuhl für Arbeitsmedizin wurde im Frühjahr neu besetzt. Doch die Sponsoren beschränken sich nicht mehr darauf, lediglich das Gehalt des Hochschullehrers zu zahlen, sondern stellten gleich den Leiter des Arbeitswissenschaftlichen Instituts der Ruhrkohle (Priv. Doz. C. Piekarski) samt der in Dortmund ansässigen Forschungseinrichtung zur Verfügung. Damit wird ein reguläres Institut der Universität faktisch von einer Konzernzentrale aus ferngesteuert. Die Uni-Spitze war darum »um so glücklicher« (KStA 23. 3. 88) – ebenso wie die Kölner Chemie- und Metallindustrie, die ihren Bedarf an fachlichen Gutachten bzgl. Schadstoffbelastungen von Arbeitnehmern vertrauensvoll in die Hände der Ruhrkohle legen wird (KStA, ebenda).

Neben der direkten Beteiligung an Wachstumsindustrien und Zukunftstechnologien ist ein Ausfluß der neuen Kooperation von Uni, Stadt und Kommerz der Aufbau von »weichen« Standortfaktoren.

Auf Einladung von OB Burger und von Oppenheim (Vizepräsident der IHK Köln) kündigte Rektor Hanau die Beteiligung der Universität an einer Wirtschaftsausstellung Pekings in der KölnMesse an und berichtete von der geplanten Intensivierung der Kontakte mit der Tsinghua-Universität. OB Burger wies bei dieser »China-Runde« (9. 11. 87) vor den führenden Kadern der Kölner Wirtschaft darauf hin, daß »insbesondere wirtschaftliche Überlegungen« treibend für die Städtepartnerschaft waren. Parallel zum Abschluß einer Städtepartnerschaft Kölns mit Peking, deren Motivation ganz offiziell mit der Bedeutung Kölns als Standort für die wichtigsten chinesischen Außenhandelsgesellschaften in der BRD und Europa begründet wurde, verkündete die Universität die Gründung eines Regionalstudiengangs »neuen Typs« – Ostasienkunde mit dem Schwerpunkt China-Knowhow-Sammlung für rheinische Handelshäuser, um in den chinesischen Markt zielgruppengenau eindringen zu können.

Ähnliche Studiengänge für Lateinamerika und Osteuropa befinden sich in Vorbereitung.

»Öffnung der Hochschule« im kapitalistisch-technokratischen Sinne heißt nicht nur Akkumulation von Drittmitteln, sondern provoziert das Umsteigen der Universität auf aggressives Marketing und auf die Erarbeitung eines PR-Konzepts – die Ware »Wissenschaft« muß schließlich möglichst reibungslos den Weg zu ihrem Anwender finden... Da möchte die Kölner Universität mehr, als sie momentan kann: z. B. das Aufpeppen der »Unimitteilungen«, seit Bestehen ein dröges Mitteilungsblatt, das sich lediglich in seiner technischen Gestaltung vom Niveau einer mittelprächtigen Schülerzeitung abhebt. Darin werden jetzt angestrengte Bemühungen sichtbar, um mit einem Schuß mehr Farbe und flotterem Layout eine »Publikumszeitschrift« der Uni zu edieren – redaktionell darf in diesem Werbemagazin allerdings unangefochten weitergestümpert werden. Der KStA spricht treffend von einem »rührend altmodischen« PR-Konzept.

Relevanter ist die Neuerung der Vierteljahreszeitschrift »Forschungsberichte«, in der aktuelle Forschungsvorhaben der Universitätsinstitute in Reportagen präsentiert und potentiellen Anwendern vorgestellt werden. Den massivsten Einstieg in bisher ungebräuchliche Formen ihrer Vermarktung hatte die Universität Ende September 87 mit der Ausstellung »Forschung an der Universität zu Köln« in der Geschäftsstelle der IHK getan. Über 70 Exponate aus 6 oder 7 Fakultäten wurden hier basarartig vorgeführt. Ein Indiz für den Erfolg dieses Unterfangens gibt das folgende Beispiel: In der IHK wurden Bundeswehr und Daimler-Benz auf ein Exponat aufmerksam, das von der akustischen Abteilung des musikwissenschaftlichen Instituts (Leiter Prof. Fricke) feilgeboten wurde: ein sogenannter »Spektraldynamik-Prozessor«. Eigentlich zum Herausfiltern von gedämpften, leisen Tönen (z. B. der Piccoloflöte in einem tutti-spielenden Orchester) gedacht, ist er für die Bundeswehr schlicht und unromantisch ein Gerät, das den Funkverkehr mit einer vom Motorenlärm halbtauben Panzerbesatzung erheblich erleichtern wird ...

An der Universität verwüstet die Verkuppelung von rheinischem Erwerbstrieb und Fachidiotentum, das nicht mehr nach dem gesellschaftlichen Sinn seines Tuns fragt, sondern nach dem Beitrag zur Ausdehnung der Nationalökonomie, auch noch den letzten demokratisch-emanzipatorischen oder humanistischen Wissenschaftsbegriff oder -ansatz. Schleichende Zensur – die Ausgrenzung von »irrelevanten« Themen wie individuelle und gesellschaftliche Identität, Aussöhnung mit der Natur, nichtentfremdete Arbeit, Abschaffung von Gewaltverhältnissen usw. – wird zum Normalen, nicht mehr wahrgenommen. Die Universität wird verengt auf eine Anhäufung von pragmatisch vor sich hinwerkelnden, von Drittmitteln ausgehaltenen »An-Instituten«.

Und auch das Stadtbild Köln wird zunehmend davon geprägt, alle Wachstumsdynamik in einige wenige exklusive High-Tech-Enklaven hineinzustopfen – seien es der MediaPark, die nationale Weltraumbehörde oder die Magnetschnellbahn. Eine kulturelle, soziale und politische Spaltungslinie trennt diese Enklaven des Wohlstands und der Prosperität von den bevölkerungsreichen und verelendenden Stadtteilen, die bei der Kooperation von Universität, IHK und Stadtverwaltung hintenüber fallen.

Die Universität ist aufgefordert, sich ihrer »Bringschuld« gegenüber den BürgerInnen dieser Stadt, gegenüber der Mehrheit der Hochschulangehörigen und gegenüber dem »kategorischen Imperativ« des Aufklärung und Emanzipation verpflichteten Erkenntnisinteresses bewußt zu werden und entsprechend zu handeln: Durch eine Ausbildung und Forschung, die z. B.

● durch die interdisziplinäre Zusammenarbeit von MedizinerInnen, NaturwissenschaftlerInnen und SoziologInnen dafür sorgt, die Altlasten in Boden und Grundwasser der Stadt zu beseitigen und deren Ursachen zu überwinden,

● Konzepte für eine Produktkonversion in den Kölner Betrieben entwickelt – weg von absoluter Weltmarktabhängigkeit, ökologischer Unverträglichkeit und zerstückelten Arbeitsprozessen. Und dies nicht nur für die von Stillegung bedrohten Branchen und unrentable Unternehmen, sondern auch für chemische Industrie, Autoindustrie etc.,

● beiträgt zu einer besseren Verkehrsanbindung der Stadtteile, statt sich für den auf tönernen Füßen stehenden Weltraumboom krummzulegen,

● umweltschonende biologische und chemische Verfahren entwickelt, um die größte Kloake Kölns, den Rhein, wieder zu regenerieren und die Smogwolke über der Stadt aufzulösen,

● selbstverantwortliche Bildung und Ausbildung für alle organisiert, statt Elite-Pfadfindercamps unter der Fahne der »Hochbegabtenförderung« zu sponsern und Zwangssterilisation von Behinderten zur Sonderpädagogischen Prophylaxe zu erklären.

Wolfgang Blaschke / Karin Kieseyer

Zwischen »Verantwortung für den Frieden« und Grundlagenforschung für die Gen-Technologie

Ein Gespräch mit Prof. Starlinger und Prof. Kneser

Im Sommersemester 1984 begann eine Initiative von StudentInnen und Professoren mit einer Vorlesungsreihe, die für die Verhältnisse und das geistige Klima an der Kölner Alma Mater einmalig ist: »Verantwortung für den Frieden«. Mitinitiatoren dieser kritischen Ringvorlesung, die inzwischen zu einer Institution geworden ist, waren die Professoren am Institut für Genetik Hubert Kneser und Peter Starlinger. Mit ihrem auch gesellschaftspolitischen Engagement wollten die Initiatoren bei ihren Hörern einen Sinneswandel in den Fragen zum Thema Frieden und Krieg erreichen. Zu diesem Zweck sollte in den Veranstaltungen der Ringvorlesung Aufklärung gestützt auf Sachkenntnis betrieben werden. Prominente Redner unterstützten dieses Vorhaben. Wissenschaft sollte in gesellschaftliche Verantwortung genommen und in politische Entscheidungsprozesse eingebunden werden, der Elfenbeinturm der reinen Wissenschaft zumindest an diesem einen Punkt überwunden werden. Kritische und politische Wissenschaftler wie die Genetiker Starlinger und Kneser begreifen ihr Engagement für den Frieden als Teil ihrer wissenschaftlichen Arbeit und bezogen eindeutig Position.

Allerdings hat ihre öffentliche Tätigkeit in der Friedensbewegung, in der Debatte über die Gen-Technik nur wenig mit ihrer Grundlagenforschung am Institut für Genetik zu tun, denn Grundlagenforschung ist zunächst etwas Positives, und zudem geschieht in der Gen-Technologie nichts Neues.

Frage: Herr Starlinger, Herr Kneser, uns interessiert, auch im Hinblick auf Ihre wissenschaftliche Tätigkeit am Institut für Genetik, inwieweit Sie sich als Wissenschaftler in einer gesellschaftlichen Verantwortung sehen. Dies vor allem unter dem Aspekt, daß Sie sich als Wissenschaftler in dem gesellschaftlich umstrittenen Bereich der Friedens- und Kriegsforschung engagieren, daß aber Ihr originärer Forschungsbereich – die Genetik – in der Öffentlichkeit ebenso umstritten ist.

Starlinger: Wenn ich Sie richtig verstehe, wollen Sie auf die Frage hinaus, wie kann jemand, der mit Genen arbeitet, für den Frieden sein. Ich sehe darin überhaupt kein Problem. Ich halte die Genetik für eine außerordentlich wichtige Wissenschaft, die in den letzten Jahren enorme Fortschritte gemacht hat, und es macht mir großes Vergnügen, daran mitzuarbeiten. Sie haben Unrecht, wenn Sie glauben, daß die genetische Forschung irgendwo in der Wissenschaft umstritten ist. So ist das nicht. Was umstritten ist, teilweise in der Wissenschaft, mehr noch aber außerhalb der Wissenschaft, ist die Frage, ob die Ergebnisse dieser Forschung in jedem Fall angewendet werden sollen. Da bin ich mit vielen meiner Fachkollegen und Vertretern in der Öffentlichkeit der Meinung, daß darüber in der Tat eine sorgfältige Debatte geführt werden muß. Bei der man feststellen muß, ob alles, was in diesem Forschungsbereich gefunden wird, angewendet werden soll, wo es angewandt werden soll, und wann es angewendet werden soll. An dieser Debatte müssen sich natürlich auch die Genetiker beteiligen.

Das ist auch ein Teil von gesellschaftlicher Verantwortung und Mitarbeit, und insofern sehe ich die Tätigkeit, die wir in der Friedensbewegung ausüben, und die Tätigkeit, die wir in der öffentlichen Debatte über Genetik ausüben, als eine ähnliche öffentliche Tätigkeit, die mit unserer Forschung, ich will jetzt nicht sagen nichts zu tun hat, aber Forschung halte ich zunächst mal in allen Fällen für etwas Positives, auch wenn die Anwendung durchaus negative Züge haben kann, die es festzustellen und dann zu verhindern gilt.

Frage: Das heißt im Prinzip: Es gibt für sie keine Trennung zwischen kritischem Engagement im Bereich Frieden und der vernünftigen Neugier des Wissenschaftlers. Als Maxime für Ihr Wissenschaftsverständnis gilt: daß die Grundlagenforschung frei ist – positiv, begrüßenswert – und die gesellschaftliche Verantwortung dann darin besteht, mögliche Schäden dieser Grundlagenforschung oder Auswirkungen ihrer Anwendung zu begrenzen.

Starlinger: Ja, Forschung halte ich für eine wertvolle kulturelle Tätigkeit des Menschen, genau wie z. B. die Kunst – die halte ich für gut.

Frage: Was heißt das z. B. übertragen auf die Kernenergie?

Starlinger: Die Erforschung der Atome und ihrer Struktur halte ich für eine wichtige kulturelle Tätigkeit des Menschen und würde sie immer noch begrüßen. Die Frage, ob man aus den Erkenntnissen, die man dabei gewonnen hat, Kernreaktoren oder Atombomben bauen soll, halte ich für eine Frage, die davon abgetrennt werden muß.

Frage: Das geht aber u. E. an den Produktionsbedingungen von

Wissenschaft heute vorbei. Man kann die auftretenden Probleme nicht lösen, indem man sagt, hier findet eine Grundlagenforschung einerseits statt und dort andererseits eine Forschung, welche derartig in den Anwendungsbereich übergeht, daß sie möglicherweise in Zukunft gefährlich werden kann. Man kann doch nicht trennen zwischen der Grundlagenforschung der Kernstruktur und der Schaffung der Atombombe.

Starlinger: Sie sagen das. Aber Sie haben Unrecht. Wenn Sie glauben, daß man auf derart voluntaristische Art und Weise, wie Sie sich das vorstellen, als Forscher, der noch gar nicht weiß, was bei seinen Forschungen herauskommen kann, bereits den Entschluß fassen kann, nicht weiter zu forschen, weil seine Ergebnisse mißbraucht werden könnten; dann können Sie doch auf eine ebenso voluntaristische Art und Weise sagen, wir ziehen den Grenzstrich irgendwo und sagen, wir erforschen die Geheimnisse des Atoms, des Gens, aber wenden unsere Ergebnisse nicht an.

Frage: Aber Sie forschen doch nicht im luftleeren Raum. Sie behaupten, daß Grundlagenforschung und Anwendung sich trennen lassen. Das heißt doch, daß die Erforschung der Kernspaltung mit den dafür notwendigen Ressourcen hätte stattfinden können, ohne daß eine Umsetzung, in Form der H-Bombe, notwendigerweise folgen mußte...

Starlinger: Ich behaupte nicht, daß das hätte gehen können.

Frage: Sie sagen, die Erforschung des Atoms hätte man nicht unterbinden können und sollen, und man kann auch nicht verlangen, daß ein Wissenschaftler, der an derartigen Grundlagenforschungen beteiligt ist, aussteigt. Kann man es aber als eine wissenschaftlich sinnvolle Aufgabe ansehen, nach ca. 40–50 Jahren im Bereich der Schadensbegrenzung tätig zu sein. Mit Ihrem Engagement für den Frieden und gegen die Aufrüstung, betreiben Sie da nicht eine wissenschaftliche Aufgabe, die darin besteht, das, was vor 40 Jahren erforscht und angewendet worden ist, in seinem Schaden zu begrenzen.

Starlinger: Ich glaube, das ist eine fortwährende Aufgabe, die sich dem Wissenschaftler immer wieder stellt. Ich finde auch nicht, daß sie sich erst jetzt, nach 40 Jahren stellt. Aber die Vorstellung, daß z. B. Otto Hahn oder Rutherford oder wer immer sich um die Strukturen des Atoms gekümmert hat, daß die jetzt im Nachhinein verantwortlich zu machen sind für den Bau der Atombombe und daß diese Leute eigentlich die Verantwortung gehabt hätten, ihre Forschung aufzugeben, das halte ich grundsätzlich für falsch. Ich glaube aber, daß wir auf diesem Gebiet etwas gelernt haben. Ich möchte dabei auf mein Fachgebiet kommen, auch weil Sie die Atomwissenschaft mit der Genetik vergleichen. Als begonnen wurde, die Teile der Genetik zu erforschen, die heute als Gen-Technik bezeichnet werden, da haben wir Genetiker uns zusammengetan, um darüber zu diskutieren: Welche Probleme gibt es? Muß versucht werden, diese Probleme herauszufinden, bevor sie im Labor auftreten? Braucht man z. B. Sicherheitsrichtlinien o. ä.?

Und diesen Dialog, diese Diskussion über mögliche Probleme, die brauchen wir dauernd, und sie muß die Forschung begleiten; weil nämlich Grundlagenforschung immer wieder Dinge zutage fördert, die wir bisher noch gar nicht kennen. Und was dabei an neuem Wissen auf uns zukommt, muß dann auch immer in die öffentliche Diskussion, das ist eine ganz wichtige Aufgabe. Aber ich halte es für vollkommen falsch, zu glauben, man könnte sich in einem sehr frühen Stadium der Grundlagenforschung hinstellen und sagen, ich denke mir jetzt aus: erstens was aus der Forschung herauskommen könnte und zweitens welche Erkenntnisse was für gesellschaftliche Folgen haben werden; und dann lege ich den Gang der Forschung, sagen wir für die nächsten 40 Jahre, fest und sage, dieses dürfen wir machen und jenes nicht. Das halte ich für grundverkehrt.

Frage: Es gibt aber doch Risiken, die momentan überhaupt nicht einzuschätzen sind; Genforschung im Labor ist doch etwas grundsätzlich anderes als z. B. Versuche im Freiland. Freilandversuche unterliegen doch prinzipiell anderen Verhältnissen als Versuche im Labor. Die gewollte oder ungewollte Freisetzung gentechnologisch manipulierter Organismen unterliegt doch viel komplexeren Bedingungen, als sie sich im Labor stellen. Im Freiland wirken doch Faktoren, die letztlich unkontrollierbar sind. Wenn ich Sie richtig verstehe, meinen Sie, daß diese Risiken im Forschungsprozeß selber mitanalysiert werden müssen. Wir meinen aber, daß die Produktion von Wissenschaft und die Grundlagenforschung wesentlich komplexer und vergesellschafteter ist als früher, daß z. T. Grundlagenforschung und Anwendung ineinander übergehen. Das was Sie aber sagen, müßte dann heißen, daß die Wissenschaft selber eine Kontrollmöglichkeit über ihre Ergebnisse hat, vor allem auch darüber, was mit den Ergebnissen ihrer Grundlagenforschung an praktischer Verwertung im industriellen Bereich stattfindet. Mir ist nicht klar, wie das in einer Gesellschaft funktionieren soll, in der die Verwertung von Erkenntnissen einzig und allein von der Rentabilität abhängt. Daher also zwischen wissenschaftlicher Grundlagenforschung und deren Ergebnissen sowie der industriellen Verwertung derselben unterschieden werden muß – denn offensichtlich existiert hier so etwas wie Arbeitsteilung – hier Forscher, dort Anwender.

Starlinger: Wir haben sicherlich in unserer Gesellschaft viel Arbeitsteilung, aber lassen Sie uns noch einmal auf zwei Fragen eingehen. Einerseits stellen Sie die Forderung, daß der Wissenschaftler die Kontrolle über die Verwertung seiner Ergebnisse hat. Das ist so ein bißchen das, was bei Dürrenmatt – in den »Physikern« – angeklungen ist. Das halte ich für grundsätzlich falsch. Sie haben ja selbst gesagt, daß die Wissenschaft heute große Mittel braucht, daß diese Mittel von der Gesellschaft aufgebracht werden, und ich würde es für eine völlig falsche, elitäre Einstellung halten, zu sagen, das, was der Wissenschaftler herausfindet, darauf hat er sozusagen ein erstes Zugriffsrecht, und wenn er sagt, die Gesellschaft darf das nicht haben, dann darf sie es nicht haben. Ebenso halte ich es für eine völlig falsche Auffassung, zu glauben, die Gruppe der Wissenschaftler sei in irgendeiner Form legitimiert oder in der Lage, eine Entscheidung zu treffen, die besser wäre als eine Entscheidung der Gesellschaft. Also die Entscheidung, was aus den Ergebnissen von Wissenschaft wird und wie diese angewandt werden, die muß die Gesellschaft treffen. Eine andere Frage ist die: Müssen die Wissenschaftler daran mitwirken, wie die Gesellschaft entscheidet, und sollen sie sich dafür verantwortlich fühlen? Diese Forderung würde ich stellen, das kann ich aber nicht in irgendeiner abstrakten Form tun, sondern dieser Aufgabe unterziehe ich mich selber, und wenn ich mit Kollegen sprechen und dort Einfluß nehmen kann, kann ich dafür werben, daß sie sich auch verantwortlich fühlen. Manche werden das auch so finden und ernst nehmen, andere werden sagen, das ist Quatsch, ich will mich nur um mein Labor kümmern und um nichts anderes – und das ist ein völliges Spiegelbild dessen, was wir in der Gesellschaft auch haben. Und da müssen wir uns alle zusammen bemühen, diejenigen, die glauben, daß wir Krieg und ökologische Zerstörung und die Explosion von Kernreaktoren verhindern können, müssen uns bemühen, in der Gesellschaft und der Wissenschaft um so viel Zustimmung zu werben, daß wir unsere Ziele im Endeffekt durchsetzen können.

Frage: Also, wenn ich dazu etwas anmerken darf! Das, was Sie als Modell gesellschaftlicher Kontrolle von Wissenschaft hier dargelegt haben, hört sich – zurückhaltend ausgedrückt – naiv an. Sie haben die idealtypische Situation erstellt, hier die Wissenschaftler in ihrem Labor, die die Grundlagenforschung machen, und da die Gesellschaft, die sich damit befassen soll, inwieweit sie verantwortlich mit den Erkenntnissen umgehen möchte oder nicht. Abgesehen davon, daß man auch fragen müßte, woher die materiellen Ressourcen kommen, welche Interessen stehen dahinter, halten wir ein solches Entscheidungsmodell für naiv, da es d i e gesellschaftliche Entscheidung n i c h t gibt. Es gibt doch immer gesellschaftliche Entscheidungen, die auf ganz verschiedenen Ebenen von Gesellschaft stattfinden. Es gibt z. B. viele Bürgerinitiativen gegen Freilandversuche; es gibt kompetente Wissenschaftlerinnen und Wissenschaftler, auch in der Bundesrepublik, die versuchen, darzulegen, warum das Spiel mit den Retroviren ein Risikospiel ist. Es gibt Wissenschaftler . . .

Starlinger: . . . haben Sie eben Spiel gesagt? . . . können Sie das ein bißchen erläutern?

Frage: . . . es gibt dann eine Industrie, die bestimmte Verwertungsinteressen hat, z. B. an diesen Tabakpflanzen, die gegen bestimmte Antibiotika resistent sind und an denen Sie forschen. Die wäre sehr sinnvoll z. B. in der Dritten Welt, z. B. gegen Herbizide oder weiß der Henker. Und Sie sagen, es gibt eine abstrakte Entscheidung der Gesellschaft für oder gegen den Einsatz bestimmter Technologien, obwohl die Entscheidungsmöglichkeiten auch abhängig sind von Machtverhältnissen. Das was Sie an Grundlagenforschung betreiben, ist doch u. a. eine Möglichkeit, Abhängigkeitsstrukturen, wie sie z. B. in der Dritten Welt bislang schon bestehen, noch etwas effizienter zu gestalten. Z. B. in der Kombination des Verkaufs einer bestimmten genetisch manipulierten Pflanze mit den dazugehörigen Herbiziden. Und was denken Sie darüber, der Sie Grundlagenforschung in diesem Bereich, der manchmal euphemistisch als grüne Genetik bezeichnet wird, betreiben und eigentlich gegen die Ausbeutung der Dritten Welt sind, aber genau wissen, daß Ihre Forschungsergebnisse auch dabei verwendet werden. Was sagt da Ihr verantwortliches Gewissen?

Starlinger: Also zunächst einmal ist das keine Fragestellung, die sich spezifisch auf Genetik bezieht. Zum anderen sagt mein verantwortliches Gewissen, oder was immer Ihr schönes Wort dafür ist, ganz klar nicht, daß Forschung etwas Schlechtes sei. Ich glaube, da unterscheiden wir uns diametral. Sie halten Forschung für schlecht, wir Wissenschaftler halten Forschung für etwas Gutes. Ich selber – das sage ich jetzt nicht, um mich irgendwie in ein gutes Licht zu setzen – arbeite überhaupt nicht auf dem Gebiet der Gentechnologie, aber das hat sich so ergeben. Jetzt sagen Sie: Jede Grundlagenforschung der Genetik kann auch der Gentechnologie helfen. Gentechnologie, sagen Sie, kann auch zu Folgen führen, die z. B. Ausbeutung erfordern. Das mag sein, und deshalb, glaube ich, braucht es eine aufgeklärte Diskussion. Diese braucht aber ein Minimum an Sachkenntnis. Also, wenn Sie z. B. sagen, Tabakpflanzen, die resistent gegen ein Antibiotikum sind, werden gebraucht, um die Dritte Welt auszubeuten, dann verrät das nichts weiter als ein erschreckendes Maß an völliger, auch minimaler Sachkenntnis; daß ich einfach der Meinung bin, Sie müssen, um sich an dieser öffentlichen Diskussion zu beteiligen, noch einiges dazulernen . . .

Frage: . . . das war ungefähr das Level, mit dem die Gegner der Kernenergie immer als inkompetent zurückgewiesen wurden . . .

Starlinger: . . . genauso, wie wir auch den Appell aufnehmen, daß wir uns nicht nur auf unsere Laborversuche beschränken, sondern daß wir uns auch darum zu kümmern haben, was aus unserer Grundlagenforschung und mit ihrer späteren Anwendung an gesellschaftlichen Folgen entstehen kann.

Kneser: Die Frage, die hier angesprochen wurde, wie für die Gesellschaft schädliche Folgen wissenschaftlicher Arbeit frühzeitig erkannt und verhindert werden können, ist ganz wichtig. Aber das ist nicht nur eine Frage des Forschungsgegenstandes: nämlich der Gentechnik, sondern auch eine Frage der wirtschaftlichen Nutzung und der soziologischen Auswirkungen. Es ist daher sehr willkürlich, eine Bremse am Punkt der Forschung anzusetzen; wir können nicht an einer einzigen, willkürlich herausgegriffenen Ebene eingreifen, da das ganze gesellschaftliche Netz daran beteiligt ist. Ich glaube, dieser Prozeß ist z. B. bei der Diskussion um Kernkraftwerke sehr stark fortentwickelt worden. Vor 30 Jahren hätte niemand gedacht, daß ein solches vielfältiges Netz von Diskussionen, Gerichtsprozessen, Genehmigungsverfahren, Anhörungen und Vortragsveranstaltungen in Besetzerdörfern sich entwickeln würde; das hat immerhin dazu geführt, daß, verglichen mit anderen Ländern, deutsche Kernkraftwerke einen technisch höheren Stand haben. Ob wir damit zufrieden sind, ist eine ganz andere Frage. Und ob wir sagen, sie sollen bleiben, oder ob wir endgültig sagen, sie sollen alle abgeschafft werden, das ist noch im Entscheidungsprozeß – aber ich glaube, in diesem großen Netz können wir nur eingreifen, indem wir auf allen Ebenen überlegen, was erlaubt sein soll und was wünschenswert ist, und eine sehr intensive und sehr weit gefächerte öffentliche Diskussion einleiten – und dazu gehört auch sehr viel Sachkenntnis, und die ist gerade in den Bürgerinitiativen zu Kernkraftwerken entwickelt worden. Was da inzwischen an Sachkenntnis vorhanden ist, das ist ganz beachtlich. Und was an Sachkenntnis in puncto Genetik vorhanden ist, ist mehr als noch vor einigen Jahren – auch da haben wir noch Wünsche –, das wird sich aber allmählich entwickeln; das ist nur leider ein sehr langsamer Prozeß.

Starlinger: Eines sollten wir dazu sagen. Genauso wie es bei den Wissenschaftlern ein Spektrum gibt von solchen, die sich kaum

Gedanken machen, bis zu solchen, die fast ihre ganze Zeit auf solche Probleme verwenden, so gibt es auch bei den Kritikern ein Spektrum. Wenn Herr Kneser gerade gesagt hat, er habe großen Respekt vor der Sachkenntnis, die sich in vielen Bürgerinitiativen entwickelt hat – ich teile das vollkommen –, so gibt es natürlich auch in den Bürgerinitiativen ein Ende des Spektrums, Menschen, die Sachkenntnis durch Schlagworte ersetzen. Und wenn jemand, nun spreche ich Sie persönlich an, auf eine Darstellung dessen, daß er keine Sachkenntnis hat, einfach damit antwortet: »So wurden ja auch die Bürgerinitiativen immer abgetan«, ein Schlagwort, welches jegliche Diskussion aufhebt, dann würde ich sagen, Sie sind auf dem Spektrum der Kritiker an einem Ende.

Frage: Sie insistieren immer wieder auf Sachkenntnis und öffentliche Diskussion und übersehen dabei völlig, daß der Öffentlichkeit gerade die praktisch folgenreichsten Forschungsergebnisse am schwierigsten zugänglich sind. Zum einen blockieren heute vor allem militärische Geheimhaltungsvorschriften und zum anderen die bürokratische Abschottung, die sich aus der Organisation des modernen Forschungsbetriebes ergibt, den notwendigen Informationsfluß zwischen Öffentlichkeit und Wissenschaft prinzipiell. Mit der Veränderung des Forschungsbetriebes hin zur Auftragsforschung reduziert sich das sachliche Interesse des Wissenschaftlers auf die Lösung eng umschriebener Probleme und braucht nicht mehr die Übersetzung seiner Erkenntnisse in die Öffentlichkeit, da in der Regel der Adressat, für den die wissenschaftliche Information bestimmt ist, als Auftraggeber vorhanden ist, der am Ausstoß des Forschungsprozesses um seiner technischen Verwendung willen interessiert ist.

Ich möchte aber noch einmal auf meine Frage von vorhin zurückkommen. Sie forschen ja nicht nur an der Beobachtung von Natur, sondern an der Veränderung molekularer Bestandteile der Informationsträger für Erbanlagen, der Gene, und arbeiten daran, herbizidresistente Pflanzen zu züchten – oder ist das nicht richtig?

Starlinger: Es ist nicht richtig, daß daran gearbeitet wird, herbizidresistente Pflanzen zu züchten. Aber – »weiß der Henker« – sind herbizid-resistente Pflanzen etwas völlig anderes als Antibiotika-resistente Pflanzen, und ist eine Tabakpflanze, die gegen »Kanalycin«, ein sehr teures Antibiotikum, resistent ist, von überhaupt keiner wirtschaftlichen Nutzbarkeit, sondern ein reines Modellobjekt.

Frage: Modell wofür?

Starlinger: Modell für die Methoden, Gene von außen in Pflanzen zu übertragen. Sogenannte transgene Pflanzen zu erzeugen.

Frage: Dann kann man dieses Modell hinterher natürlich parallelisieren – wobei es erst mal relativ egal ist, ob man, bezogen auf ihre Grundlagenforschung, ein teures Antibiotikum einsetzt, was für den flächendeckenden Einsatz uninteressant und unwirtschaftlich ist. Entscheidend scheint doch, daß hier ein Modell entwickelt wird, das in seiner praktischen Anwendung jegliche Verwertungsmöglichkeiten offenläßt.

Starlinger: Das ist es, was ich Ihnen zum Vorwurf mache, es ist eine außerordentlich unzureichende Betrachtungsweise, zu sagen: »Weiß der Henker . . . jede mögliche Verwertungsmöglichkeit«. Es wäre eine richtige Betrachtungsweise, wenn man sagen würde, eine neue Technik erlaubt auch Verwertungsmöglichkeiten, und diese müssen wir uns genau ansehen und müssen einen Prozeß entwickeln, bei dem immer mehr Fragen einbezogen werden, um schließlich zu einer Antwort zu gelangen, ob wir eine bestimmte Technik anwenden wollen oder nicht.

Frage: Was sie sagen, heißt doch nichts anderes, als: Bevor man eine Technik kritisieren kann, muß man sie kennen, muß man sich sachlich auf den Informationsstand von Wissenschaftlern hocharbeiten, selbst zum Experten werden, um im Rahmen einer Sachlogik sich an dem von Ihnen dargestellten Prozeß beteiligen zu können.

Letztlich kann es aber, auch Ihnen, doch nicht um ein detailliertes Expertenwissen über das Funktionieren dieser mit hohen Risiken behafteten Technologie gehen. Entscheidend für die öffentliche Diskussion erscheint uns, daß mit der Gentechnologie eine neue Qualität der Naturerforschung und -aneignung erreicht wird und massiv in Natur eingegriffen wird. Das durch genetische Manipulation entstehende Produkt ist ein Kunstprodukt, welches nicht den Bedingungen der natürlichen Evolution unterworfen war, seine Auswirkungen sind nicht abschätzbar, und es ist bei möglicherweise vernichtenden Auswirkungen nicht rückholbar. Sind schon die Risiken gentechnologischer Experimente im Laboratorium kaum einzuschätzen, so ist die Aussicht auf die geplanten Freilandversuche geradezu erschreckend. Denn niemand kann eine verläßliche Antwort über das Verhalten »unnatürlicher« Organismen in der freien Natur geben. Die Folgen gentechnischer Eingriffe sind u. E. prinzipiell nicht eingrenzbar und überschaubar. Auch Sie als Wissenschaftler können die Reaktionen nicht hundertprozentig voraussehen . . .

Starlinger: Ich möchte zunächst einmal ein Mißverständnis ausräumen, ich möchte natürlich nicht die Forderung aufstellen, daß jeder, der sich an der Diskussion beteiligt, auf demselben Wissensstand sein muß wie ein Wissenschaftler. Das führt aber nicht dazu, daß der

Bürger, der jetzt mit uns in ein Gespräch eintreten will, nichts davon zu verstehen braucht, sondern es wird für ihn immer noch genug Mühe sein, das, was wir jetzt versucht haben umzusetzen und auszuarbeiten, dann auch wirklich mit eigener Mühe und eigenem Zeitaufwand und eigenem Lernen zu verstehen. Alle diese gedanklichen Kürzel, von wegen »So wurde ja auch immer die AKW-Bewegung abgetan« oder »weiß der Henker, irgend etwas« oder »Die Verwertungsbedingungen werden's schon machen«, die halte ich auf seiten der Kritiker für kontraproduktiv. Wenn Sie nun auf das Problem der Freilandversuche eingehen – auch da gibt es eine Diskussion auf der Ebene, die unter Bürgern geführt werden muß, und Sie haben auf einen wichtigen Punkt hingewiesen: Sie haben gefragt, kann der Wissenschaftler hundertprozentig voraussagen, was da geschehen wird? Ich möchte ganz klar die Antwort geben: Er kann das nicht.

Aber wir, damit mein' ich jetzt die Biologen insgesamt, kennen so viel von Natur, daß wir es für extrem unwahrscheinlich halten, daß ein Bakterium, was sich von seinem Ausgangsbakterium dadurch unterscheidet, daß ihm ein kleines Stückchen seines Erbmaterials fehlt, daß dieses sich über die ganze Welt ausbreitet und dort Schäden hervorruft. Also, die Wahrscheinlichkeit, daß so etwas geschieht, halten wir für vernachlässigbar klein.

Frage: . . . und wenn etwas passiert, dann geht die Diskussion los, darüber, wie der Schaden zu begrenzen ist.

Starlinger: An diesem Punkt muß eine Risikodiskussion eintreten, auch etwa hinsichtlich der Frage, ob nicht genetisch veränderte Organismen auch ohne Gentechnologie dauernd entstehen; ob da irgendwelche Risiken vorhanden sind. Und an der Stelle muß es eine öffentliche Diskussion geben.

Frage: Wäre dazu aber nicht ein Umdenken der wissenschaftlichen Gemeinde erforderlich, etwa in Richtung der Umkehrung der Beweislast, nämlich mit Gegenmaßnahmen nicht mehr wie bisher zu warten, bis die Katastrophe eintritt, sondern im Voraus den Nachweis zu erbringen, daß diese nicht eintreten kann.

Starlinger: Ich weiß, es gibt Segmente in der Bevölkerung, die möchten das Ganze verbieten. Und die Rezepte, die sie uns Wissenschaftlern anbieten, nämlich das Angebot »Hört doch mit der Wissenschaft auf, es kann nur Schlimmes daraus werden!« – das würde, wenn das zu einer gesellschaftlichen Verhaltensweise führen würde, ganz sicherlich schwerwiegende negative Folgen für die Bevölkerung der Erde haben.

Frage: Es ist nicht unser Anspruch, unsere Vorstellungen als Ultima

Ratio hinzustellen, aber wir halten es für wichtig, eine Diskussion über die praktischen Folgen wissenschaftlicher Grundlagenforschung und deren Resultate in Gang zu bringen, wenn die verantwortlichen Wissenschaftler nicht selbst die Initiative dazu ergreifen.

Starlinger: Ich glaube, daß wir möglicherweise einem Mißverständnis aufsitzen, weil ich gesagt habe, daß ich Grundlagenforschung als etwas grundsätzlich Wertvolles ansehe. Aber in irgendeiner Form ist dann von uns allen davon geredet worden, daß es, wenn Forschung in Technik umgesetzt wird, negative Ergebnisse geben werde. Was wir überhaupt nicht besprochen haben, ist die Tatsache, daß viele Menschen, ich auch, sehr gute Anwendungen von Technik sehen. Es ist nach meiner Einschätzung keineswegs so, daß Technik uns lauter Unglück gebracht hat, nämlich erstens die Atombombe und zweitens die Genetik. Technik ist zwar ambivalent, wir geben das zu, aber Technik ist nicht primär schlecht, da möchte ich für meine Person ganz entschieden widersprechen.

Frage: Das ist auch nicht der entscheidende Punkt, es geht uns nicht um Technikfeindlichkeit an sich. Worum es in den angesprochenen Technologien geht, sind doch ganz konkrete Probleme. Z. B. die Anti-AKW-Bewegung, hier geht es doch im wesentlichen um eine Art von Schadensbegrenzung, nachdem diese Technologie sich etabliert hat. Da nutzt es auch nicht, den Kritikern dieser Technologie große Sachkenntnis zu bescheinigen und den vermeintlich hohen Standard der deutschen AKW-Industrie auf deren Durchsetzungsvermögen zurückzuführen. Damit reduziert sich weder das Restrisiko, noch werden die gesellschaftlichen Folgekosten dadurch geringer. Ähnliche gesellschaftliche Probleme sehen wir auch in der Genetik und Gentechnologie, deren gesellschaftliche Folgen und Auswirkungen nicht zu übersehen sind. Es stellt sich daher für uns die Frage, ob wir es uns leisten können, hier die gleichen Fehler wie bei der Atomtechnologie noch einmal zu machen, da hier wie dort die Folgen irreparabel sind.

Starlinger: Also, ich will eine klare Meinung dazu sagen, die falsch sein kann, aber jede Meinung kann hier falsch sein. Als die Atomspaltung durchgeführt wurde, war allen beteiligten Forschern sehr schnell klar, daß man nach Überwindung sehr großer technischer Schwierigkeiten, aber nur noch technischer Probleme, eine Bombe von damals unvorstellbarer Explosivkraft würde bauen können. Daran, an wichtigen Fragen dazu, wurde innerhalb von drei Monaten nach O. Hahns Veröffentlichung gearbeitet, und innerhalb kürzester Zeit war die Frage positiv beantwortet; jeder wußte das, der sich in diesem Gebiet auskannte. Daß die Atomkraft auch im Bereich der Kernkraftwerke sehr große Energien freisetzen kann, daher Risiken mit sich bringt, ist seit langem bekannt. Ich halte diese Risiken allerdings für unvergleichlich geringer als die eines Atomkrieges, aber ich halte sie für sehr groß. Wenn Sie mich fragen, ob ich irgendwelche Risiken dieser Art auf dem Gebiet der Gentechnik sehe, dann ist meine entschiedene Antwort, ich kann diese Risiken, mit dem, was wir heute wissen, nicht sehen und nicht erkennen. Insofern halte ich die heutige Situation für grundsätzlich anders als die Situation bei der Erforschung der Kernspaltung. Von alledem, was wir heute in der Gentechnologie machen können, sehe ich nicht, was in irgendeiner Form mit dem Risiko der Kernspaltung vergleichbar wäre. Daher gibt es auch keinen Grund, diese Arbeit jetzt aufzugeben.

Karl-Heinz March

»Universität der Initiativen« – ein Ausblick auf die Zukunft?

»Die Grundlagenforschung, die wir betreiben, hat offenbar eine immer schnellere Umschlagskraft in die Praxis als früher.« (Uni-Rektor Hanau vor der IHK am 28. 9. 1987)

Dies steht zu befürchten: Wie von D. Asselhoven in diesem Buch skizziert[1], ist die Willfährigkeit der Universität gegenüber dem unmittelbaren Verwertungsinteresse durch Industrie und Kapital fast grenzenlos, die Ausrichtung von Forschung und Lehre fast ausschließlich bedingt durch betriebswirtschaftliche Effizienzkriterien.

Da dies durch ein völliges Ausklammern von Wissenschaftskritik, ein Negieren der Gefahren von z. B. Gen- und Reproduktionstechnologien flankiert wird, keine Bedenken gegen die Zusammenarbeit mit rassistischen Regimen bestehen (Zusammenarbeit mit südafrikanischen Minengesellschaften), weitere Arbeitslosigkeit durch Erstellung von Rationalisierungskonzepten etc. durch die Universität vorprogrammiert ist, kommt der »Öffnung der Hochschule« gesellschaftspolitische Brisanz zu, der entgegengesteuert werden muß.

Gleichzeitig ist jedoch zu konstatieren, daß es eine relevante StudentInnenbewegung nicht mehr gibt: Die Universität wird einerseits als notwendige Zwischenstation auf dem Weg in den Beruf angesehen, die man so schnell wie möglich zu durchlaufen gedenkt. Andererseits jedoch führt dies dazu, daß politisch interessierte StudentInnen die Hochschule auch nicht mehr als Ort politischer Auseinandersetzungsmöglichkeiten begreifen und deshalb in Bürgerinitiativen und andere Gruppen außerhalb der Universität »abwandern«.

Zugestandenermaßen ist auch dieser Bereich außerparlamentarischer Opposition derzeit kräftemäßig nicht in der Lage, gesellschaftlichen Entwicklungen effektiv entgegenzusteuern, es sei denn, staatliche Maßnahmen führen aufgrund ihres Gehalts zu einer zwangsläufigen Bündelung linker Kreise, wie z. B. die Raketenstationierung oder auch die Volkszählungen. Der offenbar desolate Zustand vieler Bürgerinitiativen birgt jedoch trotz allem ein breiteres Widerstandspotential als die StudentInnenschaft allein, in der hochschulpolitische Aktivitäten nur noch von wenigen betrieben werden.

In einer solchen Situation der immer unmittelbareren Vernetzung von Hochschule und Verwertungsinteresse und den damit verbundenen Auswirkungen entgegenzusteuern, braucht es neue Mechanismen, neue Überlegungen, wie hochschul- und gesellschaftskritisches Potential außerhalb der Hochschule zusammen agieren können.

Kritische Gegenunis, Sommerunis und ähnliches bedeuteten zwar immer Auseinandersetzung mit herrschender Wissenschaft und Forschung, leisteten insofern auch für die Gegenwart und Zukunft wichtige Aufgaben, blieben aber immer dort stehen, wo sie stattfanden: im universitären Rahmen.

Einen möglichen Weg in diese Richtung versucht der AStA der Universität Köln zu gehen: Die Notwendigkeit, den offiziell veranstalteten 600-Jahre-Jubelfeiern kritische Gegenöffentlichkeit entgegenzustellen, war äußerer Anlaß dazu, damit zu beginnen, die Überlegungen über eine »Universität der Initiativen« in die Tat umzusetzen.

Was hier begonnen wurde, sieht von der inhaltlichen Konzeption her wie folgt aus: In Zusammenarbeit mit außeruniversitären Initiativen sollte eine Reihe von lose aufeinanderfolgenden Veranstaltungen stattfinden, die sich einmal mit der auch für die Universität relevanten Arbeit von Initiativen befassen sollte, auf der anderen Seite aber sollten gerade auch Themen, die im Lehr- und Forschungsbetrieb dieser Universität keine Rolle spielen, in die Hochschule getragen werden.

Dabei bedeutet dies nicht etwa ein Ablehnen von Strukturen wie »kritische Gegenuniversitäten« und ähnlichem, sondern vielmehr ein Wiederaufnehmen dieser Tradition, die sich letztlich vor allem auch in einer Veranstaltungskultur an den Hochschulen niederschlug, wie sie gegenwärtig so nicht mehr gegeben ist. Gerade über das Wiederbeleben von Veranstaltungskultur verspricht sich das Konzept »Universität der Initiativen« die Möglichkeit neuerlicher Politisierung.

Im Sommersemester 1988 fanden denn auch ca. 30 Veranstaltungen dieser Art statt, mit mehr oder minder großem Echo. Das Aufgreifen der aktuellen PorNo-Debatte führte zu einer Veranstaltung, bei der einer der größten Hörsäle nicht ausreichte, während eine Reihe von Veranstaltungen zu Energiefragen nur schwachen Zulauf erhielt.

Hierin spiegelt sich auch eines der Probleme der Bürgerinitiativenbewegung wider: Themen, die nicht aktuell im Gespräch sind, sei es verursacht durch Katastrophen wie Tschernobyl oder durch aktuelle Diskussion wie z. B. bei der PorNo-Kampagne, werden von StudentInnen genau sowenig wie von der Gesamtbevölkerung »angenommen«, sind Thema einiger weniger, die sich hier spezialisiert haben: Bürgerinitiativen sind heute »Spezialistenclubs«, deren große Stunde schlägt, wenn »ihr« Thema aufgrund von Katastrophen oder ähnlichem relevant wird.

Trotzdem haben diese ersten Veranstaltungen beiden Seiten etwas gebracht: Die Möglichkeit, sich an der Universität darzustellen, sich auch studentischer Kritik zu stellen, oder mit ReferentInnen aus dem Wissenschaftsbetrieb, an die die Initiativen so vielleicht nicht herankommen, trug zumindest zur Öffentlichkeitsarbeit der Initiativen bei; die StudentInnenschaft wiederum hatte erstmalig wieder die Möglichkeit, Kontakte zu Initiativen aufzunehmen, die in der Vergangenheit aus eigener Schuld der sicher nicht zu Unrecht als »kopflastig« verschrieenen StudentInnen verlorengegangen waren.

Daß nicht alle Veranstaltungen den beiderseitigen Erwartungen entsprachen, hat verschiedene Ursachen: Einmal werden bei einem Neuanfang immer Fehler gemacht, sei es durch unzureichende Absprachen, falsche Öffentlichkeitsarbeit oder andere Planungsdefizite. Ein weiteres Problem bestand darin, daß von seiten des »organisatorischen« Veranstalters, als der sich der AStA bei diesen Veranstaltungen vor allem betrachtete, auch nur das »abgenommen« werden konnte, was von Initiativen angeboten wurde.

Die Sommersemesteraktivitäten werden in jedem Fall weitergeführt. Aus den anfänglichen Fehlern, aber auch Erfolgen werden Lehren zu ziehen sein: Die Veranstaltungsplanung wird längerfristig sein müssen, die Themenwahl dabei auch von studentischer Seite stärker beeinflußt werden müssen, wissen sie doch besser, welche Thematiken auf größere Resonanz und damit größere Wirkungsmöglichkeit an der Universität stoßen, beziehungsweise gerade auch den herrschenden Wissenschaftsbetrieb hier besonders berühren. Dabei müßte wohl auch stärker ein der Hochschule und der städtischen Öffentlichkeit adäquater Veranstaltungscharakter berücksichtigt werden.

Beibehalten werden wird in jedem Fall aber ein genereller Anspruch: Die Zusammenarbeit mit den Initiativen bedeutet für die StudentInnenschaft auch ein neues Selbstverständnis als »Servicebetrieb« für Initiativen: Veranstaltungsmöglichkeiten zu bieten, ReferentInnen zu stellen, Öffentlichkeitsarbeit mitzuleisten sind dabei die vorrangig zu nennenden Punkte.

Ein Selbstverständnis dieser Art ist nur zu verstehen als Reaktion auf die Tatsache, daß die Universität sich der Wirtschaft gegenüber zum Ausverkauf anbietet: »Genau wie Anfang der 60er Jahre reagieren die Universitäten auch heute auf die Anforderungen, die von außen an sie gestellt werden. (. . .) High-Tech-Experten sind gefragt, Forscher sind nur nützlich, wenn ihre Resultate anwendungsbezogen sind.«[2]

Wollen StudentInnen diesem gefährlichen Kurs entgegensteuern, so müssen sie sich ebenfalls aus der Universität herausbegeben und ihrerseits eben mit denjenigen, die u. a. auf kommunaler Ebene Wirtschaftsinteressen entgegenzusteuern versuchen, zusammenarbeiten.

Dies gilt auch umgekehrt: Wollen die Kräfte, die sich gegen Arbeitslosigkeit, gegen neue Technologien, Umweltzerstörung etc. einsetzen, in Zukunft noch effektiv arbeiten, müssen sie sich auch um die Orte kümmern, wo die zukünftigen gesellschaftlich relevanten Entwicklungen geplant werden; einer dieser Orte ist die Universität.

Es bleibt abzuwarten, ob der begonnene Versuch eines Schulterschlusses von StudentInnen und Initiativenbewegung erfolgreich sein kann. Was sicher ist, ist die Notwendigkeit der Zusammenarbeit von kritischen Kräften inner- und außerhalb der Universität. Die »Universität der Initiativen« könnte ein wichtiger Schritt auf diesem Weg sein. Eine geänderte Situation braucht auch andere, neue Herangehensweisen. Der Kommentar in den VDI-Nachrichten vom 3. 6. 1988 drückt denn auch die Befürchtungen der Industrie ganz richtig aus: »Auch auf die neuen, veränderten Bedingungen wird die nachfolgende Studentengeneration reagieren. Und mit Sicherheit wird ihre Reaktion anders aussehen, als sich ihre Väter von heute das wünschen.«[3]

Anmerkungen

1 Das Zurverfügungstellen von Wissenschaft als Maxime herrschenden Hochschulverständnisses zieht sich letztlich wie ein roter Faden durch alle Beiträge dieses Buches, da diese Herangehensweise bisher zumindest zu allen Zeiten vorherrschte.
2 Carsten Schroeder in: VDI nachrichten Nr. 22/3. Juni 1988
3 ebenda

Hinweise zu den AutorInnen und Herausgebern

Georg Althoff, Jahrgang 1960, Student der Heilpädagogik in Köln.

Dieter Asselhoven, Jahrgang 1954, Diplompädagogik-Student an der PH-Köln. Mitarbeit in der Verfaßten StudentInnenschaft der Uni Köln, Ratsmitglied und Vertreter der Grünen im Wirtschaftsausschuß des Rates der Stadt Köln.

Wolfgang Blaschke, Jahrgang 1949, nach Ausbildung und Tätigkeit als Facharbeiter in der Elektroindustrie Studium der Pädagogik an der PH-Köln, jetzt Uni Köln. Nach mehrjähriger Tätigkeit im alternativen Buchhandel z. Z. Geschäftsführer des AStAs der Uni Köln. Mitarbeiter der »Uni Stadt Revue«. Seit langem im Bereich der links-alternativen Hochschul- und Wissenschaftspolitik engagiert; diverse Zeitschriftenveröffentlichungen.

Franz Dillmann, Jahrgang 1962, nach dem Abitur 1982 Zivildienst. Studium der Rechtswissenschaft in Marburg und Köln. Freier Mitarbeiter der Anderen Zeitung (AZ, Frankfurt); In Köln Mitarbeit im Arbeitskreis kritischer Juristen.

Olaf Hensel, Jahrgang 1956, nach dem Studium der Sonderpädagogik im alternativen Buchhandel tätig. Redakteurstätigkeit bei der Kölner Stadt Revue und Mitarbeiter der »Uni Stadt Revue«, lange im Bereich links-alternativer Wissenschafts- und Hochschulpolitik tätig, z. Z. Sonderschullehrer. Div. Zeitschriftenveröffentlichungen, gemeinsam mit W. Hippe Herausgeber von »Still crazy after all these years – Nachdenken über das Älterwerden«, Rheinheim 1985.

Hans Jürgen Jonas, Jahrgang 1959, Studium der Heilpädagogik, 1. Staatsexamen für das Lehramt der Sonderpädagogik.

Karin Kieseyer, Jahrgang 1962, Studentin an der Medizinischen Fakultät; 1987 AStA-Vorsitzende.

Carsten Klingemann, Jg. 1950, Akademischer Rat am Fachbereich Sozialwissenschaften der Universität Osnabrück; div. Publikationen u. a. Zur Geschichte der Soziologie im Nationalsozialismus.

Peter Liebermann, Jg. 1955, Arzt, Arbeiten zur nationalsozialistischen Gesundheitspolitik und andere div. Veröffentlichungen in Zeitschriften, Redakteur der DG und Mitarbeiter der »Uni Stadt Revue«.

Wolfgang Lindweiler, Jahrgang 1960, nach dem Abitur Druckerlehre begonnen, studiert Philosophie an der Uni Köln, AStA-Vorsitzender 1982, Mitarbeit im Wissenschaftsreferat des AStA und dort Initiator der Reihe »Wider den rechten Geist«; div. Zeitschriftenartikel, Mitarbeiter der »Uni Stadt Revue«.

Karl Heinz March, Jahrgang 1957, 1. Staatsexamen für das Lehramt Sek. II (ev. Theologie und Englisch), in der Verfaßten Studentenschaft engagiert; Sprecherrat der Grünen Köln, div. Zeitschriftenveröffentlichungen, z. Z. arbeitslos.

Klaus Oettinger, Jahrgang 1957, Student der Sozialwissenschaften und Geschichte an der WiSo in Köln.

Lothar Pützstück, Jg. 1957, Studium der Völkerkunde, Germanistik und Geschichte in Köln; Magisterarbeit über »Das Bild des Fremden im Detektivroman mit völkerkundlichem Inhalt«, Bonn 88.

Wolf Schönleiter, Jg. 1957; Diplom-Soziologe; div. Publikationen, z. Z. arbeitslos.

Martin Stankowski, Jg. 1944, Journalist; Mitbegründer der Zeitschrift »Kritischer Katholizismus«, studierte Germanistik und Theologie, arbeitete in den 70ern in einer selbstverwalteten Druckerei, Mitinitiator des »Kölner Volksblattes«. Div. Zeitschriften- und Rundfunkveröffentlichungen, 1988 erschien von ihm »Köln – der andere Stadtführer«.

Claudia Unseld, Jahrgang 1964, Studentin der Theater-, Film- und Fernsehwissenschaft, Skandinavistik und Bibliothekswissenschaft; AStA-Mitglied der Alternativen Liste, SprecherInnenrat der Philosophischen Fakultät der Uni Köln.

Bernadette Waltermann, Jahrgang 1963, Studentin der Heilpädagogik in Köln.

Bernt Engelmann hat aus der Verfolgung der Juden eine Bilanz gezogen: Für die Deutschen!

Im Vordergrund steht dabei nicht das Leid und Unrecht, das den Juden von deutschen Mitbürgern zugefügt wurde, sondern die überraschende Frage: was wurde der deutschen Kultur und den Menschen unserer Nation mit der Judenverfolgung angetan?

Bernt Engelmann
DEUTSCHLAND OHNE JUDEN
Eine Bilanz
völlig überarbeitete
Neuausgabe
Leinen mit Schutzumschlag
464 Seiten,

Unsere Bücher
sind Lebens-Mittel.
PAHL-RUGENSTEIN

Florence Hervé (Hrsg.)
Geschichte der deutschen Frauen-bewegung
*3. überarbeitete und erweiterte Auflage
KB 264, 300 Seiten
mit zahlr. Fotos*

Beiträge von L. Doormann, F. Hervé, J. Hund, I. Küster, S. Matzen-Stöckert, I. Nödinger, E. Steinmann, R. Wurms. „Eine Anthologie, die wirklich weiterbringt." (DVZ)

Der zusammenfassende Überblick über die Kämpfe der Frauen seit Mitte des vergangenen Jahrhunderts gibt der Frauenbewegung einen lebendigen Hintergrund und vermittelt Perspektiven für weitere erfolgreiche Auseinandersetzungen.

SEENOT
ist Gefahr für alle.

Bernd Kleinhans
SEENOT
NORDSEE IN GEFAHR
KB 463, 220 Seiten,

Nicht unlösbare Konflikte zwischen Ökologie und Ökonomie zerstören die Gewässer, sondern bestimmbare Interessen von Gruppen in Wirtschaft und Politik – das Militär nicht zu vergessen.

Bernd Kleinhans, selbst aktiv im Bund für Umwelt und Naturschutz tätig, hat mit diesem Buch nicht nur eine Analyse und Zustandbeschreibung vorgelegt, sondern auch ein Handbuch und Nachschlagewerk mit sorgfältigen Quellenbelegen, Literaturangaben, Adressen von Bürgerinitiativen und Register – für alle, die handeln wollen.

PAHL-RUGENSTEIN

Probieren geht über Studieren.

„Wenn man etwas sucht, Pilze oder die Relativitätstheorie, dann geht das nicht ohne Probieren." So wird' ein russischer Gelehrter in diesem Roman zitiert. Und ebenso amüsant, einfach und ernst zugleich, wie diese Umschreibung der Bedienung empirischer Erkenntnis ist, ist Astafjews Beschreibung „seiner" Menschen – ihrer unterschiedlichsten Existenzformen. Glück und Ruin so oft nebeneinander.

Auf der Suche nach der „Natur des Bösen" und dem Wunsch, Einsicht in die russische Seele zu gewinnen, findet der Autor die schönsten Worte über Familie, Mann und Frau, Reue und Trauer – doch er vergißt dabei nicht die realistische Schilderung dessen, was sich ihm als „das Böse" darstellt.

Ein Roman für die, die nicht nur suchen, sondern auch „probieren" wollen – Erkenntnis ist dabei immer mit eingeschlossen.

Viktor Astafjew
DER TRAURIGE DETEKTIV
Roman
Aus dem Russischen von
Thomas Reschke
196 Seiten,
Neuleinen mit Schutzumschlag

Unsere Bücher
sind Lebens-Mittel.
PAHL-RUGENSTEIN

KRIMI

Auf Teufel komm raus lesen!

Was die erotischen Interessen eines fiktiven Reporters – er wird Schreiber genannt und sein Magazin MALIBU – mit schwarzer Magie zu tun haben und wohin ihn Neigungen und Vorwitz führen, ist nicht nur für Liebhaber des prinzlichen Geblüts höchst spannend und interessant.

Wie viele diese schwarze Magie mit dem Ruhrgebiet und seiner verwickelten Beamtenschaft zu tun hat – und wie wenig diese mit Erotik, dafür aber mit ins Esoterische verdrängter Sexualität, ist wirklich <u>entzückend</u>, woll.

Unbedingt lesen!
Vor allem, wenn Sie DIE KRIMIS lieben, die vom Ruhrgebiet aus den Weltkreis erobern.

Werner Schmitz
Auf Teufel komm raus
Weltkreis-Krimi
215 Seiten,

Werner Schmitz
Dienst nach Vorschuß
Weltkreis-Krimi
148 Seiten,

Werner Schmitz
Nahtlos braun
Weltkreis-Krimi
152 Seiten,

**Unsere Bücher
sind Lebens-Mittel.**

PAHL-RUGENSTEIN

JEDE WOCHE

INTELLIGENTE

DAS **PLUS**

ZU IHREM BUCH

ES IST ZEIT DIE

▼*Volkszeitung*

ZU LESEN

IM HANDEL DM 2,−

3-Wochen-Test kostenlos. Tag und Nacht

02 11 / 16 00 10

oder Postkarte an **Postfach 2726, 4000 Düsseldorf 1**

Blätter für deutsche und internationale Politik

Die „Blätter" sind die auflagenstärkste und meistabonnierte politisch-wissenschaftliche Monatsschrift in deutscher Sprache. Sie analysieren und dokumentieren wesentliche Fragen der Politik und Gesellschaft in der BRD, im westlichen und östlichen Ausland sowie der Dritten Welt.
Ihre monatliche Chronik und ausführliche Dokumentation haben die „Blätter" zu einem beliebten Nachschlagewerk gemacht.

Themen der letzten Hefte u. a.:

Vor einer neuen Weltwirtschaftskrise? · Auf dem Weg in die „Risikogesellschaft" · Der deutsch-amerikanische Dauerstreit über die atomare Verfügungsgewalt · „Women's Leadership" und „Women's Agenda" in den USA · Gläserner Bürger für einen undurchsichtigen Staat · Weltraumpläne der Bundesrepublik · Aspekte der Historikerdebatte · Testfall Golf · Die Grünen: Eine linksradikale Partei der Mitte? · Mythos Pazifik · Eiszeit auf dem Arbeitsmarkt · Politik mit und gegen AIDS · Wege zur Aussöhnung mit der Sowjetunion · Zukunftsszenarien der Gewerkschaften · Frontstaatsdämmerung · Der Fall Barbarossa: Es geschah Schlimmeres, als wir wissen wollen · Streit um die NATO-Strategie · Rheinhausen: Wieviel Stahl soll gehärtet werden? · SPD/SED: Kultur des politischen Streits · Der Reaganismus ist ausgereizt · Ozonloch und Klimabeeinflussung · Bonn-Paris: Der Erbfeind als Ersatzfreund · Amerikanisch-sowjetische Annäherung und regionale Konflikte · Stalinismus als politisches System

In den letzten Heften schrieben u. a.

Elmar Altvater · Egon Bahr · Ulrich Beck · Angelika Beer · Karlheinz Blessing · Andreas von Bülow · Frank Deppe · Hans-Peter Dürr · Valentin Falin · Olaf Feldmann · Iring Fetscher · Georg Fülberth · Katrin Fuchs · Heinz Galinski · Wilhelm Hankel · Selig S. Harrison · Mechtild Jansen · Arno Klönne · Gerd Krell · Reinhard Kühnl · Annette Kuhn · Dieter S. Lutz · Alfred Mechtersheimer · Meinhard Miegel · Bahman Nirumand · Helmut Ridder · Karin Roth · Karl Heinz Roth · Kurt Scharf · Hermann Scheer · Walter Schütze · Susanne Schunter-Kleemann · Christian Streit · Karl-Georg Zinn

Einzelheft DM 9,00, im Abonnement DM 5,40, für Studenten, Wehrpflicht- und Zivildienstleistende DM 4,60
Probeheft kostenlos beim Verlag
Gottesweg 54, 5000 Köln 51, Telefon 02 21 / 36 00 20

Pahl-Rugenstein